W0310562

SV

POLNISCHE BIBLIOTHEK
Begründet und herausgegeben von Karl Dedecius
Deutsches Polen-Institut Darmstadt
Gefördert von der Robert Bosch-Stiftung
Redaktion: Wolfram Schäfer
und Andreas Lawaty

JOACHIM CHRISTOPH
FRIEDRICH SCHULZ

REISE NACH WARSCHAU

EINE SCHILDERUNG
AUS DEN JAHREN 1791-1793
MIT VIGNETTEN
VON DANIEL CHODOWIECKI
UND EINEM NACHWORT
VON KLAUS ZERNACK

SUHRKAMP VERLAG

Die Originalausgabe dieses Werkes ist anonym unter dem Titel
»Reise eines Liefländers von Riga nach Warschau, durch Südpreußen,
über Breslau, Dresden, Karlsbad, Bayreuth, Nürnberg, Regensburg,
München, Salzburg, Linz, Wien und Klagenfurt,
nach Botzen in Tyrol« 1795/96 in Berlin bei Friedrich
Vieweg dem älteren erschienen.
Neu herausgegeben und gekürzt von Klaus Zernack

Zweite Auflage 1986
© Suhrkamp Verlag Frankfurt am Main 1982
Alle Rechte vorbehalten
Satz: LibroSatz, Kriftel
Druck: Nomos Verlagsgesellschaft, Baden-Baden
Printed in Germany

ERSTER ABSCHNITT

REISE VON RIGA
NACH WARSCHAU

Ich reiste den letzten des Aprils 1793 von Riga ab. Der Weg nach Mitau (6 ½ Meilen) ist sehr langweilig. Man fährt teils auf Sand, teils über Moorgrund, der auf beiden Seiten entweder mit Heidekraut oder mit krüppelhaftem Nadelholz besetzt ist. Zum Glück fahren die livländischen Postknechte so schnell, daß man diese öden Gegenden bald im Rücken hat. Je näher man an Mitau kommt, desto fruchtbarer wird Boden und Gegend. Mitau nimmt sich von dieser Seite recht gut aus. Das Schloß und mehrere, jenseits der Aa gelegene, große und gute Häuser, geben einen fast glänzenden Anblick. Desto unscheinbarer ist das Innere der Stadt. Sie hat zwar lange, breite, meist ziemlich gerade Straßen, aber sie haben teils gar kein, teils ein schlechtes Pflaster und sind meist mit hölzernen, einstöckigen Häusern besetzt. Man gibt die Zahl ihrer Einwohner zu 10 bis 12 000 an, eine, für ihren Umfang, geringe Bevölkerung.

Den 1. Mai. Der Weg von Mitau bis Kalm (Kalmiow) beträgt 4 Meilen. Der Boden bis dahin ist größtenteils ein gelbrötlicher Letten, und äußerst fruchtbar. Auch ist das Kirchspiel Sessau, durch welches der Weg führt, einer der fruchtbarsten Landstriche in Kurland. Ein ebener Weg, der teilweise mit dünnem Gehölz auf beiden Seiten besetzt ist, machte diese Post nicht sehr abwechselnd. Die frühesten Bäume knospeten nur erst und ein kalter Wind, der meinen Pelz durchfuhr, erinnerte mich, daß ich noch in Kurland sei. Das Korn war im Hervorschießen und überzog mit einem spärlichen Grün die Felder. Der junge Rasen kämpfte noch mit dem verblaßten vom vorigen Jahre. Übrigens machte ich jene vier Meilen in 3 ½ Stunden, was für die kurländischen Posten nicht zu geschwind war.

Kalm, der erste litauische Ort, ist ein bloßes Dorf, an dessen Eingange der Schlagbaum gegen Kurland sich befindet, und wo man durchsucht wird. Als ich vor anderthalb Jahren denselben Weg machte, wurde ich, ungeachtet eines ansehnlichen Trinkgeldes, scharf durchsucht, vermutlich, weil es die Zollbedienten nicht ungestraft unterlassen konnten; diesmal sah man, für die Hälfte jenes Trinkgeldes, nur meinen Reisekasten an und ließ den Inhalt auf sich beruhen. In der Tat, es ist auch jetzt niemand da, der strafen könnte, da alle Gewalten im polnischen Staate teils ausgesetzt, teils gar vernichtet sind. Was noch geschieht, geschieht nach gewohnter Vorschrift, die man befolgt, weil man noch keine andere Ordnung hat. Zu Kalm ist auch der Postwechsel. Alles ist anders, als eine halbe Meile vorher. Christusbilder kündigen das römische Bekenntnis an; förmliche Dörfer eine andere bürgerliche Verfassung; die Sprache ein andres Volk; sein Äußeres einen ganz anderen Charakter; die Postverfassung und deren Bediente hatten eine ganz andere Weise in der Betreibung ihrer Geschäfte. Der kurländische Postknecht war wohlgekleidet, seine Pferde waren groß und stark; der litauische hatte eine alte kapuzinerbraune Kutte an, war barfuß, und sein Ellenbogen hatte sich durch das mürbe Tuch, oder vielmehr durch den wollenen Zwillich, einen Weg gebahnt, so wie durch das grobe Hemde; der kurländische Postknecht hatte ein gewöhnliches, großes Horn, der litauische ein kleines, worauf er höchst widrig quäkte; der kurländische schonte seine Pferde, der litauische trieb seine kleinen eckigen Rößchen ohne Barmherzigkeit vorwärts; Sprung war der gewöhnliche Gang und Trab ihre Erholung. Und endlich, der kurländische Postknecht war nur höflich, wo und wann es nötig war; der litauische aber stand schon, als er mich kommen sah, auf hundert Schritte mit bloßem Kopfe da, und näherte sich sodann mit krummem Rücken. Mit zehn polnischen Groschen war er zufriedener als der kurländische mit sechzig. Seilzeug und Pferde waren der Armut, die dieser Zug zeigte, in allem entsprechend.

Mit Kalm hob ein schöner schwarzer Getreideboden an; der Weg lief über eine vollkommene Fläche, die näher und entfernter mit Wäldchen und Gebüschen eingefaßt war. Diese Fläche hielt bis Janiszek, der nächsten Post, an. Zweieinhalb Meilen waren in anderthalb Stunden zurück gelegt. Janiszek ist ein unansehnlicher Flecken, der eine Stadt genannt wird. Die Häuser sind von Holz und zeigen nicht die geringste Spur von Stein und Kalk. Die Giebel stehen größtenteils nach der Straße. Juden machen den größeren Teil ihrer Einwohner aus, und sie sind hier, was sie nirgend auf der Welt sind, die – Vornehmen. Kein Haus ist über einen Stock hoch und fast alle haben zerlöcherte Strohdächer. Auf einigen Scheuern sah ich nur noch die Trümmer eines ehemaligen Daches. Am berühmtesten ist diese ärmliche Stadt durch einen großen Pferdemarkt, der ein paarmal jährlich hier gehalten wird. Übrigens wohnt hier Gott ebenso schlecht, als der Mensch. Ein paar Bethäuser, an denen ich vorüber fuhr, waren nicht größer als die Wohnhäuser, ebenso wie sie von Holz, ebenso wie sie durchlöchert, schief und alt. Ich fand einige Häuser der Stadt beziffert, den größten Teil davon aber nicht. Das Polizeiamt, das während des Laufes der Staatsveränderung vom 3. Mai seine Entstehung erhielt, lebte nicht lange genug, um diese Ordnung ganz auszuführen; die übrigen Häuser werden nun wohl ohne Ziffer bleiben. – Ich schätze die Stadt zu höchstens 350 Häuser und ihre Einwohner auf zweieinhalb tausend Köpfe.

Von Janiszek bis Mieskut (Mieszkuć) (2½ Meilen) fand ich den Weg immer noch eben, den Boden immer noch fest und fruchtbar. Ich kam durch mehrere Dörfer, deren Ansicht man nach der Beschreibung beurteilen kann, die ich vorhin von einer Stadt gegeben habe. Zwei bis drei Gnadenbilder, um welche Kinder in bloßem Hemde spielten, besaß jedes Dorf; aber auch diese standen teils schief, teils faulten sie, teils waren die Bilder von den Pfählen herabgefallen. Auch bemerkte ich, daß sich die Leute, beim Vorübergehen, nicht viel darum bekümmerten. Vielleicht fehlt es in der Gegend an tätigen Mönchen, deren Ansehen sich auf den Umstand gründet: keinen gekreuzigten Christus sinken zu lassen; vielleicht waren die Menschen zu arm, um sich einen neuen anzuschaffen. In Böhmen z. B. bemerkt man beides nicht. Die Kreuzbilder sind dort in gutem Stande und der gemeine Mann begrüßt sie noch durch Abnehmung des Hutes oder der Mütze. Mieskut ist übrigens das Seitenstück zu Janiszek.

Von Mieskut nach Schauel (Szawel), der nächsten Post (2 ½ Meilen), erhebt sich der Boden etwas und der Weg läuft abwechselnd über kleine Anhöhen und durch kleine Täler hin, wovon die ersteren mit Buschwerk und Gehölz besetzt, die letzteren mit frischen Saaten bedeckt waren. Das Buschwerk war teils im Knospen, teils im Ausbruche der Blätter; alles aber schon weiter hervor, als ich es in Livland und Kurland hinterlassen hatte. Szawel ist unter den litauischen Städten ein ausgezeichneter Ort, der aus der Ferne sogar eine Art von Ansicht gewährt, weil er eine steinerne Kirche mit einem Turm und ein paar große steinerne Amts- und herrschaftliche Gebäude hat. Man fährt durch eine regelmäßige Straße, die sogar gepflastert ist, hinein, und hat auf beiden Seiten artige Kolonistenhäuser, die teils von Handwerkern, teils von Juden bewohnt werden. Da aber in Polen nie etwas ganz ordentlich ist, so zeigen diese Häuser nach der Straße zu einen Giebel von Backsteinen, aber die hinteren Teile sind ganz von Holz. Die übrigen Häuser in der Stadt sind ebenfalls ganz von Holz und stehen unregelmäßig umher. Der Marktplatz ist nach Verhältnis sehr groß, und faßt auf der einen Seite die vorhin erwähnten steinernen Häuser, die Kirche und die Hauptwache. Linker Hand steht eine doppelte Reihe von jüdischen Buden, in welchen baumwollene Zeuge, Tücher, Glas, Brot und andere Dinge feil geboten werden. So wie die Juden in

Polen eine Art von Vaterland gefunden haben, so ist hier auch ihr Äußeres und ihre ganze Bildung reinlicher und feiner als anderwärts, und man trifft, besonders unter den Weibern, mehr als eine echt morgenländische Bildung an. Schwarzes Haar, Habichtsnase, schöne schwarze Augen sind fast allgemein, und die Farbe hat eine gewisse, fast kränkliche Zartheit, die man bei den christlichen Bewohnern von Litauen nicht findet. Daß eine Menge von diesen Leuten um meinen Wagen wimmelte und mir ihren guten Willen zu kleinen Diensten und Gewinn zeigte, versteht sich von selbst. Ich fand auch einige mit Handarbeiten beschäftigt, die sie sonst selten an sich kommen lassen. Mein Postknecht selbst war ein Jude. Ich schätze diese Stadt auf 300 Häuser und Hütten, und ihre Einwohner auf 3500 ungefähr.

Von Szawel bis Radziwiliszek (3 Meilen) fand ich den Weg, obgleich ungemacht, dennoch, bis auf einige Stellen, vortrefflich. Ich machte den Weg dahin in der Zeit von drei und einer halben Stunde, so jämmerlich auch meine Pferde und ihr Führer aussahen. Dieser letztere hatte es sich bequem gemacht. Er hatte eine einfache baumwollene Schlafmütze auf, aus welcher ein schmutzigschwarzes Haar büschelweise hervor sah, das er, so sehr er auch mit der Antreibung der Pferde beschäftigt war, dennoch zuweilen mit spitzen Fingern kämmte. Sein Leib steckte in einem kurzen, mit Teer und andern Handwerkszeichen getigerten Schafspelze, der ein paar zerrissene Hosen kümmerlich bedeckte, aber die gelbe Brust bloß ließ und dabei einige dürftige Überbleibsel von einem schwarzen Hemde bemerkbar machte. Mit Schuhen oder Stiefeln hatte er sich gar nicht in Unkosten gesetzt. An der Peitsche war kein fingerlanges Leder. In dem einen Ende des herumflatternden Halstuchs schneuzte er sich. Bei dem allen fuhr er sehr geschickt, schnell und vorsichtig.

Der Postwechsel ist in einem einzelnen gemauerten Hause,

eine kleine Strecke von dem Städtchen Radziwiliszek. Hier blieb ich die Nacht, nachdem ich in dreizehn Stunden sechszehn starke Meilen zurückgelegt hatte. Man vergleiche dies ein wenig mit der Art Extrapost zu fahren in Sachsen oder Preußen, wo die Reisenden für den Postknecht und seine Pferde da zu sein scheinen, nicht diese für den Reisenden. Mein Nachtlager beschreibe ich nicht; sie werden einander wahrscheinlich in Litauen alle ähnlich sein, und dann ist weiter unten noch Zeit dazu. Übrigens ist Radziwiliszek ein unbedeutendes Städtchen, nicht so gut und groß wie Janiszek, aber wohl wie Mieskut.

Den andern Morgen, den 2. Mai, reiste ich weiter nach Szadow (2 Meilen), wohin der Weg ziemlich angenehm wurde. [...]

Keidan (Kieydan) (3 Meilen) erreichte ich auf einem angenehmen Wege, der über zwei oder drei ansehnliche Anhöhen hinabläuft. Die Stadt stellt sich aus der Ferne nicht unangenehm dar, weil sie mehrere Kirchen und Türme hat. Es war die erste beträchtliche Stadt, die ich in Litauen sah, aber nur in Absicht des Umfangs, nicht in der Bauart. Ich habe nicht über drei oder vier steinerne Häuser gezählt, die übrigen alle waren, nach litauischer Sitte, von Holz. Hier fand ich die ersten Russen, und zwar Husaren, deren verbrannte Gesichter und verbrauchte Kleidung von neuerlich vollendeter Kriegsarbeit zeugen; von Person im Durchschnitte ungewöhnlich klein, aber von starkem, gedrungenen Bau, dem wahren Bilde der Dauerhaftigkeit. Ihr Blick und Anstand waren im höchsten Grade kriegerisch. Hier war auch Ordnung, denn beim Ein- und Ausgange der Stadt mußte ich meinen Namen abgeben. Lebensmittel und Futter, klagte man mir, seien ungewöhnlich selten und teuer. Nach einer ungefähren Schätzung kann Keidan gegen 450 Häuser und 5000 Einwohner haben.

Von Keidan aus läuft der Weg über eine ziemlich steile Anhöhe hinan, die sich in ein fruchtbares Tal verliert, durch

welches die Wilija hinläuft. Dieser Fluß ist ziemlich unbeträchtlich, bildet aber ein angenehmes, fruchtbares, behölztes Ufer. Gras und Bäume an demselben waren schon in der jugendlichen Farbe des Frühlings und die Sonne stach sehr lebhaft. [. . .]
Kurz nach 9 Uhr stand ich an dem Ufer jenes Flusses, nachdem ich, seit 6 Uhr morgens, eine Strecke von 17 Meilen zurückgelegt hatte. Ich fand Russen vor mir, die in der Judenstadt im Quartier lagen. Ich nenne die hier herumstehenden Häuser, die eine förmliche Stadt mit einem Markte bilden, eine Judenstadt, weil sie in der Tat ganz von Juden bewohnt wird, die eine eigene ansehnliche Synagoge hier besitzen, und sich wohl auf 2000 Köpfe belaufen können. Es fällt mir immer noch auf, dieses Volk auch mit andern Dingen als mit Schachern beschäftigt zu sehen; hier nämlich treiben sie alle Handwerke, die sie zu ihrer Versorgung und Unterhalte brauchen. Auch die Nachtwächter waren Juden, aber (man lache nur nicht!) ihrer zwei waren immer beieinander, sangen auch beide dasselbe Nachtwächterlied, aus dem sehr guten Grunde, wie es scheint, daß zwei Furchtsame einander eine Art von Mut einflößen. Hier fühlte ich zum erstenmal wieder einige kleine Unbequemlichkeiten der soldatischen Ordnung, deren ich in Kurland und Litauen ganz ungewohnt worden war. Die diesseits stehenden Russen hatten nämlich Befehl, nach 9 Uhr niemand über den Fluß nach Kauen zu lassen. Man kündigte mir dies an und führte mich in die schwarze, von Hitze und Ausdünstungen stickige Hauptstube eines Judenkruges, wo ich mich, da ich nur wenig Russisch verstehe und da die umstehenden Juden mein Deutsch nicht verstanden, mit großer Anstrengung verständlich machen, und meinen Namen und woher ich käme und wohin ich wollte, dem Korporal in die Feder sagen mußte, der anfing, mich besser zu verstehen, als ich mir die Freiheit nahm, ihm durch ein paar Dutzend polnische Groschen nachzuhelfen.

Nach diesem Geschäfte trug ich, so gut ich mit Gebärden und einem jüdischen Dragoman konnte, mein Anliegen vor, daß man mich noch nach Kauen hinüber lassen möchte; aber ich wußte freilich, da mir die Strenge des russischen Kriegsdienstes bekannt genug ist, daß es unmöglich sein würde. Ich war eben im Begriff, meinen Wagen in einen andern jüdischen Krug schaffen zu lassen, als der Offizier, der an der Spitze der Mannschaft war, gerade von Kauen hier landete. Da er Deutsch und Französisch sprach, so hatte ich Mittel in Händen, mich ihm verständlich zu machen; er weigerte sich anfangs, aber endlich erklärte er mit wahrer Artigkeit, er wolle, da ich doch auch ein russischer Untertan sei, den Verdruß auf sich nehmen, der ihm daraus erwachsen könnte, wenn er mich noch hinüber ließe. Ich glaubte nun gewonnen zu haben, und hätte auch überall gewonnen gehabt, nur nicht hier, wo Juden die Matrosen und Steuerleute der Fähre waren. Da sich ein unbeträchtlicher Wind erhoben hatte, so erklärten sie, mich nicht übersetzen zu können, und blieben dabei, ungeachtet ich ihnen ein vierfaches Fährgeld bot. Wie groß ihre Ängstlichkeit war, kann man aus diesem Umstande deutlich sehen; und ich erinnerte mich sehr lebhaft an die gemeine Sage, daß die Juden, um ihre Furcht vor dem Wasser zu beschönigen, zu sagen pflegen: es habe keine Balken.

So war ich dennoch gezwungen, nach einem jüdischen Kruge umlenken zu lassen und mich dort, in einer Gesellschaft, die ich nicht beschreibe, die aber aus russischen Soldaten, nackten Litauern, halb betrunkenen Polen und der zahlreichen Familie des Hauses bestand, bis um 3 Uhr zu verweilen. Die Gruppen, die diese bunte Gesellschaft bildete, gehören auf die Gasthofsgemälde Fieldings und Hogarths. Auch habe ich sie, durch alle meine Sinne, ein wenig zu sehr satt bekommen, als daß ich mich gern von neuem unter sie versetzen möchte.

Der Fluß, über welchen ich mich nun setzen ließ, um

vollends nach Kauen hinein zu kommen, war die Wilija, die in die Niemen oder Memel fällt und diesen Strom um ein Drittel stärker macht. Er nimmt dann seinen Lauf so, daß man sich, wenn man Kauen hinter sich hat, noch einmal darüber setzen lassen muß. Diese Stadt ist also rund herum von diesen beiden Flüssen eingeschlossen.

Kauen selbst ist eine der ältesten Städte in Litauen. Die Spuren davon sieht man an einigen altgotischen Häusern, die sich bei den Verheerungen, welche die Stadt in den schwedischen Kriegen und durch Feuersbrünste ausgestanden hat, erhalten haben. Es ist diejenige Art von Häusern, die mit den Giebeln nach der Straße gebaut sind. Die Giebel sind entweder doppelt und abgerundet, oder nur einfach und oben spitz zulaufend und beschnörkelt. Ein paar Kirchen sind in demselben Geschmacke erbaut; was aber unter den Häusern später aufgeführt ist, zeigt einen reineren, neueren Geschmack, und einige darunter habe ich ganz artig gefunden. So ist das ehemalige Jesuiten-Kollegium am Markte, nebst seiner Kirche, obgleich nicht übermäßig groß, dennoch nach sehr guten Verhältnissen erbaut, und, was man ganz natürlich finden wird, das beste öffentliche Gebäude in der Stadt. Das Rathaus hat einen schönen Turm nach alter Weise, welcher der höchste in der Stadt ist, und den Markt ziemlich vorteilhaft aufputzen hilft, was, in einer andern Art, einige zwanzig Stück russisches Geschütz, nebst dazu gehörigen Pulverwagen, ebenfalls taten. Die äußeren Teile der Stadt sind durchweg mit Holzhäusern besetzt, zwischen denen noch manche Überbleibsel von Mauerwerk sich befinden, die deutlich beweisen, daß diese Stadt ehemals größer, volkreicher und blühender war als jetzt. Der Bürgermeister und Posthalter des Orts, der, wie er mir selbst versicherte, Herr von Essen hieß, gab mir die Zahl der Häuser zu 400 und die Einwohner zu vier- bis viereinhalbtausend an. [. . .]

Ungefähr eine halbe Stunde von Kauen, muß man, wie ich

schon bemerkt habe, sich über die Niemen setzen lassen. Auf der Fähre befand sich ein russischer Korporal, der dorthin gestellt war, um Ordnung und Tätigkeit beim Übersetzen zu erhalten. Ein ansehnlicher Haselstock beförderte dies; und er war auf die gewissenhafte Erfüllung seiner Pflicht so erpicht, daß er, wenn die Fährleute auch gut arbeiteten, sie dennoch mit derben Streichen zwang, noch besser zu arbeiten. Dies ging so weit, daß er auch ein paar Reisende (einen Litauer und einen Juden) mit zur Arbeit trieb, und sie ebenso gut durch die Ausbrüche seines Diensteifers beunruhigte als die eigentlichen israelitischen Matrosen. Erst etwas spät bemerkte ich, daß er mich, bei jeder Erinnerung, die er austeilte, von der Seite lächelnd ansah, um mir anzudeuten, es geschehe, um mir desto geschwinder hinüber zu helfen; und daß er also auf dem Buckel jener ein Trinkgeld von mir zu ernten vermutete. Da mir diese Entdeckung keine sonderliche Freude machte, so nahm ich mir vor, ihn nicht für seinen guten Willen zu belohnen; aber am gegenseitigen Ufer machte mich die Zufriedenheit, auf dem elenden Floße glücklich hinüber gekommen zu sein, wieder weich, und ich gab ihm einige polnische Groschen, die er ebenso demütig annahm, als er vorher übermütig geprügelt hatte.

Von der Niemen fährt man bergauf in einen Wald, der wenig Abwechslung gewährt, dennoch aber volle zwei Meilen fortdauert, bis er endlich immer lichter und lichter wird und sodann eine sehr angenehme Aussicht in das Tal der Niemen darbietet, in welches man über eine beträchtliche Anhöhe hinabfährt. Es zeigte hier die fruchtbarsten Wiesen, zwischen denen jener Strom hinfloß, an dessen Ufern ansehnliche Herden weideten. Hier ist der nächste Postwechsel, Gog (3 M.), ein freies Dorf, das sich vor allen übrigen, die mir in Litauen vorgekommen sind, so unterscheidet, wie es dessen Vorwort natürlich mit sich bringt. Es ist mit sogenannten Deutschen Bauern besetzt, die sich in älteren Zeiten in Litauen und Polen, auf das Versprechen gewisser Freiheiten, niederließen, die man ihnen auch ziemlich gehalten hat, zum eignen Nutzen der Güterbesitzer. Deutsch können aber diese Leute längst nicht mehr. – Die Häuser dieses Dorfes waren größer, länger, sorgfältiger gebaut; die Gärten an denselben mit Fleiß bearbeitet und verzäunt; die Scheuern ohne Löcher in den Dächern, der Weg durch dasselbe nicht sumpfig, sondern fest. Die Einwohner hatten einen freien, offnen, gefälligen Blick und Anstand; nicht jenes sklavisch-höfliche Wesen, das man an den übrigen litauischen Bauern bedauert. Sie näherten sich mir ohne Scheu und entfernten sich, ohne auf mich zu achten. Ich trat in ein paar ihrer Häuser und fand Ordnung und Reinlichkeit. In dem einen bot mir ein junger Mann Brot, Butter und Milch mit dem gefälligsten Wesen an. Ihre Wohnungen sind in zwei Hälften geteilt; die eine ist eine Art von Eß- und Trinkzimmer, mit einem langen Tisch für die ganze Hausgenossenschaft; die andre die Arbeitsstube, wo man die Spinnräder, Webstühle usw. in Bewegung findet. Nur dies Litauische haben die Stuben an sich, daß sie bloß durch ein Loch, welches ungefähr 1 Fuß hoch und 1½ Fuß lang und mit unregelmäßigen Fensterscheiben ausgesetzt ist, die in Holz gefaßt sind, das Tageslicht bekommen. Der Wohnung gegenüber stehen die Ställe und Scheuern. – Die gebrauchten Postpferde waren kaum abgeschirrt, als die frischen schon vor dem Wagen standen. Kein Mensch machte auch nur die Miene, als ob er ein Trinkgeld von mir haben wollte. Dies Völkchen mag ungefähr 300 Köpfe stark sein. Der Schulze oder Vater, der zugleich den Postwechsel besorgt, schien bei ihnen in großem Ansehn zu stehen. Es war ein alter Mann, in den Sechzigern, der viel Artigkeit und Munterkeit zeigte.

Von Gog aus läuft der Weg noch eine Weile durch das Tal hin, endlich erhebt er sich wieder rechts und man verliert es aus dem Gesichte zugleich mit der Memel. Diese, die, wie

alles in Litauen, sich selbst überlassen ist, war in eine Niederung hineingetreten und hatte sie dergestalt ausgefüllt, daß, auf einen angestellten Versuch, das Wasser wenigstens einen Fuß hoch in meinen Wagen hätte dringen müssen. Ich war gezwungen, alles aus- und abpacken, es auf die andere Seite hinübertragen und so mein Fuhrwerk schwimmend nachkommen zu lassen. Zwei gutmütige Litauer halfen mir dabei und ein dritter ging ab und zu. Dieser hatte jedesmal einen tödlichen Schreck, wenn er aus der Ferne etwas kommen sah, das ihn ein russischer Husar dünkte. Er stieg sodann die behölzte Anhöhe zu meiner Rechten hinan, verbarg sich im Gebüsche und kam erst wieder zum Vorschein, wenn die Ursach seiner Angst vorüber war. So viel ich aus den Worten und Gebärden meiner Litauer begriff, rührte sein verschüchtertes Wesen daher, daß man ihm aufgegeben hatte, einen Säbel, den ein Husar in der ausgetretenen Niemen verloren, zu suchen, und nicht eher wieder zu kommen, als bis er ihn gefunden habe. Da letzteres nicht war, konnte ersteres nicht sein, und darum versteckte er sich.
In der Zeit von einer Stunde war ich so weit, daß ich meinen Weg fortsetzen konnte. Er führte eine Anhöhe hinan, auf eine fruchtbare Fläche, die mit mehreren Dörfern besetzt war. Am Ausgange eines derselben holte ich einen betrunkenen russischen Musketier, in seiner ganzen Rüstung, ein. Er nahm sich die Freiheit, mich mit schwerer Zunge zu fragen, wer ich wäre. Da ich ihm, um kurz abzukommen, zu erklären suchte, daß ich seine Sprache nicht verstände, aber ein deutscher Landsmann von ihm sei: so versicherte er mir, ich sei doch ein Pole; und machte Miene, nicht bloß sich am Wagen zu halten, sondern wohl gar hineinzusteigen und den Vordersitz einzunehmen. Weil es hier stark geregnet hatte, so war der Boden sehr schlüpfrig geworden, und da der Mann seines Gleichgewichts nicht Meister war: so fiel er, indem er rasch neben dem

Wagen hin zu schreiten versuchte, mit sich selbst und seinem ganzen Gepäck recht ernsthaft auf die Nase. Da ich mit einem betrunkenen Sieger, den ich noch dazu umgestoßen haben sollte, ungern etwas teilen mochte, so ließ ich meinen Postknecht rasch zufahren, und kam so mit der kleinen Strafe davon, daß mich mein Landsmann, als er wieder auf den Füßen war, mit einigen recht derben polnischen Hundsf... begleitete. Er lief noch eine Weile, schnell genug für seinen Zustand, hinter dem Wagen her, bis ich endlich so viel Vorsprung behielt, daß ich ihn aus den Augen verlor. Zu besorgen hatte ich wahrscheinlich nichts weiter als den Verlust von ein paar Gläsern französischen Branntwein und ein paar polnischen Groschen.

Jene fruchtbare Fläche, auf der ich war, verlor sich in einen Wald, der sich allmählich von neuem in ein schönes Tal herabsenkte, dessen frisches Grün mich abermals sehr lebhaft daran erinnerte, daß ich dem Frühling entgegen führe. Eine der stärksten Herden, die ich noch in Litauen gesehen habe, stand in demselben zerstreut, bis nahe vor Pren, der nächsten Post (3 M.), wo sich der schwarze, moorige Boden des Tals plötzlich in tiefen Sand umsetzte. Pren ist ein gewöhnliches litauisches Städtchen von höchstens 300 Häusern. Ich fand darin eine Abteilung polnischer Infanterie, die fast aus lauter jungen, festen, gut und neugekleideten Leuten bestand. [...]

Den 4. Mai. Von Przewalk bis Kryniczna (3 M.), wo ich übernachtete, und von da bis Grodno (2½ M.) ist die Landschaft abwechselnd waldig und flach, aber immer sandig, und bietet wenig Veränderung dar, bis nahe vor Grodno, wo diese alte Stadt allmählich in dem Niementale sichtbar wird. Der Anblick derselben, von oben herab, ist nicht unangenehm. Mehrere Kirchen mit ihren Türmen, und eine gute Anzahl, in neuerem Geschmack gebauter, aber sehr zerstreuter, Paläste und Häuser ragen über die schwarzen, hölzernen Hütten hervor, welche die Masse der

Stadt eigentlich bilden. In einiger Entfernung vor der Stadt fand ich eine beträchtliche Anzahl Stücke ausgefahren, die sämtlich nach derselben gerichtet waren, deren Lösung aber der nächstens zu versammelnde Reichstag schwerlich nötig machen wird. Übrigens ist der erste Eintritt in die Stadt ansehnlich genug, und er wird es durch das königliche Schloß und mehrere Häuser von Großen, die hier auf einen Fleck zusammengedrängt erscheinen. Ist man an diesen vorüber, so gelangt man, über eine neue feste Brücke, in die Stadt selbst und hier wird einem jener Abstich in der Bauart, der allen polnischen beträchtlichen Städten gemein ist, sehr auffallend. Bei einem guten Hause stehen drei, den Einsturz drohende, hölzerne Hütten, dann ein Palast, dann eine Kirche, auf einem Pflaster, das man kaum so nennen kann, weil es bei dem geringsten Regen mit einem Strome von Kot überzogen ist.
Übrigens zeigte sich Grodno jetzt sehr volkreich und lebhaft. Außer der starken russischen Besatzung befanden sich mehrere Gesandte nebst ihrem Gefolge, der Hauptstab aller umherliegenden russischen Truppen und schon mehrere von denjenigen polnischen Großen hier, die an dem nächsten Reichstage[1] noch Teil nehmen dürfen. Daß ein König in Grodno war, davon zeigte sich keine Spur; auch lebte er, mit einem sehr kleinen Gefolge, in seinem Palaste wie verschlossen. Vor demselben bemerkte ich keinen einzigen Wagen, aber desto mehr vor der Wohnung unseres Botschafters[2]. Die Umgebungen unserer Stabsoffiziere, die vier- und sechsspännig einherfuhren, waren sehr prächtig und füllten fast alle Straßen; aber die polnischen Großen hielten sich jetzt, in einem bescheidenen Wagen wie versteckt, an den Seiten der Straßen. – Übrigens waren mehrere Modenhändler aus Warschau mit ihren Läden hier; und eine ziemliche Anzahl der hübschesten und berühmtesten Mädchen von eben daher hatten sich hier, nach ihrer Weise, ansässig gemacht, um durch ihr Beispiel (so vermute

ich wenigstens) die verschiedenen Parteien und Nationen zur Nachgiebigkeit und Verträglichkeit zu ermuntern.
Da Grodno für seine gegenwärtige Volksmenge nicht geräumig und die Landschaft umher nicht ergiebig genug ist, so herrschte eine außerordentliche Teuerung in Wohnungen und Zehrung. Ein Stübchen mit einem Bette kostete täglich einen, zwei, auch drei Dukaten, und ein erträgliches Mittagessen acht bis zwölf polnische Gulden. Ein Fuder Heu, von einem Pferde gezogen, mußte mit drei und vier Dukaten bezahlt werden. Nach diesem Maßstab alles übrige.
Ich hatte nicht Zeit, die Trümmer der Wollmanufaktur, die der König vor Jahren hier anlegte, und die Chirurgische Akademie nebst ihrem Pflanzengarten zu sehen. Bei meiner Zurückkunft werde ich beides nachholen.
Hinter Grodno mußte ich noch einmal über die Niemen, und sodann eine beträchtliche Anhöhe hinauf, die sich in eine weite Fläche ausdehnte. Ich fand eine breite, gemachte, mit ziemlicher Sorgfalt unterhaltene Straße, die an beiden Seiten mit Gräben versehen und mit Bäumen bepflanzt war. Dieser Straßendamm ist ebenfalls ein Werk des unermüdlich tätigen Tiesenhausen[3]. Schade, daß die Landschaft, durch die er führt, ziemlich traurig ist. Man sieht fast nichts als einen kahlen, gelblichen, sandigen Boden, dessen Fläche nur hier und da durch kleine Anhöhen und einzelne Baumgruppen und Buschwerk unterbrochen wird. Hier zeigte sich eine sehr angemessene Bahn für die Eilfertigkeit der Postknechte. Ich legte in 4½ Stunden zwei Posten, nach Kuźnica und Sokółka, oder sechs deutsche Meilen, zurück. Streckenweise ging es in gestrecktem Laufe, die übrige Zeit im Sprunge. Aber es ist gewiß, daß man nur polnischen Pferden so etwas zumuten kann.
Kuźnica ist übrigens ein unbeträchtliches, ich weiß nicht, Fleckchen oder Städtchen; denn ich kann mich in den hierher gehörigen litauischen Maßstab noch nicht finden;

aber Sokółka ist ansehnlicher und gehört in die Klasse von Janiszek und Schadow. Besonders zeichnet sich der Marktplatz aus, der mit Fabrikgebäuden und Fabrikantenhäusern besetzt ist, lauter Anstalten des erwähnten Tiesenhausen, die durch seinen Tod in Verfall geraten sind. Die oben erwähnte Tuchmanufaktur in Grodno, die eine Weile gedeihen zu wollen schien, und deren Anlage ebenfalls sein Werk war, gerät täglich mehr in Verfall und es wird nicht lange dauern, so dürfte das Andenken an diesen unternehmenden Mann in Schutt zerfallen. In Grodno versicherte mir ein Mann, den er als Aufseher der Manufaktur aus der Schweiz verschrieben hatte: Tiesenhausens größter Fehler sei gewesen, daß er nie Geduld gehabt, den Erfolg der einen Unternehmung abzuwarten, ehe er eine zweite anfing. Dies verursachte Unordnung in seinen Geschäften und endlich den gänzlichen Stillstand derselben. Er war Hofschatzmeister von Litauen, sehr in der Gnade des Königs, und würde Verbesserer der polnischen Staatseinkünfte und Schöpfer der polnischen Fabriken und Manufakturen geworden sein, wenn ihn nicht der Neid niedergehalten hätte. Die Gläubiger griffen zu und alles ging zu Grunde.

Von Sokółka bis Bukstal (3 M.) dauerte der vorhin erwähnte Straßendamm noch fort und der Reisende bemerkt dies zu seiner größten Zufriedenheit. Von Bukstal bis Białystok ist es derselbe Fall. Ich machte diese 6 Meilen in 4 Stunden. An den beiden vorhin genannten Orten fand ich in den Posthäusern Zweige von zwei sächsischen Familien, die, seit Augusts des Zweiten Zeiten[4], hier die Postmeisterstellen ausfüllen, und die jetzt schon 44 Köpfe stark sind. Sie bilden eine kleine bürgerliche Gesellschaft, die durch Blutsfreundschaft genau zusammenhängt, ihre Kinder wechselweise untereinander verheiratet, kein polnisches Blut einläßt (so weit dies zu vermeiden ist) und übrigens echt sächsische Sitte und Mundart beibehalten hat, wenn auch die Männer sich zum Teil polnisch kleiden. Nettigkeit und Sauberkeit

zeichnen die Posthäuser, worin sich dies Völkchen befindet, vor allen übrigen in Litauen sehr vorteilhaft aus.
Białystok, wo ich abends um 7 Uhr, nach zurückgelegten 16 Meilen, schon ankam, ist das neueste und artigste Städtchen, das ich bisher angetroffen habe. Es liegt schon in Podlachien. Die Straßen sind gerade und in der Mitte sehr gut gepflastert; die Häuser fast alle regelmäßig, von Backsteinen aufgeführt; in gewissen Entfernungen voneinander abstehend, und fast alle nach einerlei Geschmack erbaut, nämlich den Giebel nach der Straße und einen Stock hoch. Der Marktplatz ist geräumig und wird durch eine Halle, die ein Turm ziert, recht artig aufgeputzt. Es war sehr lebhaft. Fast in allen Häusern war Musik und aus allen Fenstern sahen, und vor jeder Tür standen, Menschen mit fröhlichen, freilich ziemlich hochrot gefärbten Sonntagsgesichtern und aufgetriebenen Zügen, welche auf die Art ihres Genusses deuteten. Da eine beträchtliche Abteilung polnischer Infanterie hier stand, so lieferte diese die Stutzer für die Stutzerinnen aus der Küche und den Schenkstuben, und der Verkehr dieser lustigen Bande war wirklich praktischer und weniger versteckt oder dezent (wie man es heißt), als ihresgleichen aus der großen Welt es zu unterhalten pflegen.
Dies Städtchen gehört der Schwester des Königs, »Madame de Cracovie«, Witwe des Hetman Branicki. Es ist hier ein Schloß, mit einem geräumigen, gut unterhaltenen Garten. In dem Gebäude selbst herrscht ein regelmäßiger italienischer Geschmack, und die Menge von Säulen, die seit 10 der 15 Jahren fast alle neueren Paläste stützen zu sollen scheinen, findet man daran nicht. Das Ganze gewährt einen sehr heitern, freien Anblick, den die neuere Baukunst immerhin einen kahlen nennen mag, und Höhe und Umfang sind der Lage und Bestimmung so angemessen, daß dem Gefühle der Paßlichkeit nicht die mindeste Gewalt angetan wird. Der Garten ist klein, französisch und kalt, aber seine Um-

gebungen sind desto lebendiger. Man tritt nämlich aus demselben in ein großes Rasenfeld, das mit stattlichen Bäumen bepflanzt, mit künstlichen Erhöhungen und Vertiefungen durchschnitten und von einem dichten, romantischen Tiergarten begrenzt ist, in welchem eine Menge von Rehen und Tannhirschen spielen, die hier, in einem Umfange von zweieinhalb Meilen, kaum fühlen können, daß sie ihre Freiheit verloren haben. Die Kunst hat hier der Natur fast unmerklich nachgeholfen und beide befinden sich sehr wohl dabei. Unter anderem stößt man auf eine Allee, die ich, so schön gesehen zu haben, mich nicht erinnere; und ich sage dies, ohne durch die schauerliche Dämmerung, während welcher ich sie sah, ohne durch den eigensinnig-abwechselnden Nachtigallengesang, der mich dort entzückte, gewonnen zu sein. Ich fühlte mein Herz, nach einer Reihe von erkältenden und verengenden Geschäften, zum erstenmal wieder erwärmt und erweitert, und alle die Saiten auf einmal wieder angezogen, mit deren Erschlaffung ein großer Teil meiner Gesundheit und ein kleiner Teil meiner Heiterkeit verloren gegangen war.

Das Innere des Schlosses ist ziemlich leer und etwas vernachlässigt, seitdem die Besitzerin in Warschau lebt; indessen fehlt es nicht an schönen Zimmern und Sälen, die man auf diesem Flecke zwischen Petersburg und Warschau nicht zu finden vermutet.

Ich fuhr denselben Abend noch weiter nach Wojszk (3 M.) und Bielsk (2 M.) und fand den Weg immer noch sehr einförmig, fast durchgehend sandig, waldig, übrigens aber nicht beschwerlich. Zu Bielsk, der Hauptstadt von Podlachien, wo ich den 5. Mai des Morgens ankam, stand eine Abteilung von der polnischen National-Reiterei, die gerade aufzog, um ihrem General zu einem Namenstage soldatisch Glück zu wünschen. Vielleicht ist es hier nicht am unrechten Orte, einige Bemerkungen über diese Truppen mitzuteilen.

Die Polen sind geborne Reiter. Daß sie zugleich gute Reiter sein müssen, macht die Natur ihrer Pferde. Ihr Feuer, ihre Schnelligkeit, ihre Hartnäckigkeit erfordern Reitkunst, Mut und Kraft; ihre Dauerhaftigkeit und Genügsamkeit machen sie zu den Beschwerlichkeiten des Krieges ausgezeichnet geschickt, so wie die letztere Eigenschaft erlaubt, sie in Menge zu ziehen und solchergestalt fast das ganze Volk beritten zu machen. Da dieses überdies aus dem Ackerbau seine Hauptbeschäftigung macht, da zwei Drittel desselben auf dem platten Lande zerstreut und getrennt wohnen, so braucht es Pferde zu seinen Geschäften ebenso wohl, als zu seiner Erholung und zum freundschaftlichen Verkehr.

Vielleicht ist es aus diesen Gründen, daß die polnischen Heere immer stärker an Reiterei als an Fußvolk waren, und daß erstere dem letzteren beständig an Zucht, Ordnung und Nachdruck überlegen blieb. So war es in Polen vor Jahrhunderten, so war es voriges Jahr in dem Kriege gegen unsere Kaiserin[5].

Als der letzte Reichstag (von 1788 bis den 18. Mai 1792) zu wirken anfing, waren, außer den beiden Leibwachen, die Infanterie-Regimenter ziemlich unbedeutend an Zahl wie an soldatischer Kunst; aber die National-Reiterei war gut beritten und gekleidet, sorgfältig rekrutiert und jede Fahne derselben fünfundvierzig Köpfe stark. Der Reichstag fand es seinen Entwürfen gemäß, sie zu vermehren, und verstärkte wirklich jede Fahne bis zu hundertundfünfzig Mann. Zu dieser Vermehrung fanden sich häufiger Leute, als zur Vermehrung der Infanterie. Da man so politisch gewesen war, dieser Reiterei eine schöne Uniform zu geben, so drängten sich junge Leute vom höheren Adel nach Offizierstellen, und ich selbst habe damals im Reichstagssaale von den Reichsboten fast immer ein Drittel in dieser Uniform gesehen. Sie war ein Zeichen der Vaterlandsliebe geworden. Alte und reiche Edelleute gaben ihre Söhne zu

Towarzyszen[6] her, und sogar Reichsboten hielten es nicht unter ihrer Würde, solche zu werden. Sie zeichneten sich von den Gemeinen dadurch aus, daß sie Achselbänder und Fähnchen trugen, wie die Ulanen, auch Offiziers-Rang hatten. Bei jeder Fahne waren deren eine bestimmte Anzahl.

Dieser Kern des polnischen Heeres bestand aus den jüngsten, schönsten Leuten, von denen über zwei Drittel erst vor Jahresfrist geworben waren, und welche die Bewegungen und Griffe der Reiterei unglaublich schnell faßten und ausführten. Ich habe damals vor Warschau einen Teil derselben sich üben sehen, und wenn ihre Bewegungen noch nicht die Einheit und Genauigkeit der österreichischen und preußischen Reiterei hatten, so waren sie ihr an Schnelligkeit, Sattelfestigkeit und Geschmeidigkeit des einzelnen Reiters unendlich überlegen. Auch haben sie ihre Pflicht während des letzten Krieges fast durchgehend getan. Selbst unsere Offiziere stellten gegen mich hierüber ein unverwerfliches Zeugnis aus.

Die Uniform dieser Reiterei ist für die Gemeinen eine dunkelblaue Kurtka (kurze Jacke) mit roten Aufschlägen; eine lange, ungarische Hose von Tuch, von der Farbe wie die Aufschläge; kurze Stiefel; ein rundes und hohes, schwarzes Kaskett. Ihre Waffen sind: der Säbel, zwei Pistolen, ein Karabiner, und, bei den Towarzyszen, noch eine Pike mit einem Fähnchen. Für die Offiziere dieselbe Tracht, nur unendlich feiner und mit Achselschleifen, Feldbinden, Degengehenken, Feldtaschen, alles reich von Silber, verschönert. Die langen Beinkleider aber sind bei ihnen blau und von den Hüften herab an der Außenseite des Schenkels und Beines mit kramoisi-roten Rändern eingefaßt. Auf dem Kopfe die gewöhnliche, viereckige polnische Mütze, kramoisi-rot und mit einer weißen Feder und silbernen Schnüren und Quasten verziert; die Scheide des Degens, der, nach Husarenart, lang herabhängt, mit Silber ausgelegt; der Griff von dem feinsten Stahl. Das Ganze kleidet wohlgewachsene Männer, deren man unter diesem, im Ganzen, schönen Volke, so häufig findet, nach meinem Geschmack, vortrefflich. Dies herrliche Korps wird, wie man sagt, nächstens, wo nicht ganz, doch dem größten Teil nach, teils aufgehoben, teils von den teilenden Mächten in ihre Armeen hinüber genommen werden.

Die erwähnte Abteilung zu Bielsk brachte, wie ich gesagt habe, ihrem General einen kriegerischen Glückwunsch, aber – zu Fuße. Zwei Füße sind nicht genug für diese Zentauren. Sie standen, gingen und richteten sich so schlecht, wie man es sich nur einbilden mag; und ihr Laden und Feuern würde ihnen das Achselzucken eines achttägigen preußischen Rekruten zugezogen haben. Nach dem Manöver trat ihr Oberster, Graf St., den ich vordem in Warschau hatte kennen lernen, zu mir und sagte: »Monsieur, mon monde n'est pas sur ses terres.« Ich bejahte dies, denn er war befugter Richter; aber ich versicherte ihm, seine Leute auf ihrem natürlichen Grund und Boden gesehen zu haben. [. . .]

Von Bielsk eilte ich weiter auf Brańsk (3 M.), Polbikrów (3 M.), Krzemień (3 M.), Sokołów (3 M.) und Węgrów (2½ M.), lauter Städtchen oder Flecken, wie die meisten oben beschriebenen. Zu Węgrów standen 2000 Russen, und ich mußte mir, von dem Tore an, die Begleitung eines russischen Korporals bis zur Regimentskanzlei gefallen lassen, wo man in der Tat nur meinen Namen wissen wollte. Da ich in einem Lande geboren bin, wo man die soldatische Ordnung nicht für Sklaverei hält, so ist mir diese, wie andre ähnliche Maßregeln, nicht im mindesten aufgefallen; aber in Polen macht man sie zu einem Gegenstande ängstlicher Beschwerden und rechnet sie zu den Dingen, welche nur ein offenbarer Krieg entschuldigen könnte. Man schließe aus diesem Zuge, von welcher Natur der Begriff ist, den man sich hier gemeiniglich von Freiheit macht. Wie kann er aber auch vielseitiger sein, da er nur auf einen Ausschuß von kleinen unumschränkten Herren zu passen braucht, die den Grundsatz: wir sind frei für Euch alle, bei dem Kern ihrer eigenen Nation mit der Peitsche geltend zu machen pflegen?

Der Weg von Węgrów, von wo ich noch den Abend wieder abfuhr, über Maków (3 M.), Stanisławów (3 M.) und Okuniew (3 M.) nach Warschau (3 M.) bietet, wie vorher der nach Węgrów, wenig Abwechslung dar. Sand und Wald begleiteten mich bis nach Warschau, wo ich den 7. morgens um 9 Uhr ankam. Also hatte ich in 6 Tagen und 2 Nächten 96½ Meilen zurückgelegt. Ich fürchte, daß ich in Ländern, die in besserem Rufe stehen als dies vermeinte wilde, zu einer ähnlichen Strecke noch einmal so viel Tage und Nächte werde brauchen müssen.

Dies führt mich zu einigen Bemerkungen über den Zustand der Poststellen in Litauen, die ich um so lieber bekannt mache, da man gewöhnlich glaubt, durch eine Wildnis oder durch Litauen reisen, sei einerlei.

Der Preis der Extra-Postpferde ist, wie überall, das Stück die Meile 2 polnische Gulden oder 8 Groschen; der Knecht aber bekommt, die Post mag zwei, drei oder vier Meilen stark sein, nur 2 polnische Gulden, die dem Postmeister sogleich mitbezahlt werden. Dieser gibt sie dem Knecht erst bei seiner Zurückkunft, damit er, wenn er diesen Reichtum unterwegs in die Hände bekäme, sich nicht betrinken könne, was der einzige Genuß für Leute dieser Art hier zu Lande ist. Will man ihn, nach zurückgelegtem Postlaufe, noch außerdem belohnen, so küßt er einem für drei bis fünf polnische Groschen Hand und Rock.

Die Pferde sind durch ganz Litauen klein, aber das vermindert ihre Brauchbarkeit nicht. Man hat gesehen, was ich täglich für Strecken mit ihnen zurücklegte. Ihre größte Tugend ist laufen, und mehr als ein Postknecht hat mich zwei Drittel der Post im Sprunge, zum Teil in gestrecktem

Laufe, gefahren. Ziehen ist ihre schwache Seite, deshalb geben die Postmeister, ungefordert, zuweilen ein, auch zwei Pferde mehr, die man nicht bezahlt. Ich hatte einige Posten hindurch 5 Pferde, da ich doch nur drei bezahlte, und die stehende Anzahl war durchweg vier. An ihrer Gestalt und ihren Zug- und Lenkseilen muß man keinen Anstoß nehmen. Erstere ist so unansehnlich, und letztere sind so liederlich, daß man, auf den ersten Blick, an seinem Fortkommen verzweifelt. Auch ist der Postknecht auf jedem Laufe ein paar Mal gezwungen, eine Minute abzusteigen und daran zu knippern.

Die Postknechte, obwohl sie zum Teil, besonders in dem Kerne von Litauen, weder Röcke, noch Hosen, noch Stiefeln haben, sind vortreffliche Fuhrleute, und fahren, trotz ihrer Eilfertigkeit, mit einer Vorsicht und Sorgfalt, die ich zuweilen bewundert habe. Sie sind höflich, willig und genügsam. Nur zweimal ist es mir auf der ganzen Reise nach Warschau vorgekommen, daß der Postknecht vor einem Kruge anhielt; aber er verweilte nie über fünf Minuten. Noch dazu drängte ihn die Hitze, einen kühlen Trunk zu tun. Es fällt diesen armen Menschen nicht ein, die Bezahlung dafür von dem Reisenden zu fordern, nach der zudringlichen Weise der preußischen und sächsischen Postknechte. Unter den litauischen habe ich keinen einzigen Versoffenen gefunden.

Die Postmeister sind die gefälligsten Leute von der Welt; der Pferdewechsel dauert nicht zehn Minuten. Da die Pferde des Sommers zu zwanzig und dreißig Stück um die Post her weiden, so ist ein Stoß in das Horn von Seiten des ankommenden Knechtes genug, um die Hüter zu benachrichtigen. Sie werden von der Weide sogleich vor den Wagen getrieben, und da man nichts von Kumten weiß, sondern ihnen bloß eine Art von Schlinge, woran die Stränge befindlich sind, umhängt, so ist alles in wenigen Augenblicken getan, und man fährt weiter.

Daß man die Landessprache nicht versteht, stört nicht. Man merke sich nur aus derselben das Wort Pferd und ein paar Zahlen, weiter bedarf es nichts. Das Geld lernt man ohnehin und ohne Wörterbuch immer am leichtesten nennen und kennen.
In den Posthäusern findet man durchgehend Betten oder eine gute Streu; in mehreren zu essen und zu trinken, und, nach Landesart, auch wohlfeil. Übel wird man indessen nicht tun, so wie man in keinem Lande übel daran tut, einen kleinen Vorrat von eß- und trinkbaren Lebensmitteln bei sich zu führen. Zu Keidan, Kauen, Kryksztan, Grodno, Białystok, Węgrów und auf einigen anderen Rasten der litauischen Reise, hat man aber, was man unterwegs nur zu wünschen befugt ist.
Eigentliche gemachte Straßen gibt es in Litauen bloß streckenweise; und ich habe diese Strecken oben gelegentlich bemerkt; indessen bin ich doch nur, während der ganzen Reise, auf vier oder fünf Stellen gestoßen, die im Winter, oder bei regnerischer Zeit im Sommer, die Gefahr des Steckenbleibens drohten. Da aber der übrige Teil des Weges bald durch Sand, bald durch Fichten- und Tannenwälder läuft, so hat man hier zu keiner Zeit davon etwas zu besorgen. Daß die Landschaft übrigens nicht unangenehm, daß sie in einigen Gegenden wirklich reizend und im Ganzen sehr fruchtbar ist, hat sich schon gelegentlich aus meinen, mit Absicht umständlichen, chorographischen Bemerkungen ergeben.
Ich habe zur Rettung der litauischen Poststellen, die, wenn ich nicht irre, Coxe[7] ebenso sehr, als die allgemeinen Begriffe, die man sich von Polen macht, herabgesetzt haben, die vorstehenden Bemerkungen niedergeschrieben: aber auch Reisende, die nach Kurland, Livland und Rußland gehen, werden mir für diese Umständlichkeit danken, wenn sie sich der Unbequemlichkeit erinnern, oder davon gehört haben, die man auf der höchstlangweiligen, einför-

migen Reise über Berlin, Königsberg ud Memel zu dulden hat. Aus dem Mittelpunkte von Deutschland her ist dieser Lauf um wenig Meilen weiter als jener, und sie machen ihn mit weniger Unkosten, mehr Schnelligkeit, unter gefälligen Leuten, in einem größtenteils fruchtbaren und angenehmen Lande.

Auch lasse man sich nicht verleiten, was von der Unsicherheit der Wege gesagt wird, zu glauben. Ich selbst habe diesen Weg dreimal gemacht, viele meiner Freunde ebenfalls, und nie hat sich etwas Verdächtiges gezeigt, weder bei Tage noch bei Nacht. [. . .]

Die Dörfer der Litauer sind im höchsten Grade armselig. Holz und Stroh ist der Baustoff; an Schornsteine ist nicht zu denken. Da sie einzeln ihre Wohnungen liederlich bauen und an Besserung nicht denken, so ist jedes Dorf ein Bild der Unordnung und Zerstörung. Verfaulte Wände und zerlöcherte Dächer sind allen gemein. In einigen habe ich Scheuern gefunden, die nur aus einer geflochtenen Horte bestanden, über die ein verfaultes Dach gestülpt war. Man schenke mir die Beschreibung des Innern.

Trotz allem sind die Litauer ein, im Ganzen, wohl gebildetes Volk: groß, vierschrötig und stark. Da sie durchgängig einen Zwickelbart tragen, so gibt dies ihnen ein kriegerisches Ansehen; und da ihr Anzug meist lang ist und die Beinkleider weit und herunterhängend sind, so gibt ihnen dies, nebst ihren Basteln, welches bloß ein Paar mit Bändern unter dem Fuß befestigte Sohlen sind, eine Art von morgenländischem Ansehen. Auf dem Kopfe tragen sie eine mit Pelz besetzte Mütze, welche fast die Form der altmodischen Stutzperücken hat. Ihre Weiber tragen ähnliche lange Röcke, aber zugleich auch einen langen Unterrock, und ihre ganze Kopfbedeckung ist ein grobes, um den Kopf gewundenes Tuch, dessen Spitze zwischen den Schultern flattert. Das Tuch zu ihren Kleidern, oder vielmehr der wollene Zwillich, ist ihrer eigenen Hände Arbeit, und sie lassen ihn ungefärbt, meist braun oder weiß, wie die Wolle ihn gibt. Die Kinder sind Sommer und Winter im bloßen Hemde.

Natürliche Heiterkeit und Lustigkeit findet man bei ihnen selten; aber desto mehr die durch Branntwein erkünstelte. Ihre Herren sorgen dafür, daß sie dergleichen in allen Krügen im Überflusse finden, und so werden sie doch die Geber ihrer Fröhlichkeit, freilich für ihren letzten Pfennig und ihr letztes Körnchen Getreide. Diese Krüge sind an Juden teils verpachtet, teils stehen diese mit dem Besitzer derselben auf den zehnten Groschen.

Man lege zu diesem allen noch den doppelten Umstand, daß sie ihre kleinen Bedürfnisse des Luxus von den Juden, und ihre Seligkeit von den Bettelmönchen kaufen müssen, so wird man selbst bemerken, was ich sonst über den bürgerlichen, sittlichen, wirtschaftlichen und Glaubens-Zustand dieses Volkes noch sagen müßte.

Sobald man über die litauische Grenze ist, und in das eigentliche Polen eintritt, zeigen sich schon kleine Unterschiede, die es ankündigen, daß man sich unter einer andern Nation befindet. Nicht minder als die Sprache kündigen es auch andere äußere Umstände an. Schon die Tracht zeigt manche Verschiedenheiten. Sie ist minder armselig als die litauische, und man findet sie schon häufig von farbigem Tuch, feiner Leinewand, mit anderem Schnitte. Die Basteln verschwinden und Stiefel treten an ihre Stelle; so wie überhaupt der Pole lieber barfuß geht, als daß er Basteln tragen sollte. Die Kleider der Weiber und Männer haben eine Form und einen Schnitt, der den Schneider verrät, und der eigentümliche polnische Geschmack an tausend Knöpfen und Schleifen wird hier schon sichtbar. Da der Bauer in dem eigentlichen Polen nicht ganz so gedrückt ist als in Litauen, so zeigt sich dies in einer größeren Wohlhabenheit, vermöge deren er bessere Häuser bauen, bessere Pferde halten und besseres Brot und Salz essen kann.

ZWEITER ABSCHNITT

STADTBILD

Lage. Architektur. Straßen. Paläste. Kirchen.
Plätze. Einwohner. Handel. Handwerk.
Gasthöfe. Hospitäler

Warschau liegt in einer ausgebreiteten Ebene, auf dem linken Ufer der Weichsel, welches so hoch hinanläuft, daß man, wenn man von Litauen herkommt, versucht wird, zu glauben, die ganze Stadt sei auf einem wirklichen Berge erbaut. Dies ist aber, genau genommen, nicht der Fall, da dieser scheinbare Berg sich rechts, links und hinterwärts in eine Fläche ausdehnt, ohne daß man den mindesten Abhang gewahr wird. Auch sieht man die Stadt, sobald man darin ist, auf einem durchaus ebenen Boden gelagert, und keine Straße senkt sich oder erhebt sich merklich unter oder über die Grundfläche der andern. Die einzige Vorstadt Solec liegt niedriger, als die übrigen Teile von Warschau; sie liegt aber auch nicht auf derselben Grundfläche, sondern hart an der Weichsel unter dem hohen Ufer, worauf die Stadt selbst steht.

Von unten herauf gesehen, gibt keine Stadt solch einen großen oder glänzenden Anblick, als von oben herunter, wenn der Standpunkt nicht zu hoch ist. Warschau erscheint deshalb, von der Weichselseite her, als ein unförmlicher Klumpen von Häusern, der an den Abhang eines Berges geklebt ist, und aus welchem hier und da Türme heraustreten, die weder durch Umfang, noch durch Höhe, dem Auge auffallen. Von dieser Seite her zeigt sich auch die Länge der Stadt nicht in ihrer ganzen Ausdehnung. Am besten läßt sie sich von der Laterne der lutherischen Kirche übersehen, die ziemlich in der Mitte der Stadt liegt. Von da herunter beurteilt man am bequemsten die Eigentümlichkeit ihres Äußeren.

Sie läuft nämlich, in der Gestalt eines fast regelmäßigen Halbzirkels, an dem hohen Ufer der Weichsel hin, und zeigt, in den nächsten Gegenden an derselben, eine eng zusammen gedrängte, hohe Häusermasse, die von ziemlich

schmalen Straßen durchschnitten wird; in den entfernteren aber, Reihen von niedrigen, hölzernen, mit Schindeln gedeckten, schwarzen Häuserchen, die an breiten Straßen stehen und sich endlich immer kleiner und kleiner, wie Maulwurfshaufen, in die große Ebene hinab verlieren.
Die Häusermasse von Berlin zeigt, von oben herab umspannt, in der Mitte einen Kern von fast gleich hohen Häusern, an welche die kleineren und allerkleinsten in den Vorstädten sich anschließen; Warschau hingegen hat solch einen Kern nicht, sondern erscheint als eine allgemeine Mischung von höchsten und niedrigsten Häusern, die, weiß, grau und schwarz, durcheinander stehen, und wo nur wenig Straßen, oder vielmehr Teile von Straßen, in gleicher Höhe hervorragen und einen lichteren und anständigeren Anblick geben. Bloß die Altstadt zeigt sich als ein Haufen gleich hoher, aber so zusammengedrängter Häuser, daß man keine Straße dazwischen wahrnehmen kann.
Um die Stadt her zieht sich an beiden Seiten bis an die Weichsel eine unübersehliche, durch keinen Hügel und kein Gehölz unterbrochene, sandige Fläche, die nur, in den nächsten Gegenden an der Stadt, durch angepflanzte Alleen etwas bunt gemacht wird. Diese Alleen sind größtenteils noch jung und fassen die Wege nach der Stadt ein. Der Sand ist so tief als um Berlin, und ebenso beschwerlich als dort, aber minder gefährlich für Auge und Brust als der feine kalkhaltige Staub um Wien und Paris. Jenseits der Weichsel über Prag hinaus, erscheint diese Sandfläche von Fichtenwäldern umkränzt und näher und entfernter stehen einzelne Häuser und Gehöfte.
Die Weichsel selbst hat hier ungefähr die Breite der Elbe bei Wittenberg. Eine Schiffsbrücke führt von Prag nach Warschau hinüber, die aus locker nebeneinander liegenden Balken besteht, welche, wenn man darüber fährt, wie die Balge einer Orgel, niedersinken und heraufschnellen: Das Geländer der Brücke ist ebenso schlotterig darauf gewor-

fen. Ober- und unterhalb der Stadt setzen sich mehrere Sandbänke an, die den Strom teilen, die Schiffahrt sehr unbequem machen und seiner, übrigens ansehnlichen, Wassermasse Fall, Schnelligkeit und Einheit rauben. Noch unterbrechen seinen Lauf schwimmende Wassermühlen, von eben dem Bau wie die, welche bei Magdeburg unterhalb der Strombrücke die Elbe bedecken und einen mannigfaltigen Anblick gewähren.

Was an Palästen und Häusern in Warschau neu ist, zeugt größtenteils von Geschmack, Dauer und Wohlhabenheit; was alt ist, hat alle Vorzüge und Fehler der älteren Bauart. Wenn jene einen geräumigen Vorhof mit einem geschmackvollen Korps-de-Logis, zwei leicht daran gelehnten Seitenflügeln und einem zierlich gearbeiteten Gitter zur Einfahrt, einschließen: so zeigen die Werke dieser den Charakter ihrer Zeit: Einfalt, Festigkeit und Höhe, aber auch Düsterkeit, Engigkeit und Mischung von Burg und Kloster. Die Bauart der Häuser ist, wo sie steinern sind, wie die berlinische, wo sie hölzern sind, wie die Bauart in den böhmischen Dörfern, oder den altenburgischen Wäldern.

Backsteine und Kalk bilden die ersteren; übereinander gelegte, mit Moos und Lehm verklebte Balken die letzteren. Die Warschauer Paläste, samt ihrem Säulenwerke, sind ebenfalls von Backstein, und mehrere Kirchen in den Vorstädten ganz von Holz, ohne eine Spur von Kalk und Stein, erbaut.

Warschau dankt den glänzenderen Teil seines Ausbaues jener Zeit, wo es noch mehr als jetzt schien, als ob es, außer dem Edelmanne, keine Menschen in Polen gäbe. Ein Großer, der König werden konnte, fiel leicht darauf, sich einen Palast zu bauen, der königlich war. Er konnte dies leicht ausführen, weil er seine Einkünfte königlich behandelte und seine Untertanen willkürlich herkommen und hingehen zu lassen befugt war. Die Hauptstadt eines Landes, mit der Verfassung wie Polen sie hat, müßte eigentlich aus lauter Palästen bestehen, wenn nicht die Besitzer derselben, der allgemeinen Menschheit, wenn auch sonst niemandem, tributbar, Hände gebraucht hätten, um ihre stolzen Mauern aufzuführen. So brauchte jeder Palast mehrere Hütten, worin die Arbeiter wohnten. Sie durften nicht sehr weit von dem prächtigen Bau entfernt sein, wenn er gefördert werden sollte. Ebenso verhielt es sich mit andern Bedürfnissen und ihren Verfertigern. Alle mußte man um sich wohnen und leben lassen, weil sie – arbeiteten. Es waren Lasttiere, die man mietete, oder die man auf sein Futter und seinen Stall sich hielt. So bildeten Paläste und Hütten, Fürsten und Bettler, die physische und moralische Grundlage von Warschau.

Der politische Stolz, der diesen Grund legte, hatte einen Nebenbuhler in dem geistlichen. Wenn jener seine Größe in sich selbst suchte, so suchte sie dieser, mit anscheinender Bescheidenheit, in Gott, und baute diesem Tempel und Klöster, worin er wohnte. So entstanden neben den Palästen die Kirchen und neben diesen die Klöster. Das Kapital zu diesen kam eben daher, woher das Kapital zu jenen kam: aus dem Fleiße und der Gutwilligkeit der Ärmeren, die man mit Segenssprüchen tröstete, mit Suppen und Almosen ernährte, mit Gemälden und Wachslichtern ergötzte, und denen man ein herrliches Leben versprach, wenn sie nur erst tot wären.

Wo erst Paläste und Kirchen sind, da entstehen bald andre Wohnungen, deren Besitzer mit Kopf und Feder für weltlichen und geistlichen Prunk arbeiten: vor der Hand aber mehr mit Zahlen als mit Buchstaben. Um die Paläste prachtliebender Großen her setzten sich bald Geschäfts- und Kaufleute, und da, auf einem üppigen Boden, bei hellen Augen und unter geschickten Fingern, ihre goldenen Saaten oft mehr als hundertfältige Früchte trugen: so war es kein Wunder, wenn ihre Scheuern an Umfang und Größe von Jahr zu Jahr zunahmen, und so kommt es, daß hinter den Palästen der Großen und den Tempeln der Priester gleich die Häuser der Wechsler anfangen und sich stufenweise in die Häuser der größeren und kleineren Kaufleute verlieren.

In der Tat gehören die großen Paläste und Häuser in Warschau den Großen, den Priestern und den Wechslern. Man zählt, mit dem königlichen Schlosse und andern öffentlichen Gebäuden, gegen achtzig, prächtige und minder prächtige, ältere und neuere Paläste; über dreißig größere und kleinere Tempel, Kirchen und Klöster und gegen zwanzig große Häuser, die wahre Paläste wären, wenn sie Großen gehörten, und denen mithin zu solchen nichts fehlt als der Name. Wenn oft in diesen Häusern, in einem Schreibtische von Mahagoni und in einem eichenen beschlagenen Kasten, mehrere jener Paläste liegen: so ist daran nichts weiter zu bewundern als die Schnelligkeit, Geschicklichkeit und arithmetische Kunst, durch welche man sie herein gebracht hat.

Außer den Wohnungen jener drei Klassen gibt es in Warschau noch viele andre, die von außen nicht minder groß und glänzend sind, aber von innen mehr oder weniger Armseligkeit zeigen. Dahin gehören die Hospitäler und Kasernen. Letztere tun es den ersteren an äußerem Glanz weit zuvor, sind neu, nach einem guten Geschmack erbaut, und eine davon, Ujazdów[8], ist vielleicht die schönste Kaserne in der Welt. Das Kadettenhaus[9] und Arsenal sind auch sehr ansehnliche öffentliche Gebäude, minder sind es die Münze und die Załuskische Bibliothek. Ihre Wirkung für das Ganze der Stadt wird aber größtenteils dadurch gestört, daß sie, teils in abgelegenen Gegenden, teils zwischen kleinen schwarzen Häusern einzeln umherstehen.

Die übrigen Klassen der Einwohner, vom Faciendair[10] bis zum Juden, vom General bis zum Hetzmeister, vom Advokaten bis zum Beutelschneider, vom Modenhändler bis zum käuflichen Weibe, vom Gelehrten und Künstler bis zum schamhaften Bettler usw., alle diese Klassen, nach ihren mannigfachen Abstufungen, wohnen in den Häusern, die in den besser gebauten Teilen der Stadt, mit Kellergeschossen, Gewölben und Dachstuben sowie mit einem hohen und hellen zweiten Stocke versehen, umherstehen, und nur umherstehen, weil sie auch hier fast immer von dazwischen gestreuten kleineren, unansehnlicheren Wohnungen unterbrochen werden. Letztere haben die ganz armen Einwohner inne, und sie werden desto häufiger und armseliger, je weiter man sich von dem ältesten Kerne der Stadt entfernt. So wie ein zerrissenes, durchlöchertes, gekrümmtes Schindeldach das Innere des Hauses gegen Regen, Schnee und Sturm nicht deckt: so gibt ein hundertmal, mit Lappen von allen Farben geflickter Rock die Besitzer desselben jenen Unannehmlichkeiten bloß. Hier wird der Charakter dieser Stadt am sichtbarsten: bei dem allerhöchsten Reichtume, die allertiefste Armut; bei der allerstudiertesten Üppigkeit, der dringendste Mangel.

In den älteren Gegenden der Stadt sind die Straßen krumm, eng und finster; in den nächsten daran, schon breiter, aber immer noch krumm; in den entferntesten gerade, breit und lang. Letztere haben aber noch kein Pflaster und ihr Boden bildet, bei regnerischem Wetter, einen langen Spiegel von Kot, der nur durch die bloßen Füße bezwingbar ist, auf denen man hier herumgeht, oder durch die hohen Räder der Reisewagen und Remisen, die sich hierher verirren. An warmen und sonnigen Tagen fällt dieser Kot in einen tiefen Staub zusammen, der, auf den ersten Windstoß oder Hufschlag, in Wolken aufwirbelt, die kein Auge durchdringen kann. Daher kommt es, daß man gegen das Elend hier herum die Augen zudrückt.

Warschau hat, nach einem Plane[11], den man für den besten hält, weil er der neueste ist, in allem 192 Straßen, wovon vielleicht nur zehn einen glänzenden, fünfzig einen erträglichen und die übrigen einen unangenehmen Anblick geben. Die meisten dieser Straßen sind, wo nicht ganz, doch in der Mitte gepflastert, aber das Pflaster ist schlecht unterhalten. Wenn es regnet, so erscheinen sie von Unrat überschwemmt und die Anstalten, die man macht, um sie zu reinigen, sind nicht der Rede wert. Doch hat man den Trost, daß man hier umsonst in Pfützen herumwaten kann, statt daß man anderswo der Polizei dafür bezahlt, daß sie dieselben – stehen läßt. So sieht man, z. B. in Berlin, bei nassem Wetter, auf allen Straßen, selbst auf dem schönen Schloß- und Opernplatze, solche Spiegel für die Polizei.

Der glänzendste Teil von Warschau ist die Hauptstraße der Krakauer Vorstadt[12]. Sie enthält in einer mäßigen Länge elf Paläste, worunter einige sind, deren sich der mächtigste regierende Fürst nicht schämen dürfte; sechs Kirchen, fast alle groß und gut gebaut, und steinerne Häuser von zwei bis fünf Stockwerken.

Die Senatorenstraße fällt ebenfalls gut in die Augen und enthält neben dreizehn Palästen, drei Kirchen und meist hohe und neue Privathäuser.

Die Metstraße gehört auch zu den besten und enthält, außer sechs Palästen, mehrere Kirchen und Klöster; sowie die Langgasse, die außer fünf Palästen, drei Kirchen und Klöstern das ansehnliche Zeughaus der Republik in sich faßt.

Die Altstadt ist der finsterste und engste Teil von Warschau, und in ihren schmalen und kotigen Gassen, die durch hohe und schwarze Häuser hinlaufen, findet man die düstersten Teile von Wien und Paris wieder. Einige der Vorstädte sind, im Ganzen genommen, geräumiger, neuer und reinlicher. Dies gilt hauptsächlich von der Neustadt, der Krakauer Vorstadt, der Vorstadt Aleksandrów und Leszno und die übrigen, Neue Welt, Wielopole, Bielino, Solec usw. sind zum Teil nur einzelne, neu angelegte Straßen, die

mit kleinen, besseren oder schlechteren Häusern, und dazwischen liegenden Sommerpalais und Gärten besetzt, und von der eigentlichen Stadt weder durch Mauern noch durch Tore geschieden sind. Um das Ganze der Stadt selbst läuft ein Graben, der weder tief, noch breit, noch unterhalten ist. Bloße Schlagbäume geben die Tore an.
Jenseits der Weichsel liegt, in einem beträchtlichen Umfange, Prag, eine Stadt mit ihrem eigenen Rate, die, wenn zu Winterszeiten die Brücke abgenommen wird, durch nichts mit Warschau zusammenhängt, die man also irrig mit zu den Vorstädten derselben rechnet. Sie besteht größtenteils aus hölzernen, niedrigen Häusern und wird meist von Juden bewohnt, in deren Mitte ein paar Mönchsorden nisten, die, so wie jene, mit verlegenen Waren handeln und nicht in dem besten Geruche stehen.
Ich bringe nun einige nähere Nachrichten von den vorzüglichsten, öffentlichen und Privatpalästen und Gebäuden bei: Das königliche Schloß oder die Burg (Zamek)[13] liegt zwischen der Altstadt und der Krakauer Vorstadt fast wie versteckt und gewährt keine allgemeine Ansicht. Von woher man sich demselben auch nähert, immer sieht man nur einen Teil davon. Aber man verliert auch dabei nicht sehr viel. Die älteren Teile sind schwarz, unansehnlich, winklig, und die neueren versteckt. Fast jeder König hat eine Erweiterung damit vorgenommen, und jeder neue Zusatz hat einen andern Geschmack und weniger oder mehr Höhe und Breite als der andere erhalten. Das Ganze hat indessen einen sehr beträchtlichen Umfang und die Zahl der Zimmer und Säle geht in die Hunderte. Der große Hof, der von den neuesten Anlagen umschlossen wird, ist der sehenswerteste Fleck darin. Wenn man von der Seite der Krakauer Vorstadt herein kommt, so hat man rechts die Hauptwache und den Haupteingang zu den Zimmern, die der König bewohnt und die nach der Weichsel sehen; links den Eingang zum Reichstagssaal und in einen andern Hof, der nach

der Altstadt zu geht; und vor sich den Durchgang unter einem der Seitenflügel in einen dritten Hof, der zur Kollegiat- und Pfarrkirche St. Johannis führt. Zur Reichstagszeit, oder wenn Cour beim Könige ist, erscheint dieser Hof mit den prächtigsten Wagen wie verrammelt, und ist mit einem Gedränge reich gekleideter Bedienten bedeckt. [. . .] Diejenige Seite des Schlosses, die nach dem Flusse sieht, ist unstreitig die heiterste. Man beherrscht von da herunter eine weit ausgebreitete Aussicht über die Weichsel, über Prag und über die daranstoßende, mit Wald umgebene Fläche. Die andre Seite, die nach der Stadt zu liegt, hat keine Aussicht, sondern ist durch die erwähnte Pfarrkirche und durch die hohen, schwarzen Häuser der Altstadt versperrt. Da keine Königin hier ist, so gibt es auch keinen eigentlichen Hof, mithin ist das Schloß, feierliche Gelegenheiten abgerechnet, ziemlich öde und tot. Am Fuße desselben, nach der Weichsel zu, stehen meist elende hölzerne Hütten, die alles um sich her liegen haben, was ihre Bewohner an Bettstroh, Dünger, altem Lumpen- und Lederwerk nicht mehr brauchen, und in so hohen Haufen, daß es die Anhöhe bis zum Fuße des Schlosses bedeckt, und sich noch mehr erheben würde, wenn nicht gewisse, schmutzige und gefräßige Tiere es wieder herabwühlten oder niederträten. Über diese näheren Umgebungen muß man allerdings hinwegsehen, wenn man der entfernteren angenehmen Aussicht über die Weichsel hinaus genießen will.
Der Palast des Fürsten-Primas liegt in der Senatorenstraße und hat, nach dem Schlosse, wohl den größten Umfang unter allen in Warschau befindlichen Palästen. Er gewährt eine gute Ansicht, obgleich er für seine Länge zu niedrig scheint; er besteht aus einem Korps-de-Logis und zwei Seitenflügeln, und hat einen schönen geräumigen Vorhof, der vielleicht dreihundert Wagen fassen kann. Nach der Straße zu ist er mit einer Balustrade eingefaßt, in deren Mitte der Eingang sich befindet. In dem einen Seitenflügel

ist die Wache, die dem Besitzer als Primas des Reichs gegeben werden muß. [. . .]
Der Palast der Republik, ehemals Krasiński, fällt auch, unter allen übrigen, mit am besten in die Augen. Er besteht aus einem einzigen Korps und nimmt einen Teil eines ganz geräumigen Platzes ein, auf welchem auch, ihm gegenüber, das Theater steht. Linker Hand hat er ein langes, ansehnliches Gebäude zur Seite, das den Platz schließt und meist zu Wohnungen für die Schauspieler und Schauspielerinnen eingerichtet ist. Auf der andern Seite, am Eingange dieses Platzes, dem ansehnlichen Gebäude des Packhofes und der Maut gegenüber, steht eine höchst ungeschlachte Spitzsäule von – Holz.
Jener Palast ist der Schatzkommission (dem Finanzkollegium) von der Republik zum Sitze eingeräumt worden. Einen Teil des obern Stockes hatte der nicht unierte griechische Bischof Sadkowski, den man wegen Anzettlung eines Aufstandes unter den polnischen Untertanen jenes Bekenntnisses, aufgehoben hatte, als – Gefängnis inne. Es ist bekannt, daß unsre Regierung die Verhaftnehmung dieses Mannes dem Konstitutions-Reichstage, als eine Beschwerde, in der Kriegserklärung vom 18. Mai 1792, mit zur Last legte[14]. [. . .]
Einer der neuesten und geschmackvollsten Paläste ist der, den die Republik unsrer Gesandtschaft eingeräumt hat. Er steht auf der Metstraße, hat ein großes Korps-de-Logis und zwei, fast ebenso beträchtliche Seitenflügel, die einen geräumigen Vorhof einschließen, der, nach der Straße zu, mit einem schönen eisernen Gitter eingefaßt ist. Unsre Gesandtschaft hat hier ihren beständigen Sitz, mit Vorrechten und Freiheiten, die sie mitten in Petersburg nicht ausgedehnter und ungestörter besitzen könnte. Auch sind unsere Gesandten mächtigere Könige von Polen, als der König von Polen selbst, und sie waren es nur während des Konstitutions-Reichstages, von 1788 an, bis in die Mitte

des Jahres 1792, nicht; jetzt sind sie es wieder mehr als jemals. Sie gebieten nicht nur über die politischen Angelegenheiten des Staats, sondern haben auch eine unumschränkte bürgerliche Gerichtsbarkeit über alles, was von russischer Zunge hier in Warschau und in den übrigen Teilen von Polen ansässig ist, und sich an sie wendet. Der Vorhof ihres Palastes wimmelt von Wagen polnischer Großen, die oft nicht zu stolz sind, stundenlang im Vorzimmer zu stehen, um den Gesandten entweder in Geschäften zu sprechen, oder auch nur, um ihm aufzuwarten. Da unser gegenwärtiger Gesandter in Grodno ist, so genießt, statt seiner, der General von Igelström[15] seines Einflusses und seiner Ehren. [. . .]
Der Kurfürst von Sachsen besitzt hier auch noch einen Palast[16], nebst einem kleinen Gebiete um denselben her. Unter allen Palästen in Warschau hat er unstreitig die schönste Lage. Er befindet sich mitten in der Stadt, und hat einen sehr geräumigen Hof vor, und einen weitläufigen Garten, der als Spaziergang stark besucht wird, hinter sich. Den Hof schließen mehrere ansehnliche Gebäude ein, die teils vermietet, teils von der Dienerschaft, und von einer kleinen Abteilung Dragoner und ihren Befehlshabern, die Sachsen hier noch unterhält, bewohnt werden. [. . .]
Unter den Privatpalästen, deren jede große oder reiche polnische Familie wenigstens einen hier besitzt, zeichnen sich besonders aus:
In der Krakauer Vorstadt die Paläste: Czartoryski, Ogiński, Radziwiłł, Lubomirski, Czapski, Poniatowski;
In der Alexanderstraße: Karaś, Dłuski, Godski;
In der Neustadt: Branicki, Sułkowski;
Auf der Masauerstraße: Krasiński;
Auf der Königsstraße: Ostrowski, Małachowski;
Auf der Senatorenstraße: Zamojski, Dembiński, Jabłonowski, Pociej, Czartoryski, Ogiński, Potocki, Poniński;

Auf der Metstraße: Radziwiłł, Młodziejowski, Branicki, Mniszech;
Auf der Langgasse: Ogiński, Mycielski;
Auf der Lesche: Ossoliński; und endlich
auf der Straße Zakroczymska: Sapieha. [. . .]

Überhaupt sind in Warschau, die vorhin beschriebenen öffentlichen Paläste nicht dazu gerechnet, ihrer 61 von größerem oder kleinerem Umfange, mehr oder weniger reich eingerichtet, besser oder schlechter unterhalten, viel oder weniger verschuldet, mit Geschmack oder ohne Geschmack, von dem Besitzer erbaut, erkauft, geerbt oder – gewonnen. Letzteres ist der Fall mit dem Palast Gurowski auf der Straße Zakroczymska, der, wie man mir gesagt hat, von seinem Besitzer auf eine Karte gesetzt und verloren wurde.

Der Kirchen gibt es, wie man leicht denken kann, eine große Anzahl, und eine nicht kleinere an Klöstern. Mehrere der ersteren zeichnen sich durch Umfang und einen guten Geschmack in der Bauart, und nur zwei oder drei der letzteren, durch Nutzbarkeit, aus.

Die Pfarrkirche zum heil. Kreuz ist ein großes Gebäude, dessen Charakter aber mehr Festigkeit und Dauer, als Leichtigkeit und Geschmack zeigt. Beides zu vereinigen verstehen die neueren Baumeister sehr selten, und diese Kunst scheint überhaupt mit den alten Griechen und Römern, oder später, mit den gotischen Wagehälsen in der Baukunst, verlorengegangen zu sein. Das Innere dieser Kirche ist mehr finster als hell, und die plumpen Pfeiler, auf denen das Gewölbe ruht, drängen den Raum ungebührlich zusammen und beschatten und verwinkeln die beiden Seitenschiffe. Der lose Geschmack, an einer Kirche ihrer zwei zu haben, hat auch hier eine unterirdische Kirche hervorgebracht, die so kleinlich ausgefallen ist, als Meisterstücke dieser Art, ihrer Natur nach, ausfallen müssen. Ein langes, aber enges Gewölbe, dessen Decke man fast mit der Hand erreichen kann, schließt einen Altar und, an den Seiten herum, einige Bänke für Zuhörer oder Zuschauer ein; es wird zwei- oder dreimal des Jahres an feierlichen Festen geöffnet und man liest Messen darin; aber hauptsächlich scheint es für das Osterfest bestimmt zu sein, wo man ein heiliges Grab darin aufstellt. Dann ziehen Tausende von Menschen nach und nach durch diese Gruft, die durch den Dampf und die Hitze der Wachslichter und durch die Ausdünstungen der Grabbesuchenden mit einer erstickenden Luft angefüllt wird, und bei dem allen doch oft genug nur zum Sehen und Gesehenwerden oder gar zu geheimen verliebten Bestellungen genutzt wird. Dieser Wink soll die Leser vorbereiten, es minder befremdend zu finden, wenn ich weiter unten das Besuchen der heiligen Gräber zur Osterzeit unter den Vergnügungen der Warschauer mit aufführe.

Die Kirche der Piaristen auf der Langgasse ist in demselben Geschmack erbaut, nur von etwas geringerem Umfange. Die daranstoßenden Gebäude sind einer größeren Aufmerksamkeit wert, sie sind wahre Paläste und nehmen einen großen Teil der Met- und Langgasse ein. Seit der Verjagung der Jesuiten hat dieser Orden auch hier sämtliche Schulen ausschließlich zu besorgen, wozu er denn solch eines weitläufigen Lokals bedarf. Vom ABC-Schützen an bis zum universitätsfähigen Schüler erhält hier alles Unterricht, und was vom Adel seinen Kindern eine gewisse literarische Bildung geben will, findet in eben dieser Anstalt Gelegenheit dazu. In dem einen Flügel desselben ist ein adliges Konvikt[17], wo Fürstensöhne mit ihren Hofmeistern anständig wohnen, essen und trinken, auch in den sogenannten galanten Studien sogar Unterricht erhalten können.

Die Pfarrkirche zum heil. Johannes ist bloß ihres Altertums wegen merkwürdig: ein gotisches Werk, mit allen Vorzügen und Fehlern dieser Bauart ausgestattet. Sie ist, außer zu dem gewöhnlichen Gottesdienste, zugleich ausschließend für politische, wichtige Feierlichkeiten bestimmt, wozu ihre Lage am Schlosse, ihr Zusammenhang mit demselben, und ihr Raum sie vorzüglich geschickt machen würden, wenn sie nicht schon wegen ihres Altertums, wegen ihres Ranges über die andern Kirchen und wegen der Ansprüche ihres altadligen Kapitels zu solchen Schauspielen gewählt werden müßte. Eine Ausnahme machte man den 3. Mai 1792, bei der Feier des Jahrestages der neuen Konstitution, wo man die Kreuzkirche wählte, um die nötigen Amphitheater für die Musik, für die Reichsboten, für die Deputierten der Provinzen, für die Fremden, für die Damen und für die Zuschauer aller Gattungen bequemer und glänzender anzubringen. Der Papst versetzte damals einen Heiligen vom 7. Mai auf den 3., warum hätte man das Lokal der Feierlichkeit nicht von St. Johann nach Heiligen-Kreuz versetzen sollen?

Die beiden übrigen Pfarrkirchen zu St. Andreas (ehemals den Jesuiten gehörig) und zu Unserer lieben Frauen, stehen ebenfalls billig in der Reihe der neueren und besseren Kirchen in Warschau.

Diese, mit den Kirchen der Klöster und Konvente, unter denen noch einige ganz artige sind, z. B. die Kirche der Augustiner und Karmeliterinnen in der Krakauer Vorstadt, ersteigen die Anzahl von dreiunddreißig. Noch sind mehrere Privatkapellen vorhanden.

Mönche und Nonnen von fast jedem Orden haben in Warschau festen Fuß gefaßt. Gutes Auskommen haben sie alle, aber nützlich sind ihrer nur zwei oder drei unter der Anzahl von achtzehn. Zu diesen gehören die Piaristen, die ich vorhin erwähnt habe; ferner die barmherzigen Brüder (Bonifratrzy) und die barmherzigen Schwestern (Wizytki)[18]. Erstere halten ein Krankenhaus von 50 bis 60 Betten und ein Irrenhaus für ungefähr eine gleiche Zahl von Personen. [. . .]

Die barmherzigen Schwestern unterhalten an ihrem Kloster ein Krankenhaus von 20 bis 25 Betten und besorgen ihre Kranken gut. [. . .]
Die lutherische Kirche ist erst seit wenigen Jahren vollendet. Sie verdankt ihren Aufbau den Beiträgen der hiesigen lutherischen Gemeinde, und anderer in Polen und Europa, und den Geschenken einzelner protestantischen Kapitalisten in Warschau. Auch der König und einige Große haben zum Teil ansehnliche Beisteuern dazu gegeben.
Ihre Anlage fiel einem Baukünstler, namens Zug, in die Hände, der schon als ein guter Meister bekannt war, und durch ihre Erbauung sich den Ruf eines vortrefflichen erwarb. Ihre Form ist rund, und diese ist mit einer so großen Leichtigkeit ausgeführt, daß die Rotonde in Berlin und die Frauenkirche in Dresden als ziemlich schwerfällig dagegen erscheinen. Das Innere ist ungemein heiter und ohne alle unnütze Verzierung. Die Emporkirchen ruhen auf Säulen von guten Verhältnissen. Unten sind die Stühle amphitheatralisch angebracht, so daß sie drei Teile des Zirkels einnehmen und an beiden Seiten da aufhören, wo der Altar den vierten Teil ausfüllt. Über diesem befindet sich die Kanzel und über dieser die Orgel. Diese drei Stücke sind die einzigen in der Kirche, die eine mäßige Verzierung an Gold und Farben haben. Die Wände sind weiß, die Stühle grau. In den Nischen, oberhalb dem Amphitheater der Sitze, sind drei oder vier besondere Betstübchen für – Vornehmere (in der Kirche!) angebracht; sonst sitzt der Rest der Gemeinde jedes Standes und Alters untereinander gemischt, in den unteren Stühlen. Zum Lobe des Baumeisters darf ich nicht vergessen, den Umstand anzuführen, daß einige alte, strenge Christen, als die Kirche fertig war, sie tadelten, mürrisch den Kopf schüttelten und meinten: das sei ein Theater, aber keine Kirche.
Das reformierte Bethaus findet man in einem engen Nebengäßchen der Lesche. Es hat weder Turm noch Glocke

und man sieht es nicht eher, als bis man darin ist. Sein Lokale ist ungewöhnlich klein und wenn Predigt gehalten wird, kommt es einem vor, als ob man sich in einer Gesellschaft guter Freunde befände, wovon ein Mitglied ein paar Stufen höher steht und den übrigen etwas erzählt. Da die hiesigen Reformierten meist wohlhabende und zum Teil reiche Leute sind, so kündigte auch das Äußere der Zuhörer an, daß man sich zugleich in guter Gesellschaft befinde.

Unter den Gebäuden, die weder Paläste noch Kirchen sind, sondern von den Klassen, die nicht zum Adel und zur Geistlichkeit, aber auch nicht zum Pöbel gehören, bewohnt, wenn auch nicht besessen, werden, sind viele sehr ausgezeichnet, sowohl durch Umfang, als durch Sauberkeit, Bequemlichkeit und Geschmack in der Bauart. Die meisten dieser Art findet man in der Krakauer Vorstadt beisammen; auf der Lesche, in der Senatoren- und Königs-Straße findet man sie einzeln. Kaufleute, Facienden-Macher und Advokaten können sich, wie schon oben erwähnt, unter allen übrigen Bewohnern von Warschau, noch Häuser bauen oder kaufen, und einige der ansehnlicheren gehören ihnen auch; aber fast alle übrigen werden von Konventen, Kirchen, Klöstern, Adligen und Wechslern besessen, die sie bauen lassen, um ihre Gelder unterzubringen und auf gute Zinsen anzulegen. Sie versorgen sonach den ganzen Rest der Einwohner mit Mieten, aber in der Tat um keinen wohlfeilen Preis. Dieser Artikel ist hier teurer, als in Wien, wo er doch in Deutschland am teuersten ist, und, in Reichstagszeiten, mag in diesem Punkt Warschau leicht unmittelbar nach London die Stelle einnehmen. Weiter unten werde ich einige Angaben hierüber mitteilen.

Öffentliche Plätze sind in Warschau entweder gar nicht, oder man nennt die vorhandenen nur aus Mißbrauch so; denn keiner ist eigentlich dazu bestimmt und als solcher verziert.[. . .]

Zwischen der Altstadt und der Krakauer Vorstadt ist ein

Platz, den man so nennen könnte, der aber doch nur der obere Teil einer Straße ist. In seiner Mitte steht die vergoldete Statue König Sigismunds des Dritten, auf einer 23 Schuh hohen Säule von Marmor; eine Höhe, die mit der Größe der Statue gar kein Verhältnis hat, welche auch auf diesem Standpunkte fast verschwindet. [. . .]

Die Altstadt besitzt einen sogenannten Ring oder Marktplatz, der an sich schon klein ist, aber durch das Rathaus, das in seiner Mitte steht, vollends ganz verengt wird. Er ist zu jeder Tageszeit der lebhafteste Fleck in Warschau.

Sonst ist in der ganzen Strecke von Warschau, die sich, unter dem Namen von Vorstädten, um die Altstadt herumzieht, kein eigentlicher Marktplatz, wo man die Waren und Bedürfnisse beieinander fände, die man täglich braucht; alles steht an den Seiten der einzelnen, lebhafteren Straßen in Buden, auf Tischen, in Körben usw. zerstreut zu Kaufe. Vor der Kreuzkirche hat man frische und gesalzene Fische aller Art, Obst, Brot, Hülsenfrüchte, auch Fleisch, Suppe, Gemüse, Würste usw. in ewig dampfenden Pfannen feil; am Eingange in die Altstadt, von der Krakauer Vorstadt her, bietet man Zitronen, Pomeranzen, Apfelsinen und andre bessere Obstarten feil; in der Gegend zwischen der Altstadt und Neustadt kocht und bratet man ebenfalls auf der Straße, und bewirtet seine Gäste ohne Teller, ohne Messer und Gabel, indem man sie ihren Fingern und Zähnen überläßt; hier stehen auch diejenigen Kaufleute, die man in Wien Greisler nennt, und die trockne Hülsenfrüchte, Salz, Käse, Butter, Eier und dergl. unter freiem Himmel feil haben; an beiden Seiten der daranstoßenden Langgasse bieten Obsthöker und Trödler (die hier auch alte Bücher und Kupferstiche in ihr Gebiet gezogen haben) ihre Waren feil; weiterhin, vor Tłomackie vorbei, geht der Bezirk der Judenschaft an, und man weiß, daß diese mit allem handelt, was alt ist; hier aber hat sie, während des Reichstages, die Erlaubnis, auch mit neuen Waren in offenen Gewölben zu handeln, und man findet einen Teil der Senatorenstraße ganz mit dergleichen besetzt. In diesen haben sie besonders Pelzwerk, Leinwand, Baumwolle-, Seiden-, Woll-Waren u. v. a. feil, und ihre Läden sind gewöhnlich mit Käufern angefüllt.

Warschau hat übrigens wenig oder gar keine Manufakturen und Fabriken, welche Volksmenge und Wohlstand, mithin den Anbau der Stadt, befördern könnten. Dafür hat sie aber etwas anderes, das zu ihrem besseren Ausbau kräftig wirkt: dies sind die Reichstage, die Reichskollegien und die Vergnügungen einer wohlhabenden und üppigen Hauptstadt.

Wer von den Mitgliedern des ersteren kein Eigentum in Warschau besitzt, verlangt wenigstens eine bequeme, gemietete Wohnung; und wenn die Reichsboten noch vor fünfzig Jahren oft mit einer Dachstube vorlieb nahmen, so verlangen ihre Enkel mehrenteils schon einen ganzen Stock, nebst Stallung und Schuppen. Die Verheirateten unter ihnen brauchen noch mehr Platz, weil ihre Gemahlinnen ihnen nach Warschau folgen und Raum für ihren Putztisch und ihre – Liebhaber sehr nötig haben. Die Reichskollegien beschäftigen eine Menge Köpfe und Hände, und da die obern Stellen in denselben meist immer mit Männern von glänzender Abkunft besetzt werden, die zugleich gut besoldet sind und die mithin reichlich zum gesellschaftlichen Genuß und Luxus beitragen können: so brauchen auch diese ein angemessenes Lokale für ihre häusliche Existenz, die sich mit jeder neu erstiegenen Stufe weiter auszudehnen pflegt. [. . .]

Diese und andre Umstände, die sich, im Laufe dieser Beobachtungen, von selbst darbieten werden, bewirken es, daß Warschau mit jedem Jahre an Häusern gewinnt und mithin auch an Einwohnern, und daß deshalb die Baustellen immer teurer werden. Dieser Fortschritt im Anbau wird in einigen Vorstädten, z. B. der Lesche (Leszno) und der

Neuen Welt sehr sichtbar, wo ein neues Haus neben dem andern, nach modernem Geschmack erbaut, über die kleineren hervorgeht und diese verdrängt. So könnte es wohl sein, daß Warschau, in einem Zeitraume von fünfzig Jahren, teilweise, eine der schönsten Städte in Europa wurde. Ein König, der soviel Hang zum Bauen und soviel Geschmack und Freigebigkeit dabei beweist, wie der jetzige, dürfte diesem nur folgen, so würde sich seine Hauptstadt bald über die morschen, bemoosten Hütten, die sie noch verunstalten, hinausschwingen. In diesem Falle würde Warschau, wo nicht eine regelmäßige, doch eine glänzende und geschmackvolle Stadt werden[19].

Das Menschengewimmel in Warschau hat seine Eigenheiten, durch die es sich von dem in anderen großen europäischen Städten unterscheidet. Schon die zwiefache Art der Tracht macht es bunt, und eine dritte, aus beiden gemischte, noch bunter. Von dem gemeinen bis zum Mittelmann polnischer Abkunft, geht noch alles in der bekannten Nationalkleidung; was nicht von polnischer Abkunft ist, zeigt sich in der gewöhnlichen französischen, hier die deutsche genannt. Jene Klasse geht in langen Unterröcken und hat eine Jacke darüber, so daß ihre Tracht Ähnlichkeit mit der weiblichen hat. Die beliebte polnische, eckige, mit Pelz verbrämte Mütze, ist ihre Kopfbedeckung, im Sommer wie im Winter, der Zwickelbart ihr Abzeichen vor den Deutschen. Was sich von dem Mittelmann in deutscher Tracht sehen läßt, hat diese noch nach ihrem altmodischen Schnitte: lange Taillen, kurze Schöße, große flache Metallknöpfe. Die vorhin erwähnte Mitteltracht ist aus polnischer und deutscher zusammengesetzt und fällt dem Auge als sehr wunderlich auf. Stiefel von rotem oder gelbem Saffian werden zu einem Frack; dieser zu einer polnischen Mütze und diese zu einem Haarzopfe und gesteckten Locken getragen; so wie man oft ein bis zum Wirbel abgeschorenes Haar und einen Zwickelbart zu einem runden oder eckigen

Hute, und einen langen, weiten polnischen Oberrock, zu Schuh und Strümpfen tragen sieht. Die weibliche Tracht der niederen Klassen ist ungefähr so, wie man sie überall in den großen europäischen Städten findet, nur daß hier unter derselben, zu Winterszeiten, der kurze polnische Pelz, mit langen herabhängenden Ärmeln, der sich nur noch bei den altmodischen Einwohnerinnen einiger niederdeutschen Städte findet, durchaus gang und gäbe ist. Die Bettler und Armen zeigen sich hier in eine weit größere Umgebung von Lumpen gekleidet, als anderswo, weil die lange polnische Tracht ihrer mehr erfordert, als die kurze deutsche. Nimmt man zu solch einem schwebenden, tausendfach an-, in- und durcheinander geflickten Lumpentalar, nun noch einen langen schwarzen Bart, eine überall gelb herausdringende Haut, ein schwarzes Bein ohne Hosen und Strümpfe: so kann man sich ungefähr die Abenteuerlichkeit des Anblicks vorbilden, den mehrere Menschen dieser Art, auf einem Haufen gesehen, darbieten müssen, und der wohl nur durch den Aufzug der Bettler in Bologna, Rom und Neapel übertroffen werden dürfte.

Unmittelbar über dieser Klasse stehen, ihrem Äußeren nach, die Juden. Da sie an Polen eine Art von Vaterland wieder gefunden haben, so sieht man ihrer auch in Warschau eine große Menge, und sie wohnen hier teils einzeln in den entlegeneren Gegenden der Stadt, teils in eigenen Gehöften. Die Tracht der Männer ist des Sommers der bekannte lange, schwarze Talar, der, je nachdem sein Besitzer reich oder arm ist, weniger schmutzig und zerrissen um ihn herum hängt. Im Winter tragen sie die bekannten weiten polnischen schwarzen Pelze, mit Fuchs aufgeschlagen. Die Weiber erscheinen mit breiten Tressen auf Miedern und Wämsern und tragen vor der Brust einen breiten, ebenso verzierten Latz, der locker auf derselben bauscht und sich unter eine Schürze und einen Rock verliert, die hoch über den Nabel herauftreten und ihnen das Ansehen geben, als ob ihre ganze Figur bloß aus Kopf und dem entgegengesetzten Teil bestände. Doch verbessern sie im Winter diesen unangenehmen Anblick durch einen langen Leibpelz und im Sommer durch ein Oberkleid von ähnlichem Schnitte.

Die bisher bezeichneten Menschenarten finden sich am häufigsten auf den Straßen von Warschau, und unter sie gemischt erscheinen Mönche, Soldaten und Bediente, die teils durch die Abenteuerlichkeit, teils durch das Bunte ihrer Trachten, die Abwechslung vermehren. An diese schließen sich schon die wohlhabenden Klassen, die es noch nicht unter ihrer Würde halten, zu Fuße zu gehen, und sich schon sorgfältiger und besser gekleidet zeigen.

Sodann kommt das Publikum zu Pferde und zu Wagen; und dieses ist, besonders zur Reichstagszeit, so glänzend, als man es in irgend einer andern großen europäischen Stadt finden kann. Vom wohlhabenden Kaufmann an geht schon niemand mehr zu Fuße, am wenigsten die Frauenzimmer, das Wetter müßte denn sehr schön, der Weg sehr kurz und das Pflaster sehr reinlich sein. Daher kommt es, daß man fast in keiner europäischen Stadt soviel Wagen in Bewegung sieht, als in Warschau, und daß man, ohne Übertreibung, annehmen kann: man sehe an einem einzigen Tage, wo eine Reichstagssitzung oder ein großer Ball ist, mehr Wagen in Warschau, als man binnen vier Wochen z. B. in Berlin zu sehen bekommen kann.

Ebenso ist es mit den Reitern. Man kann annehmen, daß jedes Haus oder jeder Privatmann, der einen Wagen hält, zugleich ein Reitpferd halte. So kommt es, daß man auf den Straßen beinahe so viel Reitende als Fahrende findet. Nimmt man dazu, daß jeder Reiter von einigem Vermögen oder Kredit, nicht ohne einen oder zwei Reitknechte im Gefolge, erscheint, so kann man ermessen, wie dadurch das Geräusch auf den Straßen vermehrt wird.

Unstreitig sind Paris, London, Neapel und Wien die lärmendsten Städte in Europa. Ich bin sehr versucht, Warschau gleich nach ihnen zu nennen. Einige Teile dieser Stadt wetteifern schon mit den vorhingenannten. Die Altstadt, die Neustadt, die Krakauer Vorstadt und alle näher daran gelegenen Straßen, halten fast die Vergleichung aus, wenn auch die entlegeneren Teile der Stadt, aus oben angezeigten Gründen, nicht den Schatten davon darbieten.

Die Bevölkerung von Warschau ist aber doch dem Umfange der Stadt bei weitem nicht angemessen. So sehr sie auch, während der Dauer des Konstitutions-Reichstages, an Menschen gewonnen hat: (denn der fünfjährige Aufenthalt der wohlhabendsten Edelleute aus ganz Polen, als Reichsboten, innerhalb ihrer Mauern, größtenteils mit ihrer ganzen Familie, eröffnete und verstärkte eine Menge von Nahrungszweigen) so wird die Anzahl derselben doch kaum 100 000 überstiegen haben; und jetzt, da ich dies schreibe (im Mai 1793) muß die Entfernung der größten und zahlreichsten Familien vom Adel; die Auswanderung mancher Gewerbe, die mit ihnen kommen und gehen, blühen und verdorren, weil sie bloß für Luxus und Wohlleben arbeiten; die Zerstreuung der ehedem stärkeren Besatzung in die Provinzen; der Zurückzug der Fremden, die während des Reichstages häufig hier ankamen, teils, um der versuchten Wiedergeburt der polnischen Nation zuzusehen, teils, um das damals höchst angenehme gesellschaftliche Leben zu genießen; der Sturz der hiesigen großen Wechselhäuser, der mehrere Familien so herunterbrachte, daß sie sich von Warschau weg, auf das Land zurückziehen mußten, wo sie wirtschaftliche Einschränkungen machen konnten: alle diese verschiedenen Auswanderungen müssen die jetzige Volksmenge der Stadt um mehrere Tausende verringert haben, sowie dadurch das Getümmel auf den Straßen und Handel und Verkehr augenscheinlich geschwächt worden sind.

Der Nahrungserwerb der arbeitenden Klassen in Warschau, vom Kaufmann bis zum Handwerker der geringsten Gattung, war fast ausschließend auf das Bedürfnis und die Verschwendung der Großen, und überhaupt auf den Vertrieb innerhalb der Mauern der Stadt, gebaut. Für das Ausland arbeitete und verkehrte hier fast niemand, und für die polnischen Provinzen selbst nur wenige. Was der Adel auf seinen Gütern an Waren für Pracht und Bequemlichkeit brauchte, ließ er, wenn er nicht zu entfernt wohnte (und man weiß, daß, bei der Weitläufigkeit des Landes, viele Familien 100, 150, 200 Meilen weit von Warschau lebten), allerdings aus der Hauptstadt kommen; aber sie waren nicht in dieser Stadt verfertigt, sondern kamen aus Deutschland, Frankreich, England, mithin zogen nur die Kaufleute den Krämergewinn, und der größeren Zahl der Handwerker kam nichts davon zu Gute. Daher blieb diese Gattung der Einwohner immer ziemlich arm, und es waren ungefähr die Wagenbauer, die Schmiede, Sattler, Tischler, Maurer, Zimmerleute, Schneider, Schuster, Perückenmacher und wenige andre, die für ganz unentbehrliche, tägliche Bedürfnisse arbeiteten, welche einige Wohlhabenheit genossen. Aber selbst in das Arbeitsgebiet einiger von diesen griffen die Kaufleute ein, besonders vier der Vornehmeren, Prot Potocki[20], Rößler, Jarschewitz und Hampla, die sehr weitläufige und höchst glänzende Gewölbe von englischen und französischen Waren hielten, worin sie Wagen und Zahnstocher, ganze Hauseinrichtungen und Brieftaschen, Kronleuchter und Augengläser, Küchenbatterien und Nähnadeln, ganze Pferdegeschirre und Uhrketten, Tücher, Musseline, Stiefelschäfte, Schuhsohlen, Siegellack, Briefpapier und englische Biere verkauften. Was von gutem Ton sein wollte, nahm seinen Bedarf aus diesen Gewölben, deren Besitzer zu einem unglaublich übersetzten Preise verkauften; während der einheimische Künstler und Handwerksmann, selbst der geschickteste, keine Nahrung und Ermunterung fanden.

Eine Ausnahme davon machte der Unternehmer einer Wagenfabrik namens Dangel[21], der eine große Menge einheimischer Hände beschäftigte. Er vereinigte in seinem großen Hause und Gehöfte, auf der Senatorenstraße, alle Künstler und Handwerker, die er zur Hervorbringung seiner Waren brauchte: Stellmacher, Schmiede, Sattler, Lackierer, Bandmacher, Anstreicher, Gürtler, Schlosser usw., die alle einander in die Hand arbeiteten und, bei ihrer beträchtlichen Anzahl, in unglaublich kurzer Zeit, bestellte Wagen zustande brachten, im Fall ein Liebhaber unter den schon fertigen, deren immer dreißig bis vierzig da standen, keinen nach seinem Geschmacke oder Bedürfnisse fand. Der neueste Geschmack in Form und Verzierungen, der möglichste Wechsel in der Bestimmung der Wagen, ließen den Käufer selten unbefriedigt. Der Unternehmer erhielt aus London, in Zeichnungen, alles, was an neuen Verfeinerungen und Bequemlichkeiten erfunden wurde, und führte es in seiner Fabrik aus; freilich erhielt er eine Menge nötiger Materialien eben daher, die er mit seinen Leuten entweder gar nicht, oder nicht in der Güte, hervorbringen konnte; aber den größten Teil verfertigte er doch selbst. Seine Preise waren zwar wenig geringer als die englischen, da man aber seine Waren bei der Hand hatte, da mancher Große bei ihm Kredit haben konnte: so zog man es allerdings vor, sich von ihm versorgen zu lassen, und er hat ein ansehnliches Vermögen dabei erworben. In Deutschland ist keine Anlage von diesem Umfange vorhanden, und selbst die Kaufmannsche Wagenfabrik in Wien ist, mit ihr verglichen, sehr unbedeutend, obgleich ihre Arbeiten geschmackvoll und dauerhaft, und ihre Preise fast um ein Drittel geringer sind.

Warschau hat also, diese Fabrik und andre, ganz unbedeutende ausgenommen, kein tätiges Wirtschaftsleben, sondern nur ein leidendes, das sich auf die unbedeutendsten Kleinigkeiten erstreckt, und dessen Ausfall nur durch die

Verschwendungen großer und reicher Familien, die dort leben, durch den Hof, durch die Staatsbeamten, den Soldatenstand und den Überschuß, den die handelnde oder vielmehr die krämernde Klasse hat, gedeckt werden kann. Man sieht, woraus denn endlich diese Deckung hervorgeht, und was der eigentliche Erhaltungsschatz von Warschau, sowie von ganz Polen, ist. Allerdings ist es der Landbau, die Viehzucht und der Holzverkauf, deren Ertrag die Hauptstadt großenteils bedarf, um nicht zur Bettlerin zu werden. Auch wird er ihr durch Bedürfnis und Verschwendung, durch Rechtshändel und Staatspflichten zugeführt, und sie gibt dafür ihre englischen Wagen, ihren Wein, ihre Pomade, ihre französischen Geister, ihre Mädchen (denn auch Bettgenossinnen verschreibt sich oft der Landadel von hier), ihre Ordensbänder, ihre Titel, aber auch ihre Hauslehrer, ihre wissenschaftliche Ausbildung und endlich ihre Rechtssprüche und, so gut es sich tun läßt, auch Staatsschutz und Sicherheit des Eigentums und der Personen.
In einer Stadt, deren Nahrungszweige die angezeigten sind, deren Erhaltung nicht aus inländischem Fleiße hervorgeht, und deren Zehrer nicht mit vaterländischen Erzeugnissen zufrieden sind, kann es nicht anders, als teuer sein. In der Tat sind es hier selbst die ersten Bedürfnisse, die der Ärmste nicht entbehren kann, und die er so hoch bezahlen muß, als der Reichste. Brot, Fleisch, Salz, Holz, Bier, Licht und Wohnung gehören dahin.
Ein Land, das andre Provinzen mit Brot so reichlich versieht, sollte es seinen Kindern fast umsonst geben können; aber gerade das Gegenteil: es gibt es ihnen so teuer, oft teurer, als jenen. In den unfruchtbarsten Ländern der Preußischen Monarchie ist das Brot größer und besser, als hier in dem Mittelpunkte sehr fruchtbarer Gegenden. Die Ursachen fallen in die Augen. Es ist Mangel an Aussicht über die gesamte Ausfuhr, über einzelne Kornwucherer und über die Bäcker.

Die Güterbesitzer führen so lange aus, als sie ein Korn, über ihr eigenes Bedürfnis, besitzen; die eine Provinz fragt nicht, ob die andere Mangel daran hat oder nicht. So lange der Fremde nur einen Gulden auf dem Malter mehr gibt, als der Einheimische, so lange bekommt er alles, was vorrätig ist. Riga, Libau, Memel, Danzig können einer Teurung im Süden abhelfen, und der polnische Adel wird sich dadurch freiwillig in seinem eigenen Lande eine verursachen; Schlesien, Galizien, West- und Ostpreußen sind eben deshalb vor jeder beträchtlichen Teurung sicher.
Hat sich Polen, aber vielmehr derjenige Teil des Landes, der einem schiffbaren Flusse, oder den gedachten Städten und Ländern am nächsten liegt, erschöpft: so tritt das Geschäft des Kornwucherers ein. Er kauft in denjenigen Gegenden, denen die Gelegenheit zu Vertrieb mangelt, das Getreide um einen sehr geringen Preis auf und, die Kosten einer noch so weiten Anfuhr angeschlagen, kommt es ihn kaum so hoch, als es in den verschleißfähigen Provinzen gewöhnlich zu stehen kommt, ehe sie sich durch ungemessene Ausfuhr entblößt haben. Er bestimmt also nach Gutdünken den Preis, und man muß es ihm noch danken, daß er überhaupt Getreide angeschafft hat. Oft genug müssen selbst leichtsinnige oder bedürftige Güterbesitzer ihr Saatkorn von diesen Leuten kaufen.
Die Ernte der Bäcker und anderer Gewerbe, die Getreide verarbeiten, z. B. die Bierbrauer und Branntweinbrenner, ist die Teurung. Unter dem Vorwande derselben entgehen sie der strengen Aufsicht der Polizei und dem Mißvergnügen der Einwohner; und ungestraft machen sie das Brot noch schlechter, als es nötig wäre, um das ihrige daran zu gewinnen; oft sogar geben sie das Brot noch klein, wenn schon kein Mangel an Getreide mehr ist. Allerdings haben die Bäcker in Warschau gewisse Vorschriften über Größe und Gewicht des Brotes; aber wann sind sie gegeben? Wann werden sie erneuert? Wann werden sie nach dem

niedrigeren oder höheren Preise des Getreides bestimmt? Und wenn das alles wäre, wer wacht über ihre Beobachtung, der nicht bestechbar wäre? Der Bäcker backt also nach Gutdünken und nach dem Maßstabe, den seine eigenen Bedürfnisse zum Leben und zum Wohlleben ihm zu erfordern scheinen.
Übrigens sind die meisten Bäcker in Warschau und den übrigen polnischen Städten Deutsche, und daher kommt es, daß Materie und Gestalt des Brotes in Polen, nicht wie in andern Ländern, etwas eigentümliches haben, so wie z. B. Paris sein lockeres, durchlöchertes Brot in Gestalt großer Ringe; Piemont das seinige, fast ohne Krume, in Knitteln; die Lombardei ihr gesottenes in Knollen und Sternen, und Genua sein graues, sandiges, in Schmetterlingsgestalt zu backen pflegt.
Die obigen Angaben erläutern auch, warum Fleisch, Butter, Licht und Leder, bei einer starken Zucht schönes Viehes; Holz, bei den unermeßlichen Waldungen; und Salz, bei der starken Zufuhr aus Preußen und Galizien, in Warschau unverhältnismäßig teuer sind. Aber bald müssen diese Artikel noch teurer werden. Vor der neuerlichen Teilung zog Warschau eine große Menge Schlachtvieh aus Großpolen, dem jetzigen Südpreußen, oder aus der Ukraine, die noch reicher an vorzüglichem Vieh ist; jetzt ist sehr zu vermuten, daß die beiden Mächte diese Ware entweder zum Bedürfnisse ihrer älteren Provinzen selbst verbrauchen, oder wenigstens starken Zoll auf deren Ausfuhr legen werden.
An Holz hat Polen, in den Teilen, die ihm übrig geblieben sind, im Ganzen genommen, noch keinen Mangel; aber die weitläufigsten Wälder kann Warschau, wegen der Entfernung, gar nicht benutzen, wie z. B. die litauischen. Die Fortschaffung auf der Achse ist in Polen so armselig bestellt, daß man das Holz, selbst aus den näheren Waldungen, nicht ohne ungewöhnliche Kosten herzufahren kann. Die Stadt erhält also ihr Bedürfnis auf der Weichsel von oben herab;

aus Sandomir, Lublin, Chełm, Brest u. v. a. Orten, die entweder der Weichsel nahe liegen oder durch einen Fluß mit ihr zusammenhängen. Übrigens bringt man das Holz nicht in Scheiten und Klaftern nach Warschau, sondern in ganzen Stämmen, die einzeln, nach ihrer Größe und Länge, und nach der besseren oder schlechteren Beschaffenheit der Holzarten, verkauft werden. Um die Zeit, wo die Flöße ankommen, liegen große Haufen von solchen Balken auf den Straßen von Warschau herum, und der Fremde wird dadurch verleitet, zu glauben, daß in allen Teilen von Warschau das Bauholz zu neuen Palästen und Häusern angefahren sei. Aber es verschwindet gegen den Winter, wo es kurzgesägt, gespalten und eingefahren wird. Auf den Preis der Feurung in Warschau können übrigens die Leser aus der Angabe schließen, daß ich im Winter 1792, für eine Tracht Ellernholz, die ungefähr zwei Kaminheizungen gab, drei polnische Gulden bezahlte. Dies war allerdings während des Reichstags, und in keinem wohlfeilen Gasthofe; aber man nehme an, daß dieser Preis um die Hälfte stärker gewesen sei, als gewöhnlich, so ist er doch verhältnismäßig sehr hoch, und man kann die Not der Armen im Winter, besonders in einem strengen, berechnen. Auch erfrieren ihrer genug.

Salz bekommt Warschau großenteils aus Galizien und aus Preußen, weil die polnisch gebliebenen Salzwerke nicht zulangen. Preußen hält hier besonders ansehnliche Niederlagen von feinem und weißem Salz und gibt es um einen festgesetzten billigen Preis; da aber im Kleinen nichts daraus verkauft wird, so fällt der Arme den Salzhökern in die Hände, die kleines Gemäß geben und doch einen unverhältnismäßigen Vorteil nehmen.

Da Warschau ungefähr unter demselben Himmelsstriche liegt wie Dresden, so sind die Gegenden umher nicht arm an Obst, doch kommen die besseren Arten aus den entfernteren, südöstlichen Provinzen, und diese sind, der weiteren

Anfuhr wegen, sehr teuer, aber auch vorzüglich gut. Melonen werden um Warschau gezogen, und in den Lustgärten an der Stadt und in den entfernteren Gegenden eine ziemliche Menge Zitronen, Pomeranzen, Apfelsinen, die aber zum Verbrauch nicht hinreichen, sondern, über Danzig, aus Portugal und Spanien, noch sehr häufig zugeführt werden. Die Gemüse und überhaupt alle gärtnerischen Erzeugnisse sind in Warschau nicht schlecht, aber verhältnismäßig selten und mithin teuer.

Manufaktur- und Fabrik-Waren, als Tuch, Seidenzeuge, Musseline usw., bezieht Warschau aus England und Frankreich; Leinwand und geringere Zwirn-Baumwoll- und Woll-Waren aus Schlesien und Sachsen; Stahl-, Holz-, Leder-, Glas- und das ganze Heer der feinen Tand- und Luxus-Waren, wie ich schon oben erwähnt habe, mehr aus England, weniger aus Frankreich. Weine aller Art läßt es vorzüglich aus Frankreich und aus Ungarn kommen; obgleich es, wie man denken kann, an Rhein- und spanischen Weinen der feinsten Gattungen, in den größeren Häusern nicht fehlt. Fast alle diese Dinge bekam die Stadt über Danzig und kann sie auch künftig anderswoher nicht bekommen; aber die Kosten der Anfuhr werden, der vermutlich noch anzulegenden Zölle und der Durchfuhr-Abgaben wegen, noch höher steigen, als vorher; und die Warschauer Kaufleute, die ohnehin gewohnt sind, jeden neuen Zoll zwiefach auf die Ware zu schlagen, werden sie künftig um einen fast unerschwinglichen Preis verkaufen. Übrigens sind auch die Gefälle nicht geringe, die der Staat selbst sich für ausländische Waren bezahlen läßt.

Der Tabak ist ein Monopol, mithin schlecht und sehr teuer.

[. . .]

Im allgemeinen kann man annehmen, daß man in Preußen, Sachsen und Österreich mit einem halben Dukaten so weit komme, als hier mit einem ganzen. Selbst in unserm teuren Riga leben wir um weniger Geld besser.

Bei diesen schon an sich beträchtlichen Preisen ist keine Polizei vorhanden, die es verhinderte, sie, nach Willkür, noch höher zu treiben. Besonders leiden Fremde hierunter, wenn sie einem habsüchtigen Gastwirt oder einem betrügerischen Lohnbedienten in die Hände fallen. Weil keine Polizeivorschriften da sind, und weil sie oft die Landessprache nur wenig oder gar nicht verstehen, so können sie auch keine Erkundigungen über den billigeren Anschlag ihrer Wohnung und übrigen Bedürfnisse einziehen; erfahren sie ihn endlich, wenn sie bekannter geworden sind, so haben sie schon einen größeren Betrag über den gewöhnlichen Fuß ausgegeben, als sie ersparen können, wenn sie für den Rest ihres Aufenthalts ein anderes Haus suchen. Auch setzt der erste Hauswirt, wenn er dies merkt, seinen Preis ohne Scham tiefer herunter, als ein anderer es kann, der den Gewinn des Übersetzens nicht gezogen hat. Kurz, man denke in Warschau, daß man in Italien sei, und man behandle alles genau vorher; man wird zwar auch betrogen, aber weniger, als wenn man sich (was man vielleicht nur noch in einigen Gegenden von Deutschland wagen kann) der Billigkeit des Wirtes überläßt.
Es sind in Warschau nur wenige, und darunter nur drei oder vier gute, Gasthöfe. Dies kommt daher, daß zu Reichstagszeiten fast ganz Warschau ein Gasthof ist. In den Straßen, die von dem Schlosse nicht zu weit entfernt sind, kann man Wohnungen jeder Art haben, für einzelne Personen und für ganze Familien, selbst für fürstliche, die ein großes Haus machen wollen. Für diese gibt es ganze Paläste mit allem Zubehör, deren Besitzer entweder nicht nach Warschau kommen, oder noch einen andern Palast haben, oder noch unmündig sind. Die Mieten solcher kleineren oder größeren, bescheidneren oder prächtigeren Wohnungen für einzelne oder mehrere kosten monatlich von fünf bis hundert Dukaten und darüber. In den eigentlichen Gasthöfen kommen sie verhältnismäßig noch höher.

Der vorzüglichste Gasthof in Warschau ist der Weiße Adler auf Tłomackie (Tlomazk). Die Tlomazk ist ein geräumiger, sehr sauber unterhaltener, mit zwei ansehnlichen Brunnen gezierter Hof, den fünf bis sechs ganz neue, weitläufige Gebäude und mehrere kleinere einschließen. Er ist erst vor wenigen Jahren von dem Schwiegersohne des Wechslers Tepper, Schulze (der an sich einen unersättlichen Baugeist hatte, über sechzig schöne Häuser in und außerhalb Warschau, teils, vom Grunde aus auf-, teils ausbaute, und sie dann vermietete), in dieser Gestalt angelegt worden. In dem palastmäßigen Gebäude, das einem entgegen steht, wenn man, von der Załuskischen Bibliothek her, in diesen Hof tritt, und welches einen weißen Adler führt: hat ein Deutscher namens Polz, eine Gast- und Speisewirtschaft angelegt, die sich durch Geräumigkeit der Zimmer, durch ihre offene und heitere Lage, auch durch Reinlichkeit, aber eben nicht durch Wohlfeilheit, vor allen andern auszeichnet. Die Zimmer steigen von fünf Dukaten monatlich bis auf sechzig; der Mittagstisch kostet von vier bis zu sechzehn Gulden und darüber, je nachdem man an der Wirtstafel oder auf dem Zimmer, bürgerlicher oder vornehmer, essen will. In diesem Gasthofe kosteten mir, im Jahre 1792, drei Zimmer des Monats 15 Dukaten, und jetzt kosten mir zwei wöchentlich zwei Dukaten. Der Mittagstisch, aus Suppe, Rindfleisch, Gemüse, Braten und Nachtisch bestehend, kostete 4, der Abendtisch, mit einer Schüssel weniger, 3 Gulden. Man hat hier auch Lohnwagen für die Stadt und Halbwagen für die umliegenden Gegenden, zu dem oben angegebenen Preise, bei der Hand. Die Aufwartung in diesem Hause ist gut; Möbel und Betten usw. sind sauber. Der Wein ist gut, obwohl, wie oben bemerkt, teuer; das Wasser so klar und wohlschmeckend, wie wenige Brunnen in Warschau es geben. Vor Überlauf gegen Bettler und liederliches Gesindel ist man hier sicherer, als anderwärts, weil an jedem der beiden Tore des Hofes, bei Tage und bei

Nacht, Wächter stehen, die ein Auge auf verdächtige Herumstreicher haben. Auch des Nachts schläft man hier ruhiger, weil, nach 10 Uhr, kein Fuhrwerk mehr über den Hof darf; eine Wohltat, deren man in den lebhafteren Teilen von Warschau nicht genießt, wo bis drei Uhr des Morgens die Wagen rollen. Endlich ist man noch bei ausbrechender Feuersgefahr sicher, weil des Nachts sechs Wächter wechselsweise in dem Bezirke des Hofes herumgehen und die Stunden durch eine Schnurre angeben.
Das Hotel de Pologne auf der Senatorenstraße, nicht weit vom Weißen Adler, scheint sich diesen zum Muster genommen zu haben. Der Wirt ist ebenfalls ein Deutscher, das Haus neu, der Preis des Tisches ungefähr derselbe, nur daß man auf dem Zimmer essen muß. Die Wohnungen selbst sind kleiner, als im Weißen Adler, und man kann auch einzelne Zimmer für einzelne Tage, auch nur für eine Nacht bekommen, worauf man sich in jenem ungern einläßt. Sonst ist die Lage dieses Gasthofes (fast im Mittelpunkte der Stadt, nicht weit von dem Sächsischen und Krasińskischen Garten, von der Krakauer Vorstadt, dem Schlosse und der Post) nicht unangenehm; nur muß man sich an das Geräusch der Straße gewöhnen, die eine der lebhaftesten ist, und das unreinliche Gewühl der Juden nicht achten, die hier herum sehr zahlreich wohnen und verkehren.
In Marywil, einem sehr weitläufigen Gebäude[22], das den Kanonissinnen gehört, die ihren Namen davon haben, ist beständig eine Anzahl Zimmer für Fremde gasthofsmäßig offen. Dieses Haus nimmt einen großen Teil der Senatorenstraße und keinen geringeren der Wierzbowska-Straße ein; ist drei und vier Stock hoch, und umschließt, in der Gestalt eines verschobenen Vierecks, einen größeren und einen kleineren Hof. Es ist in der Tat eine der merkwürdigsten Anlagen in Warschau, teils ihres Umfangs, teils ihrer zahlreichen Bevölkerung wegen. Nach der Straße Wierz-

bowska zu, sieht der Flügel, worin die Kanonissinnen ihre Wohnungen haben. Er ist mit hohen Fenstern, und einem mit Säulen umfaßten Eingange versehen, und unterscheidet sich dadurch von den andern Flügeln, die bürgerlicher gebaut sind. Sein Inneres ist sehr sauber erhalten, und die Zimmer der Kanonissinnen sind hell, geräumig, und zum Teil prächtig eingerichtet. Es sind ihrer zehn an der Zahl und, so bequem und reichlich sie auch leben, brauchen sie doch nur einen kleinen Teil der Einkünfte, die sie aus ihrem Hause und andern Grundstücken ziehen.
Dieses Haus ist ganz in der Absicht gebaut, die, wie ich oben angegeben habe, Klöster, Konvente usw. bewegt, solche Unternehmungen zu machen. Alles, was die Miete bezahlen kann, wird eingenommen, sogar zu vermietende Mädchen, wenn sie den äußern Schein zu schonen wissen. Gast- und Speisewirte, Buchhändler, Künstler aller Art, Handwerker, Juden usw. wohnen durcheinander und die Freimaurer haben eine Werkstatt hier, die allerdings für den Bau eines gewissen Tempels zu eng ist, aber Platz genug für eine große Tafel von 150 Gedecken darbietet. Selten ist in dem ganzen Umfange dieser kleinen Stadt ein Zimmer unbesetzt, weil hier die Mieten mit am wohlfeilsten in ganz Warschau sind; auch die Gewölbe im Erdgeschosse sind verheuert, und zwar meist an Juden. Innerhalb laufen Lauben um das ganze Gebäude her, und in der Mitte des Hofes steht eine artige Kapelle.
Ehedem waren die Gasthöfe in Marywil die einzigen in Warschau, und deshalb die besten; und so mußte man sich ihre Unbequemlichkeiten wohl gefallen lassen. Seitdem aber die obenerwähnten eingerichtet worden, haben sie sehr verloren und sind zu den gemeinsten herunter gesunken. Ein paar Mordtaten, die darin an Fremden geschahen, ohne daß man die Täter, die sich unter dem beständigen Getümmel des Hauses leicht verloren, herausbringen konnte; Einbrüche und Diebstähle, deren Ertrag sogleich

unten im Hause von den Juden an sich genommen wurde, die ihn auf immer wegzuschaffen wußten; Überlauf von liederlichem Gesindel; Schmutz auf den Gängen und Treppen; ewiges Reiben an unflätigen Judenkindern; der Umstand, daß keine Schuppen für die Reisewagen vorhanden sind – diese und viele andre Gefahren und Unbequemlichkeiten bewirken, daß man nur, wenn nirgends mehr Mieten zu haben sind, Wohnung in Marywil sucht; sie aber, sobald als möglich, mit einer andern vertauscht und lieber einige Dukaten mehr ausgibt, um Ängstlichkeit, Verlust, Ekel und Geräusch damit abzukaufen.
Im Hotel d'Allemagne kann man auch Unterkunft finden; aber so gut auch das Äußere dieses Hauses in die Augen fällt, ist es doch mehr für Fuhrleute, Handwerksburschen und andre unvermögende Fremde.
Man erlaube mir immer, hier ein paar Worte über die beiden Hauptspitäler in Warschau zu sagen, weil sie doch auch eine Art öffentlicher Häuser sind, wo Fremde aufgenommen und mit Wohnung und Lebensmitteln versehen werden, aber freilich – umsonst; ein Wörtchen, das wohl den Unterschied zwischen Wirtshaus und Hospital auf ewig begründen dürfte.
Das ansehnlichste Hospital in Warschau ist das Kind Jesus, von dem jetzigen Könige gestiftet, der demselben nicht nur selbst eine für seine Umstände, beträchtliche Summe geschenkt, sondern auch Mitleid, Mode und Eitelkeit seiner Untertanen in Bewegung gesetzt hat, ein gleiches zu tun. Unter anderem fließt eine Abgabe, die jeder Stanislausritter[23] jährlich zu erlegen hat und die, wenn ich nicht irre, 8 Dukaten beträgt, diesem Hause zu; aber – eine Menge Ritter sind diese Beiträge seit Jahren schuldig und die Wahrscheinlichkeit, daß sie dieselben abtragen werden, verringert sich mit jedem Jahre, weil die Summe mit jedem Jahre größer wird. Zwangsmittel dazu anzuwenden, scheint unanständig, es ist wahr, und die Wohltätigkeit

wäre sehr wunderlich, die erzwungen werden müßte; aber so wie der Mensch einmal ist, bin ich doch für die Maßregeln der monarchischen Staaten, die sich auf das Gefühl der Ehre wenig, auf die Moral noch weniger und auf die Theologie am allerwenigsten in solchen Fällen verlassen. Man zwinge also immer die Ritter, die rückständig sind, und man sei sicher, daß sie sich über diesen Zwang mehr ärgern, als schämen werden.

Dieses Hospital ist nicht bloß für Findlinge (die übrigens auf die gewöhnliche Weise dem Hause, mittels einer Drehe, zugebracht werden) allein bestimmt, sondern es sind auch Betten und Stuben für andre Kranke und Notleidende darin. Eine Anzahl der Kinder ist einzeln auf dem Lande gegen Kostgeld ausgetan; eine andre wird in dem Hause selbst ernährt und erzogen. Ich bin einige Säle durchgangen; aber ich bekenne, daß ich das Schnupftuch habe vor den Mund nehmen müssen, so wenig ich mich sonst vor etwas zu ekeln pflege, was menschlich ist. Noch dazu war dies an einem Tage, wo man sich große Mühe gegeben hatte, alles so aufzuputzen und zu lüften, daß man Zuschauer hereinlassen konnte: am Karfreitage, wo man, in der dazu gehörigen Kapelle, ein sogenanntes heiliges Grab aufgestellt hatte. [. . .]

Das Hospital St. Rochus bietet ebenfalls Kranken und Notleidenden Wohnung, Arznei und Unterhalt dar; aber auch dort fehlt es noch sehr an Ordnung und Reinlichkeit, und besonders an frischer Luft. Die Krankenhäuser bei den barmherzigen Brüdern und Schwestern habe ich schon oben erwähnt; nur dies setze ich noch hinzu, daß für solch eine große Stadt, die eine so zahlreiche Armut hat, welche so elend lebt und wohnt, mithin häufigen Krankheiten unterworfen ist, dieser Einrichtungen zu wenige sind.

Der Konstitutions-Reichstag richtete zwar auch auf diesen Gegenstand sein Auge und beschloß, noch einige andre Kranken-, Versorgungs- und Arbeits-Häuser anzulegen;

aber dringendere Geschäfte, die ebenso sehr seine Aufmerksamkeit, als den öffentlichen Säckel verlangten, setzten diesen Entwurf zurück. Indessen kam doch ein Polizeigesetz zustande, das sehr weitläufig war, und das beste und anwendbarste aus den Pariser, Wiener und Berliner Polizei-Einrichtungen enthielt. Mehrere Punkte desselben wurden auch schon in Ausübung gebracht. Die Bettler auf den Straßen von Warschau wurden eingefangen; die Kranken, die Krüppel und Lahmen unter denselben, wurden den verschiedenen Klöstern zur Versorgung übergeben; die Gesunden wurden ebenfalls untergebracht und mit allerlei Arbeiten beschäftigt. Zur persönlichen Sicherheit der Einwohner wurden des Nachts, besonders in den entfernteren Straßen, Wächter aufgestellt, während Streifwachen von der Reiterei alle Teile der Stadt durchritten; eine Maßregel, die um so nötiger war, da die Stadt keine Straßenleuchten hatte und noch nicht hat. Die Häuser wurden beziffert, und die Hauswirte mußten von ihren Hausgenossen der Polizei Meldung tun. Diese und einige andere Einrichtungen waren wirklich schon im Jahre 1792 im Umschwunge, aber jetzt sind sie, wie jene Konstitution selbst, verschwunden und Warschau ist, wie vorher, sich selbst überlassen. Die Bettler zeigen sich schon wieder haufenweise auf den Straßen und vor den Kirchen; die Wächter und Streifwachen sind nicht mehr vorhanden, und die Regierung erfährt nichts mehr von den Fremden, die, auf längere oder kürzere Zeit, in Warschau sich verweilen. Der Mangel an persönlicher Sicherheit stellte sich mir, kurz vor Warschau, durch ein gräßliches Zeichen dar. An einem Pfahle, der am Wege stand, hing das Vierteil von einem Menschen, der, mit einem andern, einen Dritten auf der Brücke ermordet hatte, um einige Dukaten, die dieser bei sich trug, zu erobern. Nach meiner Abreise sind noch einige andre Mordtaten begangen worden.

DRITTER ABSCHNITT

VERFASSUNG

Staat: König. Senatoren.
Ritter und Gesellschaft: Adel.
Bauern. Bürger. Juden

Ehe ich zu der Schilderung der Lebensart, der Sitten und des Charakters der Bewohner von Warschau übergehe, wird es nötig sein, etwas von den staatsbürgerlichen Verhältnissen der Bewohner von Polen überhaupt zu sagen. Manche Erscheinungen in jenen werden sich sodann, ohne daß es vieler Worte bedarf, aus diesen erklären lassen.

Der Verfassung von Polen, wie sie seit Errichtung der sogenannten *pacta conventa*[24] im Jahre 1572 und seit der Einsetzung des *immerwährenden Rates*[25] im Jahre 1776 besteht, liegt der Satz zum Grunde: »Bei dem eingebornen Landbesitzer ist alle politische Auszeichnung und Wichtigkeit, er allein ist Staatsbürger.«

Wer in Polen Land besitzt, von einem polnischen Vater geboren ist, der Land besaß (mit der Mutter nimmt man es nicht so genau), auf seinen Gütern unabhängig lebt und kein bürgerliches Gewerbe treibt, der ist Edelmann; mithin ist jene Auszeichnung, Wichtigkeit und Staatsbürgerschaft in Polen ausschließend bei dem Edelmann.

Jeder dieser Edelleute ist frei und unumschränkt in seinem Gebiete, mithin ist die gesamte Gesellschaft der Edelleute frei und unumschränkt im ganzen Lande.

Diese Gesellschaft wird geachtet, der Freiheit ihrer Personen und der Sicherheit ihres Eigentums wegen, in einen Bund getreten zu sein, welchem eine allgemeine Übereinkunft zum Grunde liegt. Die Bedingnisse dieses Bundes bilden die Gesetze des Landes. Da sie die Vorschriften für das Wohl des einzelnen und aller enthalten, so sind sie verbindlich für einen und für alle. Nur ihren Entscheidungen ist der einzelne unterworfen, weil sie von ihm selbst und seinesgleichen kommen, nur nach ihnen kann also auch das Ganze handeln. Dies ist so wesentlich, daß einer und alle

ihre Freiheit und Sicherheit verlieren, wenn nach fremden Vorschriften entschieden und gehandelt würde.
Die Gesellschaft wählt sich zum Knoten ihres Bundes, aus ihrem Mittel, frei, einen König. Dieser König soll die Ausübung ihres Willens, das heißt, der Landesgesetze haben, und auf seiner Person sollte die Majestät der Gesellschaft haften. Jene Ausübung hat er seit der Errichtung des immerwährenden Rats nicht mehr, und von der Majestät ist ihm viel abgeschnitten.
So wie also die Nation, d. i. die Gesellschaft der Landbesitzer, in ihren Stellvertretern, Gesetze gibt, so besorgt sie nun auch die Ausübung derselben, in andern Stellvertretern. Ersteres tut sie durch den Reichstag, letzteres durch den immerwährenden Rat; und diese beiden Staatsmächte haben die dritte, die richterliche, zur notwendigen Folge.
Diese drei Gewalten stehen ausschließend bei dem vorhin bezeichneten Adel, und die daraus herfließende Freiheit kommt keinem andern Einwohner des Landes zu gute, als dem Edelmann, dessen sämtliche Rechte daraus herfließen.
Die wichtigsten dieser Vorrechte sind folgende:
Der Edelmann hat ausschließende Ansprüche auf alle weltlichen und geistlichen Ehrenstellen und Staatsämter, die erhabensten, die Würde des Königs und des Fürsten-Primas, nicht ausgenommen.
Michael Wiśniowiecki, Johann Sobieski und Stanislaus Poniatowski[26] waren vor ihrer Erwählung polnische Edelleute. Indessen ist der Genuß dieses Vorrechts nicht der sicherste für den polnischen Adel, und noch immer ist er, wenn man ihm denselben gestattete, die Quelle der schrecklichsten Unordnungen gewesen. Es ist unmöglich, daß ein König von Untertanen, die seinesgleichen waren, und auf einem vertrauten Fuße mit ihm standen, geziemend geachtet und geehrt werden kann; es ist unmöglich, daß Eifersucht und Neid unaufgeregt bleiben, wenn seine Verwandten andern vorgezogen und durch Würden und Güter

ausgezeichnet werden; es ist unmöglich, daß ein König, der nicht selbst außerordentlichen Reichtum besitzt, die Kosten der Majestät bestreiten kann, für die der Staat selbst so wenig ausgesetzt hat; es ist unmöglich, daß die benachbarten Mächte, die in ihrem politischen Systeme Polen mit berechnen, sich nicht in das Wahlgeschäft mischen, und durch ihren Einfluß, ihre Drohungen und Bestechungen Parteien errichten und alle die aus der polnischen Geschichte sattsam bekannten Auftritte verursachen sollten.

Der Edelmann besitzt ausschließend alle Landgüter in Polen, bis auf die, welche den großen Städten zu besitzen erlaubt ist. Die Staatsgüter und die königlichen Tafelgüter glaubt er, insofern seine Genossenschaft den Staat bildet, auch zu besitzen, und deshalb hat er ausschließende Ansprüche auf sie, wenn sie vergeben werden, ja, er hat, wie die Geistlichkeit, einen großen Teil derselben an sich zu bringen und in Erbgüter zu verwandeln gewußt. Die Beschaffenheit seiner Erbgüter ist aber ganz eine andre, als die der königlichen, geistlichen und städtischen. Nur durch sie wird er der besitzliche Edelmann, dem die Gesetze so viel Vorrechte gewähren. Sie dürfen nicht mit Soldaten belegt, kein Lager darf in ihrem Umfange geschlagen werden; was ihr Besitzer an Metall-, Salz-, Schwefel- und andern Gruben auf seinem Gebiet entdeckt, benutzt er zu seinem eignen Vorteil, nicht, wie anderwärts, der Staat; die Flüsse, die durch sie hinströmen, gehören dem Besitzer, soweit sie sein Gebiet berühren, doch mit Ausschluß solcher, die durch die Gesetze für öffentliche erklärt worden sind. Die Erbfolge auf diesen Gütern steht allein bei den Söhnen; die Töchter werden mit einem Brautschatz abgefunden, der nicht über den vierten Teil des Werts derselben steigen darf. Auf die Güter selbst können sie, solange Söhne vorhanden sind, keine Ansprüche machen; sind diese aber nicht da, so treten die Töchter in den Besitz der Güter und bringen sie ihren Männern zu. Sind auch keine Töchter da, so fallen die

Güter, nicht nach der natürlichen Erbfolge, sondern nach den Regeln der Rekadenz, die in Polen gilt, an den nächsten männlichen Seitenverwandten des Vaters, entweder an dessen Bruder oder dessen Sohne. Auch kann kein Erblasser über solche Güter willkürlich verfügen, sondern er muß sie dem rechten Erben vermachen. Werden endlich solche Güter verschuldet und überläßt sie der Schuldner seinen Gläubigern, so gehen sie dadurch nicht für ihn verloren. Die Gläubiger werden, nach der Priorität, in die Güter eingelassen und benutzen sie, aber nur als Pfandhaber, so lange, bis sie sich bezahlt gemacht haben. Der Eigentümer kann sie immer wieder einlösen, wenn er imstande ist, die *Jura crediti* an sich zu kaufen, und dann ist er wieder Besitzer, wie vorher. Güter dieser Art können in ihrer Beschaffenheit nicht verändert, mithin nicht vom Staat eingezogen werden; man muß erst öffentlich anfragen, ob irgend jemand da sei, der Ansprüche daran hat und beweisen kann, und findet sich ein solcher, so tritt er in den Besitz, und wenn auch seine Abstammung von dem vorigen Besitzer in die Jahrhunderte zurückginge; findet sich aber keiner, so wird zwar die Kaduzität[27] über diese Güter verhängt, aber eingezogen können sie darum doch nicht werden, sondern der Staat muß sie wiederum einem Edelmann übergeben. So bleibt den Gütern beständig ihre adlige Natur, wie ihr Eigentum bei den Familien, die sie anfangs besaßen und nicht förmlich Verzicht darauf taten; und daher kommt es, daß die ärmsten Edelleute, wenn sie nur beweisen können, daß ihr Vater ehedem ein so geeigenschaftetes Gut besessen, daß sie selbst nicht durch Handel oder Handwerk die Rechte eines Edelmanns verloren haben, nach der Verfassung, dieselben Vorzüge genießen, wie der reichste, jetzt noch besitzliche Edelmann. Denn solch ein armer kann in Umstände kommen, die ihm erlauben, sich den Besitz seines Familiengutes wieder zu verschaffen, das viele Jahre aus einer Hand in die andre gehen kann, ohne daß die verarmte Familie ihr Eigentumsrecht daran verliert. Die Abgaben von diesen Gütern sind gering und können nur solche sein, welche die gesetzgebende Macht, deren Mitglied der Edelmann selbst ist, festgesetzt hat. Ebenso verhält es sich mit den Zöllen, von denen er zwar nicht mehr ganz frei ist, die aber verhältnismäßig sehr gering sind.

Seine persönliche Freiheit ist groß. Selbst im Fall eines Kriminalverbrechens bleibt er seiner Person so lange mächtig, bis er desselben gerichtlich überwiesen worden. Nur dann kann er verhaftet werden, wenn man ihn auf frischer Tat ertappt, z. B. bei Diebstählen, Mordbrennereien, geflissentlichen Totschlägen, Mädchen- und Weiberraube, Plünderungen usw. Am Leben kann er nur durch den Reichstag gestraft werden, und es finden sich in der polnischen Geschichte sehr wenig Beispiele, daß das Todesurteil über einen Edelmann ausgesprochen und wirklich vollzogen worden wäre.

Er kann Totschläge mit Geld abkaufen. Begeht er einen solchen an einem Bürgerlichen, so bezahlt er 100 Mark; geschieht er an einem Adligen, und zwar mit dem Säbel, so bezahlt er 240, mit dem Feuergewehr 480 Mark, wozu noch eine Gefängnisstrafe von einem Jahr und sechs Wochen gefügt wird.

Ein Bürgerlicher hingegen, der einen Edelmann erschlägt, zahlt mit dem Kopfe.

Diese Rechte sind allen eingebornen Edelleuten gemein, und Altertum der Familie oder Reichtum machen keinen Unterschied. Daher sind alle Edelleute von Natur gleich. Die Vorzüge, die einer vor dem andern hat, gehen nicht aus dem Grunde der Verfassung, sondern aus den Staatsämtern hervor, die er bekleidet. Ein Edelmann, der Senator ist, wird nur als Senator einem andern Edelmann vorgezogen. Auch die Unterscheidungen, die in andern Ländern durch die Titel: Herzog, Graf, Baron, unter dem Adel verursacht

werden, finden in Polen nicht statt, und es ist dem Könige nicht erlaubt, diese Titel einem eingebornen Edelmann zu verleihen, so wie ein solcher auch nicht darum anhalten darf. Vor etwas mehr als hundert Jahren wurde sogar durch ein Gesetz die Strafe der Ehrlosigkeit darauf gesetzt, wenn jemand durch auswärts erhaltnen Titel, Wappen und Siegel, die Gleichheit unter dem eingebornen Adel störte.
Indessen gibt es einige Familien, denen die Gesetze, der Gleichheit des Adels unbeschadet, den Fürsten- und Grafentitel erlauben. Es sind die noch blühenden von denen, deren in den verschiedenen Verträgen erwähnt wird, durch welche Litauen, Kiew, Wolhynien und Bracław, mit Polen verbunden wurden. Die Gesetze verbieten wiederholt, daß diese Titel ihren Besitzern irgend einen staatsbürgerlichen Vorzug vor den unbetitelten Edelleuten geben sollen, weder in Vergebung der Ehrenstellen, Ämter und Starosteien, noch in dem Wahl- und Stimmgeschäft und den öffentlichen Verhandlungen. Zum Zeichen der Gleichheit reden sich die Edelleute ohne Ausnahme mit Bruder an; der oberste Senator den gewöhnlichen Edelmann, und dieser, wenn er will, den obersten Senator; aber letzterer enthält sich dessen gewöhnlich aus – Ehrfurcht. Auch ist es hergebracht, daß man in öffentlichen Beratschlagungen den Senat mit der Benennung der älteren Brüder, und den Ritterstand mit der Benennung der jüngeren Brüder bezeichnet.
Fremde Edelleute, die in Polen leben, oder daselbst von einem fremden Vater geboren sind, können nicht Teil an den Rechten des eingebornen Adels haben; sie müssen, mit Vorwissen des Staats, unter die Eingebornen aufgenommen werden. In älteren Zeiten war dies nicht nötig. Damals wurden fremde Ankömmlinge aus Schlesien, Böhmen, Ungarn und Deutschland sogleich den Eingebornen zugezählt, wenn sie einen festen Wohnsitz gefunden hatten. Nach der Zeit aber ward das Gesetz gegeben, daß das

Indigenat nicht heimlich, nicht vom Könige allein, sondern öffentlich, mit Einwilligung der Stände, verliehen werden sollte. Spätere Gesetze bestimmen noch, daß sich die Kandidaten des Indigenats auch um die Stimme des auf den Landtagen versammelten Adels der Provinz, in welcher sie sich besitzlich machen wollen, zu bewerben, und dessen Empfehlung für den Reichstag zu gewinnen haben. Auch wird das Indigenat nicht jedem ohne Unterschied verliehen, sondern nur echt adligen und verdienten Kandidaten. Deshalb müssen diese am Reichstage vor den Ständen ihre Verdienste erweisen, und ihren Adel, mittels Zeugnisses des Fürsten, in dessen Lande sie geboren sind, dartun; sodann entscheidet erst der Reichstag, ob sie des Indigenats würdig sind oder nicht. Wenn Edelleute, die außerhalb Polens leben, das Indigenat erhalten, so macht man ihnen zur Bedingung, daß sie sich in Polen ansässig machen; oft läßt man aber auch diese Klausel weg. Seit dem letzten Drittel des vorigen Jahrhunderts ward gesetzlich bestimmt, daß die Neuaufgenommenen des Indigenats verlustig gehen sollten, wenn sie sich nicht vor dem nächsten Reichstage in Polen ankauften; und daß das Indigenat denen nicht zu gute kommen sollte, die nicht zum römisch-katholischen Bekenntnisse übergingen. Zudem müssen sie, weil sie durch das Indigenat Staatsbürger werden, dem Könige und der Republik den Eid der Treue schwören. Übrigens ist der niedergeschriebene Beschluß des Reichstages wegen ihrer Aufnahme nicht genug: sie bekommen auch darüber ein eignes Patent aus der Kanzlei. Die Kosten, die mit diesem ganzen Geschäfte verknüpft sind, steigen sehr hoch, weil die Stimmen auf den Landtagen und am Reichstage selbst, sowie die Arbeiten der Kanzlei, nicht umsonst gegeben werden. Dies ist der Hauptgrund, weshalb das Indigenat in Polen so selten gesucht und verliehen wird, und weshalb sich der polnische Adel mehr, als irgend ein anderer, von fremdem Blute rein erhalten hat.

Wenn diejenigen, die das Indigenat erhalten, mit ihrem Arme oder Vermögen das Vaterland geschützt haben oder noch schützen, oder wenn sie von fremden, alten Familien stammen, so können sie sogleich Staatsämter bekleiden; andern Falls können nur erst ihre Urenkel zu den Ehrenstellen und Geschäften der Republik zugelassen werden. Daher steht bald in den Reichstagsbeschlüssen, daß der Neuaufgenommene aller Rechte des polnischen Adels fähig sei, bald ist es ausgelassen.
Nicht-adlig Geborene, Einheimische wie Fremde, können in den Adel erhoben werden. Ehedem hatte der König dieses Recht; jetzt müssen die Stände, mit Vorwissen des Rates, auf Empfehlung der Senatoren, Reichsboten, Minister oder Generale, darüber entscheiden. Ein bloßes königliches Adelsdiplom ist nicht hinlänglich, den Adel zu verleihen, es muß ein Reichstagsbeschluß, eine sogenannte Konstitution, sein. Übrigens wird von den Kandidaten ebenfalls verlangt, daß sie römisch-katholisch sind, daß sie sich die Stimme und Empfehlung des Adels auf den Landtagen verschafft, und ihre Verdienste dem Reichstage dargelegt haben. Auch werden erst ihre Urenkel dem alten Adel gleich geachtet, und, wie dieser, zu den Staatsämtern gezogen, es müßte denn sein, daß der erste Erwerber des Adels vorzügliche Verdienste besessen hätte.
Man glaube aber nicht, daß es mit diesen verlangten Verdiensten so genau genommen werde. Das Geld, welches auf den Landtagen und am Reichstage selbst, den Land- und den Reichsboten, die Einfluß haben, gegeben wird, bestimmt unbedingt das größere oder kleinere Verdienst. Diejenigen, die sich etwa dagegen setzen, oder daran zweifeln sollten, werden, durch eben diese Gründe, davon am kräftigsten und schnellsten überzeugt. In neueren Zeiten bedurfte es oft bloß der Empfehlung eines oder des andern auswärtigen Gesandten, den man von den Verdiensten des Suchenden überzeugt hatte, und der Reichstag tat willig,

was man verlangte. Die Gesetze verbieten nachdrücklich, daß ein Edelmann einem Unadligen seinen Adel mitteile, oder ihn für seinen Verwandten ausgebe; daß jemand die Wappen von Familien brauche, zu denen er nicht gehört; und daß jemand ein Edelmann zu sein vorgebe, der es nicht ist. Wird aber ein Edelmann von einem andern falsch beschuldigt, daß er nicht Edelmann sei, so kann er diesen gerichtlich belangen und auf zu verfügende Todesstrafe wider ihn dringen.

Übrigens gehen geborne wie gemachte Edelleute der Rechte des Adels verlustig, wenn sie Kaufmannschaft oder Handwerke treiben, oder Schenken halten, oder in den kleinen Städten Magistratsstellen bekleiden. In den größeren können sie, ihrem Adel unbeschadet, solche Stellen annehmen, weil diese in dem Punkte den Edelleuten gleich sind, daß sie Landgüter besitzen dürfen. Ferner gehen solche Edelleute ihres Adels verlustig, die, wegen Kriminalverbrechen, für ehrlos erklärt worden sind; und endlich solche, denen der Adel, ohne daß sie Verdienste hatten, verliehen worden: ein Fall, der, nach der Bemerkung, die ich oben mitgeteilt habe, fast unerhört ist. Denn wer ohne Verdienste den Adel sich durch Geld verschaffen konnte, kann ihn auch, wenn er angefochten wird, sich durch Geld erhalten, und nur die Stände, die ihn gaben, können ihn nehmen, aber auch von neuem wieder geben. Nur verdienstlosen Edelleuten, die zugleich arm sind, könnte dieses Unglück begegnen, von dem man in der polnischen Geschichte wohl wenig Beispiele finden möchte.

Da sich einmal die ganze Verfassung des Staats um den Adel dreht, so zielen, wie man aus obigem sieht, auch alle Gesetze und Einrichtungen zu seinem Vorteil, zu seinem Glanze, zu seiner Erhaltung und zu seiner Echtheit ab. Nur dieser echte Adel bildet diejenige Einwohnerklasse, aus welcher die Reichsstände erlesen werden. Die Konstitution des immerwährenden Rats nimmt drei solcher Stände an, den König, die Senatoren, die Ritter; aber eigentlich sind ihrer nur zwei: der Senatoren- und der Ritterstand. Kein älteres Gesetz weiß von drei Ständen, keines vermengt den König mit den Ständen. Die Gesetze wollen, daß der König die Stände zum Reichstag berufe, mit ihnen beratschlage und beschließe. Sie selbst tragen an der Stirne den Namen des Königs, welcher erklärt, er habe sie nach dem Willen der Stände vollzogen und bestätigt. Stirbt der König, so heißt es nicht, der Stand, sondern der Fürst ist tot, und dann verfügen alle Stände in den Geschäften des Staats, dann versammelt man sich zur Wahl, nicht eines Standes, sondern eines Königs, der, wenn er gewählt ist und seine Pflichten anerkannt und beschworen hat, die Rechte der Stände bestätigt, und, wenn ihm die Reichsinsignien übergeben sind, eingeführt wird. Der König ist also durch die Gesetze von den Ständen unterschieden und über sie erhoben.

Da indessen die Einsetzung des immerwährenden Rats mehrere ältere Konstitutionen, teils aufhob, teils veränderte, und da dieser Rat neuerlich als Staatsmacht, was er durch die Revolution zu sein aufhörte, wieder hergestellt worden ist: so lassen wir es billig auch bei der Einteilung in drei Stände, die das Gesetz, welches ihn errichtete, anzunehmen für gut befunden hat. Nach demselben ist:

Der König das Oberhaupt der Nation, der erste Reichsstand, der Träger der Majestät der Republik, der Vorsitzer des immerwährenden Rats. Er beruft die ordentlichen und außerordentlichen Reichstage; weder der Reichstag noch der immerwährende Rat kann etwas beschließen, wenn er nicht gegenwärtig ist; unter seinem Namen werden alle Gesetze und Verordnungen des Reichstags und des immerwährenden Rats, und alle und jede öffentliche Urkunden ausgefertigt; in seinem Namen werden alle Gerichte gehalten und den Reichstags- und Relationsgerichten[28] sitzt er in Person vor; er erteilt neue Rechte und Privilegien und

Herzog Konrad von Masowien fordert den K. Johann Albrecht zum Zweikampf

bestätigt alte, insofern sie nicht den öffentlichen polnischen und litauischen Rechten zuwider sind; besetzt alle niederen geistlichen, bürgerlichen und soldatischen Ämter; und kann noch endlich Universitäten und Schulen anlegen.

Dies sind die Vorrechte des Königs. Man sieht, daß kein wesentliches, welches ihm irgendeinen bedeutenden Einfluß auf den Staat und dessen Geschäfte verschaffte, darunter ist. Vormals hatte er wichtigere. Er besetzte alle hohen Staatsämter, geistliche, bürgerliche und kriegerische, und vergab die königlichen Güter und Starosteien. Hierin lag die Quelle seiner Macht und seines Einflusses im Staate; denn, wer von ihm eine Stelle oder eine Starostei hoffte, war ihm ergeben, und wer eine oder die andere bekam, war, aus Dankbarkeit, sein Anhänger. So waren die Besitzer der höhern Würden, der ergiebigeren Starosteien, die als Bischöfe, Woiwoden und Kastellane zugleich die Senatorenwürde bekleideten, bei den Staatsverhandlungen mit der Stimmenmehrheit auf seiner Seite, und ein Teil des Ritterstandes, der Staatsämter, königliche Güter und Starosteien inne hatte, oder auf solche hoffte, ebenfalls. Dies hat aufgehört, seitdem der immerwährende Rat jene Stellen und Güter vergibt, indem er dem Könige jedesmal drei Suchende vorschlägt, aus denen er einen wählt: so sind dem Könige auf allen Seiten die Hände gebunden, und es ist kein wichtiges Staatsgeschäft vorhanden, dessen Besorgung er nicht, entweder mit dem Reichstag oder dem immerwährenden Rate, teilen müßte. Man sieht also, warum es einer der ersten Schritte des Revolutionsreichstages war, letzteren aufzuheben.

Der zweite Reichsstand, der Senatorenstand, wird durch die Erzbischöfe, Bischöfe, Woiwoden, Kastellane und vornehmsten Minister gebildet. Mit diesen Würden ist die Senatorenstelle genau verbunden, und sie wird mit ihnen zugleich verliehen. Es versteht sich, daß nur eingeborne, besitzliche Edelleute, die gleiche Rechte mit den andern

Staatsbürgern genießen, übrigens Verdienste, das erforderliche Alter und Fähigkeiten haben, auch römisch-katholisch sind, diese Stellen bekleiden können.
Die Anzahl der Senatoren ist nicht immer dieselbe und bald stärker, bald schwächer gewesen. Durch die doppelte Entgliederung Polens ist sie geringer, als je geworden.
Ehedem bildeten sechzehn dieser Senatoren, die vom Reichstage erlesen wurden, einen Rat, der dem Könige zur Seite war, und mit dem er die öffentlichen Geschäfte überlegte. Er konnte nichts ohne dessen Genehmigung verfügen, und in Fällen, wo die Meinungen geteilt waren, entschied die Mehrheit. An die Stelle dieses Rats ist der *immerwährende* getreten, der aber auch Mitglieder aus dem Ritterstande hat, und ohne dessen Billigung der König ebenfalls nichts beschließen kann. Bei demselben gilt der Einspruch eines einzelnen nichts; er wird auch schon dadurch vermieden, daß in Fällen, wo man sich nicht einigen kann, abgestimmt werden muß.
Damit der König nicht Rats entbehrte, mußten die Senatoren im Lande bleiben, und konnten ohne Einwilligung des Reichstags nicht verreisen; will jetzt der König eine Reise machen, so braucht er dazu die Genehmigung des immerwährenden Rats und dieser muß sich an den Ort verfügen, wo sich der König befindet. Reist dieser, nach eignem Willen, von Warschau weg, so bleibt die Wahl zu den Staatsämtern zwei Monate ausgesetzt, aber nach Verlauf derselben begibt sich eines der Mitglieder zum Könige und stellt durch Briefwechsel den nötigen Zusammenhang mit dem Rat her.
Die Senatoren haben den Titel Excellenz. Besoldung beziehen sie als solche nicht. Ihr Auskommen und ihren Glanz erhalten sie durch die Einkünfte von andern Staatsstellen und von den ihnen verliehenen königlichen Gütern. Den ersten Rang unter ihnen nehmen die geistlichen Senatoren, die Erzbischöfe und Bischöfe, ein.

Schon in den ältesten Zeiten hatten diese viele Vorzüge vor den weltlichen, teils ihres geistlichen Amts, teils der Gelehrsamkeit wegen, in deren Besitz sie ausschließend waren. Ehedem bestanden sie aus zwei Erzbischöfen, dem von Gnesen und dem von Lemberg, und aus fünfzehn Bischöfen. Diese Anzahl ist durch die doppelte Teilung verringert worden. Der Erzbischof von Lemberg ist, seit der ersten, nicht mehr polnischer Senator; der Erzbischof von Gnesen wird es, als solcher, seitdem Gnesen preußisch geworden ist, nicht mehr sein, aber wohl als Bischof von Krakau. Doch ist über diesen Gegenstand noch nichts bestimmt worden. Auf dem Erzbischofe von Gnesen hafteten Würde und Titel des Fürsten-Primas, und dieser ist, als solcher, der erste unter den geistlichen Senatoren. Seine Vorrechte sind höchst wichtig. Er ist geborner Legat des Papstes; er ist Zwischenkönig, von dem Tode des einen Fürsten bis zur Einführung des andern, und besorgt während dieser Zeit königliche Obliegenheiten; wenn der König nicht im Lande ist, und er sieht eine Gefahr für den Staat aufsteigen, so kann er jenen sogleich davon benachrichtigen; er kann dem Könige Vorstellungen tun, wenn er von der Vorschrift des Gesetzes abweicht, und Dinge befiehlt, die demselben widersprechen; er ist geborner Kanonikus von Płock; er hat das Recht, Geld auszumünzen und auf den Gütern seiner Kirche zu jagen; er ist, wie seine Untertanen, von Abgaben und Zöllen an die Woiwoden frei, und ihrer Gerichtsbarkeit nicht unterworfen; er nimmt im immerwährenden Rate den obersten Platz ein, selbst wenn ein Kardinal unter den beisitzenden Bischöfen wäre; er unterschreibt, wenn er im gedachten Rate sitzt, seinen Namen nach dem Könige; ist dieser nicht gegenwärtig, so hat er, wie während des Zwischenreichs, zwei Stimmen, um, bei einer Stimmengleichheit, zu entscheiden; er weicht dem päpstlichen Nuntius nicht, und deshalb verhüten beide, an einem dritten Orte zusammenzutreffen; niemand darf, nach zwei alten

Verordnungen aus den Zeiten Kasimirs des Großen, in seiner Gegenwart sich unanständiger Worte bedienen, noch Säbel oder Messer ziehen, bei einer Geldstrafe, die in des Primas Säckel fließt. [. . .]
Die Bischöfe haben, einer vor den andern, gewisse Auszeichnungen, die sich auf ihren Rang in der Kirche und im Senate und auf den Vortritt beziehen, welche ich aber hier nicht anführen mag. [. . .] Sie wechseln oft in ihren Stellen, und vertauschen bald ein niederes Bistum mit einem höheren, bald ein minder einträgliches mit einem reicheren; oft nutzen sie neben ihrem Bistum, noch gewisse Abteien und Propsteien, um den Glanz ihrer Würde zu behaupten. [. . .]
Den nächsten Rang nach ihnen nehmen im Senatorenstande die Woiwoden ein. Ihr lateinischer Name (palatini) stammt von den Ämtern her, die sie ehedem im Palaste, am Hofe der Fürsten bekleideten. [. . .]
Die ältesten unter den Woiwoden sind die in Kronpolen; die übrigen, in den hinzugekommenen Ländern, sind jünger, weil diese Provinzen erst nach der Verbindung mit Polen in Woiwodschaften abgeteilt wurden. Man hat aber keine Rangordnung nach den Provinzen unter ihnen festgesetzt, sondern sie sind untereinander gemischt. Sonderbar ist es, daß der Kastellan von Krakau allen Woiwoden vorgeht, und daß zwei andre Kastellane, die von Wilna und Troki, und der Starost von Samogitien (alle sonst hinter den Woiwoden) diesen zugezählt werden. [. . .]
Die eigentlichste Bestimmung der Woiwoden, die ihr Name anzeigt, ist, bei einem allgemeinen Aufsitze, den Adel ihrer Woiwodschaft anzuführen; da aber solche Aufsitze in neueren Zeiten nicht mehr üblich und – möglich sind, so ist auch der Name Woiwode nichts, als ein Titel, um welchen sich aber der polnische Adel so angelegentlich drängt, als ob noch die Gelegenheit, Taten zu tun, damit verbunden wäre.
Auf die Woiwoden folgen die Kastellane. Sie haben ihren

Namen von dem Worte *Castellum,* welches von festen Schlössern, allerlei befestigten Orten, auch von Lagern gebraucht wurde. Die Befehlshaber solcher Plätze nannte man also Kastellane, und sie waren nicht bloß den Kastellen, sondern auch einem gewissen Bezirke vorgesetzt, der dazu gehörte und der die Benennung Kastellanei trug. [. . .] Wenn ein Aufsitz geboten wird, so befehligen sie den Adel ihres Bezirks und führen ihn zum Woiwoden, der dem Adel der gesamten Woiwodschaft vorgesetzt ist. Sie sind also, nächst diesen, die vornehmsten Anführer des Adels. Obgleich sie alle gleiches Ansehen haben. [. . .]
Zu den Senatoren zählt man einige Minister, und nennt sie deshalb Minister aus dem Senatorenstande. Sie bekleiden die höheren Staatsämter um die Person des Königs. Ihrer sind folgende zehn: Zwei Großmarschälle, zwei Großkanzler, zwei Unterkanzler, zwei Schatzmeister, zwei Hof- oder Untermarschälle.
Fünf dieser Minister gehören zur polnischen und fünf andre zur litauischen Nation.
Sie sind nach den Kastellanen in den Senat gekommen, stimmen also auch nach ihnen. Am Reichstage sitzen sie nicht an der Seite der Kastellane, sondern besonders; in den Relationsgerichten aber führen sie die Reihe der Senatoren nach den Kastellanen fort, nach welchen sie auch am Reichstage ihre Stimmen geben. Die Gesetze erlauben nicht, daß diese Minister zugleich Woiwoden oder Kastellane sein können; wollen sie es werden, so müssen sie die Ministerstelle niederlegen. So darf ein Minister auch nicht zwei Ministerstellen inne haben, und er muß die erste Stelle niederlegen, wenn er eine zweite bekleiden will; ja, zwei Personen aus einer Familie können nicht zugleich zwei Ministerstellen besitzen. Dagegen können sie Starosteien mit Gerichtsbarkeit in jeder Woiwodschaft inne haben, sogar Generalstarosten von Polen sein. Ihre Ämter behalten sie auf Lebenszeit, oder bis sie dieselben mit andern ver-

wechseln. Sie bringen ihre Zeit meist um den König zu, damit er ihres Amtes nicht entbehre, welches eine fast ununterbrochene Anwesenheit erfordert. Auch auf Reisen in Polen und Litauen begleiten sie den König, wo nicht alle, doch einer oder der andre von ihnen. Auf Reisen außerhalb des Landes ist einer der Unterkanzler in seinem Gefolge. Der Fall kommt oft vor, daß Woiwoden und Kastellane ihre Würden gegen Ministerstellen aufgeben, teils weil sie durch ihren Aufenthalt um den König häufiger Gelegenheit haben, sich und ihre Familie seiner Freigebigkeit zu empfehlen, teils weil die Ministerstellen mit ansehnlichen Privateinkünften verbunden sind. Ihr Titel ist derselbe, der den Woiwoden und größeren Kastellanen gegeben wird.

Dies von den Ministern im allgemeinen; es ist nötig, von ihren Stellen im Besondern einiges anzumerken.

Die ersten in der Ordnung sind die Marschälle. Oben ist bemerkt worden, daß ihrer vier sind, nämlich der Groß- und der Hofmarschall von Polen und der Groß- und Hofmarschall von Litauen. Das Abzeichen ihrer Würde ist der Marschallstab. Die Hofmarschälle pflegen in die Stellen der Großmarschälle zu rücken, doch ist kein Gesetz darüber vorhanden, und der König, oder jetzt vielmehr der immerwährende Rat, können nach Willkür andre zu Großmarschällen ernennen. Ihre Pflichten und Rechte sind: daß sie die Hofbedienten ernennen, auszahlen, über ihre Aufführung wachen, ungehorsame, sittenlose entfernen; daß sie Gäste und königliche Räte empfangen und sorgen, daß sie nach Würde behandelt werden, daß sie Auflauf, Gewalttätigkeiten und alles, was beleidigen kann, abwenden und die Anstifter bestrafen; daß sie alle, den Hof betreffende, Geschäfte führen, und was darin abgeht oder fehlerhaft ist, unter Mitwissen des Königs, verbessern. Ehedem bestimmten sie auch den Preis der Dinge, die der Hof brauchte; da sich aber manche unter ihnen von den Kaufleuten bestechen ließen, den Preis zu ihrem Vorteil anzusetzen, so wurde

ihnen dies Vorrecht durch die Konstitution vom Jahre 1768 genommen. Alle Hofbediente stehen unter ihrem Tribunal, die Marschallsgerichte genannt, selbst die Offiziere der Leibwache, und sogar die Gemeinen, wenn ihre Vorgesetzten zu nachsichtig gegen sie gewesen sind. Diese Gerichte erstrecken sich auf drei Meilen um den Wohnsitz des Königs; sie begleiten ihn, wohin er sich, innerhalb des Reichs, begibt; und von ihren Sprüchen kann nicht appelliert, doch kann die von ihnen zuerkannte Strafe vom Könige gemildert, auch geschenkt werden. Stirbt der König, so werden diese Gerichte um seinen Leichnam fortgehalten. Seit 1768 haben die Marschälle bei ihren Gerichten sechs Beisitzer, ohne die sie nicht mehr entscheiden dürfen. – Sonst besorgen sie noch, in Absicht der Hofgebräuche, sowohl um die Person des Königs, als am Reichstage, alles das, was Herkommen und Sitte ist, und wachen, daß nichts darin verändert werde; und sie müssen in diesem Punkte nicht minder bedenklich und genau sein, als die Marschälle an monarchischen Höfen. Vermöge der Konstitution des immerwährenden Rats sind sie verbunden, jährlich 6 Monate um den König zu sein, und die Beisitzer ihrer Gerichte jeder 4 Monate. Die Hofmarschälle haben, wenn die Großmarschälle nicht zugegen sind, deren ganzes Ansehen und alle ihre Vorrechte. Übrigens besorgen die Marschälle der Krone das, was Kronpolen angeht, und die Marschälle von Litauen das, was auf dieses Großherzogtum Bezug hat.
Der Kanzler sind ebenso viel als der Marschälle: ihrer zwei für Polen und zwei für Litauen, für beide ein Groß- und ein Unterkanzler. Sie dürfen nicht zugleich Woiwoden und Kastellane sein. Ehedem ernannte sie der König am Reichstage, doch mit Zustimmung des Reichsrats, jetzt schlägt auch zu diesen Stellen der immerwährende Rat die Kandidaten vor. Die Kanzlerstellen sind unter den höheren Staatsämtern die einzigen, in deren Bekleidung Weltliche und Geistliche miteinander abwechseln. In älteren Zeiten

kamen Weltliche seltener dazu, weil es ihnen an den nötigen Kenntnissen fehlte, aber seit Sigismund dem Ersten ist ein Gesetz vorhanden, daß jedesmal einer von den Kanzlern ein Geistlicher und der andre ein Weltlicher sein soll. Auch die Stelle des Großkanzlers muß abwechselnd mit einem Geistlichen und einem Weltlichen besetzt werden. Wenn also beide Kanzlerstellen offen sind, und der letzte Großkanzler war ein Geistlicher, so muß sein Platz mit einem Weltlichen und im umgekehrten Falle mit einem Geistlichen besetzt werden. Diese Einrichtung ist aber nur in Kronpolen, nicht in Litauen, wo die Kanzler immer Weltliche zu sein pflegen.

Man macht in Kronpolen gewöhnlich Bischöfe zu Kanzlern, seltener Geistliche von geringerer Würde. Der letzte Unterkanzler, Kołłątaj, machte eine Ausnahme: er wurde vom Kronreferendar zum Kanzler erhoben. Übrigens ist schon oben bemerkt worden, daß nicht alle Bischöfe das Kanzleramt bekleiden können, sondern nur solche, die ein Bistum mit geringeren Einkünften inne haben, und daß sie, wenn sie als Kanzler ein reicheres bekommen, diese Stelle niederlegen müssen. Wer, ehe er Kanzler wurde, noch nicht Bischof war, hat vor andern Anwartschaft auf das nächste erledigte Bistum, und wer schon Bischof war, auf das nächstaufgehende reichere. Ebenso die weltlichen Kanzler auf die einträglichsten königlichen Güter, auf Woiwodschaften und Kastellaneien.

Die Groß- und Unterkanzler haben gleiches Ansehen, und nur diese Unterscheidung findet zwischen beiden statt, daß der Großkanzler den Vortritt hat, und daß der Unterkanzler, wenn jener abwesend ist, die Geschäfte besorgt. Auch rückt er in dessen Stelle, wenn sie offen wird. Doch ist dies nur der Fall in Kronpolen, wo man den Wechsel zwischen weltlichen und geistlichen Kanzlern erhalten muß; in Litauen kann der Unterkanzler, bei Besetzung der Großkanzlerstelle, übergangen werden.

Das Amt des Kanzlers ist sehr wichtig und umfassend. Er trägt im Namen des Königs vor, sowohl am Reichstage als außer demselben bei allen Gelegenheiten, wo der König öffentlich zu reden hat. Er antwortet den fremden Gesandten auf ihre Anreden; bespricht sich auch besonders mit ihnen, um ihre Anträge zu vernehmen, den König davon zu unterrichten und dessen Antwort zu überbringen. Er empfängt die Bittschriften an den König, und er entwirft und besiegelt die öffentlichen Geschäftsschriften, Mandate, Vorladungen, Entscheidungen, Privilegien, Diplome und Schenkungen. Zu diesen, wie zu seinen mündlichen Vorträgen, bedient er sich der lateinischen oder der polnischen Sprache, die von jeher die Sprachen der öffentlichen Geschäfte in Polen waren.

Jeder der Kanzler hat seine eigene Kanzlei, sein besonderes Archiv (in polnisch-lateinischer Sprache *metrica* genannt) und sein besonderes Siegel. Da die Geschäfte, die bei ihren Stellen vorkommen, die mannigfaltigsten Beziehungen auf das polnische Staatsrecht und auf die verwickelten Privatrechte der einzelnen Einwohnerklassen haben; so müssen sie in den geschriebenen und ungeschriebenen Gesetzen, und in den Gebräuchen und dem Herkommen, vorzüglich bewandert sein. Sie haben zwar einen Kanzleiaufseher (*Regent* genannt), dessen Pflicht es ist, zu wachen, daß nichts, was gegen Gesetze und Herkommen wäre, aus der Kanzlei hervorgehe; aber sie sind darum nicht von aller Sorge frei, weil sie, wenn ein Verstoß geschieht, verantwortlich dafür bleiben.

Schriften, die des Königs Unterzeichnung nicht bedürfen, fertigt der Kanzler ohne dessen Mitwissen aus; die aber deren bedürfen, müssen dem Könige im Auszuge vorgetragen werden. Die Diplome über Privilegien, Ehrenstellen, verliehene Güter usw. müssen, ehe der Kanzler sie ausgibt, in dessen Aktenbücher eingetragen werden, für den Fall, daß sie verloren gingen, oder daß man Abschriften davon

verlangte. Die Kanzleigebühren, welche Privatleute zu zahlen haben, sind zwar in älteren Zeiten festgesetzt, aber nur für den Adel; die Nichtadligen, die Fremden und Juden sind der Willkür der Kanzlei überlassen, und diese ist in der Tat nicht billig. Die Gebühren für Diplome, die dem Empfänger Freude oder Nutzen bringen, stellt man gewöhnlich der Großmut desselben anheim, und man kann denken, daß sie in diesem Falle nicht gering sein dürfen, da Kanzler, Regent und Metrikant, und sonst noch irgendein paar Schreiber, zugleich befriedigt werden müssen.
Die Kanzler sind Vorsitzer bei den Assessorial-Gerichten; sie haben die Pflicht, die vom Reichstage gefaßten Beschlüsse nach Endigung desselben drucken zu lassen und, mit ihrem Siegel versehen, in die Provinzen zu senden; sie können zu außerordentlichen Gesandten gebraucht werden; einer von ihnen ist Mitglied des auswärtigen Departements im immerwährenden Rate, und, wenn der König nicht zugegen ist, dessen Vorsitzer; sie können, wenn die Marschälle abwesend sind, deren Stelle vertreten; sie können endlich sogar die Armee anführen, wenn kein Feldherr und kein Marschall vorhanden ist.
Die Kanzler vom weltlichen Stande beziehen eine jährliche Besoldung, die vom geistlichen keine, weil ihre Einkünfte aus der Kirche ansehnlich genug sind. Durch die Errichtung des immerwährenden Rats sind einige ihrer alten Vorrechte eingeschränkt worden. Man hat ihnen sechs Beisitzer zugegeben, ohne die sie ihre gerichtlichen Geschäfte nicht abtun können; sie müssen alle Monat jenem Rate ein Verzeichnis der Privilegien, die sie ausgefertigt haben, einreichen, und jedesmal zwei von ihnen müssen sechs Monate jährlich in Warschau gegenwärtig bleiben.
Noch sind von den Staatsbeamten aus dem Senatorenstande übrig:
Die Schatzmeister beider Nationen, die, zum Unterschiede von den beiden Höfschatzmeistern, Großschatzmeister ge-

nannt werden. Sie sind Aufseher der Reichsinsignien und des Schatzes; empfangen die öffentlichen Einkünfte; besorgen die öffentlichen Ausgaben, und bringen sie in Rechnung. Sie haben die Aufsicht über das Münzwesen und sind Vorsitzer eines Tribunals, die Schatzkommission genannt. Ehedem waren sie in ihrem Departement fast unumschränkt, und eine Reihe von Unordnungen war die Folge davon; aber seit der Konstitution von 1768 und seit der Errichtung des immerwährenden Rats, sind ihren Vorrechten und Befugnissen engere Grenzen gesetzt worden. Sie haben jetzt eine Kommission zur Seite, ohne die sie nichts verfügen können, und unter welcher das Schatzdepartement steht, das aus Mitgliedern des immerwährenden Rats zusammengesetzt ist. Sie müssen monatlich einen Bericht von allen ihren Verhandlungen dem gedachten Rate vorlegen; die Vorschläge, die zur Verbesserung und Erweiterung des Handels und der Einkünfte, zur Errichtung von Manufakturen, Anlegung von Straßen und Kanälen usw. ihnen eingereicht werden, können sie untersuchen, aber weder verwerfen noch annehmen, ohne die Billigung jenes Rats; nur mit Genehmigung eben desselben können sie zufällige Ausgaben des Schatzes, als Geschenke, Preise usw. auszahlen; wenn sie sich weigern, einen Beschluß der Kommission zu unterschreiben und zu untersiegeln, so ist sie doch gültig, wenn der nächste, ihnen im Rang folgende, sie unterschreibt, was in ihrer Gegenwart geschehen kann usw.
Vor die Gerichte dieser Schatzkommission gehören besonders alle Sachen, welche die Abgaben angehen, die von dem Adel, der Geistlichkeit und den Städten abzutragen sind; ferner Streitigkeiten über Verträge, Wechsel und Schulden der Kaufleute; über Maß und Gewicht; über Schuldforderungen der Handwerker u. a. m.
Von der Beschreibung des ersten und zweiten Reichsstandes gehe ich auf den dritten, den Ritterstand über. [. . .]
Der Ritterstand wird von den Edelleuten gebildet, die nicht

Senatoren, und die dem Könige unmittelbar unterworfen sind. Obgleich die Senatoren nicht aufhören, Edelleute zu sein, so werden sie doch von diesen, insofern sie einen Stand ausmachen, getrennt, da sie Mitglieder eines andern Standes sind, und niemand zu zwei Ständen zugleich gehören kann. Unter den Edelleuten gibt es auch mittelbare, das heißt solche, die, wie in Sewerien und zum Teil anderwärts, mittels ihres Herrn (in Sewerien z. B. durch den Bischof von Krakau) dem Könige untertan, und den unmittelbaren insofern untergeordnet sind, als sie bei den Staatsverhandlungen nicht zu Rate gezogen werden.
Die unmittelbaren Edelleute also beraten den Staat in Person auf den Landtagen und auf dem Reichstage durch ihre Stellvertreter. Letztere nennt man Reichsboten, und sie werden von den einzelnen Woiwodschaften und Powiats (kleineren Bezirken), die das Recht dazu haben, abgesendet. Die Anzahl der Boten, die jeder Bezirk abfertigt, ist durch Gesetze oder durch Gewohnheit bestimmt; erscheinen ihrer mehr, als gewöhnlich, so werden sie aus der Landbotenstube entfernt. Ihre Wahl geschieht auf den Landtagen, die jedesmal einige Wochen vor den Reichstagen gehalten werden. Wahlfähig sind nur solche, die in der Woiwodschaft oder dem Powiat, dessen Vertreter sie werden sollen, Land besitzen. Wer einen Rechtshandel vor den Reichstagsgerichten hat; wer Richter eines Tribunals ist; wer, als Einnehmer der Landesabgaben, seine Quittung von der Schatzkommission noch nicht erhalten, wer Kondemnate auf sich hat; wer nicht vom römisch-katholischen Bekenntnisse ist – der kann nicht zum Landboten gewählt werden.
Die Macht des Ritterstandes ist so groß, daß nur die einmütige Zustimmung desselben einen Beschluß gültig macht, und daß keiner zustande kommt, wenn auch nur ein Bote widerspricht. Dies Vorrecht, das in der Tat gegen alle Vernunft streitet, aber doch sehr alt ist, hat man zwar im

Jahre 1768 eingeschränkt; aber gesetzlich aufgehoben ist es noch immer nicht, seitdem die Konstitution von 1791, die es verbannte, wieder vernichtet worden. Zwar darf es nur bei Staatsmaterien, d. i. in Fällen, wo von Krieg und Frieden, neuen Auflagen, neuen Gesetzen und Truppenvermehrungen die Rede ist, ausgeübt werden; aber man sieht, daß dies gerade die wichtigsten Gegenstände sind, die zur öffentlichen Beratschlagung kommen können. Rachsucht, Eigennutz und Schadenfreude eines einzelnen Staatsbürgers haben, wie die Gesandten auswärtiger Mächte, an diesem Vorrechte ein kräftiges Mittel, ihre Pläne durchzusetzen und alles zu verhindern, was denselben Zuwiderlaufendes vom Reichstage beschlossen werden könnte. Man nennt dieses gefährliche Vorrecht die freie Stimme, das Widerspruchsrecht, das *liberum veto*.

Die Landboten sollen zwar im Namen ihrer Vollmachtsgeber raten; aber sie handeln doch oft nach eigenem Willen. Bald halten sie die Beratschlagungen auf, bald treiben sie dieselben, bald mischen sie, bei unerwarteten Wendungen, fremde Dinge ein; bald sind die Boten einer Woiwodschaft, eines Bezirks untereinander selbst nicht einstimmig; bald wirkt auf den einen Privatinteresse, bald auf den andern Drohung oder Bestechung – und so kann man mit Recht sagen, daß sie nicht nach ihren Aufträgen, sondern nach eigenem Willen die Geschäfte betreiben. [. . .]

Wenn ich hier die wichtigsten der Vorrechte, Freiheiten, Würden, die in Polen von dem Adel ausschließend besessen und benutzt werden, den Lesern kurz angedeutet habe: so geschah es, um den Abstich desto auffallender zu machen, der zwischen ihm und dem Rest der Bewohnerschaft von Polen obwaltet. Dieser Rest, der aus Bürgern, aus der niederen Geistlichkeit, Juden und Bauern besteht, nimmt eigentlich an den staatsrechtlichen Vorzügen der Nation gar keinen Teil; das polnische Staatsrecht erwähnt ihrer auch nicht besonders; die Verfassung selbst nimmt auf sie gar keine Rücksicht. Was die Bürger und Juden an Rechten besitzen, sind gewisse Verwilligungen und Freiheiten, die soeben hinlangen, um sie vor Sklaverei zu schützen, und die sie nur durch einen ewigen Kampf mit der Gesellschaft, der eigentlichen Staatsbürger, die sich immer weiter auszubreiten sucht, in den noch übrigen Trümmern aufrecht erhalten können. Der Bauer, im Ganzen genommen, hat gar kein Recht im Staate. Der gute oder böse Wille seines Herrn ist sein Schutz oder seine Plage.

Wenn aber irgendein Umstand die nicht adligen Bewohner von Polen über ihre Hilflosigkeit trösten kann, so ist es der, daß der größte Teil des Adels nicht weniger, und noch empfindlicher, von dem kleineren, aber reicheren und deshalb mächtigeren Teile seiner Mitglieder, gedrückt und verachtet wird. Eine allgemeine Freiheit und Gleichheit ist vielleicht nirgends so sehr Hirngespinnst, als in Polen, wo die ganze Verfassung, und die ganze Reihe von Gesetzen, aus denen sie hervorgeht, auf beiden gebaut ist; und es gibt schwerlich ein zweites Land, wo man, in wichtigen und unwichtigen Dingen, so begierig nach Unterscheidungszeichen wäre und wo man, mit so fruchtbarer Erfindungskraft, die Anzahl derselben so vermehrt hätte. Vergebens schmeichelt man sich damit, daß es nur äußerer, gleichgültiger Prunk sei, und daß weder Ehrenstellen noch Ordensbänder den Wert des Edelmannes erhöhen, noch denselben, wenn er ihrer ermangelt, herabsetzen könnten. Man sieht alle Tage, daß der Titel eines Woiwoden oder eines Kastellans, und der Anblick eines blauen und roten Bandes, Türen schnell öffnen, die vor dem Edelmann, der nichts von dem allen ist und hat, verschlossen bleiben, und daß betitelte und bebänderte Brüder über andern, die es nicht sind, in Bewerbungen um Würden und Ämter, wie in Rechtshändeln, Siege davon tragen, die sie nicht dem Verdienst und dem Rechte, sondern allein diesem, für unbedeutend gehaltenen, Übergewichte zu danken haben. Sonach ist zwar der ärmere polnische Edelmann, als Edelmann, frei und unabhängig, aber als armer Edelmann der Knecht seines reicheren Bruders; so ist er, als dummer Edelmann, so viel, als der kluge, aber als dummer Mann, des letztern verächtliches Spielwerk; so ist denn auch die polnische Aristokratie bald eine Ochlokratie, bald eine Monarchie, bald das eroberte Land eines auswärtigen Fürsten; und das alles wird sie dadurch, daß sich einzelne Glieder, einzelne Parteien in derselben, für vollkommen gleich, für vollkommen frei halten, und daß sie das als den Willen, als das Interesse der gesamten Nation durchsetzen können, was Privatwillen und Privatinteresse einzelner Personen oder Parteien ist. Hier die Büchse der Pandora!

Man erlaube mir, von dem Edelmann sogleich zum Bauer überzugehen. Da diese beiden Klassen das platte Land von Polen bewohnen, so scheint es mir in der Ordnung, sie hintereinander zu beschreiben. Zwar sind sie, politisch genommen, durch den scharfen Grenzstrich der Herrschaft und der Sklaverei geschieden; aber, menschlich genommen, könnte der Herr doch nicht einmal essen, wenn er die Arme seines verachteten Sklaven nicht hätte.

Der obenerwähnte Grundsatz: nur der Landbesitzer ist Staatsbürger, hat das Schicksal des Bauern in Polen entschieden und ihn zu ewiger Knechtschaft verurteilt. Es ist wahr, die Leibeigenschaft folgt nicht geradezu aus demselben, aber doch ein hoher Grad von Unterwürfigkeit. Der Vertrag zwischen dem Landbesitzer und Bauer kann nur folgender sein: »Ich, Bauer, will leben. Um mir meinen Unterhalt zu verschaffen, habe ich nichts gelernt, als das Land zu bebauen. Ich habe kein Land, denn du, Edelmann, besitzest es ausschließend. Gib mir ein Stück davon, ich will dafür arbeiten.« – »Ich will dir ein Stück Land einräumen«, erwidert der Edelmann, »das dich ernähren kann. Du tust mir dafür eine gewisse bestimmte Arbeit. Dein Eigentum kann dieser Fleck nicht sein; aber du sollst ihn behalten, so

Der polnische Flößer

lange du deine Arbeit tust.« – Aus diesem Vertrage folgt, daß der Bauer kein Eigentum, aber nicht, daß er seiner Person nicht mächtig sei, wenn er die verabredete Arbeit getan hat. Hat er sie nicht getan, so kann ihn der Herr von seinem Boden jagen; aber er kann ihn eigentlich nicht zwingen, sie, wider seinen Willen, ferner zu tun, wenn er z. B. bei einem andern Herrn, unter besseren Bedingungen, ein Stück Landes bekommen kann; oder wenn sein jetziger Herr, weil er mächtiger ist als er, die verabredete Arbeit vermehren will. Geschieht letzteres und behauptet es der Herr mit Gewalt, dann erst wird durch diese Ungerechtigkeit der Bauer leibeigen, dann wird er Sklave, da er, vermöge seines Vertrages, nur Knecht, nur Arbeiter geworden war.

Schon seit Jahrhunderten ist der Bauer in Polen auf jenem Wege seiner persönlichen Freiheit beraubt und dadurch zu einer Ware geworden, die man, wie das Gut selbst, zu dem er gehört, erbt, kauft und verschenkt. In der polnischen Verfassung liegt nichts, das zu seinem Vorteil spräche, aber wohl ist eine Reihe von Gesetzen vorhanden, die alle zu seinem Nachteile sind. Kein Bauer darf einen Rechtshandel gegen seinen Herrn anfangen; darf ohne dessen Erlaubnis sein Dorf verlassen; darf heiraten, Vieh vertauschen oder verkaufen, Branntwein anderswoher als aus seinem Kruge nehmen, Waren anderer Art kaufen, die nicht der betraute Jude lieferte; kein Bauer darf seine Habseligkeiten Verwandten vermachen, wenn er keine Kinder hat, weil sein Herr der nächste Erbe ist; er darf nicht für andre arbeiten, selbst wenn seine bestimmte Arbeit getan ist; ja, er kann nicht einmal ein armseliges, erspartes Sümmchen besitzen, ohne die Besorgnis, sein Herr möchte es ihm abfordern oder abborgen; er kann in seinen Feierstunden nichts durch seinen Fleiß hervorbringen, worauf sein Herr nicht Ansprüche machen könnte; er hat gegen Grausamkeiten nicht den mindesten Schutz, denn sein Beleidiger ist zugleich sein

Richter; und ein mutwilliger Totschlag, an ihm begangen, bleibt, obwohl ein neueres Gesetz da ist, das den Kopf dafür verlangt, ungestraft, weil zu viel zum Beweise gehört, weil der Täter dabei ertappt sein muß, weil der öffentliche Ankläger leicht bestochen wird, und weil die Richter selbst, da sie mit ihren Bauern in gleichem Verhältnisse stehen, nur zu sehr geneigt sind, ihn gleichmäßig zu behandeln, um ihre eigenen Rechte über ihn nicht zu untergraben.

In diesen Zustand hat sich der Bauer begeben, um sich das Leben zu erhalten, und diesen Zweck hat er auch wirklich erreicht. Das ihm eingeräumte Land nährt ihn, das ihm erbaute Haus gibt ihm Obdach, die ihm überlassenen Pferde, Kühe und Schafe helfen ihm arbeiten und gewähren ihm Nahrungsmittel und Kleider. Was davon stirbt, muß ihm der Herr wieder verschaffen; wenn es ihm an Brot fehlt (dieser Mangel mag durch schlechte Ernte oder schlechte Wirtschaft verursacht worden sein), so muß der Herr ihn ebenfalls damit versorgen; kurz, dieser darf ihn nicht umkommen lassen, weil sein Dasein den Wert und Ertrag seiner Güter begründet. Dies weiß der Bauer sehr gut, und daher seine Sorglosigkeit und seine Faulheit; daher selbst seine Zufriedenheit mit seinem Zustande; daher sogar sein Widerwillen, aus demselben gezogen zu werden, vermöge dessen er eine Freigebung fürchtet, die ihn in die Notwendigkeit versetzen würde, für sich selbst zu sorgen und den Überfluß der einen Jahreszeit, gegen den Mangel der andern, als guter Wirt aufzusparen.

Etwas erträglicher ist das Schicksal der sogenannten königlichen Bauern, das heißt derer, die zu den Krongütern, zu den Starosteien gehören. Sie stehen nicht so unbedingt unter der Willkür ihrer Starosten, und es ist ihnen erlaubt, diese bei den königlichen Gerichten zu belangen, wenn sie sich Gewaltsamkeiten und Ungerechtigkeiten gegen sie zu schulden kommen lassen. Freilich muß man sich diese Erlaubnis nur als eine Schranke denken, die der Starost überschreiten kann, sobald er nur will; aber ihr bloßes Dasein verhindert schon vieles, und gewährt dem nicht ganz Hilflosen eine Art von Zuversicht und Beruhigung.

Eine dritte Gattung von Bauern nähert sich schon mehr den Bürgern in den adligen Städten. Diese sind die sogenannten deutschen oder freien Bauern, deren ich oben bei dem Dorfe Gog in Litauen erwähnt habe, wohin ich zurückverweise. Hier merke ich nur noch an, daß diejenigen Bauern, die der Geistlichkeit gehören, in ihrem Zustande wenig Vorzüge vor den adligen haben. Die Richter, Vögte und Schreiber, welche die Aufsicht über sie führen, behandeln sie ganz auf dem in Polen hergebrachten Fuße, und sie kennen in ihren Pfarrern, Pröpsten und Bischöfen nur ihre unumschränkten Herren, nicht ihre Ratgeber und Lehrer. Man bemerke noch, daß die Bauern, die ihren Herrn schon mit Leib und Willen untertänig sind, auch dem Staate jährlich noch eine Abgabe in barem Gelde, von 4 bis 8 polnischen Gulden, zu entrichten haben. [. . .]

Die Konstitution vom 3. Mai 1791 schien für die Verbesserung des Zustandes der Bauern etwas getan zu haben; aber wer sieht nicht, daß der Ausdruck: »der Bauer steht unter dem Schutze des Gesetzes« wenig mehr als ein leeres Wort war und blieb, da man dem Bauern nicht zugleich einen Weg eröffnete, um, vor seinem Herrn vorbei, zu dem Gesetze zu gelangen, das denn doch von jenem mitgegeben war und von ihm erklärt und geltend gemacht wurde?

Einzelne polnische Güterbesitzer der ersten Klasse haben es gewagt, ihre Bauern frei zu lassen. Ich sage gewagt, denn ein Wagstück ist es immer. Die Sklaverei verdirbt das menschliche Herz, und plötzlich zugestandene Freiheit reizt den Übermut. Vielleicht ist es auch im gegenwärtigen Augenblicke gefährlicher als sonst, diesen Schritt zu tun. Man könnte aber die Menschen allmählich darauf vorbereiten, in der Art, wie ich schon oben geäußert habe. Das

Gefühl, etwas Eigenes zu besitzen, ist ein angenehmes, ermunterndes Gefühl und gewährt dem rohesten Gemüte Anhänglichkeit für den, der es ihm verschafft. Wenigstens haben die erwähnten polnischen Großen diese Erfahrung gemacht. Zamojski, der Gesetzgeber, Czartoryski, Großfähnrich von Litauen, Chreptowicz, der noch lebende litauische Unterkanzler, der Neffe des Königs, Prinz Stanislaus Poniatowski, der Feldherr Ogiński, Ignacy Potocki u. a. haben mehrere ihrer Dörfer frei gelassen. Unter andern benahm sich Zamojski sehr weise dabei. Als er seine Leute frei gab, machte er einen für den andern verantwortlich in Absicht der Abgaben, die sie ihm in Zukunft entrichten sollten. Sonach wachten sie selbst darüber, daß Faulheit und Trunkenheit nicht unter ihnen einrisse, damit der fleißige, nüchterne Wirt nicht für den Taugenichts zu bezahlen gezwungen wäre. Überdies ermunterte Zamojski auch den Kunstfleiß durch Preise. Wer das feinste Stück Leinwand, das feinste Schock Garn lieferte, erhielt den Preis, deren jährlich mehrere am Josephstage feierlich verteilt wurden. In kurzer Zeit verbesserten sich diese Dörfer und ihre Bewohner in dem Grade, daß sie kaum wiederzuerkennen waren.

An die Bauern schließt sich, in Absicht ihres politischen Zustandes, eine dritte Klasse der Einwohner von Polen, die aus den Bürgern der adligen und geistlichen Städte besteht. Sie sind meist Juden, Freigelassene und Überläufer. Mit den letzteren hat es folgende Bewandtnis. Viele Herren lassen ihre Bauern irgendein Handwerk lernen und entheben sie des Landbaues. Dafür müssen sie ihnen in ihrem Handwerke arbeiten, und bekommen, außer ihrem Unterhalt, entweder gar nichts, oder eine unbedeutende Kleinigkeit. Diese Leute entlaufen häufig, indem sie sich, in Absicht des Broterwerbs, auf ihr Handwerk verlassen. Sie begeben sich in Gegenden, die von den Gütern ihrer Herren entfernt sind, werden dort, weil man keine Untersuchungen über sie anstellt, ohne Schwierigkeiten aufgenommen, und nur, wenn ihr erster Herr sie entdeckt und zurückfordert, ausgeliefert. – Deutsche finden sich in diesen Städten sehr einzeln, und die sich finden, taugen nicht viel, weil ein Deutscher, nur im höchsten Notfalle, sich an polnische Gerichtsbarkeit gewöhnt.

Dieser Art von Bürgern gewährt der Edelmann Schutz, weil er sie braucht; er gibt ihnen aber auch einen Fleck Bodens, weil nur er Boden besitzt. Was der Bürger von dem, was er mitbringt oder erwirbt, auf diesem Flecke erbaut, gehört ihm; mithin hat der Edelmann kein Recht darauf und eben deshalb auch nicht auf seine Person; aber der Boden bleibt sein und von dieser Seite bleibt er des Bürgers Herr. Der Unterschied zwischen seinem Bauer und seinem Bürger ist also der: ersterem gibt er Boden, Material und Werkzeug zu seiner Erhaltung, letzterem nur den Boden, worauf er sein Material und sein Werkzeug legen und stellen kann; ersterer hat gar kein Eigentum, vertauscht also seine Freiheit für seine Erhaltung; letzterer hat ein Eigentum, kann also die Sicherheit desselben von dem fordern, in dessen Gebiet er es, nebst seiner Person, bringt, und dem er für die Stelle, die er damit einnimmt, einen verabredeten Schoß bezahlt, indem er zugleich die Vorrechte anerkennt, welche die Besitzer des Bodens hier zu Lande haben. In diesem Verhältnisse steht denn auch wirklich der adlige Bürger mit seinem Herrn, oder vielmehr mit seinem Grundherrn. Da aber sein Vertrag mit ihm ohne Wissen und Bestätigung des Staates geschlossen worden, und da er der schwächere ist: so hängt er immer von dem besseren oder schlechteren Willen seines Grundherrn ab, und seine Rechte sind jedem Eindrange bloßgestellt. Das Los dieser Klasse ist sonach Unterwürfigkeit, Faulheit und Armut und was daraus natürlich folgt.

Wie sich die Bewohner der adligen Städte zum Bauern verhalten, so verhalten sich die in den königlichen Städten zu den Bewohnern der adligen. Sie stehen eine Stufe höher, weil ihre Vorrechte und persönliche Freiheit weniger leicht beeinträchtigt werden können. Sie haben ihre eigenen Magistrate, welche ihre innern Angelegenheiten besorgen, und die, wie diese Städte überhaupt, unmittelbar unter den Hof- oder Kanzleigerichten stehen, an die sie sich auch bei Mißhandlungen oder Beeinträchtigungen von Seiten ihrer Nachbarn, der Edelleute oder der Starosten und Steuereinnehmer, mit etwas weniger Gefahr, von deren Rachsucht zu leiden, mit ihren Klagen wenden können. In diesen Städten werden die Deutschen schon häufiger, und sie wechseln bald, bald teilen sie sich mit den Polen im Magistrat. Sie sind teils Krämer, teils Handwerker und Tagelöhner.

Den ersten Rang unter den polnischen Städten nehmen die großen Munizipalstädte ein, von denen Polen jetzt nur noch Krakau, Warschau und Wilna übrig hat, nachdem Lemberg, Posen und Gnesen an die benachbarten Mächte gefallen, und Sandomir, Kalisch, Sandecz, Leslau und Brest, die in älteren Zeiten auch zu der Zahl jener Städte gehörten, ganz unbedeutend geworden sind. Danzig, Thorn und Elbing gehörten nicht hierher, weil sie nicht unter der Herrschaft Polens, sondern als Freistaaten unter dessen Schutze standen, in den sie sich, unter Bedingungen, begeben hatten.

Die erwähnten großen Städte wurden seit der Mitte des 15. Jahrhunderts nach und nach auf das deutsche oder magdeburgische Recht, wie es die polnischen Verordnungen nennen, gegründet, auch größtenteils durch deutsche Ansiedler bevölkert. Diese blieben, ihrer Person nach, vollkommen frei, was die Bewohner der Städte, die nach dem polnischen Rechte behandelt wurden, nicht waren und eigentlich noch nicht sind. Die Versicherung ihrer Freiheit und ihrer Vorrechte lag in dem doppelten Umstande, daß sie ihre eigene Munizipalität wählen, mithin ihre städtischen Angelegenheiten selbst besorgen, und daß sie, bei allgemeinen Landesangelegenheiten, als eine Art von Landstand, mit berufen, sogar zuweilen zu Staatsstellen befördert und im Ankauf und Besitz von gewissen Landgütern nicht gehindert werden konnten. Solange man sie bei diesen Grundvorrechten schützte, hatten sie Bedeutung im Staate, waren sie geachtet und wohlhabend. In diesem Zustande befanden sie sich noch unter den Königen vom Jagellonischen Stamme.

Aber Polen ward nicht sobald ein vollkommenes Wahlreich, als bei jeder neuen Königswahl die Städte, wie die Könige selbst, einige von ihren Vorrechten verloren, und so nach und nach in den Zustand kamen, worin sie jetzt sind. Der Adel unterdrückte diese seine Nebenbuhler, die er geringschätzte und doch, ihres Fleißes und Verkehrs wegen, beneidete, gänzlich. Die ihnen noch übrigen Vorrechte bedeuten in der Tat wenig, seitdem ihnen jene wichtigeren genommen sind, die ihnen allein den Genuß derselben sichern konnten. Jetzt gibt ihnen der Adel auf dem Reichstage Gesetze, richtet sie in den Assessorial-Gerichten und schränkt sie auf den Bezirk ihrer Stadt und innerhalb der Grenzen ihres Gewerbes ein.

Die Urheber der Konstitution vom 3. Mai 1791 sahen wohl, wo man diesen Städten helfen müsse. Da sie aber bei ihrem Werke die alte Aristokratie zum Grunde legten und, selbst Aristokraten, mit und gegen Aristokraten Gesetze gaben: so konnte das, was sie zu Gunsten des Bürgerstandes (man sagt in Polen lieber Städte oder höchstens städtischer Stand, um das Eifersucht erweckende Wort Stand, das nur der Adel führen will, zu vermeiden) durchsetzten und verordneten, nicht anders, als zweideutig sein. So erlaubten sie ihnen, Abgeordnete beim Reichstage zu haben, aber diese mußten – Adlige sein. Diese adligen Stellvertreter hatten eine beratschlagende Stimme, aber nur in Sachen, welche die Städte ausschließend betrafen; in allgemeinen Landesangelegenheiten, die in so vielen Punkten die Städte berühren mußten, hatten sie keine Stimme. So erlaubte man dem Bürger ferner, Landgüter zu besitzen, aber er sollte dadurch adlig werden; mithin besaß denn doch kein Bürger ein Landgut, vielmehr zog man dadurch die reicheren, gebildeteren Bürger aus dieser Klasse, und ließ die ärmeren, roheren, kurz, die Hefe, darin zurück. Man gab ihr den letzten Schlag, indem man die wohlhabenderen und klügeren, die sonst noch, durch Geld und Verstand, den Rest ihrer Vorrechte behaupteten, zur Mitunterdrückung ihrer ehemaligen Mitbürger den Weg öffnete. Sonach waren die Vorrechte nur scheinbar, die jene Konstitution dem Bürgerstande zurückgegeben haben wollte. Der Adel fuhr, nach derselben, fort, in seinen Brüdern, Freunden und Geschöpfen, der Gesetzgeber und Richter zu sein und sollte, um die Hilflosigkeit des Bürgerstandes vollkommen zu machen, sogar noch dessen Wortführer und der Vertreter seiner Vorrechte gegen seine eigenen Vorrechte werden, die er durch jeden neuen Zuwachs von neuem beeinträchtigt glaubte.

Noch eine andre untergeordnete Klasse ist die Geistlichkeit. Ich spreche hier nur von der niederen, bürgerlich-geborenen Geistlichkeit, denn die höhere, adlig-geborene, ist, als Vertreterin der toten Hand[29], die in Polen Güter besitzen darf, Landbesitzerin, also auch Mitbeherrscherin von Polen, gehört zur Klasse der Edelleute, und stellt nicht nur die Äbte, Konventualen und Kanonikos' der Stifter, sondern sogar die vordersten Mitglieder des Senatorenstandes, und aus diesen den Fürsten-Primas, nach dem Könige die erste Person im Staate. Die bürgerlichen Geistlichen sind und bleiben Pfarrer, Klosterbrüder oder Weltpriester, die in den Schulen und in den Familien Unterricht geben, oder sich in den größeren Häusern zu Schreibern, Ratgebern, Freunden, auch wohl zu – schlechteren Diensten brauchen lassen. Diese Geistlichen sind freie Leute, haben auch, für einige

Fälle, ihre eigene Gerichtsbarkeit; aber in den meisten bürgerlichen Sachen stehen sie unter den gewöhnlichen Gerichten. Machen sie sich eines Kriminalverbrechens schuldig, so werden sie von dem weltlichen Gericht eingezogen; aber ihren Handel entscheidet das Konsistorium, dessen Urteil wiederum von dem weltlichen Richter vollstreckt wird. So sieht man, daß auch bei dieser Klasse der Edelmann seine Vorrechte als Richter mit wenig Ausnahmen geltend macht; oder, genau erwogen, mit keiner Ausnahme: denn die Bischöfe, die den Metropolitan- und Konsistorial-, d. i. den ganz eigentlich geistlichen Gerichten vorsitzen, sind und bleiben polnische Edelleute und sehen die niedre Geistlichkeit ebenso an, wie die weltlichen Edelleute ihre Bauern, sind auch eines gleichen strengen Gehorsams von ihnen gewohnt.
Endlich bilden noch die Juden eine für sich bestehende Klasse der Einwohner von Polen. Es ist bekannt, daß sie hier mehr Freiheiten besitzen, als sonst irgendwo, Holland und England ausgeschlossen. Kasimir der Große und nach ihm Johann Sobieski haben das meiste für sie getan. In älteren Zeiten, wo der Ausländer, besonders der Deutschen, in Polen noch weniger waren als jetzt, ward es eine Art von Notdurft, diese Leute in das Land zu ziehen und sie durch Freiheiten fest zu halten. Da der Edelmann den Handel unter seiner Würde hielt, auch jetzt noch nicht treiben darf, wenn er nicht seine Vorrechte als Edelmann verlieren will; da der Bauer der Scholle anklebt und dessen Anzahl von jeher nicht einmal zulangte, das Feld gehörig zu bestellen; da der Bürger nicht reich und unbedrückt genug war, um Handelsunternehmungen zu wagen: so blieb kein andres Mittel übrig, als jenes Volk zu ermuntern, dies noch unangebaute Feld in Polen für sich zu nehmen, und so kam es, daß, besonders in älteren Zeiten, alles was Handel war, durch die Hände der Juden ging, und daß sie, so wie sie dem Edelmann seinen Krug, ebenso dem Staate seine gesamten

Einkünfte abpachteten. Letzteres ist nach der Zeit verboten worden, und ihr Einfluß auf den Handel ist auch, gegen sonst, beträchtlich gesunken.
Sie können, gegen eine Kopfsteuer, im Lande wohnen und verkehren. Die kleineren Städte in Polen und Litauen, die königlichen wie die adligen, sind großenteils von ihnen besetzt; in mehreren der großen Munizipalstädte dürfen sie sich ebenfalls häuslich niederlassen, in andern aber nicht, je nachdem die Bürger mehr oder weniger wachsam, mehr oder weniger stark oder entschlossen, mehr oder weniger freigebig gegen die Staatsbeamten gewesen sind: denn in Polen ist kein Recht vorhanden, das nicht durch Geld untergraben werden könnte und nicht durch Geld aufrecht erhalten werden müßte.
Nach dem Bauer stehen die Juden zunächst, trotz ihren Freiheiten, unter der Willkür des Edelmannes; er mißhandelt sie als Privatmann und als Mitbeherrscher von Polen. Er handelt mit ihnen und bezahlt sie, wann, wie und wo es ihm gut dünkt; auch gar nicht, wenn er es will darauf ankommen lassen; er schlichtet ihre Handelsstreitigkeiten und läßt sich als Richter von ihnen bezahlen, wenn sie Recht behalten wollen. Nur Dinge, die ihre Religion betreffen, z. B. ihre Ehen, ihre Erbsonderungen, ihre Bußen usw. überläßt er ihren geistlichen Vorgesetzten; ist aber immer bereit, wenn er dafür bezahlt wird, auch hier Eingriffe zu Gunsten des Verurteilten zu tun. Mit einem Worte: die Unordnungen des Lehnsystems machen, daß auch die Juden, wie alle übrigen mit Freiheiten begabten Einwohner Polens, ihres politischen Daseins nie ganz sicher sind.
Ich komme nun von der Betrachtung der verschiedenen Bewohnerklassen Polens überhaupt auf die Bewohner von Warschau insbesondere, und teile einige Wahrnehmungen über deren Lebensart, Sitten und Charakter mit.

VIERTER ABSCHNITT

ADELSGESELLSCHAFT

Alltag. Landbau. Finanzen. Auslandsreisen.
Gesellschaftliches Leben

Vielleicht findet man in keiner andern europäischen Hauptstadt, Petersburg und Neapel ausgenommen, solch eine einfache und scharfe Grenzlinie zwischen den Einwohnern gezogen, als in Warschau. Armut oder Reichtum, Palast oder Hütte bezeichnen hier die beiden Hauptklassen; von einer dritten, die in der Mitte dieser beiden läge, findet man wenig Spuren. Diejenigen Mitglieder derselben, die man unter der Benennung der Wohlhabenden bezeichnet, mischen sich unter die Reichen, und diejenigen, die man rechtliche Bürger nennt, schließen sich unmittelbar an die Armen.
So wie der hohe landbesitzende Adel, in politischer Hinsicht, die erste Stelle im Staat einnimmt, so gebührt ihm dieselbe auch im gesellschaftlichen Leben, wegen seines Reichtums und des damit verbundenen Glanzes. Zu ihm gehört die obere Geistlichkeit, die fremde Ministerschaft und derjenige Adel, der, ohne das Indigenat, mithin ohne höhere Staatswürden zu besitzen, von seinen Einkünften lebt. Diesen bilden die dissidentischen Familien, die, ihres Bekenntnisses wegen, von den Staatsämtern und Ehrenstellen ausgeschlossen sind. An diese drängen sich die Wechsler, Negotianten und wohlhabenden Kaufleute, unter welche die Advokaten und vorderen Beamten der Staatskollegien gemischt erscheinen. Alle diese verschiedenen Klassen bilden im gesellschaftlichen Verkehr eine einzige, bilden die erste Klasse, oder die sogenannte große Welt. Was also im folgenden von dem Charakter und den Sitten, von dem Reichtum und der Verschwendung, von der Erziehung und der Lebensart der Warschauer bemerkt wird, geht hauptsächlich diese Klasse an, deren einzelne Bestandteile sehr selten durch Anmaßungen getrennt werden. Reichtum, oder auch nur dessen Schein, macht hier alles gleich,

Genuß führt hier alles zusammen; und dieser Umstand mildert den Abstich sehr, den die ausschließenden politischen Vorrechte des eingeborenen, besitzlichen Adels verursachen.

Um dem Leser einen Maßstab von der Art, wie eine große polnische Familie ist und lebt, in die Hand zu geben, wähle ich eines der glänzendsten Häuser in Warschau, wie es im Frühlinge des Jahres 1792 daselbst vorhanden war, zu einer umständlichen Schilderung aus, und erläutere sodann die einzelnen Züge derselben durch weitläuftigere Nachrichten. Wenn ich dieses Haus nicht nenne, so wird der Grund davon aus der Schilderung selbst hervorleuchten[30].

Diese Familie ist eine der ältesten, deren die öffentlichen Verhandlungen der Republik erwähnen, und eine von jenen, auf welchen der Fürstentitel ruht. Ihre Besitzlichkeiten sind durch ganz Polen zerstreut, und sie hat deren noch sehr ansehnliche in denjenigen Provinzen, die an Rußland, Österreich und Preußen gefallen sind, von denen sie sich aber allmählich loszumachen und dafür andre in dem republikanischen Polen zu erkaufen sucht. Ihre jährlichen Einkünfte gibt man in einer runden Summe zu 200 000 Dukaten an. Sie hat fünfzehn Städte, elf schloßähnliche Landsitze und zwei Paläste in Warschau.

Das Haupt dieser Familie, der Fürst, durchsieht den Zustand seiner Finanzen selbst nicht. Viele seiner einzelnen Güter haben Schulden, viele nicht; auf vielen Gütern seiner Nachbarn hat er, seit Urgroßvaters Zeiten, große Summen stehen. Er weiß nur im Ganzen, daß er jährlich die Zinsen bezahlen kann, die er bezahlen muß, daß er die Ausgaben seines Hauses bestritten hat, ohne zu borgen. Das übrige wissen seine Geschäftsträger auf den Gütern und seine Wechsler in der Stadt. Jene zahlen an diese und diese haben für den Herrn offenen Säckel, stehen bald in Vorschuß, bald in Nachschuß. Der Abschluß der Rechnungen geschieht jährlich einmal, oft in vielen Jahren nur einmal. So viel

Güter, so viel einzelne, abweichende Bewirtschaftungs- und Vertriebsarten. Ein einziges, festes, zur Übersicht, Verbindung und Belebung des Ganzen zureichendes System, ist undenkbar. Auf den Kontrakten in Dubno kann der Fürst Geld zu ungewöhnlich hohen Zinsen suchen müssen; auf den Kontrakten zu Grodno kann er große Summen zu ungewöhnlich niedrigen Zinsen nicht unterbringen. Wenn die Kassen seiner Beamten und seines Wechslers von seinem Gelde voll sind, fehlt es ihm oft an hundert Dukaten barer Münze, und er muß sich Zinsen für sein eignes niedergelegtes Geld anschreiben lassen, während sein Beamter seine Einkünfte für eigene Rechnung zu Monaten und Jahren anlegt, und der Wechsler in Holland und Amerika zum zweiten- und drittenmal Prozente davon einerntet.
Diese Familie besteht aus fünf Gliedern, dem Fürsten, der Fürstin, zwei Söhnen und einer Tochter. Ihr Wohnsitz ist nicht fest bestimmt und nicht ein Jahr wie das andre: bald ist er auf dem Lande, bald in der Stadt, bald in Wien, bald in Berlin, bald in Paris, bald in England, bald in Italien. Ist er auf dem Lande, so schränkt er sich nicht auf ein Gut ein, sondern er wird von einem zum andern, aus einer Woiwodschaft in die andre, versetzt. Wo sich die Familie befindet, ist täglich Hof; die Menge von Klienten und Beamten, die solch ein Haus, seiner ökonomischen und politischen Verhältnisse wegen, hat und unterhält, finden sich ein aus Pflicht, die Nachbarn aus Höflichkeit oder aus Politik. Man hält offene Tafel, gibt Musiken, veranstaltet Schauspiele und ländliche Feste. Was man an Menschen braucht: Hofmeister, Kaplane, Kammerdiener, Tonkünstler, Ärzte, Schreiber, Bediente usw., führt man in einer Reihe von Wagen mit sich. Die Garderobe, der Keller, die Küche, die Betten usw. werden auf andern Fuhrwerken fortgeschafft. Die Wagen- und Reitpferde folgen in langen Zügen mit Stallmeistern, Bereitern, Kutschern und Knechten; und selbst Horn- und Federvieh wird, wenn die Reise durch

schlecht versehene Gegenden geht, oder wo man nicht etwa bei Gastfreunden Herberge weiß, in Menge nachgetrieben. Weil die Krüge mehrenteils schlecht sind, so versieht man sich mit Zelten, und wo man Rast nehmen will, da werden sie aufgeschlagen, und das Ganze lagert sich nach patriarchalischer Sitte.

Macht man Reisen in fremde Länder, so wird die Personenzahl etwas eingeschränkt, aber unter drei bis vier sechsspännigen Wagen fährt man selten. Will man sich in einer großen Stadt verweilen, so mietet man ganze Häuser, richtet sich förmlich ein, gibt Mittag- und Abendessen, Spiel und Bälle, hält sich zu den glänzendsten Gesellschaften und läßt alle Schmarotzer zu. Oft gefällt es der Fürstin in einer Stadt besser, als dem Fürsten: sie bleibt dort mit ihrem Hofe und er reiset mit dem seinigen weiter; sie ist in Wien und er in Rom; er reist nach Polen zurück und trifft sie in Pisa auf ihrer Reise nach Neapel. Die Tochter läßt man auch wohl in Berlin, während man die Söhne mit ihren Hofmeistern, Bedienten, Pferden und Hunden nach Straßburg schickt, um Sprachen und Lebensart zu lernen; und so ist oft die Familie durch ganz Europa zerstreut, ihre Dukaten blinken überall, und nach Jahren findet sie sich erst in Warschau wieder zusammen.

Hier hat unterdessen ein Haushofmeister, der den prächtigen Namen eines Marschalls führt, die Geschäfte besorgt; er hat die zurückgebliebenen, männlichen und weiblichen Bedienten besoldet; die Paläste, Gärten, Nebengebäude, das Hausgerät und die Möbel in Ordnung gehalten; Holz und andre häusliche Bedürfnisse anfahren lassen; den Stall mit Heu und Hafer versehen; mit einem Worte: er hat alle Ausgaben der Haushaltung bestritten, ganz auf dem Fuße, als ob der Herr selbst da wäre, oder als ob er jeden Augenblick eintreffen würde. Die nötigen Summen hat er bei dem Wechsler des Hauses, gegen Unterschrift seines Namens, aufgenommen, und, ohne einen Gegenschreiber zur

Seite, aufgewandt und in Rechnung gebracht. Ebenso haben unterdessen die Beamten auf den Gütern, die man Kommissarien nennt, die Pächter und die Aufseher aller Art, hausgehalten, während zwei oder drei Schreiber den Briefwechsel in den ökonomischen und politischen Geschäften ihres Herrn besorgten, und einige Edelleute, die sich an den Fürsten halten, einige Kammerherren und Edelknaben, völlig müßig gingen, aber täglich am Tische des Marschalls, oder von ihrem Kostgelde reichlich aßen und tranken.

Ist die Familie in Warschau wieder beieinander, so beginnt die Lebensart auf dem gewöhnlichen Fuße. Man schließt sich wieder an das Publikum der Genießer, und dieses bevölkert mehreremal wöchentlich die Zimmer und Säle des Palastes, bei Mittags- und Abendtafeln, bei Konzerten, bei Teegesellschaften und Bällen.

Der Herr hat seine eigene Wohnung im Palaste, die Frau ihre eigene, die Söhne ihre eigene und ebenso die Tochter; alle sind mit ihren eigenen Bedienten versehen, die sich genau an das ihnen angewiesene Fach halten, so daß zuweilen Herr und Frau, bei zwölf Bedienten im Hause, ohne Bedienung sind, und daß Fremde, die zum Herrn wollen, aber mit ihrem Gesuch um Anmeldung an einen Bedienten der Frau geraten, kaum eine Antwort erhalten, höchstens zu dem Zimmer der Bedienten des Herrn gewiesen werden, wo sie oft unter zehn Menschen den elften erwarten müssen, der sie endlich meldet.

Je nachdem das Abendessen oder der Ball von gestern später oder früher zu Ende gegangen ist, je nachdem steht der Herr des Hauses heute früher oder später auf. Das Tor des Palastes wird so lange zugehalten, bis er sichtbar sein will, aber die kleine Tür ist offen. Durch diese schleichen sich die Vertrauten, die Beamten, die Klienten, die Gläubiger, die Sollizitanten, Gelehrte und Künstler, die bei dem Fürsten etwas zu suchen haben, herein. Die Bedienten empfangen sie mit einem Pan śpi! (der Herr schläft!), lassen sie aber in das Vorzimmer, wenn sie versichern, daß sie gern so lange warten wollen, bis er aufsteht. In diesem finden sie oft schon Gesellschaften von fünfzehn bis zwanzig Personen, die seit Stunden auf der Lauer stehen und mit Sehnsucht erwarten, daß das Schlafzimmer aufgeschlossen werde. Wenn sich von Zeit zu Zeit ein Bedienter sehen läßt, so umringt ihn alles, was gerne vor den Fürsten will, und bittet um Meldung. Er sieht die Leute kaltblütig an und wählt solche aus, die ihm bekannt sind, oder die sich ihm auf der Stelle durch einen fruchtbaren Druck der Hand bekannt machen, oder die ihm der Fürst ausdrücklich befohlen hat, kommen zu lassen, wenn sie da sind. Diese führt er ein, schließt aber sogleich die Tür wieder zu. Andre, die das Lokale kennen, suchen einen der Edelknaben oder der Schreiber auf, tragen ihr Gesuch vor, begleiten es mit einem Geschenke, oder lassen eine Dankbarkeit deutlich hoffen, und werden durch eine Seitentür eingeführt. Sie finden den Herrn entweder noch im Bette oder im Puderhemde vor dem Kamin, allein, oder von »attachés« und andern Gesuchhabenden oder Aufwartenden umgeben. In keinem Falle lassen sie sich verhindern, ihre Bitte vorzutragen, die auch gewöhnlich herablassend angehört und mit einigen gütigen Worten erwidert wird. Sodann dreht sich der Herr im Bette herum, oder redet einen der Anwesenden an. Der Bittsteller entfernt sich, um bald, immer auf demselben Wege, wiederzukommen, und sich in Erinnerung zu bringen. So folgen ihm mehrere und der Herr zieht sich unterdessen an. Ist er fertig, so geht er in das Vorzimmer hinaus, wo der größere Schwarm ihn erwartet hat, tritt mitten unter denselben, hört an, was jeder vorzubringen hat und gibt in wenigen Worten Bescheid und Auskunft. In zehn bis zwanzig Minuten tut er alles ab.

Unterdessen ist das große Tor des Palastes geöffnet worden, und Wagen auf Wagen rollen herein. Die Mitglieder seiner

Partei füllen seine Wohnzimmer, und es entspinnen sich politische Verhandlungen über das, was heute am Reichstage betrieben oder hintertrieben werden soll; es werden Entwürfe vorgelesen, erwogen, angenommen oder verworfen; es werden Pläne gemacht, wie man eine andre Partei überstimmen, wie man sich mit einer dritten vereinigen, wie man mit einer vierten sich vergleichen will; mit einem Worte: es bildet sich ein kleiner einseitiger Reichstag, der so lange beieinander bleibt, bis der große seinen Anfang nimmt; und dies ist gewöhnlich zwischen zwölf und ein Uhr. Dahin fährt sodann der Herr des Hauses und sein Gebiet versinkt in tiefe Stille.

Ist nicht gerade Reichstag, so macht er wohl einen Spazierritt außerhalb der Stadt, oder geht zu Fuße aus, um seinen Bekannten Besuche zurückzugeben; oder schlüpft, auf der Krakauer Vorstadt, zu einem Mädchen, die er bald förmlich unterhält, bald als fliegender Kunde, für jedesmalige Bezahlung, benutzt; oder er geht zu seiner Freundin, wie man es nennt, die ihren Freund im Bette oder am Putztisch erwartet; oder, was gewöhnlich der Fall ist, er tut das alles an einem Vormittage auf einmal.

Unterdessen ist das Gebiet der Frau vom Hause in Bewegung gekommen. Weil sie gestern um zwei Uhr erst zu Bette gegangen ist, so steht sie heute erst zwischen zehn und elf Uhr auf. Sie findet entweder ein paar Freundinnen vor ihrem Bette, die ihre Bemerkungen über die Gesellschaft von gestern ihr mitzuteilen, die ihrigen zu hören, ein Fest für heute zu verabreden und andre Dinge mit ihr abzutun haben; oder sie findet auf einem Seitentisch ein artiges Briefchen von einem alten Liebhaber, und ein paar Sendschreiben von zwei neuen, die seit gestern Abend an ihrem Triumphwagen ziehen und ein Verzeichnis ihrer Gefühle und Wünsche mitteilen; oder sie springt eiligst aus dem Bette, schlüpft in einen reizenden Morgenanzug, bindet ein blendend weißes indisches Tuch um den Kopf, so daß kaum mehr als das blitzende Auge zu sehen ist, um eine Bestellung im Sächsischen Garten nicht zu verfehlen; oder die Tür des Schlafkabinetts öffnet sich leise, und der Begünstigte tritt auf den Zehen herein, setzt sich auf das Bett, ihr zu – Füßen, und erwartet, daß die Schläferin erwache, die, zum Unglück, gerade in dem Augenblick, wo er hereintrat, erst recht tief eingeschlafen ist; oder sie schellt um ihr Frühstück, und befiehlt, die Leute herein zu lassen, die im Vorzimmer sind, worauf denn Kaufleute aller Art, von beiden Geschlechtern, mit neuen Waren oder alten Rechnungen, Maler, Poeten, und schamhafte Arme, Wappenstecher, Steinschneider, fremde Virtuosen, die zu Konzerten einladen, neu angekommene Haarkünstler aus Paris, Zahnputzer und solche Subjekte hereintreten, vermengt mit bebänderten und besternten Herren, die durch die Frau auf den Mann zu wirken nicht verschmähen, mit Abbees, die Stöße von Zeitungen und Reichstagsverhandlungen vorzulesen bereit sind, und mit Advokaten und Faciendenmachern, welche die Rechts- und Geldgeschäfte der durchlauchtigen Frau zu besorgen haben; oder ferner: sie hat einem Frühstück in der Stadt, in Mokotów, in Marymont beizuwohnen, das sie nicht versäumen darf; oder es ist eine anziehende Sitzung des Reichstags, deren Ausgang ihr sehr wichtig ist; oder es ist ein Pferdehändler mit englischen Pferden angekommen, die sie besehen muß; oder endlich: es werden Truppen gemustert, es ist eine Musik in St. Johannes, es sind neue Möbel bei Jaschewiz oder Hampla angekommen – – alle diese Dinge besorgt, genießt, hört, sieht und beurteilt sie, miteinander, nacheinander, durcheinander, in Zerstreuung oder mit Sammlung, in böser oder guter Laune, mit Beifall oder mit Tadel, binnen Stunden oder Minuten, einzeln an verschiedenen Vormittagen, oder an einem alle, alle.

Diese Geschäfte sind bis gegen zwei oder drei Uhr abgetan; und dann macht sie die große Toilette. Der Wagen fährt vor und sie steigt in denselben hinauf. Der Vorreiter zwängt die ungeduldigen Rosse, der Kutscher schwebt hoch in der Luft und schwingt die Peitschenschnur; die Bedienten schlagen die Kutschentür zu, und auf ein Jedź! (Fahre!) stiebt der Zug über den Vorhof zum Tore hinaus, während vier bis fünf reiche Livreen, mit Lebensgefahr, ihre Stellen hinter dem Wagen einnehmen und, eine an die andere geklammert, in Masse von der rechten zur linken Seite schwanken.

Oder sie speist auch zu Hause auf ihrem Zimmer; oder sie gibt ein großes Mittagessen. Im letztern Falle schießen die Wagen in ihren Palast herein, wie der ihrige in andre hineinzuschießen pflegt; die Fenster des großen Saales und der große Balkon sind offen, und vor demselben stehen bunte Gruppen von Herren und Damen, und bilden eine glänzende und reizende Galerie, die in dem Augenblick durch den Inhalt des neuangekommenen Wagens vermehrt wird.

Während dies alles in den Wohnungen des Herrn und der Frau vorgegangen ist, sind die Kinder nicht müßig gewesen. In den Zimmern der Tochter waren Sprach-, Tanz-, Klavier- und Zeichenmeister beschäftigt, oder wurden auch sämtlich weggeschickt, weil die Prinzessin heute Kopfweh, oder auch nur zum Sticken Lust hatte; aus den Zimmern der Söhne erschollen schneidende Geigen- oder zischende Flötentöne, vermengt mit dem Geklirr der Rappiere, oder dem Gescharre der Polonaise, oder dem Jauchzen von einem halben Dutzend junger Leute, die sich herumbalgten, herumjagten und Tische und Stühle übereinander warfen. Durch dieses Getöse her ließ sich die bittende, oder drohende, oder gar fluchende Stimme der Hof-, Fecht- und Tanzmeister vernehmen, die von einem lauten Gelächter begleitet wurde; während unten im Hofe einige tatarische Pferde, welche die Prinzen und ihre Gesellschafter und Bereiter auf einem Spazierritte tragen sollten, das

Pflaster zerscharrten und zerstampften und, durch Schlagen und Bäumen, die Peitschen und die rauhen Kehlen der Stallknechte in Bewegung setzten. Die junge Gesellschaft war endlich die Treppe heruntergestürmt, hatte die Rosse bestiegen, und war zum Tore hinausgesprengt. Darauf war endlich auch hier Ruhe geworden.
Sobald solchergestalt das Haus von der Herrschaft geräumt ist, setzen sich die Zimmerputzer, die Stubenmädchen, die Stróże in Bewegung und säubern Hof, Treppen, Säle und Schlafzimmer. Die Stróże sind eine Art von Hausknechten, aus der Hefe des Volks oder den leibeigenen Bauern des Herrn ausgehoben und zu den niedrigsten und schmutzigsten Diensten des Hauses bestimmt. Sie heizen die Öfen, kehren die Treppen, Flure und Vorhöfe, dienen in der Küche zum Holz- und Wassertragen, säubern die Ställe, warten den übrigen Bedienten und Mägden auf usw. Ihr Äußeres entspricht ihren Beschäftigungen. Ein grober linnener Kittel mit breiten Streifen, auf welchem von jeder ihrer Verrichtungen ein eigentümlicher Fleck zu haften pflegt, ist ihre Kleidung im Sommer; ein durchlöcherter, abgeschabter, steifgewordener Schafspelz, im Winter. In beiden Jahreszeiten gehen sie mit bloßem Kopfe, der, bis auf ein paar Zöpfchen auf dem Wirbel, kahl abgeschoren ist. Die Faulheit des Kochs, der Bedienten und Mägde, macht, daß sie oft auch anständigere Dienste verrichten, z. B. Fleisch, Gemüse, Salat, Teller und Gläser an dem Brunnen waschen, die Kleider des Herrn auspochen, das niedliche Schlafgemach der Frau in Ordnung bringen: alles mit denselben Händen, in demselben Kittel oder Pelze, in denselben bloßen, oder mit Fetzen umwundenen Füßen, ebenso ungewaschen und ungekämmt, wie sie im Stalle, vor den Öfen, im Straßenkote beschäftigt sind.
Solcher Feinde aller Sauberkeit findet man in jedem großen Hause sechs bis acht; und sie sind sich ihrer Umgebungen so wenig bewußt, daß sie, bei ihren Beschäftigungen, durch

die Versammlungen in den Vorzimmern ohne Arg durchdringen und, wie man denken kann, überall gebahnten Weg finden. Gewöhnlich sind sie gegen zehn Uhr des Morgens schon betrunken, und die Fehler, die sie in diesem Zustande begehen, werden von dem ersten besten bestraft, der sich die Mühe nehmen will, sie zu züchtigen, vom Stallknecht an bis zum Marschall. Zuweilen liegen sie, ihrer Sinne beraubt, stundenlang in einem Winkel des Palastes oder eines Vorsaals, ohne daß jemand sie wegschafft, weil keiner seine Hände an ihnen verunreinigen will.
Die übrigen Bedienten gehen unterdessen, bis auf einen oder zwei, welche die Wache haben, ein jeder seinen Weg: in die Speise-, Trink- und Spielhäuser die männlichen; in die Messe, zu Bestellungen und zu Besuchen, die weiblichen. Die Schreiber, Hofmeister, Hausverwalter entfernen sich, jeder in seinen Geschäften und zu seinen Vergnügungen, und lassen sich nicht eher wieder sehen, als um die Zeit, wo sie die Zurückkunft der Herrschaft wissen oder vermuten, oft auch erst den andern Morgen. Unterdessen erfährt kein Fremder, kein Hausfreund, kein Geschäftshaber ein Wort von der Herrschaft, wenn er ihr Besuche zu machen, wichtige Dinge mit ihr abzutun, oder ihr dringende Berichte mitzuteilen hat. Die zurückgebliebenen Bedienten wissen nicht, wo sie ist, und wenn sie es auch wissen, so sind sie meist immer unfähig, sich deutlich zu machen, weil sie sich bei dem gemeinsten Getränke die lange Weile der Wache zu vertreiben, und zu dem höchsten Grad ihres irdischen Glückes durch Betäubung und todesähnlichen Schlaf zu erheben pflegen. Überdies ist es in Warschau Sitte, Kutscher und Bediente nicht nach Hause zurückzuschicken, sondern jedesmal auf sich warten zu lassen, wären es auch im härtesten Winter mehrere Stunden. Oft sogar, wenn man Wagen und Pferde des Gesuchten irgendwo vor einem Palaste halten sieht, ist es noch kein Beweis, daß er wirklich dort sei. Er ist wohl mit einem andern, in dessen

Wagen, anders wohin gefahren, oder er hat den seinigen einem andern geborgt, und dieser ist jetzt hier; mit einem Worte, man kann selbst stundenlang umherfahren, ohne zu finden, was man sucht. Dazu kommt, daß die Bedienten, wenn sie meinen, ihr Herr oder ihre Frau werde an einem Ort, z. B. am Reichstage, in der Komödie, auf einem Ball, lange bleiben, in das nächste Wirtshaus gehen, hinter dem Kruge, oder den Karten, förmlich Platz nehmen, und sich so lange um nichts bekümmern, als bis sie ungefähr vermuten, daß man ihrer bedürfen könne. Auch der Kutscher steigt von Zeit zu Zeit von seinem Bock herab und tut in eben dem Wirtshause Bescheid. So kommt es nicht nur, daß man sich bei diesen auch keine Auskunft verschaffen kann, weil man ihre Schlupfwinkel nicht weiß, sondern auch, daß die Herrschaft selbst, wenn sie früher erscheint, als man vermutet hat, warten und andre Bediente durch ein Trinkgeld vermögen muß, die ihrigen aufzusuchen. Dies ist eine Unbequemlichkeit, die sich in andern großen Städten auch findet, aber nicht in dem Maße, als in Warschau, wo sie gerade aus zu großer Bequemlichkeit entsteht.
Die Pferde, die schönsten Kreaturen, die man sehen kann, wenn sie auch mehrere hundert Dukaten gekostet haben, stehen zu sechs bis acht Stunden, bei der strengsten Kälte in freier Luft, und werden dadurch in kurzer Zeit steif, mager und unbrauchbar, und dies um so eher, da sie gleich darauf, durch das übertriebene Jagen, welches hier gewöhnlich ist, in den entgegengesetzten Zustand von Anstrengung und Erhitzung überzugehen gezwungen sind. Aber es ist hier ein Zeichen der Pracht, oft andre Pferde zu brauchen. Man bedeckt sie zwar, um einen andern Luxus zu zeigen, mit den schönsten Überwürfen vom feinsten englischen Wollzeuge, oder mit kostbaren Fellen, so wie man die Kutscher in lange, schleppende Pelzröcke, und die Bedienten in dicke Wolfshäute kleidet; aber die äußeren Teile aller leiden darum doch, und erfrorene Füße, Hände und Nasen sind

bei den Menschen, wie bei den Pferden erfrorene Nüstern und Ohren, im Winter ganz gewöhnliche Dinge. Indessen denkt man nichts dabei, als daß die Menschen geheilt und die Pferde ausgemustert werden müssen.
Die Mittagsstunde, welche zerstreute Familien anderwärts wieder zusammenführt, und die in Warschau zwischen drei und vier Uhr eintritt, bewirkt dies daselbst nicht. Man hat gesehen, daß die Frau auswärts, oder auf ihrem Zimmer allein, oder in großer Gesellschaft, die sie sich gebeten hat, essen kann, ohne daß der Herr es weiß, oder, wenn er es weiß, daß er sich daran bindet. Ist er auf dem Reichstage, und werden gerade Dinge verhandelt, die ihm und seiner Partei wichtig sind, so muß er den Ausgang abwarten, und sollte es bis an den Abend dauern. In diesem Fall ißt er entweder gar nicht, oder er fährt auf einige Minuten in ein Speisehaus, oder zu einem Freund, dem die Verhandlung nicht so wichtig ist, und der zu Hause angerichtet findet; oder er läßt sich einen Becher Schokolade in das Vorzimmer des Reichstagssaales bringen, und kehrt sodann in denselben zurück. Ist er bei seinem unterhaltenen Mädchen, und gefällt es ihm gerade bei ihr, so liefert das nächste Speisehaus für ihn und für sie das Mittagsmahl; ist er bei seiner Freundin, und diese hat sich nicht anders wohin versagt, so bleibt er bei dieser zu Mittage. Hat er einen Spazierritt außerhalb der Stadt getan, und das Wetter ist schön, so findet er sein Mittagessen in Wola, in Marymont, oder in Wilanów; mit einem Worte, er bleibt, wo es ihm gefällt, und er hat keinen dringenden Grund, gerade deshalb seinen eigenen Tisch aufzusuchen. Ebenso ist es mit seinen Kindern. Hat diese ihr Spazierritt nach Łazienki geführt, so essen sie dort; haben sie in der Stadt, oder auf einem Landhause, einem Verwandten oder einer Bekannten einen Besuch gemacht, so bleiben sie mit ihrer ganzen Gesellschaft bei diesen; finden sie irgend eine andre Lustpartie, die ihnen behagt, so nehmen sie ohne Bedenken Teil

daran, und sie mögen um drei, sechs, zehn oder zwölf Uhr erst zurückkommen, so verschlägt dies dem Reste der Familie nichts, wenn man nur weiß, daß ihre Hof- oder Stallmeister bei ihnen sind. Am regelmäßigsten lebt noch die Tochter, die, da sie noch nicht in den Jahren ist, wo sie mit der Mutter die große Welt bewohnen, und allein, oder mit ihrer Hofmeisterin, herumschwärmen kann, den größten Teil des Tages zu Hause bleibt und höchstens nach Tische zu einer Freundin ihres Alters, oder in den Sächsischen Garten, oder in das Schauspiel, oder auf einen Kinderball fährt. Der Fall ist nicht selten, daß man, wenn niemand zu Hause ißt, ihr Mittagsmahl aus dem nächsten Speisehause kommen läßt. So vergehen oft drei Tage, und sie hat weder Mutter, noch Vater, noch Brüder gesehen, wie sie auch diesen nicht zu Gesichte gekommen ist. Oft aber trifft die ganze Familie an einem dritten Orte zusammen, ohne daß einer den andern erwartet hat. Liegt es dem Gemahl zuweilen daran, zu wissen, wo die Gemahlin ist, so erkundigt er sich ohne Bedenken bei ihrem dermaligen Freund, und er erhält sichere Nachricht; ein gleiches tut, mit gleicher Ruhe, die Gemahlin bei der Freundin ihres Gemahls, und oft trifft es sich, daß sie sich bei der Gemahlin ihres Freundes nach ihrem Gemahl, und dieser sich bei dem Gemahl seiner Freundin nach seiner Gemahlin erkundigt hatte. Diese Freiheit hat man und gibt man hier.
Der Nachmittag, dessen erste Hälfte als Morgen verbraucht worden ist, geht während der Mittagstafel vorüber, und des Winters findet die anbrechende Nacht die Gäste noch an derselben. Auf sie folgt das Schauspiel, das zwischen sechs und sieben Uhr seinen Anfang nimmt, das aber versäumt werden muß, wenn man etwas später als gewöhnlich, zu Tische gegangen ist, oder länger an demselben bleibt, was man besonders auf bischöflichen Schmausereien nicht vermeiden kann. Dagegen gibt ein anderes Haus eine Musik um acht Uhr, ein drittes große Gesellschaft und Spiel, und

ein viertes eröffnet ein Privattheater um eben diese Zeit. Die Genießer haben die Wahl unter diesen drei Zufluchtsstätten; und so wählt denn der Fürst das Gesellschaftstheater, und die Fürstin die Musik, während die Prinzen und die Prinzessin das Schauspielhaus besuchen. Die große Gesellschaft mit Spiel wird diesen Abend ungenutzt vorbeigelassen, aber nicht so ein Pickenick, das man noch, wenigstens zur Hälfte, genießen kann, wenn jene andren Lustbarkeiten zu Ende sind. Die Fürstin besucht es dann noch und bleibt bis zu dessen Schlusse, das heißt, bis zwei oder drei Uhr des Morgens; der Fürst genießt nur einen Teil davon, weil er zu einem Abendessen eingeladen ist, zu welchem er sich um zehn oder elf Uhr einfindet und welches bis um zwei Uhr dauert. Ist es im Fasching, so bringt einer von der Tischgesellschaft in Vorschlag, daß man noch die Redoute besuchen müsse, und dies geschieht. Der jüngere und schönere Teil des erwähnten Pickenicks hat denselben Einfall gehabt, und so finden sich Gemahl und Gemahlin noch einmal zusammen, aber beide nicht ohne Begleiter und Begleiterin am Arme, vermummt oder nicht vermummt, erkannt oder nicht erkannt, auf keinem Fall aber zusammenhaltend. Um sie herum springen von Zeit zu Zeit ein paar Teufelchen mit langen Schweifen, und ein alter Teufel mit ungeheuren Hörnern. – Dies sind die Prinzen und einer ihrer Hofmeister. An diese schließt sich, in Begleitung einer alten häßlichen Bäuerin, ein niedliches Bauernmädchen, das mit reizender Unbefangenheit Blumen austeilt – diese ist die Prinzessin und jene ihre Hofmeisterin. Man bleibt eine kleine oder größere Weile dort, und fährt endlich, je nachdem sich die einzelnen Glieder der Familie mehr oder weniger belustigen, früher oder später, aber immer einzeln und selten vor Anbruch des Tages, nach Hause und legt sich schlafen, um zu einem ähnlichen Tage wieder zu erwachen.
Ich bin verbunden, einzelne Züge dieses Gemäldes, die unverständlich sein könnten, weiter auszuführen.

Die Anzahl der Familien vom Adel, welche die größten Strecken des flachen Landes und die meisten Ehrenstellen und Würden des Staats untereinander geteilt haben, beläuft sich vielleicht kaum auf hundert in ganz Polen. Unter diesen gibt es wiederum ungefähr dreißig, die durch ihren Reichtum und durch ihre, über jede Woiwodschaft verbreiteten, Besitztümer, die Stimmen und Personen der geringeren Edelleute, ebenso gewiß, als die Gunst oder Nachgiebigkeit des Königs, die Bereitwilligkeit der auswärtigen vermögenden Minister, die Anhänglichkeit bedeutender Familien, und, durch das alles, einen siegenden Einfluß in den Geschäften der Republik, sich zu verschaffen verstehen. Zu diesen letzteren gehören die Czartoryski, Potocki, Branicki, Rzewuski, Czetwiertyński, Sołtyk, Sapieha, Małachowski, Ogiński, Czacki, Radziwiłł, Lubomirski, Massalski, Mostowski u. a.; Namen, die von jeher, teils ihres Reichtums, teils ihrer Würden, teils ihres Einflusses in den Staatsgeschäften, bei ruhigen und unruhigen Zeiten, teils ihrer Weisheit, Klugheit und Gelehrsamkeit, teils ihrer Torheit, Sittenlosigkeit, Seltsamkeit und Barbarei wegen, vor allen andern berühmt und berüchtigt gewesen sind. Es ist eine Freude für den Beobachter der Menschen und ihrer Sitten, sagen zu können, daß die Enkel dieser Familien, die jetzt noch blühen, weniger dieser letzteren Untugenden wegen getadelt, als jener ersten Tugenden wegen, gerühmt zu werden verdienen. Indessen ist nicht zu leugnen, daß sich ihm in manchen Dingen, noch ziemlich merkbare Spuren von der altpolnischen Art zu sein, verraten, und daß das, was an feinerer Ausbildung des Geistes, an größerer Mildigkeit der Sitten, an Menschlichkeit, an verminderter Selbstsucht und an Ordnungsgefühl bei den neuern Polen in die Augen fällt, mehr derjenigen Aufklärung zugeschrieben werden muß, die aus der Gewohnheit des Tages, aus der Nachahmungssucht und aus dem Luxus, als aus derjenigen hervorgeht, die seit langen Jahren in den Sitten, dem Charakter und der politischen Verfassung eines Volkes befestigt ist, und durch Grundsätze, die zu natürlichem Gefühle geworden sind, unterhalten und erweitert wird.

Der verfassungsmäßige Grundsatz: es sei unter der Würde eines polnischen Edelmanns, sich um seine Land-, Haus-, Geld-, Erwerbs- und Handelsgeschäfte persönlich zu bekümmern und sich gründlich davon zu unterrichten, ist die Hauptursache des unvollkommenen Anbaues der Länder und deren geringeren Ertrages, der Unordnungen in der Bewirtschaftung, der Verkehrtheiten im Haushalt und im Vertrieb der Erzeugnisse, der Betrügereien von Seiten der Aufseher, Verwalter und Pächter, und endlich des schwankenden Finanzsystems der polnischen Häuser überhaupt, wodurch der eigentliche Vermögensbestand, auch des Reichsten, so zweifelhaft wird, daß nicht einmal der Herr selbst, viel weniger die Geschäftsleute, die sich mit demselben einlassen sollen, sich feste Angaben darüber verschaffen können.

Der gesamte Feldbau wird durch leibeigene Bauern betrieben, mithin, trotz der unfreundlichen Aufsicht dabei, nachlässig, ohne Einheit, ohne Einsicht, nach alter unvollkommener Gewohnheit. Die Kommissarien und Verwalter, die der Herr über seine Güter setzt, tun ihre Pflicht wie Mietlinge, das heißt, nur so weit, als es ihre Bequemlichkeit und ihr Eigennutz zulassen. Einen großen Teil ihrer Obliegenheiten übertragen sie, weil sie doch auch meist Edelleute sind, die ihren Adel nicht herabsetzen wollen, wiederum niedrigeren Schreibern und Vögten, und diese, gerade wie sie, den Schulzen, Oberbauern oder Großknechten der einzelnen Dorfschaften, die zu den Gütern gehören. Diese Leute tun bei der Versorgung der Äcker, Wiesen, Viehzucht und der gesamten ländlichen Arbeiten noch am ersten ihre Pflicht, aber oft auf die empörendste Weise. Das Gefühl, über etwas gesetzt, und nicht so oft dem Kantschu unterworfen zu sein, als ihre Mitbauern, teilt ihnen einen sklavenhaften Hochmut mit, den sie jenen auf das härteste fühlen lassen, und der sie den Untertanen noch verhaßter macht, als ihre eigentlichen Vorgesetzten, deren Druck ihnen bei weitem nicht so schwer deucht, da sie einmal gewohnt sind, sie für Wesen höherer Art anzusehen. Eben diese Leute werden oft mit ansehnlichen Ladungen von Getreide, Hanf, Unschlitt, Honig, Häuten, Holz usw. zu Lande oder zu Wasser abgeschickt, um sie zu verkaufen. Ihr Mangel an Vorsicht und Klugheit bewirkt, daß die Kaufleute, denen sie in die Hände fallen, leichtes Spiel mit ihren Waren und dem dafür zu zahlenden Preise haben. Der gewöhnlichste Kunstgriff ist, daß man sie betrunken macht, und mit ihnen in diesem Zustande das Geschäft abschließt. Oft bringen sie auch, während desselben, einen Teil der Kaufsumme durch, oder lassen sich bestehlen, und bezahlen dann zu Hause mit dem Rücken. Aber selbst die Kommissarien machen es wenig besser, und die Kaufleute nutzen auch bei ihnen ihre Kunstgriffe mit Glück. Sie lassen sich geradezu bestechen, geben, für ein verhältnismäßiges Geschenk, die Waren ihres Herrn unter dem gewöhnlichen Preise weg, und beweisen ihm dann mit den Rechnungen der Kaufleute, die verabredet sind, daß sie nur so viel und nicht mehr gegolten haben. Da sie gewöhnlich bevollmächtigt sind, andre Waren dafür zurückzubringen, so hat auch noch an diesen der Kaufmann doppelten Gewinn und der Edelmann doppelten Schaden. Die Edelleute der mittleren Klasse, die sich zuweilen herablassen, ihre Erzeugnisse nach einem Handelsorte zu bringen, machen nicht immer bessere Geschäfte. Mangel an Erfahrung, Trunk, Spiel und Händelsucht bewirken nicht selten, daß sie ohne Geld, aber auch ohne Waren, aus Thorn, Danzig, Breslau, Warschau, Riga und Libau nach ihren Gütern zurückkehren.

Es ist Grundsatz bei den großen polnischen Häusern, in so vielen Woiwodschaften als möglich Güter anzukaufen, um in so vielen als möglich Einfluß auf den Landtagen, bei

Besetzung der Landämter, bei der Wahl der Reichsboten, zu ihrem Vorteile sowohl als zum Vorteil ihrer Anhänger und Verwandten, sich zu verschaffen. Da aber nicht jede Provinz von Polen gleiche Bequemlichkeit zur Ausfuhr ihrer Erzeugnisse hat, da die angrenzenden Länder derselben mehr oder weniger bedürftig sind, sie mithin höher oder niedriger bezahlen; da die Auflagen und Einfuhrgefälle in dem einen benachbarten Staate höher oder niedriger sind als in dem andern: so liegt hierin ein neuer Grund, warum sie nicht zu einer bestimmten Übersicht ihrer Besitzungen und deren Erträge gelangen können. Hätten sie auch einen Maßstab für ihre Güter in der einen Provinz, so paßt dieser nicht auf ihre Besitzlichkeiten in andern, und einige davon liegen oft so entfernt von ihrem eigentlichen Wohnsitze, daß sie nur binnen Jahren sie einmal besuchen und sich, wenn sie überhaupt darauf fallen, von ihrem Zustande unterrichten können. Viele ihrer Kommissarien und Pächter lernen sie kaum persönlich kennen, und doch dreht sich um die Treue und Wachsamkeit dieser Leute ihr ganzes ökonomisches Dasein und die Aufrechterhaltung ihrer Güter. Man hat mir von einem Großen erzählt, der ihrer sehr ansehnliche in Podolien und Bracław besaß. Zu drei oder vier derselben sollten große Schlösser gehören. Er lebte, nach gewöhnlicher Sitte, entweder in Warschau oder in fremden Ländern, und war nie nach seinen Gütern gekommen, wo seine Geschäftshaber und Pächter, einer nach dem andern, auch nach ihrer Sitte, hausgehalten hatten. Seine Verschwendung zerrüttete endlich sein Vermögen, und er war gedrungen, diese Güter zu verkaufen. Die Schlösser standen auch mit im Verkaufs-Verzeichnisse. Der Käufer reiste hinaus, um die Güter zu besehen, und fand zwar sie, aber nicht die Schlösser. Auf seine Erkundigung zeigte man ihm gewisse Plätze, wo ehedem, nach den Trümmern zu urteilen, Schlösser gestanden haben konnten, und ein sehr alter Bauer versicherte ihm, daß er noch die Steine des einen habe wegfahren helfen, um auf einem andern Gute einen Viehstall davon zu erbauen. Von dem allen wußte der gegenwärtige Besitzer nichts, und wahrscheinlich hatte schon sein Vater nichts davon gewußt, der vielleicht bloß nach jenem Inventarium, das sich noch in der Familie fand, den Ankauf abgeschlossen. Noch seltsamer, und, alle Umstände berechnet, nicht unwahrscheinlich wäre es, wenn sich in den Rechnungen der Kommissarien Angaben für die Unterhaltung und Ausbesserung der Schlösser, die nicht vorhanden waren, gefunden haben sollten.

So kommt es, daß ein großer Teil der Landsitze in Polen, die nicht unausgesetzt bewohnt werden, verfallen und leer da stehen. Sonst geben viele davon einen guten Anblick, sind groß und haben meist weitläufige gärtnerische Anlagen; kommt man aber näher, so sieht man hohes Gras auf den Höfen, die Fenster vernagelt, und die Gärten zu einer Heide verwildert. Will der Besitzer einmal eine Weile auf denselben wohnen, so wird nur so viel Platz, als er notdürftig zur Unterkunft braucht, eiligst vorgerichtet, und man sorgt, daß er wenigstens vor Wind und Wetter geschützt ist, solange er da bleibt; das übrige, als Betten, Tisch-, Küchen- und Stallgerät bringt er jedesmal mit, weil er weiß, daß er dort dergleichen nicht findet. Aber auch die Schlösser, die man den größeren Teil des Jahres bewohnt, sind gemeiniglich schlecht unterhalten und armselig möbliert, und man muß darin nicht den Glanz und Geschmack finden wollen, die in vielen Palästen, oft von denselben Familien, in Warschau so üppig angebracht sind. Der Schmutz, den man immer noch, nicht mit Unrecht, den Haushaltungen der Polen zur Last legt, ist besonders in ihrem Landleben sichtbar; und kein Wunder, da hier ihre Magd- und Knechtschaft meist aus leibeigenen Bauernburschen und Mädchen besteht, welche die Notwendigkeit des Waschens, Scheuerns und Aufräumens kaum ahnen. In

Warschau finden sie Bequemlichkeiten und feinere Dienstleistungen aller Art für Geld, aber auf dem Lande finden sie weder die Begriffe davon, noch die Geschicklichkeit dazu. Wenn indessen ihnen hier alles fehlt, so haben sie gewiß keinen Mangel an Wein, englischem Bier, gebrannten Wassern und andern fremden Eß- und Trinkwaren, die sie selbst in großer Menge verbrauchen, und ihren Gästen in Fülle und mit der aufrichtigen Gastfreundschaft vorsetzen. Doch je näher diese Landsitze an Warschau liegen, desto seltener findet man solche Unordnungen in denselben. Mehrere der größeren Familien unterhalten dergleichen um jene Stadt, die Geschmack, Bequemlichkeit und Pracht in einem hohen Grade vereinigen.

Alle bisher aufgestellten Angaben, die Landwirtschaft und die Haushaltung betreffend, beweisen, daß es den polnischen Edelleuten, besonders den größeren darunter, unmöglich ist, einen bestimmten Anschlag über den Ertrag ihrer Besitzlichkeiten und mithin ihrer Einkünfte zu machen. Daher greifen sie auch bei ihren Ausgaben ebenso unbestimmt und planlos in ihre Kassen. Wenn es ihnen an barem Gelde fehlt, so wissen sie nie gewiß, ob es ihnen überhaupt auf immer, oder nur einer augenblicklichen Stockung wegen, abgeht; aber desto bestimmter setzen die Geschäftsleute, bei denen sie Summen aufnehmen wollen, voraus, daß sie unsicher sind, und sehen sich dem gemäß, sowohl in Absicht der Sicherheit ihres Kapitals, als des Betrags der Zinsen, klüglich vor. Letztere sind in Polen an sich schon höher als anderwärts, und sie sind besonders wegen der unbestimmten Kreditgesetze, und wegen des langsamen, kostbaren, in der Ausübung ohnmächtigen Rechtsganges, der noch dazu ausschließend in den Händen der Edelleute ist, so hoch gestiegen. So kommt es, daß die polnischen Geschäftsleute ungefähr das System befolgen, welches die jüdischen und christlichen Wucherer in manchen großen Städten bei jungen Wüstlingen für das sicherste halten: sie ziehen bei der Auszahlung der darzuleihenden Summe schon die hohen Zinsen ab, nehmen sodann noch ein beträchtliches Geschenk für die Mühe, die sie sich gegeben haben wollen, um diese Summe von einem Freunde herbeizuschaffen, und treffen überhaupt solche Maßregeln, daß sie nichts oder wenig verlieren, wenn das Kapital nicht zurückgezahlt wird, aber ausschweifend gewinnen, wenn es wieder einläuft. Gelingt es ihnen aber vollends mit mehreren großen Häusern jene Verbindungen einzugehen, deren ich vorhin erwähnt habe, vermöge deren sie ihre Einnahmen und Ausgaben, gleichsam auf dem Fuße einer Girobank, besorgen: so ist ihr Gewinn desto stärker und sicherer, indem sie aus ihren Büchern sehen können, wie viel oder wie wenig, ein Jahr in das andere gerechnet, die Besitzlichkeiten solcher Familien eintragen. Daß sie diese Kenntnis mehr zu ihrem als zu jener Vorteil benutzen, versteht sich von selbst, und daher das schnelle Wachstum mancher Wechselhäuser in Warschau, deren Besitzer zum Teil von allem, nur nicht vom Kopf, entblößt, in Warschau eingewandert sind.

Auf dieses schwankende Finanzsystem bauen sie sodann ihre Art zu leben, sie mögen sich in Warschau oder in fremden Ländern befinden. Letzteres ist bei den reichen polnischen Familien sehr häufig der Fall, und in der Tat hat auch keine Nation das Reisen nötiger als die polnische. Ihre Entfernung von den mehr verfeinerten europäischen Ländern; die Unmöglichkeit, sich in ihrem eigenen Vaterlande von Dingen anschaulich zu unterrichten, die in Büchern oder Erzählungen ihre Neu- und Wißbegierde gereizt haben; die Notwendigkeit, ihre politischen Begriffe und Grundsätze, durch Beobachtung anderer Verfassungen, zu erweitern und zu berichtigen; die Verpflichtung über Ackerbau, Manufakturen und Handel, in Ländern, welche die hohe Schule derselben sind, Kenntnisse einzusammeln und nach ihrem Vaterlande zu verpflanzen; und das Bedürfnis, Gefühl für die Werke der schönen Künste ebenso wohl als für feinere Sitten und reineren Lebensgenuß in sich zu erwecken und zu nähren: diese Umstände sollten den Polen besonders zum Reisen drängen, und sie sind auch bei vielen die eigentlichen Bewegungsgründe dazu; aber bei den meisten pflegen es Mangel an Beschäftigung und die daraus entstehende Unruhe, Modesucht, Begierde es andern gleich zu tun, oder sich vor ihnen auszuzeichnen, gescheiterte politische Entwürfe, Unzufriedenheit mit der herrschenden Partei, Verfolgungen, Wunsch, ihre Gesundheit wieder herzustellen und andere Absichten zu sein, deren Erreichung weniger wohltätig ist als die vorhin angegebenen.

Die Art, wie die Polen gewöhnlich reisen, ist kostbarer, als die bei allen andern Nationen übliche. Die Franzosen, Engländer und Deutschen reisen mit einem möglichst kleinen Gefolge; sie reisen mit gewissen wirtschaftlichen Grundsätzen, jeder nach seinem Stande und Vermögen; gewohnt, von wenigeren Händen bedient zu sein, und überzeugt, daß eine eigene Dienerschaft, welche die fremden Sprachen und Sitten nicht kennt, auf Reisen für sich selbst eine Dienerschaft braucht, behelfen sie sich meist mit gemieteten Leuten; Empfehlungen verschaffen ihnen ohne Mühe überall so viel Bekannte, als sie bedürfen, und es fällt ihnen selten ein, ihren Gastfreunden, an Ort und Stelle selbst, einen Ersatz für ihre Aufnahme zu geben; sie wissen, daß es in der Fremde unendlich kostbar ist durch Pracht und Aufwand sich bemerkbar machen zu wollen, und daß es nicht minder eitel ist; sie brauchen nicht so viel Waren zum Nutzen und zur Pracht in der Fremde einzukaufen, weil sie dergleichen in ihrem eigenen Lande finden können; und sie haben endlich weniger Hang zum sinnlichen Genusse, zum Wohlleben und zum Spiele, und wissen sich mehr mit geistigen Dingen zu beschäftigen und zu nähren als die Polen, die ohne ökonomischen Überschlag, ohne Geduld, sich über den Wert der Dinge zu unterrichten, mit einem zahlreichen Gefolge polnischer Gesellschafter und Bedienten, ihre Reisen antreten, meist ohne Empfehlungen sich in fremden Städten niederlassen, förmliche Häuser machen, um Bekanntschaften zu erhalten, die Sucht zu glänzen und aufzufallen nach polnischer Sitte befriedigen, Gesellschaften, Spiel und Gastmahle geben und alles aufkaufen, was sie noch nicht gesehen haben, oder nicht in Polen zu finden und doch zu brauchen glauben.

Unter diesen Umständen steigen gewöhnlich bei ihnen nicht nur die unvermeidlichen Kosten des Reisens, sondern auch die zufälligen, höher. Alles, was mit ihnen zu tun hat, betrügt sie, besonders in den Ländern, deren Einwohner zum Teil auf den Beutel der Fremden angewiesen zu sein scheinen: in der Schweiz, in Frankreich und vor allem in Italien. Da sie überdies den Grundsätzen einer mißverstandenen Großmut folgen und Betrüger durch Verachtung beschämen wollen: so gelten sie nicht bloß für sehr reiche, sondern auch für sehr alberne und sehr verschwenderische Leute, und ermuntern dadurch schlechte Gemüter, ihre ganze Erfindungskraft an ihnen zu versuchen. Es ist unglaublich, was einem Polen, der nach seiner Art in Italien reist, für eine Summe Geldes aufgeht, und wie sich die Posthalter, die Postknechte, die Wirte, die Lohnbedienten, die Kuppler, die Bilder-, Stein- und Münzenhändler an ihn setzen und um die Wette aussaugen; und für das alles hat die Nation nichts gewonnen, als daß die Redensart »far viaggio alla polacca« von den Italienern gebraucht wird, wenn sie einen Reisenden bezeichnen wollen, der sich von jedem auf die plumpeste Art betrügen läßt, und dabei bloß um zu essen, zu trinken, zu schlafen und liederlichen Weibern nachzurennen, seine Reise unternommen zu haben scheint.

Frankreich war von jeher das Lieblingsland der Polen. Sie schickten häufig ihre Kinder nach Straßburg, um in den Wissenschaften, und sodann nach Paris, um in den feinen

Sitten Bildung zu erhalten. Sie verschrieben sich von daher Lehrer aller Art, Wundärzte, Kammerdiener, Friseure, Schneider, Putzmacherinnen usw. und bevölkerten damit das flache Land und die Städte. Sie wohnten in französisch aufgeputzten Zimmern, schliefen in französischen Betten, kleideten sich in französischen Stoffen und Tüchern. Da in ihrem Charakter mehrere Züge sind, die sie mit den Franzosen gemein haben, als eine gewisse Lebhaftigkeit und Heiterkeit des Geistes, viel Sinnlichkeit, viel Leichtsinn, viel feinen, aber weniger gründlichen Verstand, Hang zum Wohlleben und zur Galanterie: so schmiegten sie sich um so leichter ihren Sitten an; und da sie zugleich mit diesen die Literatur jener Nation kennenlernten, besonders den Teil derselben, der die große Welt nährte, so nahm auch ihre wissenschaftliche Bildung einen ähnlichen Gang, und die französische Art, die Dinge anzusehen und zu behandeln, ward die ihrige. Die Auswahl der Gegenstände aus der Philosophie der Schule und der Welt, die man für seine geistige und politische Haushaltung braucht, die Einsichten in der Religionslehre und in der Staatskunde, und die Verschlagenheit, das leichte Gewissen, die Vorschnelligkeit und Unachtsamkeit in Führung der öffentlichen Geschäfte, sind lauter Dinge, die man in Polen ganz auf französischem Fuße wiederfindet. Die Menge von Franzosen, die sich jetzt noch* in Polen befinden, erhalten immerfort diese Vorliebe für ihr Volk. Es gibt wenig glänzende Familien, deren Mitglieder nicht nach und nach, in früheren oder späteren Jahren, längere oder kürzere Zeit, in Frankreich gewesen wären; es gibt einige, die ganz nach Frankreich gezogen sind und dort leben; es fehlt sogar nicht an solchen, die ihre Besitzlichkeiten in Polen ganz verkauft und sich dort als Staatsbürger niedergelassen haben.

Nach England gehen die Polen weder so häufig, noch auf so lange Zeit. Der Charakter der Engländer sagt dem ihri-

* Im Mai 1793.

gen weniger zu, weil er nicht zuvorkommend, nicht mitteilend gegen Fremde ist, und weil der Zug von Nationalhochmut in demselben den eitlen Polen beleidigt. Dazu kommt, daß dieser, bei dem ausschweifendsten Aufwande, unter den dortigen Verschwendern sich doch nicht auszeichnen, und daß er, trotz seinem Gelde, von dem dortigen gemeinen Volke doch keine Achtung, viel weniger die gewohnte Demut und Unterwürfigkeit, erlangen kann.

Die Schweiz und Italien ziehen ihn weit mehr an. Die Natur in diesen beiden Ländern ist der Natur seines väterlichen Bodens und Himmels so entgegengesetzt, zeichnet sich auf so mannigfache Weise vor denselben aus, daß schon hierin eine große Quelle von Vergnügen für ihn liegt. In Italien kommt noch dies hinzu, daß er in den meisten Städten Adel findet, der diejenigen Fremden sehr freundlich behandelt, die ihm in ihrem eigenen Gasthofe zu essen geben; an ihn im Spiele verlieren; mit seinen »Conversationi«, bei bitterem Tee und matten »sorbetti«, zufrieden sind; bei seinen Kleider-, Bilder- und Uhrenlotterien fleißig Lose nehmen; bei den von ihm empfohlenen Künstlern, ohne zu handeln, einkaufen; und endlich bei der Abreise, für alle diese gastfreundlichen Gefälligkeiten, der Frau vom Hause noch ein feines Geschenk – aufzwingen. Diese Aufmerksamkeiten, die er sich solchergestalt bei den Vornehmen erkauft, und die erheuchelte Ehrfurcht, mit welcher ihm das Volk begegnet, um ihn desto besser zu betrügen, tragen viel dazu bei, daß er in Italien lieber, als in andern Ländern, verweilt. Am häufigsten findet man ihn aber in Venedig, Rom, Neapel und Florenz, wo er, da es ihm überdies nicht an Geschmack für die Künste fehlt, sich am längsten aufzuhalten pflegt. Der größte Teil der neuerlich ausgewanderten Patrioten, die Małachowski, Sapieha, Sołtyk, Mostowski, Sobolewski u. a., befinden sich jetzt in einer von diesen Städten. Eine Fürstin Lubomirska und der

ältere Neffe des Königs, Stanislaus Poniatowski, leben schon seit mehreren Jahren in Rom.
Der merkwürdigste unter den neueren gereisten Polen ist ein Graf Johann Potocki[31]. Er hat eine Reihe von Jahren nach und nach in allen Ländern von Europa gelebt, und ist in Frankreich, Italien, England und Spanien wie zu Hause; er hat die Türkei durchstreift, und Arabien, Syrien und einen großen Teil von Persien gesehen. Die Nachricht von der Revolution in seinem Vaterlande brachte ihn zur Zeit des Konstitutions-Reichstages dahin zurück. Er hatte sie in Marokko erhalten. Seine Kleidung war halb orientalisch, halb polnisch. Da er den größten Teil der Oberfläche des Erdballs gesehen hatte, so wollte er ihn selbst noch endlich unter seinen Füßen sehen. Als nämlich Blanchard[32] um jene Zeit mit seinem Luftball nach Warschau kam, stieg er mit ihm, von dem Garten des Hofmarschalls Mniszech aus, über die Erde empor. Er nahm seine gewöhnlichen Reisegefährten, einen wohlbeleibten Türken und einen weißen römischen – Pudel, mit in die Luft, und flog von Warschau nach Wola, wo er wohlbehalten ankam.
Er ist übrigens ein Mann von einem sonderbaren, aber liebenswürdigen Charakter, der Gelehrsamkeit und Künste sehr schätzt, auch selbst ein Buch über die polnische Geschichte in französischer Sprache geschrieben hat. Er vermählte sich bei seiner letzten Zurückkunft, mit der berühmten, höchst reizenden Prinzessin, Julie Lubomirska, und schien seinen unsteten Geist dadurch fesseln zu wollen. Die Aufhebung der neuen Konstitution entfernte ihn abermals aus seinem Vaterlande, und da bald nachher seine Gemahlin gestorben ist, so wird er wahrscheinlich eine neue Wanderung angetreten haben. Es fehlt mir aber an neueren Nachrichten von ihm.
Im Ganzen genommen nutzen die Polen ihre häufigen Reisen so gut, als irgend eine andre Nation, aber nur für gewisse Fächer. Sie lernen die Sprachen der fremden Länder

mit großer Leichtigkeit, und sprechen sie mit Anmut und Richtigkeit; sie schmiegen sich fremden Sitten mit Gewandtheit an, und ihre Manieren erhalten in einem hohen Grade jene Abgeschliffenheit, die den Mann von Welt und gutem Tone verrät, und die bei ihnen um so angenehmer wirkt, da ihnen die Natur meist mit einem regelmäßigen, geschmeidigen Wuchs und einer feinen, edlen Gesichtsbildung zu Hilfe gekommen ist; sie erwerben sich einen feinen Geschmack in den Künsten und manche angenehme Kenntnis für Unterhaltungen, die zu ihrem Begriffs- und Wirkungskreise gehören; mit einem Worte: sie sammeln für ihre Existenz als adlige, reiche, unbeschäftigte, flatterhafte, geistvolle, egoistische und eitle Lebensgenießer reichlich ein, vernachlässigen aber fast ganz, was sie, um eben den Preis, Nützliches für ihr Vaterland und Wohltätiges für ihre Untertanen in Absicht des Ackerbaues, der Manufakturen, des Handels, der Wissenschaften und der sittlichen Bildung einsammeln und durch eigene Ausübung verbreiten könnten, auch des höheren und glücklicheren Platzes wegen, den sie einnehmen, zu verbreiten dem Reste ihrer Nation schuldig wären.

Der Kern der großen und feinen Welt in Warschau besteht meist aus Personen, die auf diesem Wege zu ihrer Ausbildung gekommen sind. Sie bleiben Muster und Richtschnur für die übrigen, die nicht an der Quelle selbst schöpften, und werden von diesen so willig nachgeahmt, wie sie selbst ihre Vorbilder in Frankreich, England und Italien nachahmten. Die große Welt in Warschau hat also einen Ton, der in vielen Stücken dem Ton anderer Nationen ähnelt, der aber auch eine Menge eigentümlicher Züge darbietet.

Vormals war in Frankreich der Charakter der großen Welt: Streben nach Würden und Auszeichnung im Staate, nach persönlicher Gunst des Fürsten, nach dem Ruf eines mutvollen Kriegers, eines schlauen Geschäftsmannes, eines prächtigen Wirts, eines angenehmen Gesellschafters, eines

geschmackvollen Kunst- und Kleiderkenners, eines witzsprudelnden Schöngeistes, eines zuversichtlichen Weiberstürmers, eines unerschöpflichen Erfinders von Pomaden, Frisuren, kleinen Spielen und niedlichen Gerätschaften. –
In England suchen die Großen ihre Auszeichnung in kostbaren Pferden und Wagen, in hohem Spiel, in gewagten Wetten, in der studiertesten Bequemlichkeit aller zum Leben gehörigen Dinge, in prächtigen Landsitzen, in hofärtiger Begünstigung der Künste und Wissenschaften, in einer gewissen kostbaren Einfachheit ihrer Kleidung, in einem zwanglosen aber kalten Benehmen, in einer sorgfältig ausgebildeten Eß- und Trinkfähigkeit und einer prahlerischen Vermögenheit bei Weibern. –
In Italien ist die Art der großen Welt: Glanz von außen und Wirtschaftlichkeit von innen, prächtige Paläste mit vernagelten Fenstern, unschätzbare Kunstsammlungen und kein erträglicher Tisch und Stuhl, Heere von Bedienten und Läufern mit ungekämmten Haaren, Dutzende schöner Wagen in Schuppen verschlossen, glänzende Gesellschaften und kein rauchender Schornstein, hunderttausend »Zecchini« im Vermögen, und nichts als kupferne »bajochi« oder »grani« oder »crazie« oder »foldi« im Beutel, mit allem, was Italien Erlauchtes hat, verwandt, und in einem verblaßten Seiden- oder abgeschabten Tuchrock gekleidet. –
Die polnische große Welt vereinigt viele dieser, unter drei Nationen zerstreuten, Züge, hat aber auch für andre gar keinen Sinn. So hat sie mit den älteren Franzosen den Durst nach Würden, Orden und andern Abzeichen, den Hang zur Gesellschaftlichkeit, zum Wohlleben, und zum galanten Verkehr mit Weibern, die Gastfreundschaftlichkeit aus Politik und Eitelkeit, ganz gemein; weniger die Sucht, Verse und Bonmots und neumodische Erfindungen zu machen; am wenigsten das Ringen und Streben nach der Gunst des Königs. Das letztere hat sie, der Verfassung wegen, nicht nötig; es ist sogar, aus eben der Ursache, üblich, sich wenig

um den Fürsten zu bekümmern und ihn mit einem gewissen stolzen Selbstgefühle zu behandeln. Wenn man sich diesen Ton gegen den jetzigen König seltener erlaubt, so hat er es nicht seiner Würde als König zu danken, sondern bloß seinen höchst liebenswürdigen Manieren und Eigenschaften als Privatmann, und seinem feinen, überaus geschickten Benehmen als Menschenkenner.

Mit den englischen Großen und Reichen haben die polnischen dies gemein, daß sie viel auf Pferde und Fuhrwerk halten, hohes Spiel lieben, gerne für Herkules bei den Weibern gelten, gern viel essen und trinken mögen; aber der Hang zum Wetten, zum Anbau prächtiger Landsitze (die man freilich in Polen nicht so häufig aufsuchen würde, um sie zu – besehen), das Streben nach der üppigsten Bequemlichkeit, nach Einfalt in der Kleidung; ein kaltes Benehmen und Begünstigung der Wissenschaften: diese Dinge liegen weder in ihrem Charakter, noch in ihren Sitten, noch in ihrer Verfassung und Landesart.

Mit der italienischen großen Welt hat die polnische zwar in einigen Zügen Ähnlichkeit, aber in den meisten ist sie ihr ganz entgegengesetzt. Sie liebt, wie jene, z. B. den Anbau großer und prächtiger Paläste, vollendet sie aber oft nicht, wie jene, teils, weil die Anlage für ihre Mittel zu kostbar war, teils, weil sie die Zeit, sie zu bewohnen, nicht erwarten kann; sie hält gern Schwärme von Bedienten, wie die italienische, kann aber nicht, wie diese, es dulden, daß sie schlecht gekleidet sind und Mangel leiden; sie liebt Glanz von außen, aber auch Fülle von innen; und kostbare Kunstsammlungen hätte sie so gerne, wie die italienische, aber Polen ist das Land nicht, wo der Eitelkeit dieser Genuß verschafft werden könnte. Wagen halten die Polen weniger als die Italiener, und die sie haben, sind in der Tat nicht eingesperrt, sondern auf allen Straßen. Gesellschaften geben sie mehr als die Italiener, und die Schornsteine hören nicht auf dabei zu rauchen. Hohen Verwandtschaften machen die

Polen, über ihre Kräfte, Ehre, durch Aufwand, Orden und Würden; und wenn sie bares Geld haben, so führen sie es in strotzenden Beuteln, mit Ausschluß aller Scheidemünzen, in den schönsten holländischen Dukaten, bei sich, die sie für die geringsten Gefälligkeiten, mit etwas mehr als Freigebigkeit ausspenden.

Züge, die man bei der großen Welt keiner andern Nation in Europa findet, sind, daß die Magnaten wahre Hofhaltungen haben, die von Untertanen und Vasallen bevölkert werden; daß sie wahre Armeen halten, die in ihrem Solde stehen; und endlich, daß sie Ansprüche auf die erhabenste Würde im Staate machen, und alle möglichen Mittel, sie zu erhalten, wirklich in Bewegung setzen können.

Während des Revolutions-Reichstages, zwischen den Jahren 1788 und 1792 hatte der gesellschaftliche Verkehr der großen Welt in Warschau einen Grad von Lebhaftigkeit und Glanz erreicht, auf welchem es sich vielleicht ehedem, bei wichtigen Angelegenheiten der Nation, Wochen lang, aber nie eine Reihe von Jahren hindurch, erhalten hatte. Was sich nur von hohen, mittleren und niederen adeligen Familien, jede nach ihrem Rang und ihren Ansprüchen, in Warschau erhalten konnte, war da. Die bisher auf Reisen gewesen waren, kamen nach Hause. Was Teil für oder gegen die Staatsveränderung nahm, streute Geld mit vollen Händen aus und gab Feste über Feste, um Anhänger zu gewinnen. Ein ähnliches taten diejenigen fremden Minister, deren Höfe nach der Zeit, bei Aufhebung der neuen Konstitution, die tätigste Rolle spielten. Dies brachte eine Lebendigkeit, eine Abwechslung, ein Interesse und eine Pracht in das gesellschaftliche Leben, die ihres gleichen kaum hatten und die Teilnehmer daran, in mehr als einer Rücksicht, gleichsam aufzureiben drohten.

Unter den großen polnischen Häusern, welche die Hauptsammelplätze dieser unruhigen Welt waren, zeichneten sich besonders Czartoryski, Małachowski, Sapieha, Potocki, Ogiński u. a. aus. Der König gab auch öfter zu essen als gewöhnlich. Sein Bruder, der Primas[33] und die Bischöfe von Posen, von Livland[34] u. a. gaben ebenfalls häufig Gesellschaften. Der preußische Gesandte, Lucchesini[35], gab ihrer mehr, als sonst diese wirtschaftliche Macht ihren Ministern gut zu tun pflegt, und der unsrige, Herr von Bulgakow[36], veranstaltete, aber nur in den ersten Zeiten des Konstitutions-Reichstages, dergleichen, die seinem Geschmack und dem Glanze unseres Hofes Ehre machten. Es gab ein solches Gedränge von Lustbarkeiten, daß nur wenig einzelne Personen körperlich stark genug waren, sie alle zu ertragen und zu überwinden. Übrigens waren sie, je nachdem sie stark oder schwach, und von diesen oder von jenen Personen besucht wurden, der Maßstab, nach welchem man die politische Partei des Wirtes und die politischen Grundsätze und Entwürfe der Gäste bestimmen konnte. Zwar wurden auch einige veranstaltet, die gleichsam für das allgemeine Publikum bestimmt, und bei deren Zusammensetzung alle politische Rücksichten vergessen sein sollten. Solche waren die Feste bei Geburts- und Namenstagen der Kaiserin, des Königs von Preußen, des Königs von Polen, der polnischen Großen, bei der Ankunft hoher Personen, die man ehren wollte, bei Durchsetzung der Konstitution und bei ihrer Jahresfeier; aber man glaube nicht, daß sie darum ohne politische Bedeutung besucht oder versäumt worden wären. Unterrichtete wußten unter der großen Menge der Anwesenden wohl zu bemerken, wer nicht da war und warum er nicht da war; und es erweckte z. B. schon vielen die peinlichste Besorgnis, als unser Minister Bulgakow bei keinem der zahlreich besuchten Feste, die wegen der Einführung der neuen Konstitution und bei ihrer Jahresfeier gegeben wurden, zugegen war; so wie er selbst, bei den Festen, die er veranstaltete, an den Ausgebliebenen ebenso viel Gegner unseres Systems leicht erkennen und sich dem gemäß gegen sie benehmen konnte.

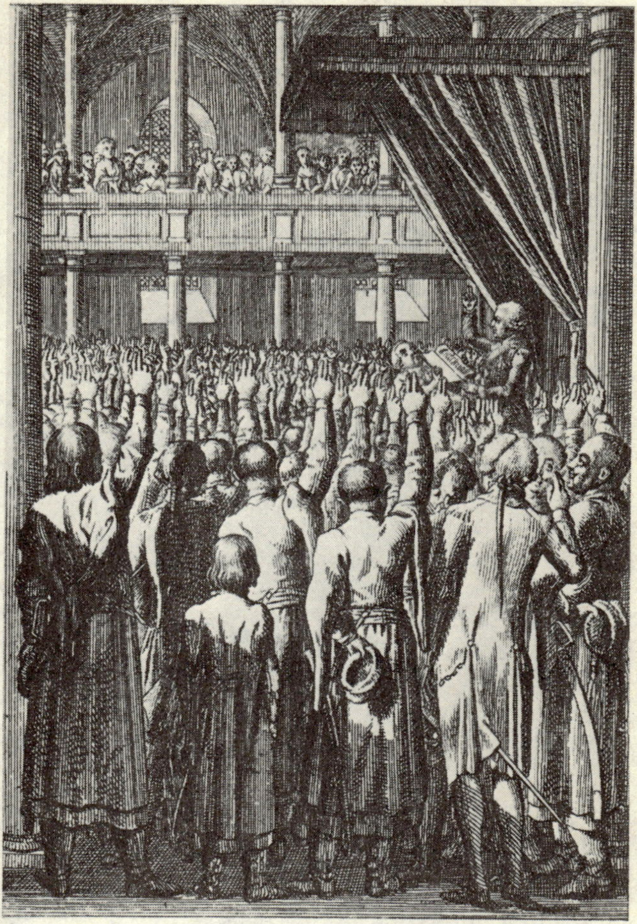

Die Feier der großen Revolution Polens

Die Anzahl von Menschen, die sich zu diesen großen Gesellschaften versammelten, belief sich oft auf fünf-, sechs- und achthundert Köpfe. Gewöhnlich nahmen sie nach Tische ihren Anfang, und dauerten bis nach Mitternacht. Sie vereinigten, was sonst einzeln große Gesellschaften unterhält: Spiel, Musik, Ball, Goutee, Soupee, Konversation usw. Der den Polen ganz eigentümliche Geschmack an Hülle und Fülle zeigte sich bei solchen Gelegenheiten in seiner ganzen Größe. Mehrere Zimmer und Säle waren rund herum mit Tischen besetzt, die unter ihrer Last hätten brechen mögen. An Eßwaren aller Art war der höchste Überfluß. Ungarische, französische, spanische und deutsche Weine, von denen man anderwärts nur kostet und nippt, wurden hier in langen Zügen getrunken. Gebrannte Wasser wurden in ungebührlichen Gläsern gegeben. Limonade, Orangeade, Bavaroise standen in Gefäßen da, worin man anderwärts starken Trinkern Bier hinstellen würde. Kaffee und Schokolade flossen unaufhörlich aus ungeheuren silbernen Kannen. Berge von Konfekt, von Früchten, von geröstetem Brot, wandelten auf weiten Tellern in den Sälen unaufhörlich herum. Rotten von Schwelgern versuchten, wie weit die Amalgamationskraft ihrer Verdauung ginge, wie lange die Geschmacksnerven ihrer Zunge Empfindung behielten; und ebenso boten unersättliche Genießer anderer Art, im Konzertsaale, im Tanzsaale, unter den Augen, an der Hand, in den Armen der reizendsten Weiber, in der Unterredung mit den geistvollsten Männern, oder der anlockendsten, reichsten Bank gegenüber, allen Empfindungen und Leidenschaften volle Weide dar. In diesem Gedränge schien alles gleich, und Anmaßung und Schüchternheit waren gleich weit entfernt. Wer ein Kleid trug, das zur Gesellschaft paßte, hatte alle übrigen Eigenschaften, die dazu erforderlich waren, zugleich mit ihm angezogen. Kein neugieriger Blick, keine kleinstädtische Frage beunruhigte sein Selbstgefühl; die schönste Hand war zum Tanze sein, wenn sie nicht schon versprochen war; die erlauchtesten Personen setzten sich mit ihm an einen Spieltisch; die geistvollsten Sprecher wußten es ihm Dank, wenn er ihre aufmerksamen Kreise erweiterte. Selbst Plumpheit im Benehmen und Gierigkeit im Genusse fielen an einem Ort nicht auf, dessen Dunstkreis und wollustvolle Regsamkeit nicht bestimmt waren, die Gefühle und ihre Äußerungen in wohlabgewogener Ordnung zu erhalten. Das Geräusch und die Händelsucht der Trinker, die egoistische Trockenheit der Esser, der tretende und reißende Frohsinn der Tänzer, die blasse Standhaftigkeit der Spieler, die blinde und taube Glückseligkeit der Verliebten, die Unterhaltungssucht gern gehörter Schönsprecher, und viele andre Dinge, zeigten sich, wie immer, wenn der Menschen viele in einer gewissen Bewegung beieinander sind, in einem gemilderten Lichte, und die nüchternsten Gemüter fühlten mit jedem Pulsschlage ihr Blut wärmer und schneller kreisen, und, statt den trunkenen Sänger neben sich, den beredsamen Schwachkopf hinter sich, den linkischen Tänzer vor sich, mit Strenge zu beurteilen, lößte sich wohl diesmal ihre Selbstgefälligkeit in ein Lächeln über solche Menschlichkeiten auf.

Das Ende dieser Gesellschaften war eine allgemeine Abspannung. Die Esser, Trinker und unglücklichen Spieler waren gewöhnlich die ersten zum Aufbruche, die Tänzer, die zugleich verliebt waren, und die glücklichen Spieler, die letzten; arme diplomatische Unterkundschafter, die bezahlt waren, bloß zu sehen und zu hören, was vorginge, und für den folgenden Tag einen Gesandtschaftsbericht zu füllen, die allerletzten.

An Eß- und Trinkwaren blieb in Neigen gewöhnlich noch soviel übrig, daß sich die gesamte Dienerschaft zum Schlusse des Ganzen, die ungeheuersten Mägen vollends überladen und den Verstand, bis auf die entfernteste Spur, vollends hinwegtrinken konnte.

Vom Verwahren und Verschließen der Überbleibsel, die mit Gewalt nicht haben weggestopft und verschlungen werden können, ist in den großen polnischen Wirtschaften keine Rede; und rettet ja der Marschall etwas, so ist es nicht zum Besten der Herrschaft, sondern zu seinem eigenen Genuß und Vorteile.

Die großen maskierten Bälle, die man während des Karnevals zu geben pflegte, kamen den erwähnten Festen sehr nahe und waren oft, der Personenzahl nach, ungleich stärker. Gewöhnlich ging eine Abendtafel von neunzig bis hundert und zwanzig Gedecken voran, und nach derselben wurden die Masken eingelassen. Für solche Bälle, wie für jene Feste, wurden zwar Billets ausgeteilt, aber aus keiner andern Ursache, als weil doch der Raum nur eine gewisse Anzahl Gäste fassen konnte. An Knickerei oder Ausschließung mancher Stände oder Personen wurde nicht dabei gedacht. Die Kosten solcher Gesellschaften stiegen von fünfhundert bis auf zweitausend Dukaten. Daß diese Angabe nicht zu hoch sei, kann man nach dem einzigen Umstande berechnen, daß selbst in den einfachsten nichts als Champagner und Burgunder zum Getränk gegeben wird.

Außer diesen zufälligen, wurden in mehreren großen und mittleren Häusern, stehende Gesellschaften an bestimmten Tagen gegeben. Eine der zahlreichsten und glänzendsten dieser Art war sonntags bei der Schwester des Königs, Madame de Cracovie. An diesem Tage pflegt er schon seit Jahren des Mittags bei ihr zu speisen. Nach der Tafel, von vier Uhr an, füllten sich die Säle mit allem, was Warschau Großes, Reiches und Schönes an Einheimischen und Fremden in sich faßte, um dem König die Cour zu machen. Um sieben Uhr fuhr er gewöhnlich nach dem Schlosse zurück und die Gesellschaft zerstreute sich zu anderen Vergnügungen.

Der Reichstagsmarschall Małachowski[37] gab dienstags eine große Gesellschaft, die nicht minder zahlreich und prächtig war, als die bei der Schwester des Königs. Konzert, Spiel, Konversation, zuweilen Tanz, waren die Unterhaltung in derselben. Niemand wurde dazu eingeladen, sie stand jedermann, der nur anständig gekleidet war, ohne Ausnahme offen. Doch wurde es denen, die zum Abendessen bleiben sollten, angezeigt.

Bei dem Primas war freitags »Cosetta«, eine offene Gesellschaft, die nur im Namen von den gewöhnlichen verschieden war. Sie nahm um sieben Uhr ihren Anfang und dauerte bis um neun Uhr. Das große und feine Publikum von Warschau fand man hier immer sehr vollständig beisammen. Die Unterhaltung war die gewöhnliche. Zum Abendessen wurde niemand behalten.

Der Reichstagsmarschall Sapieha, der Kronmarschall Mniszech, der Feldherr Ogiński, die Fürstin Radziwiłł, der Fürst Czartoryski, der Marschall Raczyński und mehrere andre Häuser, sorgten, daß die übrigen Wochentage oft doppelt und dreifach besetzt waren; und so durchlief man den ganzen Zirkel von Zeitvertreib und Belustigungen, welche die große Welt für sich erfunden hat, und die, trotz ihrer Mannigfaltigkeit, einer öfteren Wiederholung und mithin dem Überdrusse sehr unterworfen sind.

Die kleineren Gesellschaften waren in Warschau, bei der dort üblichen Gastfreiheit, überaus zahlreich und angenehm. Man fand mehrere größere und mittlere Häuser, die teils offene Mittagstafel gaben, teils beständig für einige Personen mehr, als die Familie enthielt, anrichten ließen. Man brauchte nur zu wissen, ob dieser oder jener zu Hause äße, um zur gesetzten Zeit bei ihm vorzufahren und an seinem Tische Platz zu nehmen. Ausnahmen machte man, wenn man wußte, daß gerade eine gebetene Gesellschaft bei ihm war. Man mußte ihm übrigens bekannt sein, wenn auch keine genaue Freundschaft statt fand; oder man konnte ihm auch ganz unbekannt sein, wenn nur ein guter Freund von ihm das Geschäft des Einführers vertrat. Diese

Einrichtung war nicht nur in adligen Häusern, sondern auch in mehreren bürgerlichen. Die Wechsler, Tepper und Kabrit, hatten meist alle Wochentage offenen Tisch und man kam nie dahin, ohne sehr bedeutende Personen vom hohen Adel an demselben zu finden. Der König selbst speiste nicht selten bei ihnen, noch häufiger aber bei dem Wechsler Blank, mit dem er vorzüglich Geschäfte hatte. Einige Kaufmannshäuser unterhielten für ihre bürgerlichen Bekanntschaften, nach eben dem Fuße, einige Gedecke.
Musik, Tanz, Spiel und Galanterie waren die vorzüglichsten Belustigungen aller warschauischen Gesellschaften. Die höheren Klassen besonders liebten die Musik und sie gehörte bei ihnen zur Erziehung. Man fand manche angenehme Stimme unter den Weibern und Männern, und manche der letzteren spielten das eine oder andre Instrument gut. Aber etwas Außerordentliches erinnre ich mich nicht gehört zu haben, vielleicht bloß aus dem Grunde, daß der polnische Charakter zu unstet und die Lebensart zu stürmisch ist, als daß man Geduld und Zeit behalten sollte, irgend ein Talent bis zur Vollkommenheit auszubilden. Doch weiß man, was man an Anlagen besitzt, durch eine ganz eigentümliche Anmut und Leichtigkeit herauszuheben, die fast immer von einem vorteilhaften Körper, den Natur und Kunst zu gleichen Teilen ausgearbeitet haben, unterstützt werden. So gab es kein reizvolleres Gemälde, als die Fürstin Radziwiłł[38] mit ihren vier Kindern bei einer Musik. Sie selbst ist noch eine schöne Frau, über deren Züge Sanftmut und Zärtlichkeit verbreitet sind. Ihre beiden Söhne, wohlgebildete junge Männer; ihre Töchter, Prinzessin Christine von sechzehn, Prinzessin Angelia von vierzehn Jahren, beide in einer verschiedenen Gattung reizend, hatten die Musik zu ihrer Lieblingsbeschäftigung gemacht, und trieben sie unter dem Vorsitze und der Aufmunterung der Mutter. Es war ein höchst angenehmer Genuß, die Mutter bald ein Terzett mit ihren beiden Söhnen, bald ein

anderes mit ihren beiden Töchtern singen zu hören, um so angenehmer, da sich das Auge zugleich an dem Schauspiele der innigsten mütterlichen und kindlichen Liebe, das einem in Warschau nicht oft geboten wird, weiden konnte. In den Gesellschaften, worin sich diese seltene Mutter befand und hören ließ, fehlte es immer noch nicht an Männerherzen, auf die ihre Stimme und ihr Wesen bedeutender, als auf alle übrige Zuhörer, wirkte.

Der Tanz, die Seele der polnischen Gesellschaften, wurde mit einer Anmut und Leichtigkeit, aber auch mit einer Koketterie, und zum Teil, mit einer Wildheit behandelt, die man nirgends in einem gleichen Grade findet. Vorzüglich angenehm führte man die beiden Nationaltänze, die Polonaise und die Masurka, aus, beide ihrer Natur nach ganz entgegengesetzt, aber beide der höchsten Ausbildung durch Kunst und körperlichen Bau fähig. Die Polonaise ist der Triumph ›schön‹ gewachsener Personen, die Feinheit in ihre Bewegungen, Adel in ihren Anstand, Festigkeit und Geschmeidigkeit in ihren Gang zu legen, und ihre Züge mit Frohsinn und dem feinsten Ausdrucke geselliger Achtung zu beleben wissen. Diese Bedingungen sind nicht erdacht, sondern wirklich von dem Beispiele der besten Polonaisen-Tänzer, die ich gesehen habe, abgezogen. Noch eine möchte ich hinzufügen, die, daß dieser Tanz nie anders als in der langen, völligen Nationaltracht von den Männern, und in der leichten, schwebenden, von der Luft getragenen, Taratatka, von den Weibern getanzt würde. Das kurze französische Kleid paßt ebenso wenig zu dem langsamen, prächtigen Charakter des Tanzes, als das knappe, nach der Soubrette schmeckende Karako, oder jeder andre kurze korsettartige Anzug. Desto reizender steht letzterer zur Masurka bei den Weibern, und die Kurtka und Charivari bei den Männern. Der leichte, hüpfende Charakter dieses Tanzes, der den Körper in so mannigfachen, kurzen, schnellabwechselnden Bewegungen und Verschränkungen sich zu zeigen, und auch den Armen ein ungezwungenes Spiel erlaubt, der von dem Auge Feuer und Leben, Zärtlichkeit und Wollust fordert und dem Kopfe gebietet, der Leidenschaft gemäß, sich zu erheben, oder sanft auf die Schulter zu neigen, oder über die Brust herabzusenken: dieser Tanz bedarf der höchsten Einfalt, Leichtigkeit und Zartheit im Anzuge, damit das Spiel der Umrisse weder verhindert noch bedeckt werde. Auch diese Vorschriften sind von einem wirklichen Tänzerpaar abgenommen, das nicht leicht ein anderes in Vollkommenheit erreichen noch weniger übertreffen wird. Es war der Prinz Joseph Poniatowski[39] und Julie Potocka, die Gemahlin des oben erwähnten Johann Potocki.

Prinz Joseph ist eine der vollkommensten, männlichen Figuren, die man sehen kann. Sein Fuß, wie sein ganzes Bein, ist fein und voll, ganz ohne Tadel, und das lange Beinkleid schließt sich, ohne Grube und Fältchen in einem Guß, daran. Die Kurtka legt sich eng an einen feinen, geschweiften Wuchs, ruhet mit den Schößen auf zwei vollen Hüften, und ist über einer gewölbten Brust fest zugeknöpft. Seine Züge haben viel männlichen Ausdruck, und ein paar große schwarze Augen verbreiteten ein Feuer über sie, das, die letzte Zeit, mehr für den Krieg als für die Liebe zu brennen schien.

Julie Potocka war die Grazie selbst. Wenn ihr kleiner, netter Fuß den rundlichen, elastischen Körper, in der Masurka, schwebend umhertrug, und kaum die Erde zu berühren schien; wenn sie aus den Armen des einen Mannes in die Arme des andern hinüberflog, von diesem geführt, von jenem geschwenkt wurde; wenn sie endlich in die Arme ihres eigentlichen Tänzers zurückschwebte, der sie mit stürmischer Eile auffaßte und sich mit ihr herumwirbelte, während ihr Kopf sich lässig und wie in Erschöpfung nach der Schulter neigte, oder ihr anmutsvolles Gesicht sich mit wollüstiger Grazie, über die noch ein Flor von Sittsamkeit schwamm, auf den Busen senkte, oder ihr Auge sich plötzlich mit dem Ausdrucke der siegenden Leidenschaft in das Auge ihres Tänzers ergoß – so standen die Männer in Gruppen, kaum atmend; die ganze Lebenskraft im Auge, umher, sprachen bloß mit den Blicken, die sie von ihr abmüßigen konnten, über so viel Reize zueinander, und hier und da preßte sich aus einer übervollen Brust ein: »grand Dieu! que Julie est belle!« laut oder leise hervor.

An dem masurischen Tanze, wie er in Warschau gegeben wird, habe ich übrigens nur dies auszusetzen, daß man ihn mit Figuren überladet, und daß er mithin zu lange dauert, als daß Tänzer und Tänzerinnen die dazu nötige Frischigkeit bis ans Ende unterhalten könnten.

Im Menuett und im Englischen Tanze zeichnen sich die Warschauer Tänzer nicht aus, weil sie beide nicht lieben; aber die wunderlichen Karikaturen des Kosakischen geben sie mit großer Leichtigkeit und Verwegenheit an. Am liebsten habe ich ihn von Kindern tanzen sehen. Diese werden überhaupt sehr früh im Tanze unterrichtet.

Die kleinen freundschaftlichen Gesellschaften, die sich des Abends ohne Zwang und Putz häufig zusammen zu finden pflegten, waren unstreitig die reizendsten unter allen in Warschau. Anhänglichkeit, Freundschaft und Liebe ordneten sie gewöhnlich an und beseelten sie. Es waren mäßige Zirkel, deren Mitglieder wechselseitig einander, ihren Herzensbedürfnissen nach, kannten, einander hierin nichts verhehlten, einander trugen, einander Einseitigkeit und Auszeichnung verziehen, sich bald in Paare zerstückelten, bald zu kleinen Spielen, bald am Flügel, wieder sammelten. Frohsinn und Ungezwungenheit waren ihr Band, sanftere Gefühle ihre Nahrung, witzige Unterhaltung die Lückenbüßerin. In diesen ergoß sich die ganze Liebenswürdigkeit der Nation, und Ehrsucht, Eitelkeit, lärmender, unmäßiger Genuß und Unterhandlungssucht verhüllten hier nicht länger ihr glückliches Naturell.

Die Leerheit und lange Weile, die anderwärts die große Welt für ihre Unmäßigkeit in Vergnügungen bestraft, bemerkt man in Warschau weniger. Die natürliche, höchst ungezwungene Art, wie man hier in der Gesellschaft kommt und geht, einander anredet, unterhält und verläßt, seine Meinung sagt, seine Talente zur Unterhaltung geltend macht, hat ungemeinen Reiz. Man spricht in jeder Sprache, die man versteht; man spricht (und es ist nicht zu verkennen, daß Eitelkeit dabei zum Grunde liegt) alle Sprachen, die man versteht, in einer einzigen Unterhaltung, besonders polnisch, französisch, italienisch, deutsch. Bis auf den Spanier und Türken, finden Fremde hier Personen, die ihre Sprache reden; und wenn sich jene hierin über etwas zu beklagen haben, so ist es über den Umstand, daß die Polen, mit denen sie in Konversation begriffen sind, untereinander polnisch das Gespräch weiter führen, wenn sie auch die Sprache des Fremden wissen; und daß sie ebenso oft, wenn z. B. der ganze Zirkel französisch versteht, den Italiener, den Deutschen, den Spanier, in seiner Muttersprache anreden, ihn durch diesen ihm lieben Ton verleiten, ebenso zu antworten und dadurch das Gespräch wie zerhacken und für andre unverständlich machen, die nicht alle diese Sprachen verstehen.

Man ist, im Ganzen genommen, hier sehr höflich gegeneinander, aber nicht auf eine gezierte und pedantische Art, und meist nur immer in den ersten Augenblicken der Anrede und den letzten des Abschiedes, besonders aber gegen Leute, die man braucht, oder einmal zu brauchen denkt. Andre, die man nicht braucht, behandelt man mit der Achtung, die man selbst fordert, das heißt, ganz auf gleich und gleich. Die kleinstädtischen Rücksichten auf den oberen und unteren Platz, die Schüchternheit im Widerspruche, das furchtsame Erwarten, ob ein Größerer einen anreden werde, das Zurückdrücken von Gruppen, die einem nicht bekannt sind, das erbärmliche Warten auf einen Gruß,

das ängstliche Studium, einem jeden seinen Titel zu geben, das kindische Mildern des natürlichen Lautes der Stimme, das Zurückhalten eines witzigen Einfalles, aus Furcht irgend jemand damit anzustechen, das matte, unterwürfige, überfeine Benehmen gegen die Weiber, und tausend andre Dinge, welche manche kleine große Welt in Deutschland quälen; von allen diesen findet man in den warschauischen Gesellschaften keine Spur, sondern man spricht und lacht, wie man sich gewöhnt hat, man behauptet, wovon man überzeugt ist, man widerspricht, wenn man anders denkt, man freut sich laut über frohe Dinge, man macht Witz so viel man kann, man schämt sich nicht, der Erste bei Tische, der Durstige beim Glase, der Verliebte beim schönen, der Eifersüchtige beim treulosen Weibe zu sein; mit einem Worte: man gibt sich, wie man ist, und versperrt dadurch jedem Zwange die Türe.
Daß diese Natürlichkeit zuweilen in ein Benehmen ausarte, welches mit den Begriffen, die man anderwärts von Wohlstand hat, sehr zusammenläuft, ist zu erwarten. Wenn man den unglücklichen Spieler zuweilen derb auf den Tisch schlagen und kräftig fluchen hört; wenn man einen stattlichen Mann, trotz Stern und Orden mit einer etwas zu starken Ladung von Wein, auf schlotternden Füßen herumschwanken sieht; wenn ein etwas zu starker Esser, mit der Serviette vor dem Munde, übereilt vom Tisch aufspringt und zur nächsten Tür hinausfährt; wenn eine Tänzerin ihrem Tänzer ein wenig zu lebhaft in den Arm fliegt, und sein Auge ein wenig zu ausdrucksvoll auf Schönheiten verweilt, oder sein Arm oder Kopf sich zu innig an andre lehnt; wenn ein paar erhitzte Staatskenner oder Vaterlandsfreunde, unter einem starken Wortwechsel, auf ihre Säbel schlagen: so sind dies freilich Dinge, die anderwärts feine Gesellschaften empören, sogar zerreißen könnten, und nicht ganz ohne Unrecht; aber hier bemerkt man es kaum, oder beurteilt es mit großer Gelindigkeit und mit der Bil-

ligkeit, die das Gefühl erweckt, daß man, bei seinem eigenen lebhaften Charakter, vielleicht heute noch, oder wohl morgen, einer ähnlichen Nachsicht bedürfen werde.

FÜNFTER ABSCHNITT

VERGNÜGUNGEN

Schauspiel. Spielsucht. Spazierfahrten.
Redouten. Pickenicke. Prostitution. Gärten.
Lustschlösser

Ich hole noch einige Unterhaltungen nach, welche der großen Welt in Warschau mehr oder weniger notwendig geworden sind.

Das Schauspiel füllt bei ihr wöchentlich einige Stunden aus. Ich sage: wöchentlich, weil es, wegen des Gedränges anderer Vergnügungen, nicht täglich von ihr besucht werden kann. Als Sammelplatz der Sozietät wird es benutzt, wie anderwärts: zum Sehen, zum Gesehenwerden und zu Bestellungen von der jungen und mitteljährigen Welt, zum wirklichen Zeitvertreib und Genuß, und nebenher zum Beobachten und Beurteilen, von der alten. Jene sehen es fast nur als die Gelegenheit an, ihre und ihrer Modenhändlerinnen Kunst in Erhöhung und Verbesserung der Natur, zu zeigen, und als einen Standpunkt, der durch Nähe oder Entfernung, durch Höhe oder Tiefe, durch Licht oder Dunkel, sehr geschickt wird, zu blenden oder zu rühren, Sehnsucht oder Neugier zu erwecken, und dem Auge zu versprechen oder wirklich zu gewähren.

In der Tat, man konnte, wenn in dem schon oben bestimmten Zeitraume, bei feierlichen Gelegenheiten, politisch bedeutende Schauspiele gegeben wurden, nichts Reizvolleres sehen, als die erste und zweite Reihe der Logen im Theater. Es geschah, dem Könige und seinen Freunden zu gefallen, wenn man recht zahlreich erschien; dem Tage zu gefallen, wenn man recht prächtig, und seinen Reizen und seinen Liebhabern zu gefallen, wenn man recht geschmackvoll und verführerisch erschien. Ich spreche, wie man sieht, von den Weibern; von Weibern, die an sich zu den schönsten, üppigsten und geschmackvollsten in der Welt gehören, und die, an solchen Abenden, von tausend Wachskerzen angeflammt, dreifach blendeten und bezauberten. Die Geschäftigkeit der Männer, die in ihrem glänzendsten Anzuge, in

silberstarrenden Kurtken, oder mit goldschweren Pässen, oder mit brillantenen Degengefäßen und Schnallen, mehr wie betäubt und trunken, als frei und heiter, von Loge zu Loge trippelten und sich tiefer bückten und noch lauter und wortreicher waren als sonst: diese Erscheinung zeigte, daß die Feen in den Logen mit ihrem Einfluß auf das Parterre zufrieden sein konnten und daß ihr Zweck erreicht war, wenn sie sich, und nicht das Schauspiel und die Schauspieler, zur Hauptsache in dem von Menschen starrenden Hause machen wollten. Kam dann eine politisch anwendbare Stelle im Stücke vor, und eine dieser Zauberinnen streckte ein paar runde Hände über den Rand der Loge heraus und schlug sie sanft-patschend zusammen: so war die patriotische Trunkenheit, die durch jene – Stelle erweckt wurde, vollends allgemein und stürmend, und tausend Hände fuhren wild und hohl zusammen, während eben soviele Stimmen »bravo« und »fora« mehr brüllten als riefen. Es gab ein Geräusch, das sich nur derjenige denken kann, der die älteren Franzosen eine schmeichelhafte Stelle für ihren König und die neueren die erste republikanische Tirade hat berasen hören.
Die vornehmen Polen und Polinnen haben selbst eine treffliche Anlage zur Schauspielkunst, die sie von jeher auf gesellschaftlichen Bühnen mit Glück zeigten und ausbildeten. Doch waren letztere ehedem mehr Mode als jetzt, und man fand in vielen Palästen in Warschau kleine, gut eingerichtete Theater, auf welchen teils freundschaftliche Zirkel, teils Familien untereinander, Schauspiele und Operetten, meist französische, gaben. [. . .]
Das Spiel ist der hiesigen feinen Welt so sehr Bedürfnis, als irgend einer andern, und vielleicht hängt man nirgendwo demselben mit soviel Begierde, Leichtsinn und Verschwendung nach; und es ist eine Ursache mehr von den zerrütteten Vermögensumständen vieler großer Häuser. Außer den überall gewöhnlichen Gesellschaftsspielen, sind alle nur be-

kannten Zufallsspiele hier gang und gebe. Jene werden mit ungewöhnlichen Einsätzen getrieben, und diese, besonders wenn der Wein dazu kommt, mit wahrer Wildheit. In gemischten Gesellschaften bilden sich oft kleinere Zirkel von Frauenzimmern und Kindern, die ein Pharo zur Seele ihrer Unterhaltung machen; und es ist nichts Ungewöhnliches, daß selbst unter diesen, Dutzende von Dukaten verloren werden. Oft macht die Frau vom Hause Bank für ihre Gesellschaft, oft einer von den Gästen, oft mehrere, und es fällt hier nicht als unanständig auf. Daß solche Banken ganz eigentlich dazu bestimmt wären, die Gäste, und besonders die Unerfahrenen oder Fremden unter ihnen, zu plündern, was ehedem oft in manchem stattlichen Hause zu Paris geschah, dies habe ich nie bemerkt, auch nie etwas davon gehört; daß aber, wenn auch alles richtig zugeht, Alt und Jung sich dadurch zu Grunde richten kann, versteht sich von selbst. [. . .]

Die Spielsucht ist in Warschau unter allen Ständen unglaublich tief eingerissen. Man sieht die Türsteher unter den Toren der Paläste, die wartenden Kutscher auf ihren Böcken, die Bedienten in den Vorzimmern spielen, ja, ich habe drei Bettler auf den Stufen der Kreuzkirche sitzen und spielen und zwischenher die Kirchgänger anbetteln sehen. Daher kann man sich erklären, wie, laut den Verzeichnissen der Stempelkammer, im Jahre 1781 die Zahl von 22 697 Spielen französischer Karten, bloß für den Verbrauch von Warschau, sind gestempelt worden.

Spazierfahrten an schönen Sommer- und Winter-Tagen gehören auch zu den Erholungen der großen Welt in Warschau. Wer an andern Orten Wagen und Pferde für seine Bequemlichkeit hält, fährt auch mit denselben spazieren; aber hier bedarf es zu diesem Behufe noch eines eigenen Fuhrwerks und eigener Pferde. Der Prinz Joseph Poniatowski, den man als vortrefflichen Tänzer kennt, ist ein ebenso vortrefflicher Reiter und Fuhrmann. Er war einer der ersten, der die leichten, offenen, hochhängenden Wagen (in Deutschland Whisky, hier Kabriolets genannt) in Warschau zur Mode machte. Anfangs legte er vier Pferde davor, nach der Zeit acht, wovon er jedesmal vier nebeneinander spannte, die er sämtlich vom Wagen herab und stehend regierte, was einen überaus malerischen Anblick gab, und den Zuschauer in die Zeiten der alten Wagenrenner zurückversetzte. Seine Pferde waren immer die ausgesuchtesten, voll Feuer, groß und stark; aber er wußte sie meisterhaft zu behandeln, und diese stolzen Tiere standen und gingen, sprangen und sprengten, wie seine Hand und seine Zunge es wollte. Man verlor Hören und Sehen, wenn er eine der langen und breiten Straßen heraufflog und sich im Sprunge durch die übrigen Wagen, die ihm begegneten, durchwand. Gewöhnlich hatte er zwei seiner Freunde neben sich, und er stand in ihrer Mitte. Wielhorski[40], sein Waffenbruder, mit dem er gegen die Türken gefochten hatte, war sein beständiger Begleiter, und nach ihm sah man ihn am häufigsten mit Kościuszko[41] fahren. Diese für die Polen so höchst anziehende Gruppe konnte, ihre Umgebungen dazugerechnet, nicht anders, als alle Augen auf sich ziehen. Aus Bewunderung und Wohlgefallen ward Trieb, ihnen nachzuahmen, und es dauerte nicht vier Wochen, so war Warschau mit Kabriolets zu drei Personen überschwemmt. Wer nicht reich oder nicht stark genug war, acht Pferde zu halten und zu lenken, begnügte sich mit vieren oder zwei; wem die großen fürchterlich waren, der hielt sich kleine; genug, man mußte ein Kabriolet haben und es selbst fahren, wenn man auch übrigens dem ersten Muster nicht gleichkommen konnte.

Die Wagengesellschaft der drei berühmten Männer kam besonders den Weibern so schön vor, daß sie nicht versäumen konnten, ähnliche zu bilden. Sechs der reizendsten Eleganten von Warschau hatten in kurzer Zeit zwei Whiskys für sich fertig, und glänzten damit auf allen Straßen. Sie

Natur

traten sehr bald in Unterhandlung mit den drei Männern, die ihnen die Aufmerksamkeit des Publikums immer noch viel zu sehr an sich zogen; und, ehe man es sich versah, standen diese drei Kabriolets in Bündnis, und das eine ließ sich ohne die beiden anderen nicht mehr sehen. Die Weiber überlisteten dabei den Führer des männlichen Kabriolets so sehr, daß er sich gefallen ließ, jedesmal hinter den beiden weiblichen zu fahren. So nahmen diese, auf eine recht gottlose Weise, die Blüte der Neugier und Aufmerksamkeit jedesmal vorweg. Indessen ist gewiß, daß diese schönen Weiber, mit ihren kleinen tatarischen Pferden, die sie ebenfalls, doch nur zu vieren, selbst lenkten, an Schnelligkeit und Verwegenheit dem Prinzen und seinen Freunden nichts nachgaben.
Zwar dauerte diese Verbindung nur wenige Tage, und sie scheint durch den Umstand, daß sechs Weiber, aber nur drei Männer, daran Teil nahmen, ebenso kräftig untergraben worden zu sein, als durch die natürliche Unbeständigkeit und Wechselsucht der Weiber; indessen wirkte das Beispiel derselben fort, und man sah noch lange drei, vier, sechs Kabriolets hintereinander, die teils in der Stadt spazieren fuhren, teils Ausflüchte nach den Luftorten um Warschau machten. Um das Mißverhältnis zwischen der Zahl der Männer und Weiber nicht wieder so merklich zu machen, ward es Mode, daß jedesmal ein Mann zwischen zwei Weibern saß und sie fuhr. So war alles mehr in Ordnung und man blieb mehr der Gewohnheit treu, nach welcher hier, auch außerhalb dem Kabriolet, oft zwei Weiber mit einem Manne zufrieden scheinen, und ein Mann mit zwei Weibern zufrieden ist.
In kurzem war auch das Publikum der Wechsler und Kaufleute mit diesen Kabriolets versehen; aber ihre Weiber verrieten nie stärker ihren bürgerlichen Ursprung und ihren Mangel an adligen Talenten. Sie ließen sich entweder von ihren Freunden, oder Brüdern und Verwandten, oder

gar, gegen alle Sitte, von ihren Kutschern, die auf dem Sattelpferde saßen, herumfahren, und keine wagte, die Zügel selbst in die Hand zu nehmen, wofür sie auch von Kennern und Kennerinnen argen Spott zu erdulden hatten. Gleich nach dieser Klasse erschienen auch die Mädchen, die zu keiner Klasse gehören, weil sie für alle passen, zu dreien in den Whiskys, welche die große Welt abgelegt und die Lohnkutscher zum Vermieten angekauft hatten. Nun waren sie nichts Außerordentliches mehr, aber sie blieben zu Spazierfahrten, wie die gewöhnlichen Wagen zu Besuchen und Geschäften, in der Mode.

Im Winter machen die Schlittenfahrten einen andern Zweig des gesellschaftlichen Verkehrs aus. So wie hier alles auf einen hohen Grad von Pracht getrieben wird, so auch diese. Die Schlitten sind nach sehr mannigfachen, gefälligen oder abenteuerlichen Formen gebaut, zu einem, zwei und vier Sitzen, meist mit reichem Lack überzogen, und mit Zierraten von Bronze, von Silber, ja von Gold versehen. Das Geschmeide, der Putz und die Decken der Pferde, sind jenen angemessen, und sie selbst sind gewöhnlich die flüchtigsten aus dem Stalle. Eine Verzierung, die ich hier zum erstenmal gesehen habe, ist, daß man an den beiden hinteren Pferden zwei längliche Stücke von sehr lebhaft gefärbtem seidnem Zeuge, glatt oder gestreift, befestigt und sie, zwischen ihnen und dem Schlitten, locker ausspannt. Sie schützen die Schlittenfahrer vor dem Unrat, den die Pferde mit den Hufen zurückzuwerfen pflegen, und geben zugleich den Anblick von Segeln, die durch die Schnelligkeit, womit man die Luft durchschneidet, angeschwellt werden. Da das Ganze des Schlittenfahrens ein wenig auf Tand und Abenteuerlichkeit berechnet ist, so macht dieser Zusatz, in diesem Geiste genommen, eine sehr vorteilhafte Wirkung. Ein andres winterliches Vergnügen ist die Redoute. Sie fängt hier zu Anfange des Dezembers an, dauert bis Fastnacht, macht sodann die Fasten hindurch Stillstand, wird nach Ostern fortgesetzt, und währt bis Pfingsten. Sie wird an zwei Orten wöchentlich gegeben. Das eine Lokale begreift die Säle hinter dem Schauspielhause, deren zwei große und zwei kleinere sind; das andre ist der Palast Radziwiłł auf der Krakauer Vorstadt, und namentlich dessen erster Stock, der einen sehr großen Saal, drei kleinere, und einige Zimmer enthält. Dies letztere Lokale ist bei weitem nicht so neu, so gut verziert und so anständig als das erstere; aber es wird mehr besucht, weil der Eintritt um einen oder zwei Gulden wohlfeiler und die Maskenfreiheit ausgedehnter ist.

Man kommt in die Radziwiłłsche Redoute, wie man geht und steht, in Stiefeln und Sporn, in Rock und Jacke, mit oder ohne Larve. Die einzige Spur von Redoutenpolizei ist, daß man den Säbel abgeben muß, wenn man eintritt. Hunde gehen unangetastet mit ihren Herren herein.

Einen Domino oder Tabaro sieht man hier äußerst selten und nur immer bei Fremden, die noch keine polnische Redoute besucht haben, mithin sich so einrichten, wie es an andern Orten erforderlich ist. Jeder kommt, wenn nicht etwa Bestellungen, oder eifersüchtige Beschleichungen das Gegenteil erfordern, in seinen gewöhnlichen Kleidern, mit offenem Gesicht. Nur Weiber aus der großen Welt, wenn sie allein, oder wenn ihrer nur zwei oder drei beisammen sind, vermummen sich vom Kopfe bis zu den Füßen, weil sich doch der Wohlstand mit dem Gegenteile nicht vertragen würde, da eine große Menge liederlicher Mädchen hier gleichen Weg gehen. Diese Bedenklichkeit hört aber auf, wenn sich ganze Gesellschaften zusammentun und in den Sälen herumziehen, oder sich auf den Kanapees und Stühlen lagern; nach dem Grundsatze, daß eine große und feine Gesellschaft überall ihre Würde mitbringt, und sich dieselbe unter den zweideutigsten erhält. Diese Gattung tanzt auch nicht auf den Redouten, so wenig als ähnliche in Berlin und Wien. Überhaupt tanzen in Warschau nur die

Empfindungen

vorletzten Klassen und unter diesen die Handwerksburschen, die zu den feineren gehören, mit ihren Meisterstöchtern oder mit öffentlichen Mädchen.
Was in sogenannten Charaktermasken erscheint, ist gewöhnlich auch nicht von feiner Abkunft, den Fall ausgenommen, daß man sich dareinsteckte, um einen gesellschaftlichen Scherz auszuführen, oder um für irgend eine verliebte Absicht zu kundschaften. Man nimmt die allergewöhnlichsten dazu, als Mönche, Stróże, Kutscher, Kosaken, Teufel, Juden, Fledermäuse usw. Nur ein einziges Mal ist mir eine satyrische Maske vorgekommen. Es war ein ungeheurer Stiefel mit Stulpen, sorgfältig gewichst und mit Sporen nach Verhältnis versehen. Dieser wandelte in den Sälen des Radziwiłłschen Palastes umher, war aber, seiner Dicke wegen, oft gezwungen, still zu stehn, und auszuruhen. Auf der Stulpe stand ein wunderlicher Name, der den Verfertiger solcher Stiefel bezeichnete. Kurz vorher waren nämlich die steifen Stiefel mehr als vorher Mode geworden, und eine Menge Leute, die nicht gerade Bereiter oder Stallmeister waren, fingen an, sie zu tragen. Darauf bezog sich dieser Scherz, dessen Ausführung dem Erfinder sehr schwer werden mußte, weil sich der Stiefel nach einer Weile in eine Ecke stellte, und seine Seele, die von Schweiß triefte, heraus ließ.
Wenn sich die Weiber maskieren, so sieht man am häufigsten Jüdinnen, Russinnen, Türkinnen, Bäuerinnen usw., die bald mit mehr, bald mit weniger Geschmack und Reichtum angezogen sind. Das Heer der öffentlichen Mädchen, das besonders auf der Radziwiłłschen Redoute zahlreich ist, kleidet sich nach eigener Phantasie, oft sehr gut, oft höchst geschmacklos, und man kann darnach die Klassen bestimmen, in welche sie einzeln gehören. Übrigens steigt die Zahl der Menschen, die anwesend sind, gewöhnlich auf zwei- und dreitausend. Man kann alle möglichen Lebensmittel zum Essen, zum Trinken und zum Naschen haben. Eine Pharobank darf nicht fehlen.

Die Redoute in den Sälen des Schauspielhauses ist anständiger als die Radziwiłłsche, aber weniger besucht. Schmutzige Masken, wie man sie dort häufig findet, werden hier gar nicht eingelassen. Diese Redoute behauptet sich so gut in diesem Tone, daß sich jeder, der sie besuchen will, schon von selbst bescheidet, in einem besseren Anzuge erscheinen zu müssen. Auch hier besteht das einzige Vergnügen darin, unter dem mannigfaltigsten Gewimmel auf- und abzugehen und sich weiter zu belustigen, wie es die Gelegenheit gibt. Getanzt wird hier sehr selten. Gewöhnlich besucht man beide Redouten in einer Nacht.

So groß die Reihe von Vergnügungen ist, die ich bisher aufgezählt habe, so genügt sie den Genußjägern in Warschau doch noch nicht: die ordentlichen werden noch mit außerordentlichen vermehrt. Hierher rechne ich die Pickenicke, die, außerhalb Berlin, wohl nirgend so häufig sind, und von so mancherlei Ständen unternommen werden, als in Warschau, nur, wie es sich von selbst versteht, mit ungleich mehr Aufwand und Kosten.

Die Pickenicke für die große Welt richtet irgend ein Großer ein, der das Ganze übernimmt. Er bestimmt den Preis zu zehn, acht, sechs und vier Dukaten auf die Person, und macht demgemäß seine Anstalten. Er besorgt dafür die Säle, die Musik, die Tafel, den Wein und andre Getränke. Im Frühling und Herbst gibt man diese Pickenicke gern außerhalb der Stadt, in Marymont, Wilanów, Wola u. a. a. Orten; im Winter in den Sälen hinter dem Schauspielhause, im Radziwiłłschen Palast und anderwärts. Jeder, der ein Billet bezahlen kann, nimmt Teil daran, von welcher Abkunft, von welchem Stande er auch sei. Niemand bekümmert sich um solche Dinge, die man hier bei Vergnügungen für Nebensachen hält. Dies ist ein Grund mit, warum diese Gesellschaften, wie alle übrigen in Warschau, beständig sehr zahlreich und heiter und zugleich überaus glänzend sind. Der Tanz ist dabei die Hauptsache für die junge und schöne Welt, die Karte für die ältere und häßliche. Letztere bleibt hier um so gewisser unaufgefordert, da die Mitglieder der Gesellschaft einander selten so genau kennen, daß sie aus Höflichkeit oder Politik etwas für einander tun sollten. Bloß Reiz und Geschicklichkeit im Tanze werden hervorgezogen, und man ist versucht, die Warschauer schöne Welt für die schönste zu halten, wenn man auf diesen Pickenicken keine andre, als reizende, trefflich gebildete und gewachsene Personen erblickt. Man gehe indessen nur in die Nebenzimmer, so wird man die Schlacken von diesem Silber finden.

Warschau hat mit Wien eine Anstalt gemein, die eigentlich nur für das rohe Volk bestimmt ist, und für dieses bestimmt bleiben sollte, die aber doch auch hier, wie in Wien, von den höheren Klassen besucht wird – ich meine die Hetze. Man gibt sie hier ebenfalls an Sonn- und Feiertagen, wo dasjenige Publikum, auf das sie berechnet ist, die meiste Zeit und das meiste Geld zu verlieren hat.

Das Hetzamphitheater hat weder den Umfang noch die Höhe des wienerischen, ist aber in derselben Form gebaut. Es hat eine Galerie weniger und ist nicht so gut unterhalten als jenes. Die Anzahl der wilden Tiere ist weder so stark, noch sind ihrer so viele Arten vorhanden. Der Hetzmeister und die Hetzknechte haben weder so viel Heldenmut noch so viel Geschicklichkeit, ihr Publikum zu belustigen, als die Wiener, die übrigens ihre Muster sind. Das Erhabene, das in ihrer Kunst und Bestimmung liegt, wissen sie nicht gehörig geltend zu machen. Einem wilden Stier entgegen zu gehen, ihn bei den Hörnern zu fassen, mit ihm zu ringen und ihn endlich zu ermüden; einen bissigen Wolf aus den Zähnen der Hunde loszumachen und ihn, an die Brust gedrückt, nach seiner Falle zu tragen; mit dem Raubbären solch eine zärtliche Verbindung zu unterhalten, daß er Nase und Hände leckt, die er ebenso gut wegreißen könnte: diese und ähnliche Heldentaten, die dem Wiener Hetzmeister zum

Kinderspiel geworden sind, bleiben für den Warschauer noch unerreichbar, und man sieht daraus, daß er sich nicht einbilden darf, die Liebhaber zu befriedigen. Das größte Kunst- und Wagstück, welches ich in Gesellschaft einiger Bekannten von ihm gesehen habe, war, daß er, auf einem ziemlich matten Stiere reitend, in das Amphitheater sprengte und den Stier und sich zugleich von sechs oder acht Hunden fangen ließ. Der Pöbel beklatschte dies freilich, aber bei uns feineren Kennern konnte er es nicht höher als zu einem mitleidigen Achselzucken bringen. Seine Wolfs- und Bärenhetzen raubten uns vollends alle Geduld; und ein junger Offizier aus Wien konnte seinen edlen Unwillen so wenig bergen, daß er ihn förmlich auspfiff und auspochte. Es war gerade am Namenstage des Königs, und am Jahrestage der neuen Konstitution, den 3. Mai 1792, an welchem man diese, für beide sehr beleidigende, gemeine Hetze gab, auf welcher nicht einmal ein elender dürrer Wolf zerrissen wurde. In Wien feiert man solche Tage ganz anders, erzählte der junge Mann mit Feuer: dort hatte er an einem Annentage gesehen, daß zehn Hunde einen elften zerrissen; daß die Löwin einem, rund herum mit Katzen behängten, Esel auf einen Schlag mit der Tatze das Kreuz zerbrochen, so daß Hinter- und Vorderteil, nur noch mittels der Haut zusammenhängend, einander entgegengefallen wären; daß der Raubbär ein Böckchen aus heiler Haut, trotz Schwärmern und Granaten, weggegessen; und daß wenigstens ein paar Dutzend Stier- und Bären-Ohren im Amphitheater, wie gesät, herumgelegen hätten. – Wir hörten seiner Erzählung mit möglichster Teilnehmung zu, und unsre Bewunderung der Wiener Hetze fiel als tiefe Verachtung auf die Warschauer zurück.

Übrigens hat der König in diesem Hetzamphitheater eine Loge, wie in der Wiener der Kaiser auch. Er besucht es aber selten oder nie. Auf beiden Seiten neben der seinigen, sind andre Logen, die zuweilen aus den höheren Ständen besetzt werden. Diese kommen in die Hetze, wie sie überall hinkommen, um ein paar Stunden zu töten, nicht, weil sie Geschmack daran fänden. Die große Welt weiß an Sonn- und Feiertagen am wenigsten, was sie mit ihrer Zeit anfangen soll, da es einmal üblich ist, daß an solchen Tagen seltener Feste und Gesellschaften gegeben werden; die Stunden von vier bis sechs des Nachmittags, in welche die Hetze fällt, sind an sich schon zu unbequem, um mit einer Lustbarkeit ausgefüllt zu werden; überdies ist es Sitte, dahin zu fahren, wo man Gesellschaft findet, und man kommt bloß, dieser zu gefallen, und nutzt das übrige nur als die Gelegenheit dazu. Diese Umstände muß man erwägen, um sich zu erklären, wie in Warschau und wie in Wien feinere und gebildetere Leute die Hetze besuchen und sich bei diesem rohen, und, trotz aller Grausamkeit, erbärmlichen Schauspiele zu Stunden verweilen können. Es ist in der Tat ungerecht, daraus zu folgern, es fehle diesen Klassen in beiden Städten so sehr an Geschmack und Gefühl, daß sie wirklich Gefallen an diesen blutigen Raufereien fänden, und mir deucht, die wohlwollenden Männer, die sich besonders über die Wiener Hetze so nachdrücklich erklärt haben, sind bei ihren Schlüssen zu übereilt gewesen. Es scheint freilich in dem menschlichen Herzen an sich schon ein Hang zu liegen, Kämpfe auf Tod und Leben, so wie Hinrichtungen und Bestrafungen, gern anzusehen; aber bei einer genaueren Untersuchung würde man, meine ich, finden, daß Neugier, Nachahmungssucht, Hang sich zu zeigen, oder Leute zu sehen, und hundert andre gesellschaftliche Antriebe wenigstens zur Hälfte dazu beitragen, daß bei solchen Gelegenheiten die Fenster und Gerüste von Personen jedes Standes und Geschlechts so dicht besetzt erscheinen. Als vor einigen Jahren ein Mordbrenner in Berlin verbrannt, und in Wien der Dieb und Mörder Zahlheim mit glühenden Zangen gezwickt wurde, war an beiden Orten die Zuschauerschaft sehr zahlreich, sehr glänzend; aber wer hätte darum die Berliner und Wiener eines Wohlgefallens an grausamen Hinrichtungen bezichtigen wollen?

Übrigens wird die Warschauer Hetze bei weitem nicht so häufig besucht als die Wiener. Zwar ist die Volksmenge von Warschau um mehr als zwei Drittel geringer, wie die Wiener, aber das Amphitheater faßt auch kaum halb so viel Zuschauer, als das wienerische und ist, nach Verhältnis, gewöhnlich nicht halb so stark besetzt als dieses. Der Stamm der Zuschauer ist hier übrigens derselbe wie dort. Die rauheren Handwerker, als Fleischer, Schmiede u. dergl., vermengt mit Soldaten, Mönchen, Stallmeistern, Jägern, jungen, wilden Leuten besseren Standes und Dirnen, sind eigentlich diejenigen, die am meisten Geschmack an der Hetze finden, und Hunde, Wölfe, Bären, Stiere, Hetzmeister und Hetzknechte durcheinander am herzlichsten beklatschen.

Warschau hat auch öffentliche Badehäuser, an welchen es mancher großen Hauptstadt in Deutschland noch mangelt. Das eine ist nahe an der Weichsel befindlich und fällt gut in die Augen. Es besteht aus einem hohen Erdgeschoß, das in einzelne Kabinette abgeteilt ist, worin sich eine Badewanne, oder auch ihrer zwei befinden. Durch alle laufen Röhren, eine mit kaltem, die andre mit warmem Wasser. Die Wannen sind zwar nur von Holz, werden aber sauber gehalten. Das Bad kostet vier polnische Gulden, wofür man auch das nötige Badelinnen erhält. Ein Kanapee, auf welchem man sich nach dem Bade erholen kann, steht in jedem Zimmer. Beide Geschlechter baden häufig hier, und man ist (was ich wohl kaum zu bemerken brauche) so gewissenhaft nicht, Aufhebens zu machen, wenn Personen zweierlei Geschlechts in ein Kabinett gehen. Wirklich sind diese Bäder oft genug die Zufluchtsorte bedrängter Liebe und wegen ihrer Abgelegenheit sehr bequem dazu. Es ist auch ein Kaffee- und Weinschank damit verbunden, und man kann beides auf einer Galerie, die über die Straße läuft und die Weichsel beherrscht, auf eine angenehme Weise genießen. Wenn mich einige Merkzeichen nicht trügen, so sorgt auch der Unternehmer dieses Kaffeehauses, daß zu gewissen Stunden, die der Badegast bestimmen mag, sich Gesellschafterinnen dort treffen lassen, die den Aufenthalt in der Wanne und auf der Galerie verschönern!

Bei Łazienki ist ein anderes Badeinstitut, das ungefähr auf gleichem Fuß eingerichtet ist. Man findet hier, wie dort, oft genug auch Badende aus den höheren Klassen.

Am Eingange der großen Allee, die nach Ujazdów führt, wohnt eine wunderliche Art von Speisewirt, der viel Zuspruch hat. Es ist ein Krebsmäster. Er hat in mehreren Behältern seine Tiere in der Mast, verbirgt aber die Mastungsart selbst als ein Geheimnis, vermutlich aus dem doppelten Grunde, daß er Nebenbuhler vermeiden und daß er seinen Gästen mit dem Anblicke der Ätzung die Eßlust nicht verderben will.

Es ist wahr, er bringt die Krebse zu einer ungewöhnlichen Größe und Fülle. Die berühmten Oderkrebse kommen ihnen in beiden nicht gleich, noch weniger im Geschmacke. Die Art, sie zuzubereiten, hat auch etwas Besonderes, und ist mithin auch ein Geheimnis. Man würde vielleicht nicht glauben, daß man bei diesem Mann Dukaten verzehren könne, wenn man nicht schon durch mehrere Winke benachrichtigt worden wäre, daß in Warschau alles vornehm und teuer ist. Zudem sind Burgunder, Champagner und alter Unger die einzigen Weine, die man mit Anstand dazu trinken kann, da das Gericht Krebse selbst nur drei oder vier polnische Gulden kostet! Man geht einzeln oder in kleinen, feinen Gesellschaften hierher; und schon der Preis zeigt, was für Klassen besonders einzusprechen pflegen.

Gewisse Mitglieder der besseren Stände haben endlich noch einige öffentliche Häuser, wo sie sich besonders des Abends zum Schmausen und Zechen zusammen finden. Es sind meist alte Völler oder junge Wüstlinge vom Adel, auch Kaufleute, Beamte, Offiziere und dergleichen. Getrunken wird hier besonders nach altpolnischer Sitte, und gespielt nicht minder ernsthaft. Wenn diese Gesellschaften bis nach Mitternacht geschwärmt haben, so gehen sie gewöhnlich noch, wenn es Winter ist, auf die Redoute, und im Sommer in die liederlichen Häuser. Wo sie hinkommen, scheinen böse Geister losgelassen zu sein. Auf den Redouten gehen sie in Rotten umher und treiben Mutwillen, fangen noch einmal an zu trinken, jagen die liederlichen Mädchen zusammen, und wählen unter ihnen für ihre Anzahl und ihren Bedarf, und begleiten sie nach Hause, oder nehmen sie mit in ihre eigenen Wohnungen. Diese Menschen erlauben sich noch, solche Kreaturen auf das schändlichste zu mißhandeln, was sonst in großen Städten, wo die zügelloseste Jugend ist, nicht mehr geschieht, weil die Polizei ein wachsames Auge darauf hat. Aber hier, wo fast keine ist, hat der Mutwille leichtes Spiel, besonders wenn die Unholde von Familie sind. [. . .]

Ich bin von den höheren und feineren Genüssen der Warschauer großen Welt, allmählich zu den geringeren und gröberen herabgestiegen, und schließe nun mit einem, der wohl nirgend so unmäßig und so unverholen gesucht wird, wie in Warschau – ich meine den Verkehr mit liederlichen Weibern und Mädchen. In diesem Punkte, mehr als in allen andern, zeigt sich hier noch eine altpolnische Rauhigkeit der Sitten, die selbst dem aufzufallen pflegt, der diesen Teil in der Charakteristik von Berlin, Wien, Paris und Neapel zu beobachten Gelegenheit gehabt hat. Ich spreche nachher von den leichten Begriffen, die man hier über die ehelichen Pflichten hat; jetzt mache ich hier nur einige Bemerkungen über die öffentlichen Mädchen und ihre Art zu sein.

Bei dem Luxus, der hier, wie anderwärts, die Heiraten vermindert, und der Hagestolze mit jedem Jahre mehr

macht; bei der Menge von jungen Leuten, die hier in den Staatskollegien, beim Militär, in den Schreibstuben und Gewölben der Kaufleute usw. angestellt sind; bei dem starken Zuströmen des Adels aus den Provinzen, der oft nur des Lebensgenusses wegen hierher kommt, und für denselben mit vollen Händen ausstreut; bei der Ungebundenheit, welche Grundsätze und öffentliche Meinung in diesem Punkt hier einmal angenommen haben; bei der scheulosen Art, seinen Launen und Gelüsten nachzuhängen, die in freien Verfassungen den Staatsbürgern zur Natur wird; bei der verwahrlosten Erziehung des weiblichen Geschlechts geringerer Klassen; bei dem schlechten Beispiele, das hierin die Weiber und Männer höherer Klassen geben; bei dem Mangel aller näheren Aufsicht von Seiten des Staates, durch die Polizei – bei diesen Umständen ist es kein Wunder, daß hier der unsittliche Verkehr beider Geschlechter eine Ausdehnung, eine Öffentlichkeit, Mannigfaltigkeit und Duldung, aber auch einen Grad von Anreizung, Kostbarkeit, Verderblichkeit, mit einer Mischung von Schamlosigkeit und Brutalität verbunden, erreicht hat, zu dem es vielleicht in keiner andern großen Hauptstadt in Europa gelangt ist.
Die Werkzeuge dieser Ausschweifungen teilen sich in mehrere Klassen. Diese sind zwar durch keinen scharfen Grenzstrich geschieden; ihre Mitglieder steigen aus einer in die andre, bald hinauf, bald herab, und, da nur ihr Äußeres die Unterscheidungen bewirkt, so werden sie von den Wüstlingen in der Sache selbst »promiscue« gebraucht; aber im Ganzen gibt es doch einen gewissen Zustand für sie, der die Beschaffenheit und die Anzahl ihrer Kunden bestimmt und ihnen einen höheren oder niedrigeren Rang zuteilt.
Die erste Klasse bilden demnach die unterhaltenen Mädchen, die für Wohnung, Nahrung, Kleidung, aber auch für ein gewisses Gehalt, ihre Freiheit und ihre Person vermieten. Unter den höheren Ständen ist es fast in Sitte übergegangen, daß Verheiratete, Unverheiratete und Witwer sol-

che Personen zu ihrer Erholung unterhalten, und deshalb ist ihre Anzahl, besonders zu Reichstagszeiten und überhaupt bei Gelegenheiten, die den Adel nach Warschau ziehen, sehr stark, und sie würde dreifach stärker sein, wenn nicht manche verheiratete Frau, neben der Beschäftigung mit ihrem Gemahl, noch Zeit und Lust genug behielte, die Stelle einer Unterhaltenen, auf gleichem Fuße, bei einem zweiten einzunehmen.

Da man mit dieser Klasse von Mädchen gleichsam lebt und noch andern, als den tierischen Genuß bei ihr sucht: so verlangt man, daß sie neben Schönheit und Üppigkeit auch Verstand, Gefühl, Geschmack und Munterkeit besitzen. Daher kommt es, daß diese Gattung meist aus fremden Mädchen und Weibern, besonders aus Französinnen, Italienerinnen (weniger aus Deutschen), besteht, die als Kammerjungfern, oder als Putzmacherinnen, oder als Hofmeisterinnen, oder als Schauspielerinnen nach Polen teils verschrieben, teils schon in ihrer jetzigen Bestimmung, von Reisen mitgebracht werden. Die Polinnen selbst werden zu diesem Behufe weniger gesucht, teils, weil diejenigen Klassen, die dergleichen Subjekte stellen könnten, in Erziehung und Bildung sehr zurück sind, teils, weil die Polen alles Fremde, auch in diesem Punkte, dem Einheimischen vorziehen, teils, weil es prächtiger und vornehmer ist, eine italienische oder französische Mätresse zu besitzen, teils endlich, weil es der Eitelkeit schmeichelt, jemanden um sich zu haben, mit dem man sich in fremder Sprache unterhalten kann. Erst, wenn solche fremde Personen nicht zu haben sind, entschließt man sich, polnische dazu taugliche Werkzeuge aufzusuchen, und dann sieht man sich nach solchen um, die von besserer Geburt und Bildung sind, die man entweder ihren Eltern oder ihrem Mann entführt oder abhandelt, oder von ihren Kupplerinnen loskauft; kurz, die zugleich durch die Art, wie man sie erwirbt, ein gewisses Interesse erhalten, das den Wert ihres Besitzes in den Augen

eines verkehrten Publikums erhöht, und vergessen macht, daß sie nur Polinnen sind.
Der Charakter dieser Geschöpfe ist hier wie überall. Da sie von der Willkür ihres Sultans abhängen, der sie nach Gefallen verstoßen oder behalten kann, so benutzen sie die Zeit, während der sie seiner gewiß sind, und erpressen, erschmeicheln und ertrotzen von ihm so viel sie können. Sind sie klug, so leiten sie seine Freigebigkeit auf gründliche Dinge; sind sie bloß eitel, so dringen sie auf Tand. Jene werden zuweilen nützlich. Indem sie bloß ihren eigenen Vorteil vor Augen haben, so halten sie ihre Liebhaber von tausend andern unnützen Ausgaben ab, und leben häuslich mit ihnen, um eine Veränderung in ihrer Ökonomie zu verhüten, die sie zuerst mit treffen könnte. Sind solche Mädchen noch klüger und arbeiten sie insgeheim dahin, eine eheliche Verbindung oder einen Vertrag auf lebenslängliches Jahrgeld herbeizuführen: so geben sie ihnen Proben von Uneigennützigkeit, sogar von Treue, das heißt, sie tun mehr, als hier manche Gemahlin tut.
Ein Beispiel davon sah ich an dem älteren Sohne des bekannten Fürsten P. Da die Finanzen des Vaters sehr zerrüttet waren, mußte es die Haushaltung der Söhne nicht minder sein. Sie erhielten sich fast allein vom Spiele. Der ältere gewann im Herbste des Jahres 1791, in einer Nacht, zwanzigtausend Dukaten. Er lebte mit einer Italienerin, einem schönen, sehr gebildeten Mädchen, welche die mannigfachen Abwechslungen in feiner Ökonomie mit ihm geteilt hatte. Diese nutzte sein neuestes Glück zur Grundlage eines sichern Auskommens für sie beide. Durch ihren Einfluß auf den jungen Mann brachte sie es so weit, daß er das gewonnene Kapital auf Zinsen anlegte und seine häusliche Einrichtung so traf, daß er mit dem Ertrage derselben auskam, nicht mehr spielte und mit ihr, zwar einsam, aber sehr glücklich lebte und noch lebt. Als kluges und reizendes Mädchen verstand sie die Kunst, ihn zu fesseln, und ihn sich,

trotz allen Nachstellungen, zu erhalten; denn (man wird es kaum glauben, aber es ist nur zu wahr und ein sehr beschreibender Zug für die Grundsätze vieler Weiber aus der hiesigen großen Welt) manches schöne Weib suchte, aus bloßem Kitzel der Eigenliebe, ihn zu erobern, damit die Italienerin nicht den Ruhm behalten sollte, einen jungen, wohlgebildeten und angenehmen Mann dem gesellschaftlichen Verkehr entzogen zu haben. Auf der andern Seite setzte man junge Männer in Bewegung, das Mädchen ungetreu zu machen, aber diesen gelang ihr Plan ebenso wenig bei ihr, als er den Weibern bei ihm gelungen war.

Prinz J. P. war einmal in einem ähnlichen Falle. Er hielt sich ein Mädchen, an der er sehr hing. Um ihr diesen Triumph zu entreißen, verbanden sich drei der reizendsten Weiber in Warschau, ihn, koste es, was es wolle, zu erobern. Da ihnen dies auf dem gewöhnlichen Wege nicht gelang, spielten sie ihre Angriffe bis in sein Schlafzimmer. Verführerisch, in einem Grade, wie nur ein polnisches Weib der hohen Klasse es sein kann, erwarteten sie ihn eines Abends in demselben, die schönste in seinem Bette, und die beiden andern, wie Nymphen gekleidet, vor demselben. Diese flogen ihm entgegen, als er hereintrat, und führten ihn zu dem wollüstigen Lager hin; aber sie hatten die Beschämung, den Prinzen umkehren und sich in die Arme seines Mädchens retten zu sehen. Ein Heldenmut, den man ihm lange nicht hat verzeihen können.

Solche Beweise von Treue geben indessen der Unterhaltende und die Unterhaltene selten. Jener behandelt diese als ein Eigentum ohne freien Willen, und sie behandelt ihn als einen Herrn, dem sie zwar Dank schuldig ist, und der gewisse Gefälligkeiten von ihr verlangen kann, dem sie aber ihr Ich nicht verkauft haben will. Wenn er Anhänglichkeit für sie fühlt, so ist es bei den Anwandlungen des Naturtriebes oder der Eifersucht, bei dem Genusse, den ihr Besitz seiner Eitelkeit verschafft, oder bei dem Gedanken an das, was sie ihm kostet; übrigens glaubt er sich ihretwegen nicht binden zu müssen; und sie, ihm nur in so fern ergeben, als er ihre Bedürfnisse, ihre Launen, und ihr Begehr befriedigt, als er sie schätzt und ihr ausschließend Beweise seiner Neigung darbringt, glaubt, sobald sie diese Dinge vermißt, ihm auch keinen Dank weiter schuldig zu sein. Aus diesem Verhältnisse fließt das Benehmen beider gegeneinander. Eins traut dem andern nie. Er gibt, um ihrer sicher zu sein, und sie muß empfangen, um überzeugt zu werden, daß sie seiner sicher ist. Dieses Band des tierischen Triebes, der Eigenliebe und des Eigennutzes ist nicht haltbar. Sie findet bei ihm keine Liebe, und er bei ihr höchstens Dankbarkeit, nie persönliche Anhänglichkeit, ihr Herz müßte denn ungewöhnlich gut sein. Ein ängstliches Mißtrauen auf beiden Seiten teilt ihnen eine Empfindung mit, die wie Eifersucht aussieht, und im Grunde hält bloß diese eine Verbindung zusammen, die so locker und so quälend ist, als sie, für das Wohl der bürgerlichen Gesellschaft und die Fortpflanzung des menschlichen Geschlechts, zu sein verdient.

Daß die Unterhaltung einer solchen Person sehr kostbar sein müsse, fließt aus dem vorigen. Man mietet eine Wohnung, die der Eitelkeit des Unterhalters und den Anmaßungen der Unterhaltenen angemessen ist. Sie muß in einer lebhaften Straße sein, damit man, wenn man bei ihr im Fenster liegt, von vielen gesehen werde, und damit sie, wenn sie allein ist, zum Zeitvertreib viel sehen könne; man hält ihr entweder eine eigene Equipage, oder eine Remise, die durch Neuheit und Pracht auffällt, damit sie anständig, und man mit ihr, im Publikum erscheinen könne; man stattet sie mit Kleidern und Juwelen so aus, daß sie, wo sie nicht ausdrücklich gekannt ist, für eine Frau von Stande gehalten werde; man versorgt ihren Tisch, man putzt ihre Wohnung prächtig auf, damit man gute Freunde mit Ehren zu ihr bitten und sie von ihr bewirten lassen möge; mit einem Worte, man setzt sie in Umgebungen, die eine Frau selbst nicht schöner und reichlicher verlangen könnte. Ist man verheiratet, so wohnt man nicht gerade bei ihr, widmet ihr aber, wenigstens die erste Zeit, alle seine leeren Stunden; ist man unverheiratet, so hindert nichts, daß man zu ihr ziehe. Dieses ganze Glück erkauft man sich monatlich mit ein-, zwei- und dreihundert Dukaten.

Ist ein Mädchen oder ein Weib auf diesen Fuß gesetzt, so sieht man sie in ihrem neuen Glanze auf allen Straßen und Spaziergängen, an allen öffentlichen Orten, bei allen Schauspielen, und sie macht sich, durch ihre kindische Freude, so lächerlich, als es in der Natur der Sache liegt. Da sie, um ganz glücklich zu sein, weibliche Bekanntschaften braucht, um ihre Herrlichkeiten ihnen zu zeigen und sie vor Neid außer sich zu setzen; da sie aber dazu nur ihresgleichen finden kann: so sieht man oft in Warschau diese Geschöpfe zu halben Dutzenden bei einander, wie sie, mit ihrem ganzen Reichtum überladen, in das Theater, auf das Land, in die Konzerte, auf die Redouten fahren und ihren Übermut und ihre Schande zur Schau tragen. Gewöhnlich gestatten oder geben ihre Unterhalter ihnen gewisse Leute zu Gesellschaftern, die sie für ungefährlich halten, und die sie selbst entweder, oder ihre Mädchen, unter ihren Bekannten aussuchen. Diese essen, trinken, fahren und tanzen mit ihnen, werden oft aus Wächtern ihre Beischläfer, und ebenso oft ihre Kuppler; denn diese Mädchen sind sehr gesuchte Gegenstände für die Begehr gewisser, hier sehr häufiger, Dilettanten, die ihr Vergnügen in diesem Punkt nach dem Grade von Verbotenheit und Schwierigkeit, die dessen Genuß mit sich führt, abzumessen pflegen, und die besonders der Umstand dabei kitzelt, daß sie schadenfroh das teure Werkzeug eines andern benutzen, und, freilich nicht umsonst, die Wonne haben, ihm vorgezogen zu werden. Hierin schont kein Freund den andern, kein Sohn entsieht sich, dem Vater diesen Possen zu spielen, kein Bruder dem Bruder. Die Mädchen selbst sind gewöhnlich sehr willig, die Hand dabei zu bieten, weil es ihre Lust und ihre Einkünfte vermehrt, und sie sind darin um so gewissenloser, wenn ihr beilaufender Liebhaber reich und stark genug ist, ihren Verlust zu ersetzen, im Fall sie das Unglück hätten, ertappt und entlassen zu werden. So verschwendet einer gewöhnlich für den andern, und die Folgen, die daraus oft für die Gesundheit beider entstehen, sind leicht zu erraten. Mit einem Worte alles hierüber zu sagen: die Ausgaben für den Wundarzt nehmen bei der Unterhaltung solch eines Geschöpfes eine beträchtliche Stelle ein; und nun erspare man mir die nähere Erwähnung der Greuel, die hierauf Bezug haben, und die entweder aus Leichtsinn, oder aus Schadenfreude und Rachsucht begangen werden, und die man oft in den Jahrbüchern der parisischen Sittenverderbnis gelesen haben wird.

Die zweite Klasse öffentlicher Mädchen bilden solche, die sich auf ihre eigene Hand setzen und von zufälligen Besuchen leben. Sie schlagen ihren Wohnsitz mehrenteils in der Krakauer Vorstadt, und zwar in dem belebtesten Teile derselben, zwischen der Post und dem Eingange des Sächsischen Palastes auf. Hier befinden sich gewisse Häuser, oder Stockwerke in Häusern, die seit Jahren in Besitz sind, solche Bewohnerinnen zu hegen. Man geht zu ihnen, wie man anderwärts in ein Kaffeehaus geht. Man zeigt sich bei ihnen am Fenster, man liegt mit ihnen im Fenster, und läßt jeden Vorübergehenden ohne Scheu sein Gesicht sehen. Niemand fällt darauf, den Schein zu bewahren, und von der allgemeinen Sorglosigkeit hierin, gibt der Zug einen Beweis, daß an dem Tage der Konstitutionsfeier, als der König in Gala, der Primas in seinem ganzen geistlichen Gepränge, alle Bischöfe, alle Senatoren und Reichsboten über die Krakauer Vorstadt fuhren, die sämtlichen Fenster dieser Mädchen mit Offizieren und andern Kunden, die teils ihre Generale, teils ihre Väter und Verwandte in dem großen Zuge hatten, mit den Mädchen selbst untermengt, die über

sie hinweg, oder über die sie hinwegkletterten und sahen, starrend besetzt waren.
Eben dahin gehört der Umstand, daß die Hausherren, die Zimmer in ihren Häusern vermieten, und daß die Gastwirte es nicht einmal zu bemerken scheinen, wenn ihre Mietsleute von solchen Mädchen öffentlich besucht werden, wenn sie selbst des Abends dergleichen mit nach Hause bringen und sie erst den andern Morgen entlassen, oder auch sie zu Wochen und Monaten bei sich im Hause behalten. Es ist schon hergebracht, ihnen diese Freiheit mit der Wohnung selbst zuzugestehen, und es fällt den Wirten nicht ein, zu glauben, daß ihre Häuser dadurch in einen ungünstigen Ruf kommen könnten. Ja, sie wissen, daß die Lohnbedienten, die sich zu ihrem Hause halten, die unverschämtesten Kuppler sind, die den Fremden liederliche Mädchen bei lichtem Tage zuführen, und doch ist keiner so eigensinnig, sie darum fortzujagen! Daß die Kaffee-, Wein- und Speise-Wirte ebenso wenig untersuchen werden, was für Personen unter ihren anständigeren Gästen, ohne alle Ängstlichkeit, Platz nehmen, versteht sich von selbst. Auf der andern Seite findet auch keine anständige Familie Bedenken dabei, eine Wohnung zu beziehen, aus der soeben ein liederliches Mädchen weggezogen ist, oder sich an einen Tisch zu setzen, welchen verdächtige Personen schon zum Teil eingenommen haben. Der Leichtsinn ist in diesem Punkt hier allgemein, und wenn man noch einige Feinheit des Gefühls in dieser Hinsicht findet, so ist es unter den Einwohnern deutscher Zunge, die, trotz den bösen Beispielen, eine gewisse Verschämtheit und Bedenklichkeit in Dingen dieser Art, die ihrem Volke vor vielen andern eigen ist, noch nicht abgelegt haben. [. . .]
Zu dieser Gattung Mädchen gehören auch die Schauspielerinnen und Tänzerinnen, die ein so ärgerliches Leben führen, als ihre Mitschwestern zu Paris, Venedig, Neapel und Livorno nur immer führen können. Die schönen, jüngeren

und geschickteren unter ihnen, werden gewöhnlich unterhalten, aber wenn sie ihre Unterhalter einbüßen, sinken sie sogleich in jene zweite Klasse hinab, die überhaupt öfter durch den Fall der ersten Klasse, als durch die Erhebung der dritten, ersetzt und vollzählig erhalten wird.

Die dritte Klasse lebt, und handelt auch wo möglich, unter den Augen einer sogenannten Wirtin, und hat keinen freien Willen. Die Mädchen aus derselben können nicht mehr, wie die aus der zweiten, nach Gefallen Besuche machen und annehmen, noch sich eine Zeitlang vermieten oder verkaufen, sondern bedürfen dazu des Vertrauens und der Zustimmung ihrer Besitzerin. Diese hält sie durch die Schulden, die sie bei ihr gemacht haben, verstrickt, und bewacht ihre Person und kontrolliert ihre Gunstbezeugungen als ihre Hypothek. Des Scheins wegen, hängt solch eine Familie das Schild des Hutstaffierers, des Kleiderputzers, des Weinschenks usw. aus. Gewöhnlich läßt sich die Tochter an dem einen, und die Mutter an dem andern Fenster sehen, und wenn ein paar lüsterne Augen erstere auszeichnen, so gibt letztere durch Nicken, Winken, Husten und andre nicht unverständliche Bewegungen kund, daß man nicht Ursach habe, es beim bloßen Ansehen bewenden zu lassen. Diese Klasse ist übrigens am wenigsten zahlreich in Warschau, teils, weil die Liebhaber einer doppelten Erpressung, von Seiten des Mädchens und der Kupplerin, ausgesetzt sind, mithin sparsam kommen, teils, weil die Mädchen sich ungern in die Sklaverei begeben, teils, weil sie hier, wo die Polizei sehr nachsichtig ist, es nicht wie anderwärts nötig haben, solch ein Weib als eine Art von Rückenhalt zu wählen, um in der bürgerlichen Gesellschaft geduldet zu werden.

Die vierte und fünfte Klasse dieser Mädchen dienen als Ausschenkerinnen in den zahlreichen Bier- und Branntweinhäusern von Warschau. Es sind gewisse Straßen, die ganz oder zum Teil mit solchen Häusern besetzt und deshalb nicht minder übel berüchtigt sind, als die Kanonier- und Bären-Straße in Berlin, der Spitalberg in Wien, die Straße St. Honoré in Paris, die Chiaja in Neapel und gewisse Winkel in Venedig. Dahin gehören die Trompeter-, Żabia-, Świętojurska- und Wałowa-Straße. In dem Erdgeschoß fast aller Häuser der Trompeterstraße sind Schlupfwinkel für den Suff und die Unzucht, und in jedem derselben befinden sich drei bis vier weibliche Wesen, die sich den schmutzigen und wilden Ausbrüchen derselben darleihen müssen. Die Kunden dieser Häuser gehören noch nicht zu den gemeinsten, und oft genug kehrt noch die vornehmere Brutalität hier ein, wenn sie, beim Trunke oder durch Verabredung einer zügellosen Gesellschaft, alles Gefühl für Ordnung und Sittlichkeit abgelegt hat. Sonst sind die gewöhnlichen Besucher liederliche Bürger, Bediente, Handwerksburschen u. dergl., die besonders an Sonn- und Feiertagen diese Tummelplätze der Rohigkeit anfüllen. Die Häuser in den übrigen genannten Straßen sind vielleicht die physisch elendesten und moralisch weggeworfensten in der Welt. Da sie der Hefe des Volks zu ihren wildesten Erholungen dienen, da diese Hefe vielleicht nirgend so sehr Hefe ist als hier: so kann man sich denken, wie in diesen hausgehalten werden mag. Diese sind entweder bloß Buden, von Holz zusammengeschlagen, die mitten im Kote dastehen, wie die berüchtigten Czapskischen hinter dem Sächsischen Garten; oder auch hölzerne Häuser mit einer Stube, und einem Verschlage, der von der Stube durch einen schmutzigen Vorhang getrennt wird. In diesen engen, tiefer als die Straße liegenden, Behältnissen, belustigt sich der gemeine Soldat, der Stróże, der Bettler usw. bei Branntwein und Spiel, und bei weiblichen Scheusalen, die Jahr aus Jahr ein, oft bloß im Hemde und Unterrock, in diesen Höhlen nisten; hier sind beständig Schlägereien, die nicht selten mit einem Mord endigen; hier ist der beständige Sitz alles Ungeziefers, aller schrecklichen Krankheiten;

hier ist -- die Grenzlinie aller Darstellung für einen Schriftsteller von Gefühl, und hier sollte die Stelle sein, wo eine gewissenhafte Polizei mit ihren wichtigsten Unternehmungen zum Wohl ihrer geringeren Mitbürger, durch eine gänzliche Schleifung dieser greulichen Hütten, den Anfang machen müßte.

Kehren wir zu aufheiternden Gegenständen zurück.

Die Warschauer sind ein reitendes und fahrendes Volk und schätzen das Spazierengehen wenig. Dazu kommt, daß es, wegen des schlechten Pflasters, das bald mit Kot überlaufen, bald mit Staub überdeckt ist, fast unmöglich wird, in der Stadt selbst zu Fuße fortzukommen. Selbst der Sächsische und Krasińskische Garten, die ziemlich im Mittelpunkt der Stadt liegen, können, wenn es nur mäßig geregnet hat, nicht ohne Wagen erreicht werden, viel weniger der Garten des Kronkammerherrn, die Alleen von Ujazdów mit ihrem Belvedere, oder Łazienki. Diese fünf Spaziergänge liegen innerhalb des Ringwalles von Warschau und bieten ein mehr oder weniger angenehmes und geräumiges Lokale dar.

Der Sächsische Garten befindet sich hinter dem, im ersten Abschnitte dieses Werkes erwähnten, Sächsischen Palaste. Er nimmt ein längliches Viereck von ungefähr sechszehn- bis achtzehnhundert Fuß in der Länge und ungefähr halb so viel in der Breite ein. An beiden Seiten laufen dreifache Alleen, die durch eine hohe Hecke geschieden sind, hinunter bis zu einem großen Pavillon, der, auf einer Erderhöhung, dem Palaste auf der andern Seite des Gartens gegenüber steht. Zwischen diesen Alleen liegen einfache Rasenbeete, auf welchen Bänke zum Niedersitzen angebracht sind. An der rechten Seite (wenn man vom Palaste her kommt) springt ein Dreieck heraus, das zu einem Nutzgarten gebraucht wird, und Treib- und andre Beete einschließt, von dem eigentlichen Lustgarten aber durch eine Hecke getrennt ist. Ebenso befindet sich an der linken Seite, die ganze Länge des Gartens hinunter, ein verwildertes Gewirre von Bäumen, Stauden und Gebüschen, das ebenfalls durch Spaliere und Hecken von dem eigentlichen Garten geschieden wird. Hinter dem erwähnten Pavillon führt eine, mit Rasen bedeckte, Erderhöhung unter Alleen, zu dem Ausgange des Gartens nach der Kasernenstraße zu. Hier hat man rechts ein paar Häuser, die von sächsischen Beamten bewohnt werden, und links dergleichen, nebst einem mit Bäumen und Büschen besetzten Rasenplatze. An dem Ausgange selbst stehen, an beiden Seiten, kleine Häuser, worin, gerade wie an dem Ein- und Ausgange des großen Gartens bei Dresden, sogenanntes sächsisches Bier geschenkt wird.

Die Alleen, Hecken und Rasenstücke im Garten selbst sind nach französischem Geschmacke. Sie gewähren zwar viel Raum und gestatten weite Aussichten den Garten hinab und hinauf, aber wenig Schatten. Deshalb besucht man auch diesen Garten am häufigsten des Morgens und des Abends. Gefrornes und andre Erfrischungen hat man unter dem erwähnten Pavillon, in welchem Zimmer angebracht sind, und in einem Zelte feil, das an der rechten Seite des Gartens, ungefähr in der Mitte desselben, aufgeschlagen wird; Backwerk und feine Wasser werden teils herumgetragen, teils findet man sie in einem Seitengebäude des Palastes, wo sich ein Schweizerbäcker niedergelassen hat.

Dieser Garten war, während des Revolutions-Reichstages, bei schönem Wetter, vorzüglich glänzend, und man fand dort zu gewissen Stunden alles beisammen, was damals Hohes, Reiches, Schönes und politisch Bedeutendes in den Mauern von Warschau sich befand. Ich erinnere mich keines Punktes in irgend einer andern großen Stadt, die ich gesehen habe, der solche zahlreichen Gruppen von Menschen beiderlei Geschlechts, die sich durch irgend etwas auszeichneten, umfaßt hätte. Dazu war alles gewöhnlich in einer rauschenden Bewegung. Vaterlandsliebe und Egoismus waren damals hier in gleich starker Tätigkeit, Liebe und Galanterie, Zufriedenheit und Mißvergnügen äußerten sich unverholen und, bei dem lebhaften Wesen der Polen, sehr laut und sichtbar. Zuweilen kam es zu beunruhigenden Auftritten zwischen den Parteien, zuweilen wurden Personen, die sich nicht zu den herrschenden Grundsätzen bekannten, mit so heftig ausgedrücktem Mißfallen empfangen und begleitet, daß sie, um die allgemeine Stimme über sie nicht in Tätlichkeiten zu verwandeln, den Garten räumen mußten. Man sah in der Tat hier, nach verjüngtem Maßstab, Auftritte, die an die im Palais Royal zu Paris, kurz nach dem Ausbruche der Revolution, erinnerten, nur mit dem Unterschiede, daß hier Landesbeherrscher, mit Sternen und Ordensbändern, von Freiheit sprachen und schwärmten und dort Sklaven, ohne Hut und Hemde. Daß übrigens hier, wie dort, die öffentlichen Mädchen den Patrioten Zerstreuungen darboten, versteht sich von selbst.

Der Krasińskische Garten liegt hinter dem Palaste gleichen Namens, und hat ungefähr ein Drittel von dem Umfange des Sächsischen, ist auch weniger besucht als dieser, und sein Publikum ist nicht so glänzend. Seine Anlage ist ebenfalls französisch, und sie hat alle Bequemlichkeiten und Unbequemlichkeiten dieses Geschmacks. An beiden Seiten sind schöne Alleen und Hecken, die Mitte ist frei und den ganzen Tag über der Sonne ausgesetzt. Sonst ist dieser Garten, wie der Sächsische, gut unterhalten. Auch hier ist für die Genießer gesorgt, die nicht trocken spazierengehen mögen. In der Mitte sind Zelte aufgeschlagen, worin man Erfrischungen haben kann, und in den Seitenalleen irren Mädchen umher, bei denen man den besten Willen zur Unterhaltung findet.

Der Krongroßkammerherr, älterer Bruder des Königs, besitzt einen Garten von Umfang, den er nach seiner Laune, weder ganz nach englischem, noch ganz nach französischem Geschmack, angelegt hat. Zum englischen fehlen ihm die schneckenförmigen Staudenbeete, und die Lusthölzchen, aber die dazu gehörigen Erhöhungen und Vertiefungen, künstlichen Felsen, Obelisken, Teiche, Türme hat er; zum französischen fehlen lange Alleen, Hecken, Parterre, Beete mit Buchsbaum eingefaßt; aber Pavillons, Terrassen und Lauben sind vorhanden. Da die Grundfläche des Gartens sich von oben über das hohe Ufer, das die Weichsel ehedem bespülte, von dem sie aber zurückgetreten ist, nach der Niederung, worin die Schulitz liegt, hinabzieht, so hat der Besitzer diese Erhöhung und Vertiefung zu natürlichen Terrassen benutzt; und da das Erdreich sehr locker ist, so hat er es in mancherlei Richtungen aushöhlen und zu unterirdischen Gängen vorrichten lassen, die, mittels einiger Durchbrüche nach oben, Luft und Licht erhalten und zu artigen unterirdischen Anlagen, teils Grotten, teils Sälen führen, die sehr geräumig und heiter sind und beträchtliche Gesellschaften fassen können. Die südöstliche Seite des Gartens ist zu Terrassen benutzt, die mit Weinreben besetzt sind, und an deren Fuße sich eine kleine Meierei befindet, von welcher herab man zu einem Teiche gelangt, in dessen Mitte eine Niederlassung angelegt ist, deren kleine hölzerne Häuser vor der Hand nur noch von Fröschen bevölkert scheinen. Auf diesem Teiche schwimmen auch einige artige Fahrzeuge. Das Ganze indessen ist mir mehr sonderbar als geschmackvoll vorgekommen.

Bei meinem ersten Aufenthalt in Warschau stand dieser Garten zwar jedem Wohlgekleideten offen, aber er war nicht öffentlich. Jetzt fand ich ihn an einen Unternehmer verpachtet, der Wein, Bier und Kaffee schenkt und dadurch, besonders des Sonntags, ein zahlreiches Publikum aus allen Ständen dahin zieht.

Die Alleen von Ujazdów, einem ehemaligen Lustschlosse, das jetzt zu Kasernen eingerichtet ist, bedecken vor demselben, an der südöstlichen Spitze der Stadt, ein dreieckiges

Lokale. Die Hauptallee nimmt am Ende der Ujazdów-Straße ihren Anfang und führt, in einer Länge von ungefähr fünftausend Schuhen, zu einer Terrasse, unter welcher sich der Boden absenkt und sich, in einer großen, mit Vorwerken, Lustschlößchen und reichen Saaten besetzten Fläche, von dem Auge überspannen läßt. Hier ist das Belvedere[42]. In der Mitte jenes Dreiecks läuft eine zweite Allee herauf, die, wie die erste, von mehreren Queralleen, in mancherlei Richtungen durchschnitten wird, welche verschiedene kleinere, mit Rasen bedeckte, Dreiecke bilden. Unmittelbar vor Ujazdów ist der Übungsplatz der dort liegenden Regimenter, und zur Linken dieser schönen Kaserne hatte man das Gelände zu der neu zu erbauenden Providenz-Kirche gewählt, deren Grundlage jetzt verlassen da liegt. Man findet an der erwähnten großen Allee mehrere Land- und Garten-Häuser mit Altanen, und ein größeres Gebäude, das der König für die Generalin Grabowska, seine Freundin, in dieser angenehmen Landschaft hat bauen lassen. In die Alleen selbst darf kein Wagen hinein, und deshalb ist der Weg zwischen denselben für die Fußgänger sehr bequem. Sie werden aber verhältnismäßig von der großen Welt nicht so häufig besucht, als sie verdienten, eben weil man darin zu Fuße gehen muß; desto häufiger kommen, besonders des Sonntags, die Bürgerklassen hierher, die, unter ihnen hin, ihren Weg nach und von Łazienki nehmen.

Dies Łazienki[43] (zu deutsch Bad, Badehaus) liegt unterhalb Ujazdów und gehört dem Könige, der diese schöne Anlage ganz nach eignem Geschmacke hat ausführen lassen. Sie nimmt ein längliches Viereck ein, das auf der nördlichen Seite etwas schmaler ist, als auf der südlichen. Ein Kanal läuft der Länge nach hindurch und bildet, fast in der Mitte desselben, ein viereckiges Becken, in welchem das Hauptgebäude des Gartens, ein Lustschloß, auf einer Erhöhung steht, die vom Wasser umgeben und durch zwei Brücken, die angezogen werden können, auf zwei Seiten mit dem Lande verbunden wird. Das Schloß selbst fällt höchst anmutig in die Augen, weil es in einem sehr heiteren und leichten Geschmack erbaut ist. Bei Mondenschein gesehen, besonders von der Brücke her, die über den Kanal führt, scheinen dessen schlanke Säulen leicht auf der Oberfläche des Wassers zu ruhen und, wenn der Wind den Wasserspiegel bewegt, unter der hellbeglänzten Masse, die sie emportragen, sanft zu erzittern. Die schwarzen Gruppen von Nadelholz, die auf beiden Seiten den Kanal beschatten, erheben das Malerische dieser Ansicht ungemein.

Das Innere dieses Palastes ist ebenfalls sehr heiter, bequem eingerichtet und mit Geschmack möbliert. Mehrere Gemälde darin, worunter auch einige von älteren italienischen Meistern sind, verdienen die Aufmerksamkeit des Kenners, und einige vom Hofmaler Bacciarelli[44] verschaffen dem Auge des Liebhabers Genuß. Der König wohnt gern im Frühjahre hier, in der kleinen Gesellschaft seiner liebsten Freunde und Freundinnen. Für seine Schwester ist seitwärts ein Pavillon, der einen reizenden Saal und mehrere niedliche Kabinette einschließt, und für die Generalin Grabowska ist eine größere, sehr bequeme Wohnung erbaut. Auch ist eine neue Hauptwache, nach einem, zu ihrem Behufe sehr paßlichen Plan angefangen, aber noch nicht vollendet. Ebenso ein Amphitheater, mit gemauerten Sitzen, auf welchem, statt einer Balustrade, die Figuren alter Weisen, in Gips über Stäben gearbeitet, in gewissen Entfernungen herum gestellt sind. Dies Werk steht einem Gartentheater, dessen Kulissen von Felsen und Bäumen gebildet werden, und das von einem Arme des erwähnten Kanals umschlungen wird, gegenüber, und soll bei zu gebenden Vorstellungen für die Zuschauer dienen. Ich hatte, während meines doppelten Aufenthalts in Warschau, das Vergnügen nicht, eine dieser Vorstellungen zu sehen, aber man hat mir versichert, daß sie sehr angenehm und glänzend ausfielen.

Mehrenteils werden ländliche Feste und Spiele und Wasserfahrten damit verbunden, die, unter Erleuchtung und Musik ausgeführt, ebenso mannigfaltig in der Erfindung, als für das Auge reizend sein sollen.

Die gärtnerischen Anlagen dieses angenehmen Ortes schränken sich auf Alleen, bedeckte Gänge, englische Staudenbeete, Rasenplätze usw. ein, die mit Sorgfalt unterhalten werden. Ein chinesisches Gerüst, zu welchem breite, bequeme Treppen hinanführen, erhebt sich an der einen Seite des Gartens, und bildet oben einen, von allen Seiten offenen, Saal, von welchem herab man ganz Łazienki übersehen kann. Weiterhin findet man einen Behälter für fremde Tiere, worin jetzt nur zwei ungeheure Strauße befindlich sind, ein Geschenk, wenn ich nicht irre, vom Könige beider Sizilien. Voran, nach der Schulitz zu, steht ein geräumiges Gebäude, worin sich ein Speisewirt befindet, der für kleine Gesellschaften beständig angerichtet hat, und für größere, wenn man es bestellt, reichlich anrichten kann. Er hat Platz für große Pickenicke, und was sie an Speisen, Wein und Leckereien bedürfen, schafft er herbei; er hat auch einzelne Zimmer für kleine, feine Gesellschaften; mit einem Worte, er hat alles, was Spaziergänger jedes Standes, wenn sie der Reize des Gartens genossen, zu ihrem Genusse noch wünschen können. Die Lauben und schattigen Bäume um sein Haus her sind, besonders an Sonn- und Festtagen, mit frohen Gästen, meist aus dem Bürgerstande, besetzt.

Łazienki hängt, durch den erwähnten Kanal mit einem andern nicht minder angenehmen Lustsitze, Mokotów, zusammen, welcher, wie schon gedacht, der Kronmarschallin Lubomirska gehört. Diese Anlage ist nicht vom größten Umfange, aber sie enthält einen Reichtum von gärtnerischen Verzierungen, von Terrassen, welche die umliegende Gegend beherrschen, von Lauben, die am Ufer klarer Teiche liegen, von Irrgängen, Lusthölzchen, von

Wasserfällen, Becken, Pavillons und Einsiedeleien, die mit dem, was die Natur für Grund und Boden getan hat, sehr glücklich vereinigt sind. Von der Anhöhe herab, die sich in Terrassen über die niederen Teile des Gartens erhebt, hat man eine ausgebreitete Aussicht über die Gegend um Warschau jenseits der Weichsel. Am Eingange des Gartens steht ein artiges Lustschlößchen, das von außen nicht prächtig in die Augen fällt, aber von innen sehr geschmackvoll verziert und mit allen Bequemlichkeiten versehen ist, die man für einen ländlichen Aufenthalt wünschen kann.
Weiterhin liegt der Lustsitz des Grafen Thomatis, von einem weitläufigen Garten umgeben. Man versicherte mir, daß beide vorzüglich angenehm wären. Ich selbst habe sie nicht gesehen.
Eine Allee führt von da auf den Weg nach Wilanów, verläßt einen aber bald, und man fährt weiter durch angebautes Land, das einen weiten Gesichtskreis darbietet. Kurz vor Wilanów empfängt einen eine andre Allee, die sich in mehreren Zweigen um diesen Ort ausbreitet. Das hiesige Lustschloß, das auch der Besitzerin von Mokotów gehört, fällt gut in die Augen. Es schließt, im Halbzirkel erbaut, einen geräumigen, mit Rasen bedeckten Hof ein, und seine Vorderseite ist mit einer Folge von Basreliefs verziert, welche die merkwürdigsten Taten des Königs Johann Sobieski darstellen. Man weiß, daß dieser König dieses Schloß selbst erbaute, und den dazu gehörigen Garten anlegte. Er lebte am liebsten hier, starb hier auch, und die nachfolgenden Besitzer haben, aus Ehrfurcht für das Andenken dieses Stolzes der Polen, seine Zimmer so gelassen, wie sie waren, als er sie bewohnte. Auch sein Sterbebette steht noch an derselben Stelle, mit eben den Vorhängen da, die es hatte, als seine Hülle darin erstarrte. Die übrigen Zimmer mit ihren Mobilien sind neueren Geschmacks, und werden, der Abwesenheit der Besitzerin ungeachtet, sorgfältig unterhalten.
An den Palast ist eine kleinere Anlage gebaut, die ein Bad

einschließt, welches mit den feinsten und üppigsten Bequemlichkeiten versehen ist und sich neben den schönsten seiner Art mit Ehren zeigen darf.
Der Garten, der das Schloß an drei Seiten umgibt, hat große Vorzüge. Wenn man hineintritt, so hat man ein langes, prächtiges Gewächshaus vor sich, das eine Orangerie einschließt, die man, nach der im Zwinger zu Dresden, noch mit Wohlgefallen ansieht, besonders wenn man sich an den Himmelsstrich und an die Schwierigkeit und Kostbarkeit, sie zu sammeln, erinnert. Vor demselben hat man den Boden mit allerlei Beeten in französischem Geschmack verziert. An Bildsäulen mancher Art fehlt es nicht, doch habe ich keine gefunden, die als vortrefflich ausgezeichnet werden könnte. Der Rest des Gartens ist sehr mannigfach benutzt. Teils durchschneiden ihn alte Kastanien-Alleen, teils nehmen ihn Irrgänge, durch Hecken umgeben, ein, teils hat man seinen Boden zu Terrassen erhöht, teils ihn zu Teichen ausgegraben, teils zu Nutzbeeten bestellt. Gruppen von ungewöhnlich hohen und dicken Bäumen, in deren Höhlung man zum Teil Sitze angebracht hat, umgeben einen großen Teich, auf welchem Gondeln schwimmen, und von dessen Ufern man eine freie Aussicht auf die umliegende, von der Weichsel durchströmte, Landschaft hat. In der Nähe desselben ist eine schöne gewölbte Grotte, worin zahlreiche Gesellschaften speisen können, ohne die gewöhnlichen Unbequemlichkeiten der Grotten, feuchte Luft und feuchten Fußboden, zu empfinden. Weiterhin ist ein künstlicher Berg aufgetürmt, der mit dem feinsten Rasen übergrünt ist, und, nach einer andern Seite hin, einen Teil der umliegenden Gegend überspannen läßt. Das alles, vermengt mit feinen Obstbäumen, Treibbeeten, Lauben, Parterren und Wäldchen, gibt diesem angenehmen Flecke zugleich eine Abwechslung, die man zu finden kaum erwartet hat.
Für Spaziergänger, die außer dem allen noch etwas mehr

brauchen, ist nicht weit von dem Schlosse ein geräumiges Wirtshaus errichtet, das ein paar große Säle und mehrere Zimmer, mit allem, was Eß- und Trinklust verlangen kann, darbietet. In demselben, wie in dem zu Łazienki, können große Gesellschaften zu Mittag- und Nacht-Essen, zu Frühstücken und Pickenicken sich versammeln, und es wird auch häufig dazu benutzt. [. . .]

SECHSTER ABSCHNITT

POLITISCHE KULTUR

Luxus. Erziehung. Politischer Charakter.
Landtage. Reichstage. Konföderationen.
Gang der Staatsgeschäfte. Einfluß der Frauen.
Rechtsgeschäfte. Ehe. Höflichkeitsformen

Nach vielen einzelnen Zügen, die den bisher aufgestellten Bemerkungen eingestreut sind, wird sich der aufmerksame Leser von dem Luxus und Aufwande der polnischen großen Welt einen ziemlich deutlichen Begriff haben machen können; jetzt erlaube man mir, noch einige Bemerkungen hinzu zu fügen, die diesen Begriff erweitern und vervollständigen werden.

Die orientalische Übertreibung und Abenteuerlichkeit, welche die polnischen Großen in Handlungen der Gastfreundschaft und der Geselligkeit legen, erstrecken sich auch auf alle übrigen, nur erdenklichen ökonomischen, politischen, sinnlichen und geistigen Bedürfnisse. Schon dieser große Maßstab, der ihnen, hauptsächlich durch ihren hohen Standpunkt im Staate, durch Reichtum und die daraus folgende Auszeichnung im bürgerlichen und gesellschaftlichen Leben, mithin durch Hochmut, Eitelkeit und eingeführte Sitte, eigen geworden ist, macht ihnen, mehr als andern ihresgleichen in dem übrigen Europa, ihre Existenz teuer; aber noch kostbarer wird sie durch den Umstand, daß die Polen, außer den allernötigsten und einfachsten Erfordernissen des Lebens, alles, vom Kleide an bis zur Stecknadel, aus fremden Ländern, teils ziehen müssen, teils, aus Liebhaberei, Vorurteil und Mode, freiwillig zu ziehen pflegen.

Wenn, zum Beispiel, der englische Große Aufwand in Pferden, in Mobilien, in Kleidung macht, so kommen ihm diese Gegenstände bei weitem nicht so hoch zu stehen, als dem polnischen Großen, der englische Pferde, Mobilien, Tücher und Zeuge aller Art, Hunderte von Meilen aus England her, durch den dritten und vierten Kaufmann, mit dem dritten und vierten Zoll, mit der dritten und vierten Fracht belastet, empfängt und verbraucht. Eben der Fall ist

es mit denjenigen natürlichen und künstlichen Erzeugnissen, die er aus Frankreich, aus Spanien, aus Italien usw. in eben der Menge und reichlicher braucht, als der Franzose, Spanier und Italiener in denselben Ländern, wo sie gezogen und verfertigt werden. Selbst solche Dinge, die diese Nationen, wie er, aus fremden Ländern ziehen, kommen ihm ungleich höher zu stehen, als jenen, teils, weil er entfernter wohnt, teils, weil ihm die bequemere und wohlfeilere Verbindung mit dem Meere fehlt, auch die Provinzen seines Landes selbst weder Straßen noch Kanäle haben; und teils, weil seine Kaufleute, wegen Teurung der Lebensmittel und Handarbeit, wegen des eingeführten Luxus, wegen der Gefahren einer weiten, zusammengesetzten, vielfach bezollten Anfuhr und wegen häufigen Borgens und später, unsicherer Zahlung, höhere Preise machen müssen, als es in wohlgeordneten Ländern der Fall ist und sein darf.
So ist es in Polen in Absicht der Gegenstände, die man genießt, die man an seinem Körper trägt, die man um sich hat; und so ist es mit denen, die man zur Wohnung, zur Erziehung, zur Lektüre, und zur Bildung des Geistes und des Körpers braucht.
Ein Palast in Warschau, von bloßen Backsteinen, kostet mehr, als in Genua ein ähnlicher von behauener *Pietra di Lavagna,* als in Rom ein ähnlicher von Travertin. Die Ziegel- und Kalkbrennereien um Warschau können, bei mäßigen Bauten, nicht Materialien genug liefern; die zum Auf- und Ausbau nötigen Handwerker haben nicht Gesellen genug, und die erforderlichen Tagelöhner sind nicht aufzubringen, in einem Lande, wo der niederen, zahlreicheren Volksklasse verwehrt ist, zu Hantierungen und Handwerken überzutreten. Deshalb sind hier frühe und große Vorbereitungen nötig, wenn man einen beträchtlichen Bau unternehmen will. Steine, Kalk und Holz müssen, lange vorher, aus der Nähe und Ferne zusammen gefahren, die Baumeister oft aus der Fremde verschrieben, und die Hand-

werker durch Verträge und Vorschüsse in den Stand gesetzt werden, sich mit Gesellen zu versehen. Was man an Werkstücken zu Treppen, zu Fenster-Verzierungen, zu Gesimsen usw. braucht, muß man auswärts bestellen, und, bearbeitet oder roh, weit her anfahren lassen; und zu Handlangern muß man zum Teil Weiber und Kinder annehmen, um nur Arme zu haben, die zur Aufführung der nackten Mauern mitwirken helfen. Stehen diese endlich, so erfordert der innere Bau und Aufputz eine neue kostbare Zurüstung, deren tausendfache Bestandteile fast sämtlich, oft mit den Händen zugleich, die sie einrichten und anordnen, aus der Fremde gezogen werden müssen. Unter diesen Umständen ist es vielleicht ein größeres Wunder, daß Warschau fünfundneunzig Kirchen, Kapellen und Paläste einschließt, als daß Rom dreihundertfünfundvierzig Kirchen und Kapellen und hundertsechsundvierzig Paläste zählt.

Wenn in Italien und Deutschland nichts wohlfeiler ist, als Erziehung und Aufsicht über die Kinder, so ist in Polen nichts teurer. Dort wimmelt es auf allen Straßen von Abbaten und Kandidaten, die für einen Spottpreis das mühsamste aller Geschäfte übernehmen, und Geschicklichkeit und Kenntnisse aller Art, oft in einem ausgezeichneten Grade, dazu besitzen; hier sind dergleichen Subjekte, selbst von der gemeinen Art, selten, und man ist auf die Welt- und Ordensgeistlichen eingeschränkt, die sich mit Unterricht abgeben. Fordert man Sitten, sogenannte galante Kenntnisse und Sprachen, so leisten sie kein Genüge; man ist gezwungen, Hofmeister aus Deutschland, Frankreich und Italien, mit großen Kosten, kommen zu lassen, und sie so zu besolden, wie es die Seltenheit ihrer Talente in Polen, die Aufopferung ihres väterlichen Bodens, und die Trennung von ihrer Familie und ihren Freunden, erfordern. So ist es mit denjenigen Lehrern, die zur Bildung der Sitten und des Verstandes vornehmer Kinder gehalten werden; so ist es mit denen, die ihnen in der Reit-, Fecht-, Tanz-,

Zeichen- und Tonkunst Unterricht geben. Fast alle sind Ausländer; sie müssen für ihre Auswanderung Ersatz haben, sie wollen ein Vermögen erwerben, mit dem sie einmal ihr Vaterland wieder aufsuchen können, sie lassen sich mithin teuer bezahlen. Derselbe Fall ist es mit den Ärzten, Wundärzten, Künstlern, Köchen, Kammerdienern usw., die sämtlich ihre Dienste höher anschlagen, als anderwärts, wo sie mit einer Menge von ebenso geschickten Nebenbuhlern einerlei Laufbahn zu machen haben.
Die Werke der Wissenschaften und schönen Künste sind hier ebenfalls schwerer zu erhalten, mithin teurer als sonst überall. Der Preis der Bücher steht wenigstens um die Hälfte höher als in Frankreich, Italien und Deutschland; Zeichnungen, Gemälde, Bildhauerarbeiten, sind noch einmal so teuer als dort. Die Liebhaberei an Bibliotheken, an Kunstsammlungen ist demnach äußerst kostbar, also auch die Bildung des Geistes und Geschmacks.
Aber neben den Ausgaben, welche die polnische große Welt mit der in andern Ländern gemein hat, erweckt die Landesverfassung ihr noch andre, von denen jene entweder gar nichts, oder doch weniger, empfindet. Sie braucht, nach eingeführter Sitte, politischen Einfluß, und diesen kann sie nur durch Staats- und Ehrenstellen, durch Landämter, durch Anhänger, durch Orden und andre in die Augen fallende Dinge, erhalten. Diese sind äußerst kostbar, und werden es dadurch um so mehr, da sie nicht durch die Erkaufung eines Einzigen, sondern vieler zu erlangen sind; da Verdienste hier nichts entscheiden, und da man überall Nebenbuhler vor sich findet, die ebenfalls kein anderes Mittel, um ihren Zweck zu erreichen, in Händen haben, als das meiste zu bieten. Sonach kostet einem Polen das allmähliche Aufsteigen von den unteren Würden zu den oberen, eine außerordentliche Summe, und selbst dann, wenn er die höchste Stufe erreicht hat, sind seine hierher gehörigen Ausgaben noch nicht zu Ende, falls er sich auch des Einflus-

ses versichern will, zu welchem ihn diese Stufe berechtigt. Er muß sich auf jedem neuen Landtage in den Woiwodschaften, über die er gesetzt ist, oder die er bewohnt, Anhänger erkaufen; er muß unter den Reichsboten, an jedem neuen Reichstage, durch Geschenke, Schmäuse und Versprechungen, neue Freunde suchen; er muß ein Heer von ärmeren Edelleuten unterhalten, damit er, durch ein zahlreiches Gefolge, teils die Augen des großen Haufens blenden, teils seine Nebenbuhler überglänzen, teils in Furcht erhalten könne; und er muß zu allem diesem endlich noch die Minister derjenigen Mächte, die auf die Geschäfte in Polen Einfluß haben, auf gleichem Wege, immer mit vollen Händen, für seine Entwürfe zu gewinnen suchen.

Nicht minder kostspielig werden den polnischen Großen ihre Rechtshändel. Der hochmütige, habsüchtige und egoistische Zug in ihrem Charakter verwickelt sie leicht in Streitigkeiten mit ihren Nachbarn und Nebenbuhlern; Beeinträchtigung des Eigentums, die der Mächtigere sich so oft gegen den Schwächeren zu Schulden kommen läßt; persönliche Mißhandlungen gegen Geringere, die hier noch so häufig sind; und der zweideutige, schwankende, verdrehbare Sinn der Gesetze selbst – das alles veranlaßt eine ungewöhnliche Menge von Rechtshändeln. Da überdies in Polen derjenige, der bloß Recht hat und nichts weiter, gewöhnlich Unrecht behält, so ist es unumgänglich nötig, daß man es durch Geschenke an die Anwälte, Berichtsteller und Richter befestige. Dasselbe tut aber auch der Gegner, der sein Unrecht gern in Recht verwandeln möchte. So entsteht ein doppelter Rechtskampf: einer mit Urkunden und Gesetzen, ein anderer mit Dosen, Ringen und Dukaten. Im letzteren die Oberhand haben, heißt im ersteren gewinnen; stehen auf beiden Seiten die genannten Kräfte im Gleichgewicht, so schlagen Anwalt und Richter, die sodann keinem wehe tun wollen, den Lieblingsweg der polnischen Gerechtigkeit, den Mittelweg (medium terminum) ein, und beide Teile behalten Recht. Dadurch gewinnen jene nicht nur die Sporteln des gegenwärtigen Rechtshandels, sondern auch des künftigen, den ihr auf Schrauben gestellter Spruch, mit der Zeit, wenn sich die Parteien erholt haben, notwendig wieder erneuern muß. Dieser Gang der Rechtshändel ist so bekannt und durch lange Gewohnheit so alltäglich geworden, daß es nicht einmal nötig ist, bei dem Ankaufe der Advokaten, Referenten und Richter mit einer gewissen Heimlichkeit und Schonung zu Werke zu gehen. Dieser Ankauf erhöht den Aufwand der polnischen Großen, die zuweilen auf einmal vor zehn bis zwölf Gerichtshöfen in Warschau und in den Provinzen Rechtshändel schweben haben.

Alle diese Bemerkungen weisen auf das Resultat zurück, daß der Aufwand der polnischen Großen außerordentlich, daß er von größerem Umfange sei, als in irgend einem andern europäischen Lande, weil sie alles das zum Luxus und Bedürfnis brauchen, was ihresgleichen in andern Ländern brauchen, aber zu einem geringeren Preise haben können; und daß ihre Lage als Staatsbürger in politischer und rechtlicher Hinsicht Ausgaben nötig macht, zu denen die Großen in dem übrigen Europa gar nicht oder doch seltener gedrungen sind.

Die Folgen dieses Aufwandes und Luxus zeigen sich auch vielleicht nirgends fürchterlicher als in Polen. Es sind wenig große Häuser, deren ökonomische Umstände nicht darunter litten; es sind wenig einzelne Personen, deren politischer und moralischer Charakter nicht dadurch, zum Teil oder ganz, verdorben würde. Der ewige Ausfall zwischen Vermögen und Aufwand; die Notwendigkeit, diesen Ausfall zu decken, wenn man auf dem vorigen Fuße fortglänzen will; die Menge von Leuten, die in diesem Punkt in einer gleichen Lage sind, die also gleiche Mittel ergreifen müssen, um sich zu erhalten – erregen einen Wetteifer, eine Reibung, eine Gewinnsucht, mithin einen Egoismus, der sich vielleicht nirgends so deutlich, so offen ausdrückt als in Polen. Keiner hilft dem andern, wenn er nicht dabei zu gewinnen weiß, sei es an Einfluß oder an Gelde; gewinnt er aber, so hilft er, wäre es auch bei den ungerechtesten Dingen. Jeder macht seine Würde, seinen Einfluß und seine Stelle zu Gelde, weil ihr Erwerb ihm Geld gekostet hat, das er wieder herausmarkten muß; keiner erfüllt die Pflichten derselben umsonst, weil kein anderer ihm noch die Pflichten der seinigen umsonst geleistet hat. Vermöge dieses verderblichen Grundsatzes, der sich in Polen so häufig mit Ehrsucht, Rache, Geitz und Neid verbindet, schont man selbst seines Vaterlandes und seiner eigenen Familie nicht, wenn man gewisse Absichten erreichen will. Er ist es besonders, durch den die benachbarten Mächte sich von jeher so viele und mächtige Anhänger in Polen verschaffen. Diejenige unter ihnen, die den einzelnen Großen die stärksten Jahrgelder gab, oder ihnen durch ihren Einfluß die höchsten Stellen, die besten Starosteien verschaffte, war immer die stärkste in Polen, besonders wenn sie zur rechten Zeit auch durch Schrecken zu wirken wußte. Solche Jahrgelder, oder andre Wohltaten, pflanzten sich von einem Haupte der Familie auf das andere fort, und daher hatte man ganze Verwandtschaften, die seit einer Reihe von Jahren russisch, preußisch, kaiserlich, und ehedem französisch, sächsisch und schwedisch waren, dies ohne Scham öffentlich sagten, und durch ihre Grundsätze und Handlungen zeigten. Manche nahmen sogar von allen, die ihnen geben wollten, und blieben bloß deshalb unparteiisch, oder auf dem Mittelwege, so lange wenigstens, als ihre Politik nicht bekannt und übel empfunden wurde; manche empfahlen ihre Söhne und Verwandten, sobald sie Stellen erhielten, die ihnen Stimmen verschafften, zu solchen Jahrgeldern; mancher Sohn, manche Frau, wurde aber auch oft, durch ähnliche, von der Gegenpartei des Vaters, oder des Gemahls gewonnen; und in solchen Fällen gab es in einzelnen Familien ein dreifaches Interesse und einen Haß, eine Erbitterung und Auftritte, die am Reichstage selbst nicht heftiger und unanständiger sein konnten. Während des Konstitutions-Reichstages, dessen Handlungen man häufig einem reinen Interesse für das Wohl der gesamten Nation und einer vorteilhaften Veränderung des polnischen Charakters zuschreibt, offenbarten sich alle diese Dinge dem Augenzeugen noch so deutlich, so häufig, als sonst; und ich könnte einzelne Personen und ganze Familien nennen, die diesem altpolnischen Egoismus getreu blieben und standhaft nach dessen Eingebungen handelten. Diejenigen Charaktere, die immer auf der Seite des Stärksten sind, und deren es unter dem politisch bedeutenden Teile der polnischen Nation eine ungewöhnliche Menge gibt, handeln ebenfalls sklavisch nach jenen Grundsätzen der Selbstsucht, und auch diese könnte ich namentlich bezeichnen, wie sie, an dem gedachten Reichstage, alle die Beschlüsse gegen das Interesse unserer Kaiserin durchtreiben halfen, die sie an dem bevorstehenden Reichstage zu Grodno werden aufheben helfen.

Es gibt in Polen gewisse politisch freundschaftliche Verbindungen, deren Mitglieder, vereinigt, gewisse Pläne durchsetzen wollen; diese sind nur scheinbar Freunde, hassen einander oft, hintergehen und überlisten einander, stehen aber bei ihren Unternehmungen einen Mann, und bringen für das gemeinschaftliche Interesse, das den Vorteil jedes einzelnen einschließt, Aufopferungen, die man sonst nur von wahrer Freundschaft und Uneigennützigkeit erwartet. Man erlaube mir ein Beispiel davon hier aufzustellen:

Während des Zwischenreichs, das der Wahl des jetzigen Königs vorherging, bildeten sich drei hervorstechende Parteien, die den Thron aus ihrem Mittel besetzen wollten. An der Spitze der einen stand die Familie Czartoryski; die andre bildeten die Anhänger des sächsischen Hauses; die dritte leitete der Großfeldherr, Johann Branicki[45]. Die Partei der Czartoryski, deren Haupt der Großkanzler von Litauen, Czartoryski, war, schloß drei Kandidaten ein: den Bruder des Großkanzlers, Woiwoden von Rußland, Czartoryski, dessen Sohn, den Prinzen Adam, und den damaligen Stolnik (Truchseß) von Litauen, Stanislaus Poniatowski, den Neffen des Großkanzlers. Auf ihrer Seite war Rußland, und der König von Preußen schien ihr nicht abgeneigt.

Die Häupter der Anhänger des sächsischen Hauses waren die Woiwoden von Lublin, von Wilna, von Podlachien, von Kiew, von Rawa, von Krakau, nämlich die Fürsten Lubomirski und Radziwiłł, und die Grafen Gozdzki, Potocki, Granowski, Rzewuski u. a. Diese wünschten den damaligen Kurfürsten von Sachsen, Christian, oder einen seiner Brüder auf den Thron zu erheben.

Das Haupt der Partei Branickis, war der Großfeldherr selbst und mehrere ihm ergebene Edelleute. Er, ein Schwestermann von Stanislaus Poniatowski, wünschte König zu werden, und rechnete auf die Unterstützung der Pforte.

Die Partei der Czartoryski war unter diesen dreien die stärkste, und sie ward es durch den Beistand Rußlands, durch die Klugheit und Entschlossenheit ihrer Hauptpersonen, durch ihren ausgebreiteten Einfluß, und durch die persönlichen Vorzüge der drei Kandidaten, vorzüglich Poniatowskis, der durch Geist, Kenntnisse und Beredsamkeit schon damals sich sehr auszeichnete. Dazu kam, daß diese Partei unzertrennbar zusammen hielt, daß ein Mitglied wie das Ganze und das Ganze wie ein Mitglied handelte, daß der Reichtum und der Einfluß des einzelnen und aller auf einen Zweck hin wirkten, kurz, daß Eintracht und Einheit in ihren Entwürfen waren, und die nötigen Maßregeln nach einem festen Plane verabredet und angewandt wurden. Merkwürdig, aber ihrem Grunde nach nicht genug aufgeklärt, deucht mir diese Eintracht, und es lassen sich einige Fragen darüber aufwerfen. War es dem Großkanzler gleich, welcher von den drei Kandidaten König würde, sein Bruder, Prinz Adam Czartorykski, oder Graf Stanislaus Poniatowski? Wollte er nur seinen und seiner Familie politischen Einfluß unter der neuen Regierung beibehalten und vermehren, und glaubte er, diesen Zweck zu erreichen, welcher von diesen dreien auch König würde? Oder wollte er lieber seinen Bruder oder dessen Sohn dazu machen? Wußte Stanislaus dies, oder wußte er es nicht? Und war er Willens, seinem Onkel, dem Woiwoden von Rußland, oder dessen Sohn Adam, diesen Dienst zu leisten und dafür bloß mit einem höheren Standpunkt im Staat und einem mehr umfassenden Einfluß vorlieb zu nehmen? Oder hintergingen hierin einander der Großkanzler und sein Neffe Stanislaus? Spiegelte jener diesem nur vor, er wolle ihn zum König machen, um seinen Einfluß, seine Freunde und die Achtung, worin er bei der Kaiserin und dem Könige von Preußen stand, bis zu dem entscheidenden Augenblicke der Wahl, zu gewinnen? Oder spiegelte dieser jenem vor, daß er seinen Plan nicht durchsehe, und wollte er nur dessen Einfluß nutzen, bis der Moment der Wahl entschiede? Oder endlich, waren alle dahin überein gekommen, daß man für die drei Kandidaten gleichmäßig arbeiten wolle, damit die Nation, wenn sie auch gegen den einen oder den andern minder günstig gesinnt wäre, doch einen davon wählen, und solchergestalt den Plan der Familie ausführen müßte? – Ich gestehe, daß ich zwar auf alle diese Fragen kein bedingtes Ja oder Nein sagen kann, daß sie aber, zusammen genommen, gewiß den Gang und die Beschaffenheit der Entwürfe und Verhältnisse dieser Partei einschließen. Übrigens traue ich dem Großkanzler Czartoryski selbst Kälte genug zu, sich nicht für einen der drei Kandidaten, etwa aus herzlichem Hange, mehr verwandt zu haben, als für den andern, und Klugheit und Einfluß genug, beide Neffen und seinen Bruder so weit zu bringen, daß sie es sich gleich sein ließen, wer von ihnen dreien König würde, wenn nur ihre

Familie und sie selbst unmittelbar und persönlich an Glanz und Einfluß im Staate gewönnen. Gewiß ist es, wie oben erwähnt, daß, dem Äußeren nach, Eintracht und wechselseitige Aufopferungen diese Partei eng zusammen verknüpften, daß sie aber oft genug im Innern Streitigkeiten untereinander hatten, die bald mehr, bald weniger heftig waren, aber nie in Stürme ausbrachen, die ihre politische Freundschaft hätten zerreißen können.

Die andre Partei, die sächsische, bestand aus den mächtigsten und reichsten Staatsbeamten, aus andern wichtigen Magnaten, auch Bischöfen, und aus vielen Mitgliedern des Ritterstandes, die, teils aus Eifersucht auf die Czartoryski, teils in der Erinnerung der für sie fruchtbar gewesenen Zeiten der Könige aus dem sächsischen Hause, für die Prinzen des letzteren sich gestimmt fanden. Aber ihr guter Wille ward durch unsre Truppen gelähmt, die sich in der Gegend von Warschau zu Gunsten der Czartoryski zusammengezogen hatten. Überdies war das sächsische Haus zu sparsam, und befestigte seine Anhänger nicht genug durch klingenden Dank in ihrer Freundschaft, gab also auch wenig Hoffnung, das je zu ersetzen, was sie, wenn die russische Partei völlig obsiegte, durch den Verlust ihrer Stellen oder durch Exekutionen, auf ihre Güter verlegt, hätten einbüßen können.

Die dritte Partei war die schwächste. Der Großfeldherr selbst war ein stolzer, ungestümer Mann, dem es durchaus an der Klugheit und Geschmeidigkeit fehlte, die von dem Haupt einer Partei, besonders in Polen, wo man mit Leuten zu tun hat, die sich bei solchen Gelegenheiten alle für gleich und gleich und für Gönner und Beförderer halten, als die ersten Bedingnisse gefordert werden. Er hatte allerdings auch einige Anhänger unter dem Adel, verließ sich aber besonders auf seinen großen Einfluß bei der Armee, und auf den Beistand des türkischen Hofes.

Unter diesen Umständen versammelte sich der Konvokations-Reichstag[46] den 7. Mai 1764, und sogleich ließ der Großfeldherr durch seinen Liebling, den General Makronowski, der Reichsbote war, alles für nichtig erklären, was auf demselben verhandelt werden würde, wenn man nicht vorher die Beschwerden beilegte, die in einem Manifeste, das ungefähr dreißig Senatoren und Reichsboten unterschrieben hatten, aufgestellt waren. Dieser Einspruch blieb aber ohne Wirkung. Die Partei der Czartoryski drang, unter dem Schutze der Russen in der Ferne, und ihrer Haustruppen in der Nähe, durch, und der Prinz Adam Czartoryski ward zum Reichstags-Marschall erwählt.

Jetzt sahen die Anhänger Branickis und Sachsens das mächtige Übergewicht, das sich die Czartoryski an dem Konvokations-Reichstage zu verschaffen gewußt hatten, und sie konnten nicht mehr zweifeln, daß sie sich dasselbe auch für den folgenden Wahlreichstag zu erhalten wissen würden. Sogleich vereinigten beide Parteien ihr Interesse, welches nun war, den Czartoryskis entgegenzuarbeiten und den ihnen günstigen Reichstag zu zerreißen; und dies war um so leichter, da der Großfeldherr sich immer gestellt hatte, als ob er dem Hause Sachsen nicht abgeneigt wäre. Die Hauptpersonen verließen also den Tag darauf Warschau und legten ein Manifest gegen den Reichstag ein. Es waren Branicki, Rzewuski, Potocki, Radziwiłł, Poniński und andre der Mächtigsten und Reichsten im Staate. Die folgenden Tage zogen ihnen viele, ebenso bedeutende Große, z. B. der Bischof von Krakau, Sołtyk, der Woiwode von Wolhynien, Ossoliński, der Krongroßschatzmeister, Wessel, u. a. nach, und zwanzig Reichsboten schlugen sich noch zu ihrer Partei. Der Großfeldherr bezog ein Lager bei Kozienice mit seinen und seiner Anhänger Haustruppen, zu welchen noch einige Regimenter von der Armee stießen.

Unterdessen entsetzte der Konvokations-Reichstag, der sich für den echten Stellvertreter der Nation erklärte, den Krongroßmarschall Bieliński seiner Würde, weil er, indem er den Reichstag für zerrissen erklärte, seine Wache zur Besetzung des Versammlungssaales verweigert hatte; ebenso verlor ein paar Tage nachher der Großfeldherr selbst seine Würde, auf die vierfache Anklage, daß er die Unterhaltung und Zucht der Armee vernachlässigt, die Grenzen nicht gedeckt, Truppen bei Graudenz zusammengezogen, um seine Privatrache zu befriedigen, und daß er die Republik verlassen habe, zu einer Zeit, wo sie sich hätte einmütig einen König wählen können, ohne auswärtige Mächte dabei um Beistand zu bitten. Zugleich wurde der Woiwode von Rußland, Fürst Czartoryski, Vater des Prinzen Adam, zum Regimentar[47] der Armee erwählt, und er leistete der Republik den Eid der Treue. Mehrere Große gingen jetzt zur siegenden Partei zurück, und verließen die schwächere. Das Lager der letzteren wurde von den Russen eingeschlossen; was noch von Anhängern zu ihr hätte stoßen wollen, konnte nicht durchdringen; im Lager selbst fehlte es an Zelten, an Lebensmitteln, an Munition und Geld; die Hauptpersonen wurden schon in den ersten Tagen uneins, denn der Großfeldherr behauptete seinen Stolz, der Bischof von Krakau wollte, daß alles nach seinem Willen gehen sollte, Rzewuski war zu bedenklich und Radziwiłł beharrte auf seinem Kopfe, nahm keine Vorstellungen an, und entfernte sich endlich ganz aus dem Lager. Ebenso, bald nachher, der Woiwode von Kiew, Potocki, der Bischof von Krakau, der Großküchenmeister Poniński, und viele andre der bedeutendsten Anhänger seiner Partei. Sein ganzer Plan scheiterte, und er war nicht imstande, etwas Bedeutendes zu unternehmen. Als nachher der Wahlreichstag berufen ward, erhielt Stanislaus Poniatowski, der jetzige König, die meisten Stimmen; und die Familie Czartoryski hatte ihre Entwürfe, bis auf den letzten Augenblick enge verbunden, glücklich durchgesetzt.

Stanislaus war nicht so bald König, so ward die innere Eifersucht und das Mißvergnügen unter den Hauptpersonen seiner Partei, die gewiß nicht erst am Tage seiner Wahl entstanden, lauter. Er wurde von der Herrschsucht des Großkanzlers bedrängt, von dessen Stolze gedrückt, von dessen Kälte und Eigensinn in seinen etwas lebhaften Unternehmungen behindert. Sein Onkel, der Woiwode von Rußland, und sein Sohn, Fürst Adam, ließen ihn ihren Groll ohne Zwang merken, und benahmen sich entweder übermütig oder mürrisch; genug, man war recht ernstlich mißvergnügt mit ihm; aber dennoch (und bloß dieses Umstandes wegen habe ich diese Tatsachen erzählt) hielten sie, ihres gemeinschaftlichen Interesses wegen, noch eine Weile so fest zusammen als vorher und blieben, bei politischen Entwürfen, so einträchtig, so standhaft einander ergeben, daß sie, bis zu dem Zeitpunkte, wo äußere dazwischentretende Umstände ihre Partei zerrissen, den polnischen Staat ausschließend beherrschten.

Hier ist ein kurzer Abriß von dem Gange der Staats- und Justiz-Geschäfte in Polen an seinem rechten Orte.

In Staatsgeschäften, in Angelegenheiten der ganzen Nation, läßt man nichts auf den allgemeinen Willen derselben, den sie ihren Stellvertretern am Reichstage, den Bedürfnissen des Ganzen entsprechend, übertragen haben könnte, unbedingt ankommen. Da man an seinem eigenen Egoismus, den Egoismus aller übrigen erkennt, so weiß man schon, daß jeder einzelne Reichsbote nur diejenigen Punkte seiner Vorschrift durchzusetzen sucht, die sich mit seinem persönlichen Vorteil am besten vereinigen lassen; und daß ebenso jede Provinz nur das ihren Reichsboten aufzutragen pflegt, was ihr, sei es auch mit Nachteil für alle übrigen, den meisten Vorteil bringt. Hierin liegt die natürliche Veranlassung zu Parteien.

Solche Parteien bilden teils diejenigen Provinzen, deren Forderungen und Vorschriften einander gleich sind, teils diejenigen, die sich in den meisten derselben nähern, teils Privatpersonen, die Privatentwürfe durchsetzen wollen, welche dem Vorteil, oder den Rechten, oder dem System einiger Provinzen oder anderer Privatpersonen zuwider laufen; und teils solche, die irgend einem auswärtigen Hofe bei gewissen, das Ganze beschädigenden, Plänen beförderlich sein wollen.

Die Arbeiten derjenigen Partei also, die etwas durchsetzen will, wobei sie die Zustimmung der ganzen Nation, oder auch nur ihrer Mehrheit, nicht hoffen kann, gehen schon vor der Berufung der Landtage an. Man schickt nämlich in diejenigen Bezirke, von denen man weiß, daß sie den vorhabenden Plänen am meisten zuwider sind, Kundschafter ab, um die öffentliche Meinung dort teils zu bilden, teils zu leiten, um diejenigen unter dem Adel der Provinz auszulesen, deren Grundsätze jenen Absichten entsprechen, oder ihnen am wenigsten zuwider sind; um diese Grundsätze vollends zu berichtigen, d. i. zum Vorteil der Partei zu modeln; um durch Unterhandlungen, Versprechungen, Geschenke und andre angenehme oder nützliche Dinge, die Bedeutendsten dieses Adels geradezu für die gegebene Partei zu erkaufen; um endlich diese letzteren mit auf die Wahl zu bringen und ihnen die Mehrheit der Stimmen zu künftigen Reichsboten wirklich zu verschaffen.

Unter diesen Vorbereitungen erwartet man die Berufung zu den Landtagen. Diejenigen Gegenstände nämlich, die auf dem Reichstage verhandelt werden sollen, werden, im Auszuge, in die verschiedenen Woiwodschaften und Bezirke, im Namen des Königs, abgeschickt; zugleich werden die Landtage (poln. Sejmiki) angesagt, die jedesmal sechs Wochen vor einem ordentlichen, und drei Wochen vor einem außerordentlichen Reichstage gehalten werden müssen. Auf diesen Landtagen versammeln sich die Edelleute der Woiwodschaften und Bezirke, und die in denselben wohnenden Senatoren. Zuerst wird, durch die Mehrheit der Stimmen, ein Landbotenmarschall erwählt, der dem Landtage vorsitzt, über die Förmlichkei-

ten wacht, die Stimmen sammelt, die Uneinigen zu vereinigen, und Ruhe und Ordnung zu erhalten sucht. Ist dieser erwählt, so tritt ein Abgeordneter des Königs auf, legt die Gegenstände, über die das Land beratschlagen soll, dar, und entfernt sich sodann. Die Verhandlungen des Landtags nehmen ihren Anfang, und die Punkte, worüber man einig geworden ist, werden verzeichnet und machen einen Teil der Vorschriften für die an den Reichstag zu sendenden Boten aus. Neben den Gegenständen, welche die königlichen Ausschreiben enthalten, werden noch viele andere, allgemeine und besondere verhandelt und den Vollmachten der Boten hinzugefügt, um sie am Reichstage zu betreiben. Sodann werden die künftigen Reichsboten aus den versammelten Edelleuten, durch Mehrheit der Stimmen, erwählt.
Hier sei bemerkt, daß, da die einzelnen Mitglieder des Landtages durch ihren Einspruch, wie am Reichstage selbst, die ganze Versammlung zerreissen und nichtig machen können, viele Landtage gar nicht zustande kommen, mithin aus der Provinz, wo dies geschieht, gar keine Boten am Reichstage erscheinen, bei demselben auch nicht zugelassen werden würden. Ein gesetzliches Mittel dagegen hat der König in Händen, der sogleich einen neuen Landtag ausschreiben kann; ungesetzlich ist dies, daß die Partei, welche die stärkste ist, Gewalt zeigt und durch Furcht die Widersprecher im Zaum hält. Übrigens tut es den Geschäften des Reichstages selbst keinen Eintrag, wenn auch die Boten einiger Woiwodschaften oder Bezirke ausbleiben. Die Gegenwärtigen verfügen für die Abwesenden, und diesen bleibt es unbenommen, den Beschlüssen des Reichstages, auf den Relations-Landtagen, die nach demselben gehalten werden, beizutreten. Gewiß ist indessen, daß, wenn der größte Teil der Boten am Reichstage fehlte, dieser, wo nicht ganz vergeblich, doch wenigstens nicht imstande wäre, Dinge von allgemeiner Wichtigkeit zu be-

schließen, die sodann bis zu einem neuen, an welchem mehr Boten erscheinen, ausgesetzt werden müßten.
Da auf diesen Landtagen mehr als eine Partei ihre Pläne hat und durchzutreiben sucht, so ist die Vertreterschaft der Nation, schon in dem ersten Augenblick ihrer Bildung, zerstückelt, und sie bleibt es gewöhnlich bis zum letzten ihrer Wirksamkeit. Ehedem gingen die Landtage selten ohne gewalttätige, auch wohl blutige, Auftritte ab. An mehr als einem wurden Edelleute zu Schanden gehauen, oder mit Schlägen mißhandelt, oder durch Übermacht aus demselben verstoßen; an mehr als einem hielten zwei Parteien einander das Gleichgewicht, wählten beide ihre eigenen Boten, und jede erklärte die ihrigen für die rechtmäßig gewählten, bis etwa eine stärkere Hand für noch andere entschied. Das Geräusch, die Erbitterung und tätliche Heftigkeit, die solche Spaltungen verursachten, waren um so stürmischer, da die Teilnehmer gewöhnlich noch durch starke Getränke außer sich gesetzt waren, die bei den übrigen Mitteln, welche man zur Ausführung gewisser Pläne anwandte, unnachläßlich in Fülle zur Hand sein mußten. So schäumte denn die Vaterlandsliebe in großen Deckelgläsern, wie sie in Dukaten glänzte und wie sie in dem Blute eines Mitbürgers an einem Säbel herabfloß. Polen von Gefühl erinnern sich selbst mit Schmerz solcher Auftritte, die bis in die neuesten Zeiten herauf dauerten, und nur erst bei der Berufung des Revolutions-Reichstages, bei dessen Verlängerung und Verdoppelung im Dezember 1790 und bei der Bestätigung der neuen Konstitution im Februar 1792, nicht mehr vorfielen. Ein patriotischer Pole versicherte mir bei der letztern Gelegenheit, daß nur zwei Landtage sich noch betrunken und sich Heftigkeiten überlassen hätten. Diese nicht ganz ernsthaft klingende Äußerung zeugte allerdings von einer Eintracht, die den Mut der Mehrheit, die damals am Reichstage herrschte, stärken mußte. Indessen ist es auch gewiß, daß sie von Warschau

aus in alle die Bezirke, die sie nicht ganz für sicher hielt, Abgeordnete gesandt hatte, die ihr ergeben waren, und die den Edelleuten, die sich auf den Landtagen versammelt hatten, das Glas vorhielten, durch welches sie ihre Unternehmungen ansehen mußten, wenn sie dieselben einmütig billigen sollten! Die Boten nun, die auf den Landtagen erwählt worden, bilden, mit den Senatoren, den Ministern und dem Könige, den Reichstag (poln. Sejm) und finden sich zu der Zeit und an dem Orte ein, die in den königlichen Ausschreiben zu Haltung desselben angesetzt sind.

Die Reichstage sind entweder ordentliche oder außerordentliche, und diese Einteilung besteht seit dem Jahre 1573, wo es Gesetz wurde, daß alle zwei Jahre ein Reichstag gehalten werden, daß es aber auch dem König erlaubt sein sollte, binnen kürzerer Zeit, einen solchen zu berufen, wenn dringende Umstände es nötig machten. Jene ersteren sollten ordentliche, diese letztere außerordentliche genannt werden. Der Tag, an welchem die ordentlichen ihren Anfang nehmen sollten, wurde im Jahre 1717 auf den nächsten Montag nach Michael festgesetzt. Wenn ein Reichstag, durch irgend einen Zufall, in dem Jahre, in welchen er fällt, nicht zustande kommt, so müssen noch zwei Jahre vorübergehen, ehe er wieder ausgeschrieben werden kann.

Die Orte, wo sich der Reichstag versammelt, sind abwechselnd Warschau und Grodno, und zwar so, daß zwei hintereinander in jener, und der dritte in dieser Stadt gehalten werden. Unter der Regierung des jetzigen Königs hat man sich an diese Verordnung nicht streng gebunden, und die Reichstage waren, bis drei oder vier, in Warschau, doch dem hierher gehörigen Rechte der Stadt Grodno unbeschadet.

Außer den Schreiben, durch welche die Stände berufen werden, schickt der König noch andre, die man *Deliberatorien* nennt und welche die Gegenstände enthalten, über die am Reichstage beratschlagt werden soll, drei Monate vor

Anfang desselben, an die einzelnen Senatoren, damit sie darüber denken und vorbereitet erscheinen können.
Sobald ehedem die Senatoren und Reichsboten in der Stadt ankamen, wo der Reichstag sein sollte, wurden ihnen von den Hofmarschällen Wohnungen angewiesen; da aber diese, bei dem Luxus der neueren Zeiten und bei der Gewohnheit vieler Reichsboten, ihre Gemahlinnen mitzubringen, ebenso wenig hinlänglich waren, als das Kostgeld (poln. Strawne), das jede Provinz den ihrigen zu bewilligen gewohnt war: so gab man diese unbedeutende Schadloshaltung ganz auf, und die Reichsboten mieten sich jetzt eigene Wohnungen, und leben darin die ganze Zeit des Reichstages auf ihre Unkosten.
Zur Polizei des Reichstages gehört, daß die Gesetze Strafen gegen diejenigen bestimmt haben, die auf demselben den Säbel ziehen, jemanden verwunden, jemanden töten, und daß die Landboten und ihre Dienerschaft unter der Gerichtsbarkeit der Marschälle und des Reichstages stehen. Zu den Vorrechten der Senatoren und Reichsboten gehört dies, daß der Gang der Rechtshändel, in denen sie verwickelt sind, sei es vor welchem Gerichtshof es wolle, vom Anfange der Landtage an, während der ganzen Dauer des Reichstags, bis vierzehn Tage nach den Berichts-Landtagen, die auf ihn folgen, gehemmt ist, und daß alle während dieser Zeit gegen sie getane Rechtssprüche nichtig sind.
Ehe der Reichstag angeht, wird in der Hauptkirche zu Warschau oder zu Grodno, wenn er sich hier versammelt, eine feierliche Messe, entweder vom Primas, oder von einem der Bischöfe, oder auch von dem päpstlichen Nuntius gelesen. Der König, die Senatoren und die Reichsboten aus dem Ritterstande, sind bei derselben zugegen, und nur Krankheit kann die Abwesenheit des ersteren oder der letzteren entschuldigen. Nach der Messe und Predigt begleiten die Stände den König, erst in seine Zimmer, sodann in die Senatorenstube, wo er eine feierliche Cour annimmt.

Nach Endigung derselben verfügen sich die Reichsboten in ihre Stube und beschäftigen sich mit der Wahl eines Reichstagsmarschalls.
Dieser Marschall ist gleichsam die Seele des Reichstags und seiner Verhandlungen. Jener hat keine Tätigkeit, und diese haben keine Gültigkeit, wenn er nicht zugegen ist, oder sich protestierend den Sitzungen entzogen hat. Kann er krankheitshalber nicht zugegen sein, so verrichtet der vorderste Reichsbote der Provinz, aus welcher der Marschall ist, seine Obliegenheiten.
Seine Befugnisse und Pflichten sind: daß er, als Präsident, den Reichsboten die zu verhandelnden Gegenstände vorlegt; denen, die darum bitten, das Wort gibt, das heißt, ihnen die Tätigkeit des Reichsboten verleiht; die Uneinigen vereinigt; die Widersprecher durch Zureden und Gründe beruhigt; Stillschweigen gebietet, wenn Lärm und Geräusch sich erheben; zu Bescheidenheit und Schonung ermahnt, wenn sich Reichsboten zu Heftigkeiten hinreißen lassen; und diejenigen, die beleidigend geworden sind, unter seinen Marschallsstab beruft, um der Zensur der gesamten Stube zu untergehen. Er hebt die Sitzungen auf und bestimmt Tag und Stunde zu deren Fortsetzung; er führt das Wort für die Reichsboten; legt ihre Wünsche und Forderungen dar; liest die Schlüsse, die sie in der Reichsbotenstube gefaßt und gebilligt haben, dem Könige und den Senatoren vor; und hat noch mehrere andere Verrichtungen, die sich auf den Gang der Geschäfte und auf die Förmlichkeit beziehen. Gewiß ist es, daß der glückliche Erfolg der Verhandlungen großenteils davon abhängt, daß der Reichstagsmarschall ein unterrichteter, beredsamer, schlauer Mann ist, der die Umstände zu nutzen und am rechten Orte nachgiebig oder standhaft zu sein versteht.
Das Gesetz schreibt vor, daß der Marschall unter den anwesenden Reichsboten, und zwar so gewählt werde, daß er abwechselnd aus Großpolen, aus Kleinpolen und aus

Litauen sei. Ist demnach der Marschall des gegenwärtigen Reichstages aus Großpolen, so muß für den künftigen einer aus Kleinpolen, und für den auf diesen folgenden einer aus Litauen gewählt werden. Auch darf der Marschall des ersten Reichstages nicht dieselbe Würde am zweiten wieder erhalten. Da diese Stelle mit großer Arbeit und mit mancherlei Aufopferungen verknüpft ist, so bestimmt das Gesetz den Inhabern derselben eine Schadloshaltung und Belohnung von 60 000 poln. Gulden aus dem Schatze, die aber oft erst nach Jahren gezahlt werden; oft auch gar nicht gezahlt werden; oft auch gar nicht gezahlt worden sind. Zuweilen erhalten sie auch, außer jener Summe, noch königliche Güter zur Benutzung und senatorische Würden.

Gewöhnlich nehmen bei der Wahl des Reichstags-Marschalls die Heftigkeiten zwischen den verschiedenen Parteien schon ihren Anfang. Es ist jeder derselben höchst wichtig, daß ein Bote Reichstagsmarschall werde, der auf ihrer Seite ist. Jede schlägt also ihren eigenen Kandidaten vor, jede sucht dem ihrigen die meisten Stimmen zu verschaffen. Eine dritte Partei, die es berechnen kann, daß ihre Entwürfe, wie die Stimmung der Boten jetzt ist, nicht durchgehen möchten, arbeitet dahin, daß gar kein Marschall gewählt werde, weil sodann gar kein Reichstag stattfinden kann, sie also die Hoffnung behält, auf einem künftigen ihren Zweck zu erreichen. Auch erklärt sich wohl eine auswärtige Macht gegen den Kandidaten, der wahrscheinlich die Mehrheit haben könnte; oder eine andre Macht setzt die Wahl eines andern durch, der in ihrem Interesse ist. Mit einem Worte, es verlaufen oft Tage und Wochen, ehe diese Wahl zustande kommt; oft geht sie gar nicht vor sich, und der Reichstag trennt sich fruchtlos. Übrigens geschieht diese Wahl unter dem Vorsitze des Marschalls vom letzten Reichstage.

Kommt sie wirklich zustande, so sollten die Geschäfte, den älteren gesetzlichen Vorschriften gemäß, in folgender Ordnung weiter gehen: die Streitigkeiten wegen der recht- oder unrechtmäßigen Wahl und Sendung mancher Landboten sollten untersucht und entschieden werden; die Landboten sollten dem König aufwarten; der Eid des Königs und die »pacta conventa« sollten verlesen, die Gegenstände, die der Reichstag verhandeln soll, vorgetragen; diejenigen geheimen Beschlüsse, die bei Staats- und Kriegsoperationen, von einem Ausschusse des Senats und des Ritterstandes gefaßt worden, und die zu ihrer Zeit keine Kundwerdung litten, sollten vorgelesen und bestätigt; ebenso die Dekrete, die der König mit dem Senate, während der Zwischenzeit von einem Reichstage zum andern gefaßt hat, bestätigt werden. Die Reichsboten sollten Antrag wegen der Besetzung der erledigten Staatswürden tun; die Senatoren ihre Meinung über die zu verhandelnden Gegenstände sagen; aus ihrer Mitte Kommissionen ernannt werden, welche teils die entworfenen Konstitutionen durchsehen, teils den Schatzmeistern, und teils den Feldzeugmeistern ihre Rechnungen abnehmen sollten; die Gesandten, die an fremden Höfen gestanden, sollten über ihre Geschäfte gehört und ihnen über die Wahrhaftigkeit ihrer Berichte der Eid abgenommen; und endlich sollten noch die Bevollmächtigten oder Redner der Armee über Gegenstände, die diese betreffen, gehört werden. Nachdem dies alles in der Senatorenstube geschehen, sollten die Reichsboten sich wieder in die ihrige begeben und Konstitutionen entwerfen, die zuerst die öffentliche Sicherheit, wenn es nötig ist, betreffen sollten; der König sollte unterdessen mit den Senatoren und denjenigen Reichsboten, die sein Marschall dazu beruft, die Reichstags-Gerichte hegen; und endlich sollten die Reichsboten mit den Konstitutionen zu den Senatoren zurückkommen, fünf Tage hindurch mit ihnen beratschlagen, und den Reichstag beendigen.

Diese Ordnung schreiben die älteren Gesetze allerdings vor, aber wir wissen schon, daß sie in keinem Stücke pünktlich befolgt wurden. Der Kampf der verschiedenen Parteien warf alles durcheinander; und die Veränderungen, die in neueren Zeiten, durch den Einfluß fremder Mächte, in diesen Vorschriften gemacht worden, haben ohnehin viele derselben gänzlich aufgehoben.

So ist, vermöge der Konstitutionen von 1768 und 1775, den ordentlichen Reichstagen eine Dauer von 6 Wochen bestimmt worden, und der Wahl des Reichstagsmarschall drei Tage. Zwei Tage nach derselben vereinigen sich die beiden Stuben; sodann schreitet man zur Wahl der Mitglieder des immerwährenden Rates; die Schatzkommissionen von Polen und Litauen, und die Beisitzer der Hof- oder Kanzleigerichte werden gewählt; drei Senatoren und sechs Landboten entwerfen die Konstitutionen. Ist dies alles geschehen, was nicht mehr als drei Wochen Zeit wegnehmen darf, so trennen sich die beiden Stuben wieder, und die Landboten begeben sich in die ihrige, um das Benehmen des immerwährenden Rats seit dem letzten Reichstage und seine Beschlüsse und Verordnungen zu untersuchen; die Rechnungen der Schatzkommissionen durchzusehen und zu unterschreiben; sich über die Operationen und Ausgaben der Erziehungskommission zu unterrichten; über die Verträge des Königs zu beratschlagen; und endlich die Entwürfe zu Konstitutionen zu prüfen und sie anzunehmen oder zu verwerfen. Am ersten Tage der sechsten Woche vereinigen sich beide Stuben wieder, und diejenigen Entwürfe zu Konstitutionen, welche einmütig genehmigt worden, gehen in Gesetze über und werden von den Reichsboten unterschrieben. Sodann trennt sich, nach einer feierlichen Messe, der Reichstag. Die Beschlüsse, die er gefaßt hat, heißen Konstitutionen.

Während des Laufes dieser Geschäfte, bieten die unbedeutendsten Dinge zu Streitigkeiten, mithin zur Verlängerung und Verwirrung derselben, Gelegenheit dar. Hat z. B. der König den Tag bestimmt, wo er die feierliche Aufwartung der Reichsboten annehmen will, so verlangt wohl einer oder mehrere, daß erst andre Dinge vorgenommen und abgetan werden sollen, und über dieser Schikane verlaufen mehrere Tage; bei Vorlesung der »pacta conventa« erheben sich Streitigkeiten, dadurch veranlaßt, daß Reichsboten behaupten, der König habe sie nicht pünktlich gehalten, man müsse ihn dazu ermahnen; die Gegenstände, die zur Verhandlung dargelegt werden, erregen Mißverständnisse und Spaltungen, welche Zerreißung des Reichstags drohen; die Wahl des immerwährenden Rats erregt heftige Auftritte, und dessen Operationen seit dem letzten Reichstage noch heftigere; die Abfassung der Konstitutionen von Seiten der Reichsboten verzögert sich, kommt gar nicht zustande, der Reichstag geht darüber zu Ende; mit einem Worte: Unordnungen, Mißbräuche, Gewalttätigkeiten, Unwissenheit und Leichtsinn spiegeln sich in jedem Schritte einer Versammlung, deren einzelne Glieder, als Reichsboten, vollends ihrem Egoismus, ihrem Hochmute und dem Gefühle der Straflosigkeit sich überlassen dürfen. Die außerordentlichen Reichstage haben eben die Einrichtung und nehmen denselben Gang, wie die ordentlichen, dürfen aber, seit der Konstitution von 1768, nur vierzehn Tage dauern. Die feierlichen Formalien werden an denselben teils zusammengezogen, teils weggelassen. Sie sind übrigens denselben Unordnungen und Mißbräuchen unterworfen wie die ordentlichen. Ebenso die Konvokations-Reichstage während eines Zwischenreichs und die auf sie folgenden Wahl-Reichstage. Auf ersteren nehmen die Geschäfte, in eben der Form und Art, ihren Gang wie auf den ordentlichen; und wie und wo letztere sich versammeln und das Wahlgeschäft abtun, findet man in allen statistischen und geographischen Handbüchern.

Da das »liberum veto«, verbunden mit der Verschleppung der Geschäfte über die gesetzliche Dauer des Reichstages hinaus, in dem laufenden Jahrhundert fast alle Reichstage,

ordentliche wie außerordentliche, zerriß: so kam man in neueren Zeiten auf den Gedanken, von den Konföderations-Reichstagen Gebrauch zu machen, um der Nationalrepräsentation Dauer und gültige Wirksamkeit zu verschaffen. Das Wort Konföderation hat in Polen die Bedeutung von Insurrektion: es ist ein Aufstand der Staatsbürger, eine Verbindung derselben, die dahin zielt, dringenden Staatsbedürfnissen abzuhelfen, welche auf dem gewöhnlichen Reichstage nicht gehoben werden konnten, entweder, weil dessen Berufung verhindert wurde, oder dessen Verhandlungen durch obige Ursachen fruchtlos blieben. Da die Beschlüsse eines Konföderations-Reichstages nicht die Einhelligkeit der Stimmen, sondern nur deren Mehrheit erfordern, so vermied man durch sie die vernichtende Kraft des »liberum veto«. Übrigens bestehen sie aus denselben Mitgliedern und werden mit denselben Förmlichkeiten gehalten, wie die ordentlichen Reichstage, auch, in neueren Zeiten, an denselben Terminen wie diese. Sie sind aber nicht von neuerem Ursprunge, sondern waren längst in Polen bekannt und üblich; z. B. wenn die Person des Königs und das Vaterland, durch Verschwörungen oder feindliche Überfälle, in Gefahr geriet, wenn durch den Tod des Königs ein Zwischenreich entstand, und wenn sich ein Wahlreichstag zur Ernennung eines neuen Königs versammelte.
Man glaube aber nicht, daß nur wahre Landes- und Staatsbedürfnisse solche Konföderationen bildeten: es waren ebenso oft Privatabsichten mächtiger Familien, politische Pläne auswärtiger Mächte, Hochmut, Eifersucht, Rachsucht und andre unpatriotische Bewegungsgründe; mit einem Worte: es war die schlechte Staatsverfassung, die denselben zum Grunde lag. Demnach war auch der Gang der Geschäfte auf denselben ganz nach gewöhnlicher Sitte. Kabale, Bestechung, List und Übermacht taten alles. Oft setzte sich der ersten Konföderation eine zweite entgegen; eine dritte erhob sich gegen die beiden ersten. Die Beschlüsse der

einen veranlaßten Gegenbeschlüsse der andern, während das Land in Flammen stand und Bürgerblut auf allen Seiten floß. Man erinnere sich der Konföderations-Kriege neuerer Zeiten und ihrer Ursachen und verheerenden Folgen.

Der letzte Konstitutions-Reichstag war auch das Werk einer Konföderation, jedoch wurde er, anstatt des ordentlichen Reichstages, an diesem Reichstage selbst, den 7. Oktober 1788, in einen Konföderations-Reichstag verwandelt, weil die Mehrheit an demselben glaubte, daß sich keiner ihrer Entwürfe, an einem Reichstage, der nach der im Jahre 1768 vorgeschriebenen Form eingerichtet sei, würde zur Ausführung bringen lassen.

Außer den Ursachen der Selbstsucht, des Hochmuts, der Herrschbegier und der Einmischung fremder Mächte, welche die erwähnten Gattungen von Reichstagen so stürmisch und doch so ohnmächtig machen, sind noch zwei andre da, die nicht minder kräftig eben dies bewirken: es sind Unwissenheit und Leichtsinn.

Die Gesetze schreiben bloß vor, daß ein Edelmann, der zum Reichsboten erwählt werden soll, ein eingeborner, besitzlicher Edelmann, nicht, daß er zugleich ein unterrichteter, fleißiger, der Gesetze und Gewohnheiten des Reichs kundiger Mann sei. Daher kommt es, daß zwei Drittel der Reichsboten fast ganz roh auf den Reichstag gehen, und höchstens das von ihren Pflichten auf demselben, und von dessen künftigen Verhandlungen wissen, was sie von dem Beispiele anderer abgezogen und durch die einseitigen Vorspiegelungen eines oder des andern Parteiführers gelernt haben. Sonach ist der große Haufe beständig das Spielwerk der wenigen Klügeren am Reichstage. Diese letzteren haben aber an den einzelnen Gliedern der ununterrichteten Menge nicht weniger treue Anhänger, weil Mangel an Kenntnissen und Begriffen einen desto höheren Grad von Hartnäckigkeit gebiert. Diese Art von Boten hat, statt aller Gründe, nichts als ihr »ich will nicht«, oder ihr »aber«, die sich auf dem gründen, was ihr Haupt ihnen gesagt und was sie ohne Nachdenken als Evangelium aufgenommen haben. Ich habe Beispiele davon während des Konstitutions-Reichstages, sowohl bei Landboten von der Revolutionspartei, als von der entgegengesetzten, häufig gesehen; und sie waren in der Tat so lächerlich, wie sie notwendig sein müssen. Ich fand einmal bei dem Bischof von Livland, Kossakowski, zwei jüngere Landboten von der Revolutionspartei. Er stellte ihnen die Gefahr vor, die sich Polen zuzöge, wenn man fortführe, Rußland so hart zu behandeln, und alles aufzuheben, was die Republik an diese Macht bände. Er führte ihnen zu Gemüte, wie schwach Polen sei, um sich Rußland zu widersetzen, im Fall es, nach einem, mit Schweden und mit der Pforte geschlossenen Frieden, losbräche; daß es weder eine starke, noch regelmäßige, noch mit den notwendigsten Kriegsbedürfnissen versehene Armee habe; daß Preußen und Österreich, wenn es zur Hauptsache käme, die patriotische Partei im Stiche lassen würden usw., mit einem Worte, er verkündigte ihnen alles, was nachher eingetroffen ist. Die Landboten sagten, unter tiefen Verneigungen, zu dem allen ja und wieder ja; doch wenn er sie dann ermahnte, sich dem gemäß zu benehmen, so kamen sie, unter den lächerlichsten Manieren, mit ihrem »ale« (aber), und der Bischof hatte in den Wind gesprochen. Eben dies waren die Waffen, womit viele Anhänger des russischen Interesses die Vorstellungen der patriotischen Partei zurückschlugen, und alle Versuche, sie auf ihre Seite zu bringen, fruchtlos machten. Genug, bei diesen Leuten haftete der erste Eindruck, den ihr kleiner Ideenvorrat, oder ihr Hochmut, oder ihr Eigennutz, erhalten, und die Partei, die sie einmal gewonnen hatte, konnte auf sie rechnen, und in der Tat fester, als auf Männer von Verstand und Geist, welche die Gegenstände von mehr als einer Seite anzusehen und zu fassen fähig waren.

Der Leichtsinn, der den Polen jedes Standes ganz eigentümlich ist, tut dem Laufe und der Gründlichkeit der öffentlichen Geschäfte nicht weniger Eintrag als die Unwissenheit. Das Gewühl von Vergnügungen, welches den Reichstag umgibt, zerstreut die Boten, selbst die älteren darunter, und raubt ihnen den größten Teil ihrer Zeit; die jüngeren, die noch keine Hauptrollen spielen können, finden kein Vergnügen an den Arbeiten, die ihrer Eitelkeit nicht schmeicheln; die eingeschränkteren brauchen zum »Ja« sagen keine Vorbereitung; die fleißigen und unterrichteten, auf die alle Arbeit zurückfällt, erliegen darunter und geben sie aus Mißmut entweder ganz auf, oder vertrauen sie Advokaten, Abbees oder andern vermeinten geschickten Männern an, die nur die Bezahlung dafür im Auge haben und darüber hinpfuschen. Alle sind, bei der allgemeinen Erziehung, bei der gemächlichen Art, die Geschäfte zu treiben, die einmal hergebracht ist, zu anhaltenden Arbeiten, die Sammlung und Nachdenken, oder auch nur Stillesitzen erfordern, nie gewöhnt worden. Selbst der glückliche Vorzug in ihrer geistigen Organisation, daß sie alle Dinge schnell fassen, vergrößert den Schaden, indem sie durch einen raschen Überblick auch von Gegenständen sich unterrichten wollen, in deren innere Bestandteile man nur durch Nachdenken und Beharrlichkeit eindringen kann. Eben diese Gabe, leicht zu fassen, bewirkt, daß sie zwar ungezwungen, lebhaft und wortreich, aber höchst einseitig über die wichtigsten Dinge sprechen. Sie werden stumm bei dem ersten Einwurf eines gründlicheren Kopfes, und sind schnell auf seiner Seite beim zweiten. Nichts wäre also leichter, als eine Versammlung von Polen, bei überwiegenden Talenten, zu allem zu bewegen, wenn nicht Parteisucht, persönlicher Vorteil, Furcht und Hochmut, statt Überzeugung, sie davon abhielten. Der Umstand, daß sie die Angelegenheiten des Vaterlandes ohne bare Vergeltung besorgen müssen, trägt nicht weniger zur Unterhaltung ihres Leichtsinns und ihrer Trägheit bei; sie halten das, was sie für dasselbe tun, für

Schlägerei zwischen zwei Senatoren,
wobei ein dritter getötet wird.

eine Gnade, die sie ihm erweisen; und da sie überdies zu sehen gewohnt sind, daß eine kleine Anzahl Staatsbürger sich für das Vaterland ausgibt und, durch List oder Gewalt, die übrigen für sie zu arbeiten zwingt; so verringert dies ihre Teilnahme noch mehr, und höchstens kann sie eine reichliche Abgabe von dem, was die Partei, Vaterland genannt, durch die Erreichung ihrer Absichten zu gewinnen gedenkt, etwas mehr in Tätigkeit setzen. Doch auch in diesem Falle quälen sie sich weder mit Nachdenken noch mit Arbeiten, weil ihre Stimme am Reichstage hinlänglich ist, um das durchsetzen zu helfen, was die Parteiführer wollen; und sie überlassen es diesen, die Vorbereitungen dazu, die Geist und Arbeit erfordern, selbst zu treffen, oder durch untergeordnete Handlanger treffen zu lassen.

Nimmt man alle diese Umstände zusammen, so wird es erklärlich, wie die Weiber in Polen solch einen siegenden Einfluß auf die Geschäfte haben können. Gründlichkeit, Kenntnisse, Arbeitsamkeit sind überall nicht die vorzüglichsten Gaben des andern Geschlechts, und sind es am wenigsten bei dem hiesigen; aber sie bedürfen auch deren, bei dem einmal eingeführten Geschäftsgange, so wenig, daß sie ihren Unternehmungen schaden würden, wenn sie jene Mittel dabei anwenden könnten oder wollten. Körperliche Reize und Überredungsgabe, die aus diesen hervorgeht; die Kunst, fein zu schmeicheln, gewisse Hoffnungen zu erwecken, durch Tränen zu erweichen, durch liebenswürdigen Ungestüm zu überraschen, durch schönen Zorn zu erschrecken, die Nachgiebigkeit und Artigkeit, welche Natur und Gewohnheit gegen sie in den Mann gelegt haben, geschickt zu nutzen: diese Eigenschaften sind es, die hier, mit List und Geschmeidigkeit der Lippen verbunden, in den Geschäften oft Wunder tun, und die bei den hiesigen Weibern, wie bei den Männern, durch Liebe, Galanterie und erregten Enthusiasmus ebenso oft als durch Geld, Juwelen und schöne Postzüge, in Tätigkeit gesetzt werden.

Kein Beschluß kostete der Mehrheit des Revolutions-Reichstages mehr Mühe durchzusetzen, als die Zurückbringung der Starosteien an den Staat und deren Verkauf; denn alle Weiber hatten sich dagegen erklärt, selbst die Weiber der Patrioten, die jene Maßregel in Vorschlag gebracht oder gebilligt hatten. Sie sahen sie für die Zerstörerin ihrer Putztische, für die Ausräumerin ihrer Kleiderschränke, für die Räuberin ihrer Kostbarkeiten an. Allerdings verloren dadurch manche große Familien die Hälfte ihrer Einkünfte; und den Weibern tat dies um so weher, da mancher Gemahl so freigebig gewesen war, sie mit ihren Nadelgeldern und kleinen Ausgaben auf eine Starostei anzuweisen. Als jener Beschluß dennoch durchging, mußten die Beförderer desselben es schmerzlich büßen. Viele ihrer Freundinnen brachen mit ihnen; viele wurden kalt; viele alte Verbindungen wurden erschüttert. Man reiste ganz von Warschau ab, man schloß sich ein, man verkaufte Whyskys, man bot sogar seine Nippes zum Kauf aus. Aber die schmerzlichste Kränkung widerfuhr dabei dem Könige! Sonst versammelte sich alles, was Schönes in Warschau war, von Kostbarkeiten starrend, in dem geschmackvollsten Anzuge, am Abend des Neujahrstages, in seinem großen Saale. Er pflegte in der Mitte des reizvollsten, glänzendsten Zirkels, nicht als ein geliebter König, nein, als weit mehr – als der angebetete Liebhaber von hundert der schönsten Weiber zu erscheinen, die sich selbst schöner dünkten als sonst, indem sie ihm zu gefallen strebten! Welch ein trauriger Abstich am Neujahrstage 1792! Man wartete und wartete, keine der bekannten schönen Weiber erschien! Und als endlich die Flügeltüren aufgingen, trat niemand herein, als eine fremde Fürstin, die allerdings eine Menge anderer zu überstrahlen und zu ersetzen gemacht war – niemand, als die regierende Herzogin von Kurland, in Begleitung der Schwester des Königs und zwei oder drei anderer Damen! Es kam nun heraus, daß die übrige schöne

Welt eine ungeheure Verschwörung gegen den König gemacht hatte, nicht vor ihm zu erscheinen, weil er – wie man ihn unverhohlen wissen ließ – den Verkauf der Starosteien vorgeschlagen und befördert, und sie dadurch in den traurigen Zustand versetzt habe, daß sie keine Diamanten mehr tragen und kaufen könnten! – Aber die Unglücklichen hatten den Zeitpunkt ihrer Rache übel gewählt! Der größte Teil der Anwesenden schrieb ihr Ausbleiben ihrer Eifersucht und ihrem Neide auf die erwähnte Fürstin zu, und das, was zu einer andern Zeit vielleicht eine sehr tragische Wirkung getan, ja, so bedenklich war es! eine fürchterliche Staatsrevolution veranlaßt haben würde, erweckte jetzt den Männern eine gute Laune und eine Schadenfreude, die sich nicht einmal zu Gunsten der schönen Julie Potocka und zwei anderer liebenswürdiger Weiber, die sich, fast noch weniger als einfach gekleidet, während der Cour nur im Vorsaale zeigten, bei den Lachern, die sie sahen, verlieren wollten!
Man hat mir, den erwähnten Beschluß wegen der Starosteien betreffend, einen Zug erzählt, der für das polnische Tun und Treiben der Geschäfte sehr beschreibend ist. Viele, die in andern Dingen auf Seiten der Mehrheit waren, traten in diesem Punkte von derselben ab und zu der Gegenpartei über; und deshalb fühlte sich jene eine Zeitlang zu schwach, als daß sie die dahin gehörige Konstitution, die längst fertig war, dem Reichstage zur Überlegung und Entscheidung hätte vortragen können. Da jede Partei leicht überzählen kann, wie viel Stimmen sie für und wider sich hat: so fand die patriotische diesmal, daß die gegenseitige ihr um fünfzehn überlegen sei. Anfangs unterhandelte, warb, überredete, versprach sie; aber nichts fruchtete. Endlich gelangte sie durch folgende List zu ihrem Zwecke. Ein Großer, der sich noch nicht öffentlich für oder gegen diese Operation erklärt hatte, aber heimlich den Patrioten anhing, lud eine große Gesellschaft zu einem Austernschmause nach Wola

ein. Unter den Gebetenen waren über zwanzig Widersacher des Starosteientwurfs. Die Tafel starrte von Speisen, der Schenktisch krachte unter den Flaschen. Der Wirt und ein paar andre, die um den Plan wußten, feuerten die natürliche Eß- und Trinklust der Gäste, besonders derer, denen es eigentlich galt, übermäßig an. Der wilde Schmaus dauerte bis den andern Morgen um vier Uhr. Man fuhr nach Hause, in einem Zustande, der nicht sehr erlaubte, an das Vaterland zu denken. Die Hauptpersonen besonders hatten die Starosteien und die nächste Reichstagssitzung völlig vergessen, für die man überdies, mit löblicher Vorsicht, den Tag vorher einen ganz andern Gegenstand angekündigt hatte. Wer von den Austernessern nicht krank war, der war betäubt oder schläfrig; keiner erschien in der Sitzung. Diese nahm ihren Anfang; die Patrioten waren ihrer Sache gewiß; der Reichstagsmarschall entschuldigte sich, daß der Entwurf, den er gestern angekündigt habe, nicht fertig geworden; brachte dafür den Starosteientwurf auf die Bahn; die Mehrheit der Stimmen war für ihn; er ward in ein Gesetz verwandelt. Vergebens waren einige von der Gegenpartei zu ihren Anhängern herumgefahren, um sich zu verstärken; sie hatten sie teils außer Stande gefunden, aufzustehen, teils hatten ihre Erweckung vom Schlaf und ihr Ankleiden zu viel Zeit weggenommen, als daß ihre Erscheinung noch hätte wirksam sein können. Daß überdies die Mehrheit nicht auf sie gewartet haben werde, ist leicht zu begreifen.

Die Stellvertreter der polnischen Nation haben einen entschiedenen Abscheu gegen alle geschriebenen und gedruckten, staatsrechtlichen und gerichtlichen Ausführungen. Kurze Entwürfe zu Beschlüssen lesen sie noch wohl, aber fast immer erst in den letzten Augenblicken, wo die Verhandlung darüber angehen soll. Es war in der Tat ein wenig lächerlich, wenn man sie nach dem Reichstage fahren, und sie im Wagen, trotz dessen Schlägen und Stößen auf dem schlechten Pflaster, sehr emsig die gedruckten Entwürfe durchlesen, und doch die vorüberrollenden, männlichen und weiblichen, Bekannten grüßen sah; wenn man bemerkte, daß sie in großen, geräuschvollen Gesellschaften, selbst bei Tische, solche Schriften herausnahmen und wechselweise aßen, tranken und lasen; wenn sie den Inhalt derselben hübschen Weibern, deren Augen ganz andre Dinge verrieten, und die entweder unverholen gähnten, oder sich quälten, es mit halboffenem Munde zu verbeißen, mitteilten, um ihre Meinung darüber zu vernehmen; wenn sie, noch ehe sie dieselben gefaßt haben konnten, schon lobten, oder tadelten, oder mit andern darüber stritten. Als nicht minder seltsam fiel es auf, sie, bei den Verhandlungen selbst, Zeitungen oder Briefe lesen, oder mit übereinandergeschlagenen Armen zurückgelehnt, sitzen und gähnen, oft wohl auch schlafen zu sehen. Den König selbst überraschten bei langen Sitzungen, wo Gegenstände verhandelt wurden, die ihn nicht nahe genug angingen, oder von deren Erfolg er durch die Mehrheit der Stimmen schon gewiß war, solche kleinen Menschlichkeiten.

Was diese Sorglosigkeit noch vermehrt, ist die Gewohnheit, wichtige Gegenstände gewissen Ausschüssen, hier Deputationen genannt, zu übergeben; sie diesen zur Untersuchung, Bearbeitung und zum Vortrage zu überlassen; sich sodann nicht ferner darum zu bekümmern, und endlich, wenn ihre Arbeit je fertig wird, sie anzunehmen oder zu verwerfen, wie eigner Vorteil, Jahrgelder, Übermacht und Leichtsinn es vorzuschreiben pflegen.

Diese Ausschüsse, die aus dem Ganzen ausgehoben werden, tragen auch im Kleinen den Geschäftscharakter des Ganzen. Jede Partei sucht ihre Anhänger hinein zu bringen, und bringt eben dadurch auch die gewöhnliche Spaltung hinein. Vermöge derselben wird bald der Ausschuß nicht vollständig (denn die Gesetze schreiben eine gewisse Anzahl von Mitgliedern vor, die bei einer Sitzung zugegen sein

müssen, wenn sie Kraft haben soll), bald sind die Stimmen geteilt. Das eine Mitglied erscheint um elf, das andere um ein, das dritte um zwei Uhr, und die Sitzung kommt gerade zustande, wenn sie geschlossen werden soll. Daraus erkläre man sich, warum die wichtigsten Unternehmungen des Revolutions-Reichstages, bei denen Eile und Tätigkeit, in dem günstigsten Zeitpunkten für die Mehrheit, alles entschieden, so schläfrig, so desultorisch ausgeführt wurden.
Die Ausschüsse zur Entwerfung der neuen Verfassung, zur Verbesserung des Schatzwesens und zur Einrichtung des Heeres, waren Jahre und Tage beschäftigt und brachten nichts zustande, bis in den letzten Augenblicken, wo die Not sie drang und wo sie dann ihre Arbeiten übereilten. Die kurländischen Irrungen schwebten, seit 1788, vor dem Reichstage und erhielten 1791 erst eine eigene Deputation. Diese hatte binnen drei Vierteljahren ungefähr zehn vollständige Sitzungen, deren sie, gemäß dem Reichstagsbeschlusse, wöchentlich zwei halten sollte. Gedachte zehn Sitzungen gingen, aus obenangezeigten Ursachen, ohne Frucht vorüber, und erst, als die Kriegserklärung von Seiten unseres Hofes erschien, vereinigte man sich (Dank sei dem herrlichen Grundsatze des »medii termini«, zu welchem die Mitglieder des Ausschusses durch die rechtenden Parteien, mittels gleich wichtiger, gleichblendender Urkunden vermüßigt wurden) in einer einzigen Sitzung, über einige, den Streit zwischen dem Herzog und Adel betreffende, zweideutige, auf Schrauben gestellte Punkte, die man eine Konstitution nannte; während der Kanzler Kołłątaj, in den letzten Augenblicken vor einem Abendessen, eben diesem Ausschuß eine Deklaration ohne Sinn, betreffend die Sache der kurländischen Städte, abzubetteln gezwungen war. So schickte man die Geschäftsträger des Herzogs und des Adels, die seit vier Jahren Arbeit, Mühe und Geld verschwendet hatten, und die Abgeordneten der

Städte, die anderthalb Jahre ebenso in Warschau beschäftigt gewesen waren, landesväterlich nach Hause.

Die Art, wie man die Gegenstände, die man vom Reichstage entschieden wünscht, zur Kenntnis desselben bringt, ist höchst mühsam. Man läßt sie nämlich in rechtlicher Form, mit den nötigen Urkunden, drucken, und übergibt sie in dieser Gestalt dem Könige, den Ministern, dem Reichstagsmarschall, den Senatoren, den Reichsboten. Man sucht alle diese Personen zu sprechen und ihnen zugleich mündlich seine Sache zu empfehlen. Sind es Forderungen, die man vorträgt, so ist es Sitte, sie so hoch zu spannen, als man nur kann, weil man weiß, daß doch nur der kleinste Teil derselben erfüllt werden wird; sind es Klagen über staatsrechtliche Beeinträchtigungen, Bedrückungen, Vorenthaltungen, so muß man sie so fürchterlich schildern, mit so viel Urkunden belegen, mit so viel wehmütigen Erläuterungen begleiten, als man nur vermag, und sodann ebenfalls Konklusionen und Petita hinzufügen, die wenigstens um zwei Drittel mehr enthalten als das, was man eigentlich verlangt. Da man aber in der Regel annehmen muß, daß diese Klageschriften, und noch weniger die daran gefügten Urkunden, gelesen werden: so bringt man sie in einen kurzen Auszug, kleidet sie in einen freien Vortrag, in einen gefälligen Stil ein, und teilt sie, in polnischer, französischer, auch deutscher Sprache, ebenso wie die förmliche Ausführung selbst, noch einmal, wie oben gedacht, aus. Zugleich verbreitet man sie im Publikum, damit man wo möglich, die öffentliche Meinung für sich gewinne. Der Ton darin kann ernsthaft und derb, satirisch und scherzhaft sein; aber letzteres tut die beste Wirkung, besonders wenn man Lächerlichkeiten auf seine Gegner dadurch zu verbreiten weiß. Dies ist die erste Handlung.

Die zweite hebt damit an, daß man die Hauptpersonen des Reichstags auf seine Seite zu bringen sucht. Um diesen Zweck zu erreichen, ist eine genaue Kenntnis des »Wie«

nötig. Diese zu verschaffen, gibt es gewisse Leute in Warschau, die schon lange als Unterhändler in Geschäften tätig gewesen sind: Abbees, Facienden-Macher, Advokaten, Beamte in Kollegien u. a., deren politische und ökonomische Lokalkenntnisse man sich mit einer verhältnismäßigen Summe erkauft. Sie haben entweder selbst das Vertrauen mancher Großen, oder sie kennen die Vertrauten derselben und weisen den Solizitanten an diese. Von ihnen erfährt er, wodurch der hohe Gönner zu gewinnen ist, und sie werden die Mittler zwischen ihm und jenem. Mit ihnen verabredet er die Geschenke, die er zu machen hat, um unterstützt und begünstigt zu werden. Diese Leute sind die Gewandtheit und Arglist selbst. Sie nehmen gewöhnlich von allen Parteien, versprechen einer jeden, für sie tätig zu sein, beschneiden oft die Geschenke, die man ihrem hohen Vertrauten zu machen glaubt (denn eine Bescheinigung über den Empfang kann man nicht verlangen), und nehmen, wie es sich von selbst versteht, für ihre Mühe, verhältnismäßig, noch eine gute Summe. Außerdem empfehlen sie gewöhnlich noch die Schreiber, die Kammerdiener, selbst die Türsteher, dem Sollizitanten. Dieser hat dann Zutritt im Hause. Auf eben diese Weise sucht man Weiber, die auf diesen oder jenen Großen Einfluß haben, für seine Sache zu erobern.

Den Reichsboten, die in einer weniger glänzenden Lage sind, trägt man sein Verlangen selbst vor, und läßt sie, gleich beim ersten Besuche, merken, daß man ihre guten Dienste belohnen will; sie geben dagegen zu erkennen, daß man damit nicht abgewiesen werden soll; und schon beim zweiten Besuche kommt alles in Richtigkeit. Mit dieser Gattung geht man insofern am sichersten, daß man wirklich weiß, sie haben die für sie bestimmte Summe erhalten: denn man hat sie ihnen selbst aufgezählt, und sie haben sich so dafür bedankt, wie sich ein Bedienter für ein Trinkgeld bedankt, das ihm nicht versagt werden konnte. Will man in solchen Fällen sparen (was nicht zu raten ist, wenn man eine

wichtige Sache betreibt), so unterrichtet man sich über solche Zeitpunkte, wo der Gönner dringend Geld braucht, und man kommt wohlfeiler davon.
Wird die Sache des Solizitanten an einen Reichstagsausschuß verwiesen, so muß er schon bei der Wahl der Mitglieder desselben wachsam und tätig sein; sodann muß er diese selbst, auf die beschriebene Weise, wenigstens ihrer Mehrheit nach, in Beschlag zu nehmen suchen. Besonders wichtig ist es, den Führer des Protokolls auf seiner Seite zu haben, damit man ihn immer willig finde, Auszüge daraus verabfolgen zu lassen. Den ihm etwa zugesellten Schreiber muß man nicht vernachlässigen, damit er einem das verrate, was etwa der Ausschuß (gegen die gesetzliche Ordnung, die bei offenen Türen zu verhandeln gebietet) »remotis arbitris« beschließen könnte. Die Geschäfte selbst aber werden, wenn sie einen Staatsrechts-Handel betreffen, von Advokaten eingeleitet. Sie lesen nämlich dieselbe Klagschrift, die man schon verteilt hat, so schnell sie können, vor, zeigen die Urkunden, ohne sie zu lesen, den Deputierten, und diese heben, sobald der Gegner, auf gleiche Weise, gehört worden ist, ihre Beratschlagungen an. Man denke sich selbst, wie diese, unter den angezeigten Umständen, ausfallen müssen! Das Wahre ist: daß diese Beratschlagungen nur die Punkte betreffen, deren Entscheidung die Solizitanten selbst vorgeschrieben und sich bei der Mehrheit erkauft haben. Denn, wenn es für die Menge nötig ist, seine Forderungen so hoch zu spannen, seine Klagen so sehr zu übertreiben, als man nur kann: so ist es bei den vertrauten Beförderern derselben nötig, daß man genau sage, was man, dem Grunde nach, fordert und fordern könne, und ihnen den Entwurf davon übergibt. Dies setzt man denn auch durch, wenn man die Mehrheit hat. Zeigt sich aber, daß der Gegner ebenso viel Stimmen hat, so trifft man den schon oft erwähnten Mittelweg; die Gönner beider Parteien vereinigen sich, indem sie wohl wissen, was wechsel-

weise ihre Überzeugung lenkt; man schränkt die Forderungen beider ein, und ein Gutachten nebst einer Entscheidung, die nichts entscheidet, ist fertig. Dies war die dritte Handlung.

Die vierte Handlung, die neue Angst, Arbeit und Geldausgaben im Gefolge hat, ist der Vortrag jenes Gutachtens und der Entscheidung des Ausschusses am Reichstage selbst. Hier muß man an Stimmen noch zu gewinnen suchen, was man gewinnen kann. Diejenigen Boten, die man bei der Einleitung und Untersuchung seiner Sache nicht bedurfte, bedarf man jetzt bei deren Entscheidung, da der Unbedeutendste ein höchst wichtiges Talent, seine Stimme, hat. Man muß jeden persönlich besuchen, sprechen, durch Worte und Geschenke überreden. Die Tätigkeit der Solizitanten ersteigt jetzt ihren höchsten Grad. Von sechs Uhr des Morgens an, bis um zwölf Uhr des Mittags, von sechs Uhr Nachmittags bis um zwölf Uhr in der Nacht müssen sie in Bewegung sein, je nachdem sie die Senatoren und Reichsboten früher oder später, beim Aufstehen oder beim Niederlegen, an der Tafel oder beim Spiel, zu finden wissen, oder zu finden glauben. Oft treffen sie mit ihren Gegnern an einem Orte, in einem Vorzimmer, an einem Putztische zusammen; sie hören sie selbst gegen sich sprechen, und warten nur das Ende ab, um ihrerseits gegen sie zu schreien. In solchen Fällen sieht der Klügere nur zu, daß er der letzte ist, der vorträgt. Denn der verwirrte Gönner gibt gewöhnlich dem Letzten Recht. Die Sache kommt endlich an den Reichstag, man stimmt dafür oder dagegen, ohne davon unterrichtet zu sein, und die Mehrheit der Stimmen entscheidet. Dies ist die Entwicklung des Stücks, und der Vorhang fällt gewöhnlich zum Mißvergnügen aller Parteien. Man setze kein Mißtrauen in die Wahrheit dieser Schilderung. Die einzelnen Züge derselben sind aus eigener Erfahrung genommen und weder zu schwach noch zu stark aufgetragen. Wer je Geschäfte am Reichstage betrieben

hat, wird sie nicht nur treffend finden, sondern auch mit vielen andern noch vermehren können.
Der Gang der rechtlichen Geschäfte ist, im Kleinen, ganz derselbe. Man setze anstatt Senatoren, Richter, anstatt Reichsboten, Beisitzer, und anstatt Unterhändler und Ränkemacher, Berichtsteller und Anwälte, brauche bei diesen, um sie für eine gerechte oder ungerechte Sache zu gewinnen, dieselben klingenden Gründe und Urkunden: so nimmt das rechtliche Geschäft denselben Weg, wie das Staatsgeschäft, und man erhält dieselbe Entscheidung.
Die Vorsitzer der verschiedenen höheren und niederen Gerichtshöfe in Polen, und deren Beisitzer, können nur aus dem Adel genommen werden. Ihre gerichtlichen Kenntnisse sind höchst eingeschränkt. Was man in andern Ländern Rechtsgelehrsamkeit nennt, ist hier gar nicht bekannt. Die polnische geht aus den Konstitutionen des Reichstages, aus dem Gerichtsbrauch und aus den Privilegien, Vergünstigungen und Vorrechten der verschiedenen Stände, die bei Rechtshändeln in Abschriften der Klage jedesmal beigelegt werden müssen, hervor. Neuere Konstitutionen und Privilegien werfen ältere um; Rechtsfragen, über welche jene nicht entscheiden, werden auch nicht mit Beihilfe ausländischer Rechte erörtert, sondern man martert entweder die vorhandenen Beschlüsse, um sie ihnen durch Erweiterung oder Verengerung anzupassen, oder man antwortet durch Willkür darauf; ein allgemeines Gesetzbuch ist nicht vorhanden, und die Konstitutionen und Verordnungen widersprechen einander häufig. Auch sind ihrer so viel, daß sie, bei dem eifrigsten Studium, nicht übersehen, noch weniger, nach ihrem eigentlichen Sinne, gefaßt werden können. Welche treffliche Entschuldigung für Richter und Beisitzer, die an sich nicht an ernsthaftes Arbeiten gewöhnt sind, wenn sie sich nicht um sie bekümmern! Welch ein Feld für die Schikane und Rabbulisterei der Advokaten!

Diese letztere Menschenklasse kann leicht eine der verworfensten in Polen sein. Ungern mag ich über Tugenden und Laster ganzer Klassen absprechen, aber von dieser bin ich sehr versucht, zu behaupten, sie sei so schlecht, daß das ganze Lob, das man einzelnen, die eine Ausnahme machen dürften, geben könnte, dieses wäre: daß sie minder schlecht sind, als die übrigen.

Ihr Studium der Rechte (man erlaube mir einmal diesen viel zu edlen Ausdruck) treiben sie wie ein Handwerk, so wie sie selbst eine Art von Zunft bilden. Ein junger Mensch, der Advokat werden will, lernt schreiben und Lateinisch auf den gewöhnlichen Schulen. Kann er dies mit einiger Fertigkeit, so sucht er bei einem Advokaten unterzukommen, der ihn nicht ohne Lehrgeld annimmt! Diesem dient er als Lehrjunge (*practicans* ist seine lateinische Benennung) eine bestimmte Zeit, während welcher er bloß abschreibt, Akten heftet und in die Gerichtshöfe trägt; sodann wird er zum Gesellen (auscultans) erhoben. Als solcher reicht er schon den Gerichtssitzen seinem Meister die Urkunden zu, arbeitet leichte Aufsätze aus, und wird in kleineren Schikanen und Verdrehungen, und im Gebrauch zweideutig gestellter Ausdrücke unterrichtet. Sodann steigt er zum Altgesellen (amanuensis) auf, und der Meister vertraut ihm feinere Arbeiten an, wobei er noch andre kleine Künste, die nicht zum Rechte, aber wohl zu den rechtlichen Geschäften in Polen gehören, teils lernen, teils ahnen und erraten kann. Hat er als solcher noch einige Jahre gedient, so hat er ausstudiert, und er setzt sich nun selbst als Meister und richtet seine Werkstatt ein. An Beziehen einer hohen Schule wird nicht gedacht.

Sonach besteht die ganze Wissenschaft der hiesigen Anwälte in der mechanischen Kenntnis alter und neuer Konstitutionen-Sammlungen, in der Kunst, sie auszulegen, zu verdrehen, zu untergraben, und in der Geschicklichkeit, verfängliche, zweideutige Konklusionen abzufassen. Einem der berühmtesten unter ihnen brachte ich eine Klageschrift, die in Livland verfertigt worden war. Er las eine Weile darin, lobte das Latein derselben wiederholt und sagte endlich: *habent mentem profundam patroni Livoniae et scribunt excellenter, quod tamen non satis apud nos.* (Die livländischen Advokaten haben tiefdenkende Köpfe, schreiben vortrefflich, aber bei uns bedarf's mehr als das!) In der Tat, er arbeitete jene Schrift so um, und stopfte sie, mittels seines »mentis« mit so viel Schikanen, Zweideutigkeiten und Verfänglichkeiten aus, daß es »satis« für polnische, schon bezahlte Richter war.

Die Mitglieder der Advokatenzunft sind meist von Adel, aber von demjenigen, der nicht besitzlich ist, der mithin, wenn er nicht von dem Höheren pachten, oder sich sonst von ihm brauchen lassen will, sich der Feder ergibt und die Stellen der Schreiber bei Privatleuten, wie bei den Staatskollegien, und der Advokaten, Archivare, Unterrichter usw. ausfüllt. Da diese Leute einen Anstrich von Kenntnissen haben, die den Vorsitzern und Richtern fehlen, so sind sie es eigentlich, welche die Gerichtshöfe beherrschen, und durch deren Mund jene absprechen. Diesen Einfluß wissen sie trefflich zu Gelde zu machen. Gewöhnlich stellen sie sich, wenn man sie zu einem Rechtshandel annehmen will, als ob sie schon übermäßig mit Arbeiten beladen wären; man ist also gezwungen, ihnen ein ansehnliches Geschenk zu machen, damit sie sich nur mit einer Sache befassen, und dies hat mit dem Lohne für ihre Arbeiten selbst gar nichts gemein. Sodann erinnern sie an die Opfer, die man den Richtern und Beisitzern zu bringen habe, um sie günstig für sich zu stimmen; sie geben vor, diese Herren seien sehr eigen und müßten mit großer Schonung in diesem Punkt behandelt werden; sie wären aber sehr wohl mit ihnen bekannt und würden dieses Geschäft einleiten. Darauf verlangen sie eine Summe zu Ausgaben dieser Art, die sie nie verrechnen, weil man freilich über Bestechungen keine

Bescheinigung erhält. Da sie untereinander sehr genau zusammenhängen und eine Art für sich bestehender Gesellschaft ausmachen, so schlägt die genaue Bekanntschaft, die daraus unter ihnen entsteht, zum Schaden ihrer Klienten aus. Zwei, die in einer Klagesache gegeneinander wirken, bereden sich darüber, teilen ihre Ausarbeitungen einander mit; einer erfährt von dem andern, wer die Gönner der Prozeßführer sind; sie vergleichen wechselseitig das Gewicht derselben; vertrauen einander gegenseitig die Hilfsmittel, den Reichtum oder die Armut, die Freigebigkeit oder den Geiz ihrer Klienten; und kommen endlich, diese Umstände wohl erwogen, überein, wer Recht behalten soll, der Kläger oder der Beklagte. Mehrenteils bekommt keiner von beiden ganz Recht, oder ganz Unrecht, und eine künstlich gestellte, in verwickelten Perioden ausgedrückte, für beide Parteien nicht ungünstig klingende, Entscheidung, beschließt das Ganze. Richter, Referenten und Advokaten teilen sodann, was sie ihren Klienten geraubt haben, wobei diese Betrüger wiederum alle ihre List aufbieten, sich untereinander selbst zu betrügen. Ich übergehe, was sie noch, im Laufe des Rechtshandels, durch die Angst und Besorgnisse, worin sie die Parteien zu erhalten wissen, durch geflissentliche Verzögerungen ihrer Arbeiten, die man mit immer neuen Geschenken anfeuern muß, durch Abschreibe- oder Druckkosten und dergl. zu erpressen pflegen.

Übrigens nährt dies Handwerk sie trefflich. Einige besitzen eigene große Häuser in Warschau und leben auf einem ansehnlichen Fuße. Ihre Weiber und Töchter gehören mit zu der feinen Welt. Die vornehmsten Herren und Damen machen ihnen die Cour, weil sie in Geschäften unentbehrlich sind. Sie halten sich Wagen und Pferde; und diejenigen, die dergleichen nicht halten, muß der Klient, in seiner Sache, damit versorgen.

Derselbe Egoismus, und die aus demselben fließende Ver-

gessenheit aller moralischen Pflichten, die den öffentlichen Geschäften, welche den Staat, und das »Mein« und »Dein« betreffen, in Polen zum Grunde liegen, zeigen ihren Einfluß nicht minder abschreckend in allen übrigen Verhältnissen, in welchen der Mensch gegen den Menschen stehen kann. Die Gefühle der Freundschaft, der ehelichen, der väterlichen, der mütterlichen, der kindlichen, der geschwisterlichen Liebe und Anhänglichkeit tragen alle den Stempel der Kälte, der Gleichgültigkeit und des Leichtsinns. Jeder geht seinen eigenen Weg, sucht seinen Genuß, wo er ihn findet, und überläßt dem andern, hierin für sich selbst zu sorgen.
Freundschaft ist hier entweder auf politischen Eigennutz, oder auf gesellschaftliche Bedürfnisse gebaut. Eine reinere Art derselben findet hier nur unter Leuten statt, die einander politisch weder schaden noch nützen können, deren wechselseitige Laufbahnen einander nicht berühren, und die deshalb keine Ursachen haben, gegenseitig aufeinander eifersüchtig zu sein. Diese Gattung ist ebenso feurig, ebenso dauerhaft hier als anderwärts, wenn sie auch seltener sein sollte. Es fehlt den Polen nicht an Gefühl, überhaupt nicht an schönen Eigenschaften des Herzens; aber die Verfassung und Lebensart untergraben und unterdrücken sie um die Wette, und öfter, als es z. B. in einem Staate der Fall sein kann, wo Gesetz und Monarch eine Menge von Gegenständen, die hier ein allgemeines ehr- und eifersüchtiges Gedränge erregen, ein für allemal an sich genommen haben, und wo die Polizei und der Zwang einer geordneten öffentlichen Meinung, die Lüste, Launen- und Sitten der Staatsbürger mehr im Zaume halten.
Die ehelichen Verbindungen werden selten anders, als aus politischen und ökonomischen Rücksichten geschlossen. Aus politischen – um Glanz, Einfluß, Würden, Beförderung, Anhänger zu erheiraten; aus ökonomischen – um Schulden bezahlen und den Aufwand zugleich bestreiten zu können, den die künftige Gemahlin machen dürfte. Des-

halb wird das Geschäft des Ehevertrags mit einem Eifer und mit einer Eigennützigkeit von beiden Seiten betrieben, die sonst nur in den Geschäften des Krämers erhört sind, und zugleich mit allen den kleinen Ränken und Überlistungen, die hier bei den kleinsten, wie bei den größten Geschäften angewandt werden. So geben Verlobte einander mit der erklärtesten Gleichgültigkeit die Hand, und sie halten sich höchstens insoferne zueinander, als es die Fortpflanzung der neuen Familie, ihre ökonomischen Umstände und ihre Verhältnisse zu den übrigen verlangen. Liebe, Treue, wechselseitige Aufopferungen ihrer Liebhabereien und Launen, häusliches Leben und Sorge für die Erziehung ihrer Kinder, sind Dinge, die sie kaum ahnen, viel weniger als Hauptpflichten des ehelichen Bundes ausüben. Hierin liegt der Grund, daß Eifersucht in Polen so selten ist. Wer wird eifersüchtig auf einen Mann sein, den man nicht liebt, von dem man nie geliebt wurde? Wer wird es auf eine Frau unter ähnlichen Umständen sein? Wer wird, wenn er wirklich eifersüchtig ist, es lange sein, da er täglich Gelegenheit findet, seinerseits eifersüchtig zu machen. Da aber zuweilen den Gemahl nicht sein Herz, sondern seine Ehre dringt, nicht etwa eifersüchtig, sondern bürgerlich beleidigt zu sein und seine Gemahlin dem gemäß zu behandeln, so braucht diese nur die Kunst der Dezenz oder des bewahrten Scheins zu verstehen, um sich gegen alle Verdrießlichkeiten von Seiten ihres Gemahls völlig sicher zu stellen.

Diese Kunst, deren Wesen darin besteht, daß man Dinge zu verbergen wisse, die einen, nach den Regeln der hergebrachten Sitte, bei einer gewissen Sozietät lächerlich oder verächtlich machen könnten, ist in Warschau leichter als anderwärts. Da der Adel die einzige Gesellschaft bildet und den Ton angibt, so hat er auf die Grenz-Klassen unter sich (denn über sich hat er keine) als seine Beurteilerinnen nicht zu achten; da seine Sitten die allgemeinen Sitten seiner Zirkel sind; da also in dem angeregten Punkte, in der

Regel, eine Ehe wie die andre ist, ein Weib, ein Mann so denkt, wie das andre, wie der andre: so sieht man wohl, daß hier die Dezenz bei weitem nicht so fein, so streng beobachtet sein darf, als z. B. ehemals in Frankreich, wo die Großen noch einen Hof über sich hatten, der oft bei einer geheimen, großen Zügellosigkeit dennoch sorgfältig auf den äußeren Schein achtete, und wo unter ihnen ein Heer von hellsehenden Geringeren wimmelte, das Verstöße gegen den Wohlstand mit Sinngedichten und Gassenliedern verfolgte.
Der galante Verkehr geht sonach in Warschau, ohne Anstoß zu geben, ganz ungezwungen seinen Gang. Einzelne hierher gehörige Züge, die das Eigentümliche desselben angeben, hat der Leser schon im Vorigen gefunden. Bei jungen und schönen Weibern ist Galanterie die Hauptbeschäftigung ihres Blütestandes. Sie haben sie in ein Lehrgebäude gebracht, das aus Üppigkeit, verführerischer Geselligkeit und verliebter Gewissenlosigkeit, vermischt mit etwas Herz und mit viel Eitelkeit, Politik und Habsucht, zusammengesetzt ist. Die hierher gehörige Geschäftssprache ist die französische, und man sieht aus diesem Umstande, von woher diese Wissenschaft nach Polen gekommen ist. Die französischen Kunstausdrücke sind alle beibehalten. Die Weiber haben *amis,* die Mädchen *amants;* die verheirateten Männer haben *amies,* die unverheirateten *maîtresses. – Je l'ai eu* sagen die Weiber von einem Mann, der ihr Liebhaber gewesen ist, das heißt, bei ihnen geschlafen hat, denn an geistige Liebe ist hier nicht zu denken; *je l'ai eue* sagen die Männer von einem Weibe in einem ähnlichen Falle. Die Wörter *adorer, sentiments, rigueurs, souffrances, planter, sacrifice, monstre, roué, noirceurs* und alle übrigen aus dem verliebten Wörterbuche der ehemaligen französischen großen Welt, die kein anderes Volk mit gleichem Werte, Sinn und Nachdruck in seine Sprache übertragen kann, werden hier gehört und geübt, und die Förmlichkeiten bei dem Handel selbst sind ebenfalls ganz französisch. Mit

lorgneries, soupirs, langueur fängt man an; mit *empressements, attentions* fährt man fort, mit einer *déclaration* kommt man zur Sache von Seiten des Mannes; von Seiten des Weibes fängt man mit *minauderies* und *langueur* an, mit *distractions* und *inégalité d'humeur* fährt man fort; mit *froideur, indifférence, mépris, fierté* hält man den Angriff des Mannes aus; mit *surprise, bonté, indulgence, sensibilité* erliegt man demselben in einem *moment de faiblesse*. Ist dies in Richtigkeit, so erhält man sich mit *protestations d'une passion éternelle,* mit *marques d'amour* aller Art, wohin *billets-doux, rendez-vous, cadeaux, heures du berger, sacrifice des fortunes* gehören, eine kürzere oder längere Zeit; sodann bereitet man durch *petites jalousies, explications, ennui,* durch *infidélités* und durch *passades* auf den Bruch vor, und endlich – *on se surprend, on entre en désespération, on se déteste, on rompt, on se quitte.* Dann sagen sie: *tout a fini entre moi et lui,* und das Publikum wiederholt: *tout a fini entre elle et lui! – Je suis libre,* fahren sie fort, und wer Ohren und Verstand hat, der hört und versteht.

Für Leser, welche die ältere französische Sitte und Sprache kennen, habe ich genug gesagt: für solche, die sie nicht kennen, würde ich, wenn ich ihnen über die polnische Galanterie ganz deutlich werden wollte, weitläufiger, als es am rechten Orte wäre, sein müssen.

Wo Galanterie der herrschende Ton ist, da findet man auch die hohe Schule der Moden und des Putzes. Die Warschauer Elegants und Eleganten verwenden viel Zeit, Nachdenken und Geld auf diese Dinge. Die Weiber übertreffen aber in dieser Kunst die Männer unendlich weit, und letztere sind darin wirklich noch beim ABC.

Die Grundlage der weiblichen Kleidung ist die allgemeine, aus französisch-englischen Moden zusammengesetzte: aber die Nebenverzierungen sind bei den Polinnen das Werk eigenen Geschmacks und eigener Laune. Im Kopfputze haben sie etwas Eigentümliches, das zwischen den steifen

Aufsätzen der französischen, und dem zu natürlichen Haargehänge der englischen Weiber, ein glückliches Mittel hält, und eine Art von morgenländischem Charakter trägt. Ihre Erfindungs- und Veränderungskunst in diesem Punkt ist unerschöpflich. Bei feierlichen Gelegenheiten wissen sie selbst den Galakleidern, die überall steif und schwerfällig sind, einen Schwung, eine Leichtigkeit zu geben, die sehr angenehm auf das Auge wirken. Die Verteilung der Brillanten zeigt von dem feinsten Nachdenken über deren beste Wirkung. Ich habe nichts Prächtigeres und zugleich nichts Einfacheres gesehen als ihren Anzug bei Gelegenheit der Jahresfeier der neuen Konstitution. Ihrer zwei- bis dreihundert waren damals, alle weiß und hellrot (die Farben des Königs) gekleidet, in der Kreuzkirche beieinander, und zierten die für sie bestimmten amphitheatralischen Sitze. Alles, was Polen in seinem ganzen Umfange, unter den höheren Klassen, Schönes besaß, glänzte damals, durch Natur und Kunst reichlich ausgestattet, in dem Raume jener Kirche und tat, mit der Feierlichkeit des Tages und allen übrigen dazu gemachten Anstalten verbunden, eine unbeschreiblich reizende Wirkung.

Indessen scheint mir der Geschmack der polnischen Weiber und ihre Kunst sich zu kleiden, besonders im Halbanzuge unerreichbar zu sein. Die natürliche Grazie, die in ihrem Wesen herrscht, behält ein freieres Spiel in demselben; und die Zartheit und Luftigkeit der Zeuge, die sie dazu wählen, machen ihren, meist schlanken, höchst bewegsamen Wuchs wie durchsichtig, und geben dem Auge das feinste Spiel aller Umrisse an, die sie durch sehr malerische Stellungen und Bewegungen im Gange, bei Verneigungen und Gesprächen, in beständiger Regsamkeit zu erhalten wissen. Ihr Triumph sind die Ballanzüge, bei denen sie sich weder durch eingeführte Mode, noch durch zu ängstliche Dezenz, sondern bloß von ihrem Geschmack und ihrer Einbildungskraft leiten lassen. Es gibt in der Tat kein Schauspiel, das

verführerischer wäre, als ein Ball in Warschau, auf welchem der Aushub der Eleganten von Polen vollzählig zugegen ist.
Die Männer bleiben in der Wahl, im Geschmack, in der Zusammensetzung ihrer Kleidungsstücke hinter den ehemaligen Elegants in Paris, und den gegenwärtigen in London, weit zurück. Die Nationaltracht ist mehr prächtig und kostbar als geschmackvoll, obgleich sie keinem wohlgewachsenen Mann übel steht. Das Oberkleid fällt, in einem bequemen Schnitte, bis auf die Mitte der Wade herab, hat keine Schöße, keine Taschenpatten, hinten keinen Schlitz, aber wohl eine breite kahle Taille, die da endigt, wo die Hüften anfangen, von welchen, auf beiden Seiten, drei oder vier dichte Falten, die sich nach unten zu immer mehr erweitern, herabfallen. Die Ärmel dieses Oberkleides sind, nach dem Ellenbogen zu, gebrochen, und werden über die Schultern geworfen; an ihrer Statt treten die engen Ärmel des Unterkleides hervor und laufen bis zum Handgelenke immer spitziger zu. Dieses Unterkleid schließt genau an den Leib, ist kürzer als das Oberkleid, mit kleinen Knöpfen, von der Halsgrube an, bis unten aus, zugeknöpft, und im Sommer Taffet, oder feines Baumwollenzeug, im Winter aber Atlas. Um den Leib, unmittelbar über den Hüften, wird das Degengehenk und eine prächtige, von Gold, Silber und Seide sehr gehaltvoll gewirkte, Leibbinde, Pas genannt, geschlungen. Die älteren tragen einen geschorenen Kopf, der nur auf dem Wirbel einen Zirkel von Haaren zeigt und einen schönen männlichen Hals macht, die jüngeren tragen das Haar in die Stirne gekämmt und hinten gestutzt. Jene haben auch noch Zwickelbärte. Busen- und Handstreifen finden bei diesem Anzuge nicht statt; dafür trägt man, am Halse und an den Handgelenken, Knöpfe von Diamanten in mancherlei Formen. Die Farben des Tuchs oder anderen Zeuges, das man zu Oberkleidern wählt, sind die hellsten, die man finden kann, und die zu den Unterkleidern müssen

durch eine zweite schreiende Farbe gegen sie abstechen. Diesen Anzug tragen gewöhnlich nur noch Männer von gewissen Jahren und altmodischen Grundsätzen. Am Reichstage konnte man die Gegner der Mehrheit daran erkennen. Die jüngeren trugen sich entweder französisch, oder sie erschienen in der Uniform der Nationalreiterei, die sehr prächtig ist, schönen Körpern vortrefflich steht, und selbst übelgebauten sehr nachhilft. Oben habe ich sie weitläufig beschrieben. Die französische Kleidung hat besonders der König zuerst aufgebracht und durch sein Beispiel ziemlich allgemein eingeführt. Die Nachkommen der jetzt lebenden Generation der höheren Stände dürften schwerlich noch die Nationalkleidung tragen; aber der niedere Adel und der wohlhabende Bürger polnischer Abkunft werden sich noch nicht sobald von ihren geschorenen Köpfen und von den Zwickelbärten trennen. Nach den neueren Begriffen von Schönheit und Geschmack ist dieser Zwickelbart freilich ebenso verwerflich als der geschorene Kopf, weil, beide zusammengenommen, eine widerliche Mischung von Mönch und Soldat darstellen.
Der Säbel, der sonst dem Polen angeboren schien, hat auch viel von seiner Allgemeinheit verloren. Teils hat er sich in einen Stutzerdegen verwandelt, teils ist er ganz abgelegt, seitdem die englischen Fracke bei der jüngeren feinen Welt beliebt geworden sind. Indessen kann man doch noch keinen anständigen Besuch ohne Säbel oder Degen machen, obgleich es in manchen großen Häusern, besonders in denen von neuerem Tone, nicht mehr auffällt, wenn man im Frack zu Tische kommt. Übrigens sieht man nicht darauf, Säbel und Degen, Kurtka und französisches Kleid, Nationalkleid und Frack, gestutztes Haar und Frisur, Mütze oder Hut, jedes, wie es sich zu dem andern schickt, zu tragen; sondern man vermischt alles auf eine widersinnige Art. Man sieht häufig jüngere und ältere Leute von den höheren Klassen runden Hut, gestutztes Haar, Charivari, englischen

Frack und französischen Degen oder polnischen Säbel, französisches Kleid, gestickte Weste, Haarbeutel, Chapeaubas, Beinkleid von Nanking und englische Klappenstiefel oder endlich englischen Frack, Gilet, lederne Beinkleider, Schuhe mit Bändern, rund herum in Locken gelegtes Haar und obendrauf die polnische viereckige Mütze tragen: Abstiche, die hier nicht auffallen, ob sie gleich die allerhöchste Nachlässigkeit und Geschmacklosigkeit verraten. Die Stutzer nach der neuesten Mode tragen jetzt (im Mai 1793) einen kleinen runden Hut mit hohem, spitzigen Kopfe, das Haar rund um den Kopf in schwebende Löckchen gelegt, ein dickes, buntes Halstuch mit ungeheurem Quast, das unter dem Kinne bauscht und es halb versteckt, ein abenteuerlich gesticktes oder gemaltes, nur bis an die Hüften reichendes, Gilet, einen langen, schweifartig und spitzig zwischen die Beine hineinfallenden Frack mit hoher, schmaler Taille und einem, flach auf den Schultern liegenden, Kragen, ein paar hoch über die Hüften herauf und bis zu den Knöcheln hinabfallende, eng anschließende Pantalons und pantoffelartige Bänderschuhe ohne Laschen. Das Ganze vollenden zwei rasselnde, mit mächtigen Schlüsseln und Petschaften behängte, goldene Uhrketten, und ein dicker, knotiger, gebeizter Knittel, der abwechselnd aus einer Hand in die andre geworfen und beständig in einer zuschlagenden Bewegung erhalten wird.

Die ernsthaften Beschäftigungen der galanten Welt mit sich selbst erlauben ihr fast gar nicht, an ihre Kinder zu denken und sich um ihre Erziehung zu bekümmern. Sie werden von der Geburt an fremden Leuten überlassen, die zwar vortrefflich bezahlt und unterhalten sind, aber dem Kinde die versagte mütterliche Zärtlichkeit und väterliche Liebe nicht ersetzen können. Da sie diese nicht genießen, da sie ihre Eltern selten sehen, da sie dieselben erst spät kennenlernen; so ist es unmöglich, daß das schöne Gefühl der Dankbarkeit und der Vertraulichkeit in ihren zarten Herzen

Wurzel fassen, daß das Bewußtsein der Abhängigkeit, mithin die Pflicht des Gehorsams, in ihnen lebendig und dauerhaft werden könne. Geschieht nun noch (was hier gewöhnlich der Fall ist), daß die Mutter ihr Kind, erst wenn es sich entwickelt, bloß als ein schönes Kind, aus Eitelkeit, zu lieben anfängt, und es auf einmal mit unbesonnenen Liebkosungen, Schmeicheleien und Lobpreisungen bestürmt: so müßte die menschliche Natur eine göttliche sein, wenn sie ununtergraben und unverdorben bleiben sollte. Daher kommt es, daß die polnischen Kinder beiderlei Geschlechts, schon in sehr frühen Jahren, dieselben Anmaßungen, denselben Egoismus, denselben Hang zu allen übrigen Untugenden im Kleinen haben, wodurch die Eltern sich im Großen auszeichnen, und die sie selbst aus den ersten Jahren ihrer Erziehung mit in das Alter der Wirksamkeit herübergebracht haben.

Den Kindern männlichen Geschlechts läßt man in allem ihren Willen. Nur in dem ersten und zweiten Jahre wacht man mit einiger Sorgfalt über ihre Diät, in den folgenden wenig oder gar nicht. Dann bekommen sie von allen Schüsseln, aus allen Flaschen. Dies wird Kindern in andern Ländern verderblich, aber nicht den polnischen, welche unbeschränkte Erlaubnis haben, in der freien Luft, mit ihren Händen, Füßen und ganzem Körper vorzunehmen, was sie nur wollen; die im dritten und vierten Jahre schon selbander zu Pferde sitzen; im vierten und fünften schon allein reiten, und im zehnten und zwölften die wildesten Pferde besteigen und sie als Meister zügeln. Da sie ihre frühere Erziehung mehrenteils auf dem Lande erhalten, wo frische Luft, Raum und allerlei den Kindern auffallende Beschäftigungen ihre Gesundheit befestigen und ihre Tätigkeit befriedigen; da man keinen Begriff davon hat, sie in diesen Jahren mit Stillesitzen und Auswendiglernen zu quälen: so ist es natürlich, daß sie vor der Hand ein besseres Blut bekommen, als ihnen Vater und Mutter (oder *ami* und *amie?*) vielleicht mitgeteilt haben, und daß sie, auf diese verbesserte Grundlage hin, so zu gedeihen und zu blühen anfangen, wie es gewöhnlich bei der polnischen Jugend der Fall ist. Denn nur aus diesen Umständen kann ich mir erklären, wie eine Gesellschaft, die so ungebunden, so regellos, so im Taumel aller sinnlichen Genüsse lebt, solch ein Heer von schönen, trefflich gebildeten und gesunden Kindern erzeugen mag.

Gewöhnlich bekommt die männliche Jugend erst gegen das vierzehnte und fünfzehnte Jahr Hofmeister. Diese sind gezwungen, ihre Kunst ganz anders zu treiben als ihre Mitbrüder in Deutschland, die meist Kinder von fünf bis sechs Jahren, schwächlich, verzärtelt, versessen, von Kantoren und Pastoren mit Lesen, Schreiben und Christentum schon zerquält, vor sich finden. Die jungen Polen haben diese Dinge wie im Fluge gelernt, oder lernen sie noch, und um so schneller, da man sie ihrem freien Willen überläßt, da man sie schon durch Ehrgefühl dazu spornen kann. Französisch lernen sie mit ihrer Muttersprache fast zu gleicher Zeit, denn Vater und Mutter müßten ganz unbegreiflich vernachlässigt worden sein, müßten nie in der Gesellschaft gelebt haben, wenn sie diese Sprache nicht verstehen, mithin die Wichtigkeit derselben für ihre Kinder in Geschäften und im geselligen Leben nicht einsehen sollten. Da es überdies keine wohlhabende Familie gibt, die nicht einen französischen Bedienten, oder eine französische Kammerjungfer hätte; da diese gewohnt sind, die Kinder an sich zu ziehen und durch ihr aufgewecktes, geschwätziges Wesen zu unterhalten: so lernen diese spielend jene Sprache, und bekommen zugleich mit derselben manche Begriffe und Manieren, die ihnen auch im Äußern eine gewisse Bildung, und, mit der ihnen zugestandenen Freiheit verbunden, eine gewisse Leichtigkeit geben, welche bewirken, daß ein polnisches Kind in Gesellschaften weit weniger Kind ist als ein deutsches, daß es aber auch, wenn es zum Jüngling übergeht, noch weit mehr Unbesonnenheit, Wildheit und Mutwillen besitzt als ein deutscher Jüngling, der gegen einen polnischen als ein wahrer Pedant erscheint. Sogenannte kluge Kinder, wie man in Deutschland, durch einen Mißbrauch, die gelehrten Kinder nennt, sind in Polen unerhört; aber desto mehr feine, liebenswürdige, witzige findet man hier. Die Hofmeister lehren sie sonach alles gesprächsweise; sie fahren, reiten, rennen und springen mit ihnen; sind bei ihren körperlichen Übungen, beim Tanzen und Fechten, zugegen, und schieben dabei ein, was sich zu ihrer geistigen Bildung einschieben läßt. Ihre politischen Kenntnisse erhalten sie auf gleichem Wege; denn da der Adel, vermöge seines Standpunkts im Staate, nichts Anziehenderes kennt als Politik, so fließt sein Mund, in großen und kleinen Gesellschaften, bei jeder Gelegenheit davon über. Dazu kommt, daß ein junger Edelmann schon im achtzehnten Jahr an den Verhandlungen der Landtage und anderer Versammlungen des Adels in seiner Provinz Anteil nehmen und gleich durch Praxis über die dahin gehörigen Gegenstände sich unterrichten kann. Aber, was man Studium, was man gründliche Wissenschaft nennt, hat er nicht, bekommt sie auch, in reiferen Jahren, äußerst selten. Sein lebhafter Geist, seine daraus fließende leichte Fassungsgabe gilt ihm für das alles.

So ist die körperliche und geistige Erziehung derjenigen Jünglinge, die ich oben als Männer in den Gesellschaften und in den öffentlichen Geschäften aufgeführt und geschildert habe, beschaffen. Hier ist die Frage nicht, ob sie als Jünglinge anders sein sollten, um als Männer anders zu werden, und sodann ihren kranken Staatskörper zu heilen. Ich scheue die Erörterungen derselben, die seit einigen Jahren, trotz ihrem Anziehenden, bis zur Trivialität herab geschwatzt und geschrieben worden sind.

Die Erziehung der weiblichen Kinder nimmt, in ihrer Art, ganz denselben freien Gang. Ihr erster Zweck ist, Bildung zur Schönheit, Liebenswürdigkeit, Eroberung. Die Tugenden der Hausmutter und der Gattin bleiben den Umständen überlassen, die sie, mit einem Reste von Herz und Gefühl verbunden, welche von der galanten Erziehung nicht ganz verdrängt worden, hervorbringen oder nicht hervorbringen. Hierüber werden den jungen Mädchen keine Lehren gegeben, und Beispiele kommen ihnen selten vor. Ein Mal im Gesicht oder an der Hand ängstigt hier eine zärtliche Mutter mehr, als ein Fehler des Verstandes, und ein kleines körperliches Gebrechen mehr, als ein Fehler des Herzens.

Die Mädchen bekommen ordentliche Hofmeisterinnen, sobald sie zu reden anfangen. Diese, die höchst selten andere als Französinnen sind, fangen sogleich an, Körper und Sprachorgane, und nachher Verstand und Grundsätze, nach französischer Sitte zu bilden. An der Mutter haben sie gewöhnlich das Vorbild ihrer pädagogischen Arbeiten und, indem sie die Kopie dem Original ganz ähnlich zu machen suchen, erwecken sie die Freigebigkeit der Originale für sich, als Künstlerinnen, und deren Liebe zu den Töchtern als ihren Kopien.

Damit aber diese ihre kleinen Vorzüge und Vollkommenheiten nicht in dem Schoße der Familie vergraben halten; damit sie die Kunst, unter fremden Augen ohne Schüchternheit zu erscheinen und zu glänzen, so bald als möglich, lernen mögen: so gibt man von Zeit zu Zeit Bälle, zu denen alles, was in dem ganzen Zirkel der Bekanntschaft an Kindern beiderlei Geschlechts vorhanden ist, eingeladen wird. Die Veranstaltungen dazu sind nicht kinderhaft. Es werden große Gesellschaften Erwachsener dazu eingeladen; eben die großen Säle, auf denen jene glänzen, werden für die Kinder hergegeben; man erquickt sie bei ihren schweren Arbeiten mit Limonade, Punsch und andern eß- und trinkbaren Sachen wie jene; kein Kron-, kein Wandleuchter wird weniger angezündet, kein Bedienter ist weniger in

Bewegung. Man kleidet die kleinen Tänzerinnen und Tänzer mit einem Luxus, der dem Luxus der großen nichts nachgibt. Die anwesenden Männer lassen die Mädchen fühlen und hören, wie schön sie sind, und die Weiber nehmen eben dies Geschäft bei den Knaben auf sich. Die Kinder untereinander behandeln sich mit einer Galanterie, und die Mädchen besonders benehmen sich mit einer natürlichen Koketterie, die der durchdachten wenig nachgibt, und den Müttern, die sich in ihren Töchtern verjüngt sehen, Freudentränen erpreßt. Es ist wahr, man kann nichts Anmutigeres sehen als diesen jungen, reizenden Anflug, der, oft fünfzig bis sechzig Köpfe stark, mit aller Grazie der Jugend ausgestattet, in dem mannigfachsten Wechsel aller Gattungen von Schönheit, in der Gesichtsbildung wie im Körperbau, bunt vor dem Auge wimmelt und es, die ersten Minuten, gleichsam irre macht und blendet.

Der Ungestüm, mit welchem diese Kinder auf die Wiederholung solcher Bälle zu dringen, die Ungeduld, mit der sie dieselben, wenn sie gegeben werden sollen, zu erwarten pflegen, zeigen genugsam, was für einen mächtigen Eindruck diese Lustbarkeit auf sie macht, und wie ähnliche auf sie wirken werden, wenn sie, bei reiferer Natur, bei stärkeren und anziehenderen Gefühlen, sich dem Genusse derselben hingeben können.

Zuweilen lassen minder begüterte Familien ihre Töchter in Klöstern erziehen; aber die reicheren äußerst selten und nur etwa in dem Falle, wenn die Mütter früh sterben und keine weibliche Verwandten vorhanden sind, die ihre Stelle vertreten könnten oder wollten. Ignaz Potocki, seit mehreren Jahren Witwer, macht, wie in vielen andern Stücken, auch mit der Erziehung seiner einzigen, sehr anziehenden Tochter eine Ausnahme. Er hält ihr eine deutsche Hofmeisterin, und läßt sie ganz nach deutscher Sitte erziehen.

Übrigens glaube man nicht, daß die im Kloster erzogenen Töchter anders wären, als die in der Welt erzogenen. Jene haben kaum vier Wochen in der Gesellschaft gelebt, so geben sie diesen in keiner Rücksicht etwas nach. Der Zeitpunkt, wo die Töchter mit der großen Welt in Verkehr und Gemeinschaft treten, ist zwischen ihrem vierzehnten und sechzehnten Jahre, und zwar an dem ersten oder zweiten Tage, nachdem sie in die Gemeinschaft der Christen sind aufgenommen worden.

Das Benehmen der Kinder gegen ihre Eltern, ist, dem Äußeren nach, sehr unterwürfig und ehrfurchtsvoll; aber die Art ihrer Erziehung hat dafür gesorgt, daß demselben sehr selten ein herzliches Gefühl zum Grunde liegt. Ist bei den Töchtern das Herz voll Eitelkeit und Galanterie, bei den Söhnen der Kopf voll Politik und Ehrsucht, so zeigen sie sich, wie es der Gang ihrer Erziehung mit sich bringt, unbiegsam, eigenwillig und selbstsüchtig.

Dieser Naturfehler der Polen liegt endlich noch, mit Hochmut und Eitelkeit verbunden, ihrem Benehmen gegeneinander im bürgerlichen Leben zum Grunde. So ungezwungen sie sich in großen Gesellschaften gegeneinander betragen, so pünktlich, so zeremonienreich sind sie bei Geschäftsbesuchen, bei Sollizitationen, bei Schließung neuer Bekanntschaften, bei feierlichen Gelegenheiten. Die Erhabensten im Staate, die einander ganz gleich sind, begrüßen sich mit einem »Ich falle Ihnen zu Füßen«, verneigen sich sehr tief dabei, und, indem einer nach dem Knie des andern zu fassen sucht, bestreben sie beide, immer noch unnatürlich gebückt gegeneinander stehend, dieses Zeichen von Unterwürfigkeit zugleich abzulehnen und zu geben, und sich dabei in den süßesten und demütigsten Worten zu übertreffen, bis endlich dieser wunderliche Zweikampf damit endigt, daß sie einander, immer noch ringend, die Brust oder den Arm küssen. Der weltliche Große fährt dem geistlichen nach der rechten Hand, um ehrfurchtsvoll seine Lippen darauf zu drücken, und der geistliche strengt sich scheinbar an, sie ihm zu entziehen; jener aber hält sie mit

aller Gewalt fest, küßt sie, und der Bischof küßt ihm die Backe oder die Stirn, oder wo er sonst zukommen kann. Geringere Edelleute langen den vornehmeren nach den Füßen, nach dem Rockschoße, nach der Hand, immer mit der Bewegung, sie küssen zu wollen, und jener hält sie immer mit der Miene und dem Anstande des Gönners davon ab. Bekannte, die einander gleich sind, machen es sich insofern bequemer, daß sie, obgleich immer noch tief genug gebückt, einander entgegentreten, die Arme langsam und sanft einander auf die Schultern legen und sich so, immer in einer kleinen Entfernung voneinander, den Hals, die Schulter oder die Wangen küssen. Dieselben Bewegungen machen die übrigen Klassen, die Lebensart haben wollen; und man sieht sie auch oft bei Deutschen in Warschau. Ehedem näherte man sich in den höheren Ständen keinem Weibe, ohne die tiefste Verbeugung und den ehrfurchtsvollsten Handkuß; und man wiederholte es bei allen übrigen in der Gesellschaft; jetzt ist dies dort aus der Mode gekommen, aber die niederen Stände lassen diese Gewohnheit nicht sinken. Sie bringen noch in jeder Gesellschaft von Weibern einer jeden ihren Handkuß dar; wenn sie auf den Straßen eine treffen und anreden, so macht der Handkuß den Eingang; und es ist possierlich genug, zuweilen die schmutzigsten Weiber von den Männern so ehrfurchtsvoll begrüßt zu sehen. Das Wort »Pan«, welches man in Polen teils vor den Namen, teils vor die Benennung der Würde setzt, die man bekleidet, drückt genau das französische »Seigneur« aus. [. . .]
Aber wenn die Franzosen ihr »Seigneur« bis zur Revolution in Ehren zu erhalten gewußt haben, so ist dies nicht der gleiche Fall bei den Polen. Das Pan der letzteren wird jetzt von und für jedermann gebraucht, der nur irgend noch ganze Stiefel hat, und ist so gemein geworden, wie ehedem das »Monsieur« bei den Franzosen. Ebenso das »Panna« bei den Weibern.

Es ist ebenfalls bedeutend, daß sich die Polen häufig mit »mein Herr Gönner«, »mein Herr Wohltäter« anreden. Diese Redensart ist unter den höheren Ständen wahrscheinlich zuerst aufgekommen, aber jetzt ist sie bis in die niedrigsten Klassen verbreitet, und es tut eine seltsame Wirkung, wenn man ein paar Bettler um das dritte Wort einander »mein Herr Gönner«, oder »mein Herr Wohltäter« nennen hört.

Der gemeine Mann redet jeden, der über ihm ist, mit »gnädiger Herr« an; wer noch höher steht, erhält von ihm »Excellenz«, »Hochgebietender Herr« und andre prächtige Benennungen. Der Bauer sagt nicht bloß, »ich falle Ihnen zu Füßen«, sondern streckt sich längelang zu seines Herrn Füßen, faßt nicht bloß nach denselben, sondern küßt sie wirklich.

Daß dieses ehrfurchtsvolle Benehmen der Großen gegeneinander und der Geringeren gegen die Großen aus keiner reinen Quelle komme, sieht man unter anderm daran, daß die ärgsten Feinde, wenn sie einander treffen, ohne Ausnahme einander ebenso behandeln, und daß die Bauern, wenn sie ihr Herr hat kantschuen lassen, ebenso sich ihm zu Füßen legen und sie ihm küssen.

Für den König haben die Polen, wenn man ihr unterwürfiges Benehmen für Ernst nimmt, eine unbegrenzte Ehrfurcht; aber es fließt in der Tat weder aus Achtung für seine Würde, noch aus einem allgemeinen Gefühl für Feinheit und Höflichkeit her. Man sieht dies daran, daß sie sich oft in einem schmutzigen und nachlässigen Anzuge in seinen Vorzimmern zeigen; sich streiten, zanken, Arm in Arm auf und ab rennen; sich schneutzen, räuspern und lachen, wie es die Natur gibt, und durch das alles ein Geräusch machen, das man sonst nur an öffentlichen Orten hört, wo der Wein oder das Bier gut ist. Wenn er kommt, so scheint alles, was in der Nähe ist, mit dem Kopf in den Boden hinein zu wollen; aber in den Nebenzimmern dauert das Geräusch so lange fort, bis er auch dort erscheint; dann erst empfängt man ihn, wie er in dem ersten Saal empfangen wurde, der unterdessen hinter ihm wieder so laut geworden ist als vorher. In der Tat, wenn Kammerherren von irgend einem der kleinsten deutschen Höfe in diese Vorsäle kämen, sie würden einen tödlichen Schreck haben und sich von diesem lärmenden Haufen schnell zurückziehen, aus Furcht, daß er jeden Augenblick durch die Leibwache eingeschlossen und auf die Festungen des Landes verurteilt werden möchte.

SIEBENTER ABSCHNITT

AUFKLÄRUNG
Bürgertum. Wissenschaft.
Druckerzeugnisse. Druckereien.
Bibliotheken. Schulen.
Schöne Künste. Musik.
Theater. Kirchen.
Dissidenten

Es ist nötig, auf die Schilderung, die ich von den Sitten, der Lebensart und dem Charakter des Adels in Warschau gegeben habe, einen Abriß von denjenigen Klassen, die den sogenannten städtischen Stand ausmachen, folgen zu lassen.

Dieser Stand schließt die gesamte deutsche Kolonie, von den Wechslern bis zu den Handwerkern, ein, die teils als königliche Schutzverwandte, teils als Bürger von Warschau unter den Magistraten der Altstadt und der verschiedenen Vorstädte stehen. Die eingeborenen polnischen Bürger, deren ungleich weniger und die sämtlich Handwerker sind, gehören dazu. Der Rest begreift Hausierer, Höker, die nicht besitzlich sind, Tagelöhner, Handarbeiter aller Art, Juden, die unter dem Kronmarschall, als dem Haupt der Polizei, Bediente, die unter dem Schutze ihrer Herren stehen, und Landstreicher und Bettler, um die sich niemand bekümmert.

Oben ist bemerkt worden, daß die reicheren Mitglieder des städtischen Standes, im geselligen Leben, unter den Adel gemischt erscheinen. Diese reicheren Mitglieder sind die Wechsler und die Kaufleute im Großen. Im Jahre 1792 standen an ihrer Spitze die Wechsler Tepper, Kabrit, Blank, Prot Potocki.

Tepper erhielt von seinen Vorfahren ein reiches, festgegründetes Haus mit einem ungeheuren Kredit. Er fand kluge, tätige, ehrliche Arbeiter auf seiner Schreibstube, welche die Geschäfte in einer musterhaften Ordnung besorgten. Es hätte von seiner Seite nur Aufsicht bedurft, um diesen vorteilhaften Umschwung zu erhalten. Aber er hatte, bei ziemlich eingeschränkten Verstandeskräften, die Sucht, den großen Herrn zu spielen, und er bildete sich ganz nach den Mustern, die sich ihm in diesem Punkt so häufig in Warschau darboten. Wenn er sie an Reichtum übertraf, so stand er an Geburt tief unter ihnen. Um diese zu verbessern, nutzte er jenen verschwenderisch, und man kann sagen, daß er sich zu Grunde richtete, um seine Geburt in Vergessenheit zu bringen, so wie seine Muster sich zu Grunde richtete, um die ihrige im Gedächtnis zu erhalten. Er erhob sich auf doppelten Adelsbriefen, auf einem warschauischen und einem wienerischen, über den Bürgerstand hinaus und kaufte sich sodann ein Malteser-Kreuz der dritten Klasse, das er standhaft im Knopfloche trug. Es ist natürlich, daß ihm diese Ab- und Erhöhungszeichen zehnfach mehr kosteten, als sie jedem andern kosten können; indessen würde diese Ausgabe unbedeutend für ihn gewesen sein, wenn er nicht dem Range, den er dadurch erhalten zu haben sich einbildete, noch andere Opfer gebracht hätte. Ein reicher Malteserritter ohne Palast, ohne offenes Haus, ohne Marstall, ohne Maitresse, der fleißig seine Schreibstube besuchte, sich um seine Geschäfte bekümmerte, seinen Buchhaltern und Dienern auf die Finger sähe, war ihm nicht denkbar. Er baute oder kaufte demnach einen großen Palast und zwei kleinere; er machte eines der glänzendsten Häuser in Warschau; er unterhielt eine Freundin und ihren Mann samt einer zahlreichen Verwandtschaft; er kam binnen Jahren nicht auf seine Schreibstube, wenigstens in der Absicht nicht, um sich über den Lauf seiner Geschäfte zu unterrichten; seine Buchhalter machten, was sie wollten; sie wagten aus seiner Kasse Unternehmungen für ihren Beutel, und mehrere davon setzten sich, mittels seiner – Vorschüsse, auf ihre eigene Hand und führten eigene Wechsler- oder Großhändler-Geschäfte. Die Leichtsinnigeren darunter vertaten auch wohl sein Geld auf eine unsinnige Art. Es ist erwiesen, daß sein erster Buchhalter, namens S., der, wenn ich nicht irre, jährlich zweitausend Dukaten Gehalt hatte, einen Aufwand machte, der nicht mit achttausend bestritten werden konnte. Die Frau desselben reiste jährlich mit zwei vierspännigen Wagen, unter dem Titel einer Gräfin, nach Karlsbad, Spaa, Pisa, Nizza, Bath, und funkelte von Diamanten; während ihr Gemahl zu Hause mit zwei oder drei Schauspielerinnen und andern ihres Gelichters, denen er reiche Geschenke machte, denen er Schmäuse gab, auf welchen er spielte und sich betrank, mit ihr in der Verschwendung wetteiferte. Ich war dabei, als er in einer Gesellschaft, betrunken nach seiner Art, zwei kostbare brillantene Uhrketten vorzeigte; als ihn seine Bekannten warnten, sie nicht mit in das Schauspiel zu nehmen, weil sie ihm gestohlen werden könnten; als er in der Tat ohne Uhren und Ketten zurückkam und auf die Frage, wo er sie gelassen, kaltblütig antwortete: er habe zu Hause noch ein zweites Paar. – So war kein einziger unter den Tepperschen Dienern, der nicht, immer unter dem Schein eigener Geschäfte, vier-, fünfmal mehr als sein Gehalt betrug, ausgegeben hätte.

Tepper hatte zwei Schwiegersöhne, denen er Anteil an seiner Bank zugestanden hatte. Sie behandelten, bei eigenen Unternehmungen, seine Kasse wie die ihrige. Der eine kaufte und baute eine große Menge Häuser in und um Warschau, und vermietete oder verkaufte sie wieder; der andre legte sich auf andre Geschäfte. Sie zogen den Gewinn, und berechneten selten das Kapital, welches ihnen denselben verschafft hatte. Sie unterhielten eigene Häuser auf einem guten Fuß, und ihre Weiber lebten mit der großen Welt und wie diese. Ein dritter Schwiegersohn, von altem polnischen Adel und Stanislausritter, heiratete die dritte Tochter in Hinsicht auf die blühende Bank seines Schwiegervaters, und soll sie, nachdem diese gesprengt ist, verlassen haben.

Die Mutter, die kurz vor dem Bankerott starb, war so sehr Königin ihres Hauses, als es eine Fürstin in Warschau zu sein pflegt. Sie war in früheren Jahren hübsch gewesen und konnte in späteren nicht glauben, daß sie es nicht noch sei.

Die männlichen Mitglieder ihrer, immer sehr glänzenden, Zirkel, bestätigten sie in dieser Meinung. Dies machte ihre Eitelkeit und ihren Hochmut unheilbar. Sie drängte sich zu großen Bekanntschaften nicht minder eifrig als ihr Mann, und beide bedeckten sich mit Lächerlichkeiten in der großen Welt, die sie in der Hinsicht, daß sie seine Dukaten oder seinen Tisch brauchte, oder einmal brauchen konnte, äußerlich wohl aufnahm, sie aber hinter seinem Rücken auf das bitterste verspottete.
Tepper hatte drei Söhne, die ganz auf dem Fuße der modernen jungen französisch- oder englisch-polnischen Herren lebten. Englische Pferde, englische Wagen, englische Reitknechte und Reitjungen waren der Kreis, in welchem sie sich herumdrehten. Drei Tage vor dem Bruch ihres Vaters haben sie noch, so geht hier das Gerücht, sechs englische Pferde auf einer Fuchsjagd totgeritten.
Unter diesen Umständen kann es nicht befremdlich sein, wie das berühmte, durch ganz Europa betraute, Teppersche Haus auf einmal so unaufhaltbar fallen konnte. Unterrichtete Männer sagten aber lange vorher, daß es solch ein Ende nehmen müsse. Indem ich dies schreibe, sehe ich Teppers ganzen Marstall, über vierzig Pferde aller Art stark, unter meinem Fenster, auf demselben Hofe, den sein Schwiegersohn mit Palästen umbaut hat, an den Meistbietenden verkaufen. Er selbst geht zu Fuße an den Seiten der Straßen von Warschau umher, und ist wenigen ein Gegenstand des Mitleids, mehreren ein Gegenstand des Spottes und der Verachtung, und vielen ein Gegenstand des Unwillens und der Rache. Die letzteren Gefühle gegen ihn stammen aus dem Umstande, daß sein Sturz eine Menge von Menschen aus allen Klassen unglücklich macht, die ihre größeren oder kleineren Kapitalien, bei der Schwierigkeit, sie anderwärts sicher unterzubringen, ihm anvertraut hatten, und dergleichen er noch in den letzten Tagen vor seinem Fall angenommen haben soll. Manches große Haus, mit dem er in

schon oben bezeichneten Verhältnissen stand, verliert viele Tausende von Dukaten, manche Witwe und Waise ihre ganze Erbschaft, mancher arme Mann sein mühsam erworbenes, kleines Vermögen. Mit einem Worte, diese kaufmännische Revolution hat fürchterlichere Folgen, als die politische, unter welcher Polen seit einem Jahre leidet.

Zwei andre Häuser, mit denen das seinige in genauer Verbindung stand, fielen mit demselben zugleich; Kabrit, auch ein Deutscher, und Prot Potocki, ein Pole, ersterer nicht minder unachtsam in seinen Geschäften, letzterer tätiger und wachsamer als Tepper, erklärten sich für zahlungsunfähig, und vermehrten die Menge der Unglücklichen, die ihnen ihr Vermögen anvertraut hatten. Einzig Blank, ein schlauer, tätiger und unterrichteter Geschäftsmann, den man beständig in seiner Schreibstube findet, hat sich erhalten, weil er zur rechten Zeit alle Verbindung mit dem Tepperschen Hause aufhob und überhaupt auf einem wirtschaftlicheren Fuße lebte. Seine Geschäfte stehen zwar in diesem Augenblicke für das Inland still, aber es ist aus Vorsicht, weil er noch nicht übersehen kann, bis wohin und auf wen alles sich die allgemeine Vermögenszerrüttung erstreckt hat; für das Ausland und von demselben gibt und nimmt er Papiere nach wie vor.

Sein Haus ist jetzt das erste in Warschau. An ihn schließen sich ein paar andre vorher unbedeutende Wechsler, die teils aus dem Tepperschen, teils aus dem Kabritschen Hause hervorgegangen sind, und die sich jetzt heben werden. Dangel, dessen ich bei einer andern Gelegenheit weiter oben erwähnt habe, fängt an, sein Vermögen zu Wechslergeschäften zu benutzen. Ebenso ein paar andre, die vorher Warenhandlungen hielten. Die Besitzer der großen englischen Gewölbe, Rößler, Jaschewiz und Hampla, werden, da Warschau fast ganz von Großen und von reichen Fremden entvölkert ist, wahrscheinlich dasselbe Mittel ergreifen, um ihr Vermögen umzuschlagen. Keiner von diesen hat bei

dem Falle Teppers gelitten, auch leben sie, wider die Gewohnheit von ihresgleichen in Warschau, auf einem mehr bürgerlichen Fuße, obgleich sie Besitzer von palastähnlichen Häusern sind.
Die auf sie folgenden größeren Kaufleute, die mit Zucker und Kaffee, Wein, Tüchern, Leder und andern Waren im Großen handeln, leben mit einem Aufwande, den andere ihresgleichen in andern Ländern nicht bestreiten können. Sie halten Wagen und Pferde für ihre Familie; besitzen Lusthäuser, Gärten und Landgüter; geben ihren Kindern eine vornehme Erziehung, und oft halten sich ihre Weiber Liebhaber noch obenzu, denen sie ansehnliche Beiträge zu ihren Verschwendungen geben. Wenn man in ihren Gesellschaften seltener den besitzlichen, regierenden Adel findet, so trifft man desto häufiger den soldatischen darin an, mit dem man, nur nach einem kleineren Maßstabe, gerade so polnisch lebt, wie der hohe Adel mit den großen Wechslerhäusern zu leben pflegte.
Auch die geringeren Kaufleute, oder die Krämer, leben um einige Grade höher, als ihresgleichen in andern Ländern.
An diese schließen sich die deutschen Künstler und Handwerker. Seit den Zeiten der beiden Auguste, und während der Regierung des jetzigen Königs, ist die Anzahl derselben in Warschau besonders hoch gestiegen. Da die polnischen Handwerker nur die allernötigsten und gröbsten Arbeiten machten, so war man gezwungen, alles, was man an feineren brauchte, aus Deutschland, Frankreich und England kommen zu lassen. Man fand in Warschau höchstens Schmiede, Schuhmacher, Leinweber, Schneider, Schlosser, Metzger, Sattler und andre von dieser Klasse; aber Silber- und Goldarbeiter, Uhrmacher, Färber, Hutmacher, Gürtler, Ebenisten, Gerber und dergl. waren ungewöhnlich selten. Ebenso fand man weder Maler, noch Bildhauer, noch Vergolder, noch Baumeister dort, und man mußte diese Künstler oder ihre Arbeiten jedesmal verschreiben.

Jetzt wird man in Warschau nicht leicht nach einem dieser Künstler oder Handwerker vergebens fragen. Die Prachtliebe und der Hang zum Bauen, welche der erstere der beiden genannten Könige zeigte, lockten besonders eine Menge sächsischer Künstler und Handwerker nach Warschau, die damals Polen für eine Goldgrube zu halten pflegten, weil sie nur an die gute Bezahlung ihrer Arbeiten und nicht an die Teure der Lebensmittel in diesem Lande dachten. Sie kamen indessen, auf Versprechungen oder ohne dergleichen, hierher, besetzten sich, heirateten und blieben; und man kann annehmen, daß wenigstens zwei Drittel der hiesigen deutschen Künstler und Handwerker sächsischen Ursprunges sind. Auch ist die deutsche Mundart unter ihnen noch ganz sächsisch, und wenige verraten durch dieselbe, daß sie entweder Schlesier, Preußen oder Österreicher sind.

Diejenigen, die der jetzige König durch seinen Geschmack an den schönen Künsten und durch wahre Fürsorge für sein Land nach Warschau gezogen hat, sind, was die Künstler betrifft, meist Italiener und Franzosen; was aber die Manufakturisten und Handwerker betrifft, größtenteils Deutsche, und diese wiederum meist Sachsen. Wenn jene, sobald sie sich ein kleines Vermögen erspart haben, nach ihrem Vaterlande zurückkehren, so bleiben diese mehrenteils hier und verstärken die Klasse der nützlichen Einwohner, erhalten sich durch ihren Fleiß, und pflanzen ihre Gewerbe durch ihre Kinder und durch deutsche verschriebene Gesellen fort. Sie behalten den Charakter, die Sitten, die Lebensart und die Sprache ihres Vaterlandes bei und zeichnen sich dadurch auf den ersten Blick vor den Polen aus. Sie suchen sich ein eigenes Haus zu kaufen oder zu bauen; das Äußere und Innere desselben ist reinlich; ihr und ihrer Weiber und Kinder Anzug ist anständig und sauber und steht ungefähr auf gleicher Stufe mit dem Äußeren der Handwerker in Dresden und Berlin; und ebenso ihre Lebensart. Ihre Lustpartien des Sonntags, ihre Landfahrten und ihre Spaziergänge nach den Wirtshäusern der um die Stadt liegenden Erholungsorte, sind dieselben.

Die polnischen Handwerker, die sich an sie schließen, haben immer nur noch, wie sonst, entweder die ganz nationalen, oder die gröberen Gewerbe inne. Zu den ersteren gehören diejenigen Schneider, die nur die Nationalkleidung machen, die Schuster, die sich mit Verfertigung der polnischen Halbstiefel abgeben, die Barbiere, die zugleich die polnischen Haarschuren besorgen, und etwa noch die Posamentierer; zu den andern gehören die gemeinen Sattler, Schmiede, Radmacher und dergl. Polnische Friseure, Goldarbeiter, Sticker, Bäcker, Gürtler und andre Gewerbe dieser Art findet man nicht. In Absicht ihrer Lebensart und Sitten grenzen sie unmittelbar an den Pöbel. Der Trunk ist ihre Hauptbelustigung.

Ein Gelehrtenstand in der Art, wie er sich in Deutschland befindet, ist in Polen eigentlich nicht vorhanden. Die Geistlichkeit gilt für den gelehrten Stand vom Handwerk, und alle übrigen, die sich mit den Wissenschaften abgeben, werden nur für Liebhaber gehalten. Der Bürgerstand, der in Deutschland fast ausschließend die Wissenschaften anbaut, tut in Polen für dieselben nichts. Bloß der Adel wetteifert darin mit der Geistlichkeit, und er hat von jeher merkwürdige Namen in der polnischen Gelehrtengeschichte aufgestellt. Auf der andern Seite sind es fast immer nur Mitglieder der höheren Geistlichkeit gewesen, die sich in den Wissenschaften ausgezeichnet haben. Es ist kein Zweifel, daß die politische Lage dieser beiden Klassen diese Eigenheit bewirkt; man sieht dies schon daraus, daß Geschichte, Staatsrecht, Gesetzgebung, Beredsamkeit und Dichtkunst die Fächer sind, die sie am häufigsten bearbeitet haben. Der Umstand, daß die gesamte Regierung und Verwaltung des Staats in ihren Händen ist, leitet sie besonders auf jene ersten Fächer, deren Anbau ihnen unentbehr-

lich ist; und auf das letztere führt sie ein lebhafter Geist, Lektüre, geselliges Leben und der Reiz der Dichtkunst selbst.
Die niedere Geistlichkeit, die gar keinen Anteil an den Staatsgeschäften hat, beschränkt sich bei ihren Studien, wenn sie noch studiert, auf alte Sprachen; auf Gottesgelehrtheit, und zwar, der Natur ihres Bekenntnisses gemäß, nur auf predigende und streitende Schultheologie; auf Weltweisheit, die der altkatholische Glaube zügelt; auf Naturlehre, welche die Mosaische Schöpfungsgeschichte beengt; und endlich auf Naturgeschichte und Mathematik, die von den neueren Entdeckungen, die nicht lateinisch oder polnisch niedergeschrieben sind, nichts ahnen.
Die Unwissenheit der niederen Geistlichkeit in den neueren Sprachen ist Ursache, daß sie eine Klasse nicht ganz besetzt, deren sich in Deutschland die Geistlichkeit fast ausschließend bemächtigt hat: ich meine die Klasse der Hofmeister in den Häusern des Adels. Da es unter diesem Ton ist, wenigstens zwei fremde Sprachen zu wissen, so ist man gezwungen, deutsche, französische und italienische Hofmeister kommen zu lassen, die diesen Teil des Unterrichts besorgen, nachdem die polnischen Religion, Lesen, Schreiben und ihr Latein gelehrt haben.
Dem polnischen Teile des Bürgerstandes bleibt für seinen höchsten Ehrgeiz nichts übrig, als der Besitz der Bürgermeister- und Ratsherrnstellen in den kleineren Städten, die man aus dem Vorhergehenden kennt: mithin hat er nicht die geringste Ermunterung, die Wissenschaften zu treiben, ja er hat, um das Wahre zu sagen, keinen Begriff von dem Worte, viel weniger von der Sache, bei der er auch leicht verhungern könnte. Derjenige ist unter der polnischen Bürgerklasse ein gelehrter Mann, der Lesen, Schreiben und Lateinisch gelernt hat; er ist schon ein seltener Mann, denn er kann zu dem Amt eines Schreibers, Verwalters, Schulmeisters, Zolleinnehmers und Durchsuchers (lauter Stellen

für bürgerliche Honoratioren) befördert werden, wenn er nicht gerade mit einem Edelmanne der geringsten Klasse, der weit schlechter liest, schreibt und lateinisch spricht, zu gleicher Zeit auf die Wahl zu kommen das Unglück hat. Kein Wunder demnach, wenn diese Klasse sich selten über den kleinen Krämer, den geringen Handwerker und den Tagelöhner hinausschwingt.

Der deutsche Teil des Bürgerstandes steht zwar, dem politischen Werte nach, um einige Stufen höher, aber die Aussichten für den studierten Teil desselben sind auch äußerst beschränkt. Rechtsgelehrte sind innerhalb des Kreises ihrer städtischen Magistraturen und Gerichtsbarkeiten eingeschlossen. Die Bürgermeister-, Ratsherrn-, Schöffen- und Beisitzerstellen in den wenigen, noch übrigen Munizipal-Städten, sind die einzigen, die für sie offen bleiben, und unter diesen sind die Bürgermeister- und Ratsherrnstellen dem studierten Rechtsgelehrten gewöhnlich auch noch versperrt. Denn da zu denselben weniger gelehrte Kenntnisse, als etwas gesunder Verstand und ein gewisser Einfluß, den man sich in Polen nur durch Wohlhabenheit verschaffen kann, erfordert werden: so gelangt jeder angesehene Kaufmann eher zu solch einer Stelle als ein Studierter; und da überhaupt die Kaufmannschaft den Stamm der Deutschen in den unmittelbaren Städten bildet, so sind die Ehrenämter in der Magistratur meist in ihren Händen. Die übrigen werden mit Subjekten besetzt, die aus der Stadt gebürtig sind, und die zuweilen auf deutschen hohen Schulen studiert haben. Bei diesen findet man in Polen ausschließend Kenntnisse von den Grundsätzen des Rechts, die sie auch bei ihren inneren Geschäften anwenden, die ihnen aber bei ihren äußeren Verhältnissen zum Adel und zur Geistlichkeit und bei Rechtshändeln mit diesen, welche vor den Assessorial-Gerichten entschieden werden, wenig zu statten kommen. Denn die dabei angestellten Richter und Beisitzer, so wie die Advokaten und Schreiber, sind geborene Polen, die, wie oben weitläufig bemerkt worden, nichts als ihr polnisches Recht kennen. Deshalb wurden auch in älteren Zeiten (jetzt äußerst selten) manche Kriminalsachen, die dem einfachen polnischen Rechte zu dornig waren, an die Städte verschickt, um diese darüber erkennen zu lassen.

Anwaltsstellen sind für studierte Deutsche in Polen so gut als nicht vorhanden; denn da sie dies Geschäft nur vor ihren eigenen Magistraturen treiben können, und Rechtshändel unter den deutschen Bürgern vor ihren Munizipalgerichten überhaupt sehr selten sind, so würden, selbst in den ansehnlichsten Städten, kaum zwei Anwälte sich kümmerlich nähren können.

Es bleibt also dem deutschen Teile des Bürgerstandes, der die Wissenschaften als Broterwerb treiben will, nichts übrig, als die Arzneigelehrtheit, und, wenn die Subjekte Dissidenten sind, die Theologie.

Unter den Ärzten und Wundärzten in Polen findet man auch wirklich zuweilen Einheimische; aber der größte Teil besteht in Ausländern. Jene pflegen besonders in Halle, Frankfurt, Berlin, auch in Wien zu studieren, und sich dann in ihrer Vaterstadt zu besetzen, oder in die Dienste eines Großen zu gehen; aber selten kommen sie zu einigem Ruf in ihrem Lande, das an der Sucht nach ausländischen Dingen kränker liegt als vielleicht irgend ein anderes in der Welt. Fremde Ärzte und Wundärzte dürfen dagegen nur ein paar glückliche Heilungen vollbracht haben, so reißt man sich (besonders ist dies der Fall in der großen Welt) um sie, und wiegt ihre Augenblicke mit Dukaten auf. Oft sind diese gepriesenen Ärzte Abenteurer, die alles studiert haben, nur nicht die Arzneikunde; oder die in ihrem Vaterlande schlechter Kuren und schlechter Streiche wegen nicht aufkommen konnten; oder die von den Großen, auf gut Glück, verschrieben, oder von ihnen auf Reisen angenommen und hierher gebracht worden sind usw. Daher ist das

Heer der Ärzte in Polen aus allen europäischen Völkern ausgehoben, und Engländer, Italiener, Franzosen, besonders aber Deutsche, aus allen Kreisen des Reichs, arbeiten hier bunt durcheinander, oft genug ohne Lehr- und Meisterbrief. Manche blühen ein paar Jahre und stürzen auf einmal von ihrer Höhe herunter, wenn ein paar unglückliche Heilungen an Großen, oder die Erscheinung eines neuen Wundermannes, die lockere Grundlage ihres Ruhms untergraben; und manche andre, die kurz vorher noch mit dem Pelikan die gemeinsten Kiefern erschütterten und mit ihren Pillen die Würmer der Bürgerkinder beunruhigten, rollen, an ihrer Statt, auf einmal in einem englischen Wagen aus einem Palast in den andern und schweben auf den adligsten und schönsten Lippen.

Unter den Wundärzten findet man besonders eine Menge Franzosen, die am häufigsten bei galanten Unfällen zu Rate gezogen werden und, wegen der Menge derselben, und der Großmut, mit der man dergleichen Kuren bezahlt, sehr gutes Auskommen hier finden. Zahnärzte liefert diese Nation auch noch hierher, und sie durchziehen ganz Polen, und besuchen ein adliges Gut nach dem andern. Es wäre ein Glück, wenn sie sich bloß an die Zähne hielten, aber sie sind auch, was sich von selbst versteht, zugleich große Ärzte und Wundärzte, und heilen alles, vom Reitpferde an bis zum Reiter. Der Schade, den diese Leute zum Teil stiften, ist um so größer, da keine medizinische Polizei über sie wacht. In Warschau ist kein Schatten davon, und es war, im Laufe des Konstitutions-Reichstags, im Werke, ein medizinisches Kollegium zu bilden; aber die Mitglieder waren untereinander so gespannt, und ihre Entwürfe und Grundsätze so verwirrt, widersprechend und leidenschaftlich, daß es leichter gewesen wäre, Felix Potocki und Ignaz Potocki zu vereinigen, als diese Herren unter einen Hut zu bringen.

Die Dissidenten, welche die Gottesgelehrtheit studieren, können auch nur in geringer Anzahl, und meist ärmlich, versorgt werden. Die Söhne der Prediger folgen gewöhnlich ihren Vätern in ihren Stellen; und kann man letztere mit Einheimischen nicht hinlänglich besetzen, so nimmt man ausländische Kandidaten dazu; deren sich immer eine Anzahl in Polen als Hofmeister in deutschen Familien befindet, und die großenteils aus Schlesien oder aus dem Königreiche Preußen herüberkommen.

Sogenannte Liebhaber der Wissenschaften sind übrigens unter dem deutschen Teile der Bürger in Polen selten, und man wird dies sehr begreiflich finden, wenn man sich erinnert, daß er fast ganz aus Kaufleuten und Handwerkern besteht. Indessen findet man hier und da, vorzüglich bei den reicheren Wechslern und Geschäftsleuten, kleine Bibliotheken, die, in Nachahmung des höheren Adels, meist aus französischen Büchern bestehen, welche sogar zuweilen gelesen werden.

Man sieht aus diesen Bemerkungen, daß der Zustand der ursprünglich polnischen Literatur und der deutschen Literatur in Polen nicht vorteilhaft sein könne. Was in der ersteren getan wird, ist in jeder Rücksicht ziemlich dürftig und einseitig, und was in der letzteren geschieht, kann man nach den angegebenen Umständen leicht ermessen. Indessen will ich, in Absicht beider, noch etwas mehr ins Besondere gehen.

Während des Konstitutions-Reichstages, der in der Tat die Nation in ein Feuer setzte, dessen man sie seit langem nicht mehr fähig geglaubt hatte, fingen auch einige Zweige der Gelehrsamkeit frischer an zu blühen, besonders diejenigen, welche ich oben als die vom Adel und der hohen Geistlichkeit am meisten angebauten bezeichnet habe: Staatsrecht, Politik, Gesetzgebung, Geschichte, Beredsamkeit. Die ersten Schritte des Revolutions-Reichstages gaben, wie ehedem die gestattete Pressefreiheit unter Joseph dem Zweiten in Wien, Anlaß zur Abfassung und Lesung einer Menge von größeren und kleineren Schriften, die, wie es der Gegenstand mit sich brachte, alle politisch waren. Die Verfasser derselben waren teils Beförderer der Staatsveränderung, teils Gegner derselben, teils Adlige, teils Geistliche. Manches wurde geschrieben, um die Nation vorzubereiten, manches um getane Schritte zu erläutern, manches auf unmittelbare Veranstaltung der überwiegenden Partei, manches von einzelnen Staatsbürgern nach eigener Überzeugung, aus eigenem Antriebe. Die Entwürfe zu neuen Gesetzen, die neuen Verordnungen, die hervorstechendsten Reden der Reichsboten wurden in polnischer Sprache gedruckt und verteilt; die Fremden, die sich gerade in Warschau befanden, schrieben, von dem tätigen Haufen hingerissen, auch ihrerseits ihre Meinung, ihren guten Rat, ihre Wünsche und ihre Zweifel, besonders in der französischen Sprache, nieder, die jedermann, der nur einige Erziehung hat, in Polen versteht; die verschiedenen Gesandten der auswärtigen Höfe bedienten sich ebenfalls der Presse, aber der Namenlosigkeit, um die allgemeine Meinung und auch den Reichstag dahin zu leiten, wohin ihr verschiedenes, oft entgegengesetztes, oft verändertes Interesse verlangte; mit einem Worte: die allgemeine Regsamkeit ergoß sich in Blättern, Bogen und Büchern und spannte die Aufmerksamkeit der Polen, von oben herab bis zum Bauern (aber nicht mit ihm) hinunter, und es war vielleicht der erste Fall, vielleicht auch der letzte in der polnischen Geschichte, daß in den Wagen, auf den Straßen und hinter den Bierkrügen und Branntweingläsern gelesen und von politischen Dingen gesprochen wurde.

Solch eine allgemeine Teilnehmung war die Zeit her in Polen unerhört gewesen. Da der Adel, wenn er vordem in seinen Stellvertretern versammelt war, nur immer selbst, für sich selbst und durch sich selbst, beratschlagte, beschloß und ausübte: so war dem Reste des Volks ein Reichstag immer so fremd und gleichgültig gewesen als eine Ratswahl in Nürnberg. Der Revolutions-Reichstag aber wußte die Aufmerksamkeit der übrigen Einwohnerklassen dadurch zu gewinnen, daß er ihnen Hoffnung machte, auch für sie zu arbeiten. Er ließ namentlich die Bürger schon dadurch viel erwarten, daß er die freie Königswahl angriff und die Vorrechte des Königs vermehrte: zwei Dinge, die auf allen vorigen Reichstagen, das eine eifrigst befestigt, das andre eifrigst vermindert worden waren, wodurch zugleich auch das politische Dasein der Bürgerklasse immer mehr untergraben werden mußte. Jetzt, da diese ein Vaterland an Polen zu bekommen hoffte, ward auch bei ihr der Geist der Untersuchung und des Nachdenkens rege, und sie las und schrieb und sprach, und verstärkte dadurch den literarischen Verkehr ebenso sehr, als den Einfluß der wiedergebährenden Partei auf die allgemeine Meinung. Die Zeitungen, die in polnischer, französischer und deutscher Sprache geschrieben wurden, besonders die National-Zeitung[48], an welcher die besten Köpfe unter den Reichsboten, Wybicki[49], Niemcewicz[50], Weyssenhof, Mostowski u. a. arbeiteten, taten diejenige Wirkung, die man, wie es scheint, erst in neueren Zeiten diesen Blättern mitzuteilen gelernt hat, um sie politisch zu benutzen. Man druckte Auszüge daraus für ein paar kleinere Zeitungen, die hauptsächlich den gemeinen Mann in den Provinzen zum Leser hatten; man veranstaltete auch eine deutsche Nationalzeitung, welcher die polnische zum Grunde lag. Das »Journal hebdomadaire de la Diète« früher, und die »Gazette de Varsovie« später, waren ebenfalls für die verändernde Partei und wurden von den gebildeteren Klassen in den Provinzen häufig gelesen. Alle erreichten, außer dem politischen Zwecke, auch diesen, daß die Gewohnheit zu lesen und das Vergnügen daran, allgemeiner wurden. In eben dieser Absicht errichtete der obenerwähnte Johann Potocki eine Lesestube zum allgemeinen Gebrauch. Er räumte drei saubere, geräumige Zimmer in einem Nebengebäude seines Palastes ein, und versah sie mit Stühlen, Tischen, Schreibzeugen

und einer Menge von in- und ausländischen Zeitungen und fliegenden Blättern. Ein paar seiner Leute waren den Lesern immer gewärtig, und man konnte vormittags und nachmittags gewisse Stunden nach Belieben darin zubringen.
Vor dem Revolutions-Reichstage waren nur drei bedeutende Druckereien in Warschau, und ein paar unbedeutende; im Laufe desselben wurden ihrer noch drei bis vier errichtet. Zwei davon waren allein mit dem Drucke der Reichstagspapiere beschäftigt; eine mit der Nationalzeitung; die übrigen teils mit solchen Denk- und Rechtsschriften, die dem Reichstage übergeben, teils mit solchen Blättern und Büchern, die über die Angelegenheiten des Augenblickes, für und dawider, geschrieben wurden. Die herrschende Partei beschränkte die Presse durch keine Zensur. Gröll[51] und Dufour[52], schon vorher ansässige Buchdrucker, mußten die Anzahl ihrer Pressen um die Hälfte vermehren und hatten Tag und Nacht zu tun.
Ebenso wuchs die Anzahl und das Geschäft der Buchhändler. Vorher waren ihrer zwei bis drei in Warschau; in der ersten Hälfte des Jahres 1792 waren ihrer sechs vorhanden. Ihr größter Absatz bestand in französischen Büchern, die von jeher der Literatur und Lektüre in Polen zum Grunde lagen. Damals aber suchte man vorzüglich die politischen Werke Rousseaus, Montesquieus, Helvetius', de Lolmes; Übersetzungen alter Schriftsteller; die Verhandlungen der Nationalversammlung, Zeitungen und die neuesten französischen Flugschriften. Die Romane, Gedichte und andre galante Erzeugnisse der französischen Schriftsteller und Buchmacher standen unangerührt, denn sogar die Stutzer und Weiber waren von der Flut mit hingerissen worden und trugen Politik und neue Verfassung im Kopfe, und oft genug, nach ihrer leichtsinnigen Art, auch am Kopfe in – Haarwickeln. Auf den Papieren, worin man vom Kaufmann und vom Krämer Waren erhielt; auf den Schnitzeln, die in den Straßen herumlagen, standen die Worte: *Naród,*

konstytucja, stan, miasto, rzeczpospolita, obywatel[53], so wie auf dem französischen Schmutzpapier fast alles mit den Worten *nation, constitution, motion, decret, insurrection, cummune, citoyen, vertueux, guillotine, tyrans* und *terreur* bedruckt ist. Als endlich unsre Truppen Anstalt machten, in Polen einzurücken, setzten die Buchhändler fast alle ihre französischen Kriegsschriftsteller ab; und dies war das letzte Feld, das, während der Revolution, in der polnischen Literatur angebaut wurde.

Jetzt, da ich dies schreibe, ist die Literatur, wie alles übrige, im Stocken. Die Pressen stehen. Ein paar Buchhändler haben ihre Gewölbe geschlossen, und andre vertrödeln ihre Bücher durch Herumträger. Die Wissenschaften scheinen auf einmal in ihren vorigen tiefen Schlummer zurückgesunken zu sein, und es gewinnt das Ansehen, als ob die polnische Literatur, als polnische, ganz sterben werde, um mit der Zeit einmal, als ein Teil der russischen, der österreichischen und preußischen wieder aufzuerstehen.

Der erwähnte Buchhändler und Buchdrucker Gröll hat viel Verdienste um die Buchdruckerei in Polen und um die deutschen Liebhaber der Wissenschaften in Warschau. Als er sich in dieser Stadt niederließ, waren nur zwei oder drei Druckereien vorhanden, die bloß polnische und lateinische Bücher, Staatsverhandlungen, kleine politische Schriften und die gemeinsten Schulbücher druckten; er druckte polnisch, lateinisch, französisch und deutsch. Seine Arbeiten waren sauber, richtig, nach der Kunst, hatten mehr Geschmack; seine Preise waren billig. Da er zugleich einen Buchladen meist für deutsche Schriften hielt, so vermehrte dies seine Verbindungen in den Provinzen, und seine Druckerei gewann immer mehr Kunden. Er beschäftigte sich aber auch als Verleger, indem er viele Schriften aus dem Deutschen und Französischen in das Polnische, und aus diesem auch zuweilen in das Deutsche, übersetzen ließ und druckte. Indessen klagt er, daß diese Unternehmungen ihm mehr Schaden als Nutzen gebracht haben, weil das Publikum der Leser in Warschau, wie in Polen überhaupt, von jeher sehr klein gewesen sei. Er hat deshalb schon seit mehreren Jahren nichts mehr übersetzen lassen, und sein Buchhandel ist in der Tat ziemlich unbedeutend geblieben. Ein anderer Buchhändler, namens Pfaff, der sich seit wenigen Jahren in Warschau angesiedelt hat und besonders mit französischen Büchern Geschäfte macht, hält nebenher eine deutsche und französische Lesebibliothek. Es ist die einzige in Warschau, aber sie wird dennoch wenig benutzt. Zwar ist die Auswahl seiner deutschen und französischen Lesebücher so, daß Liebhaber, die etwas Besseres als Romane und Komödien lesen wollen, große Dürre in seinen Verzeichnissen finden müssen; aber dieser Umstand ist es nicht allein, sondern vorzüglich der Mangel an Lesern. Die Deutschen in Warschau haben, vermöge ihres Gewerbes, nützlichere Dinge zu tun, als lesen. Die Mode des Lesens, wie sie in Deutschland besteht, ist hier noch nicht eingerissen, und der rechtliche Kaufmann und Handwerker studiert noch sonntags und feiertags Evangelien, Episteln und erbauliche Predigtbücher. Ihre Kinder lesen höchstens, teils verstohlen, teils unverhohlen, Romane und Komödien; aber die Familien, in denen letzteres geschieht, leben überhaupt schon auf einem mehr großstädtischen Fuß und sind der Einfalt der älteren deutschen Sitten meist untreu geworden. Dies ist vorzüglich der Fall unter den wohlhabenden, jüngeren Kaufmannsfamilien, in denen man Söhne und Töchter findet, die ihre Sprach-, Tanz-, Musik- und Zeichenmeister haben, oft auch, statt alles Vermögens und aller Aussteuer, nichts mit bekommen als die auf diesem Wege erworbenen angenehmen Kenntnisse. Da diese in den Mittelklassen in Polen überhaupt selten sind, so bedürfen oft Personen beiderlei Geschlechts nichts weiter, um vorteilhafte Heiraten zu machen. Aus diesem Grunde wenden oft Eltern, was sie erübrigen können, zu diesem Behufe auf.

Die Polen von der Mittelklasse, wenn man den geringeren Edelmann, den Advokaten und Dikasterianten dahin rechnet, lesen wenig oder gar nicht, oder höchstens Französisch; und dann sind es auch nur ihre Kinder oder Weiber, welche die Pfaffsche Lesebibliothek benutzen. Die Polen der ersteren Klasse bedürfen ihrer gar nicht, weil sie teils über die Bücher hinaus sind, die sie ihnen anbietet, teils weil sie selbst kleinere und größere Handbibliotheken besitzen, die sie jährlich mit den neuesten und berühmtesten Werken vermehren. Diese sind auch gewöhnlich französische, italienische, englische, und äußerst selten deutsche.

Die deutsche Sprache wurde überhaupt nur in Großpolen, jetzt Südpreußen, der Nachbarschaft wegen, etwas angebaut, und wird es noch in den Teilen von Litauen, die an Kurland und Preußen grenzen, und in den Städten, wo viel Deutsche wohnen; aber es geschieht meist nur aus Bedürfnis und nie aus Liebhaberei, weil die Polen von dem, was in der deutschen Literatur getan ist, nicht den mindesten Begriff haben, und weil sie überhaupt die Deutschen – verachten.

Außer den angezeigten Hilfsmitteln zum Umtriebe der Wissenschaften und der Leserei; außer den Buchdruckereien, Buchhandlungen, der deutsch-französischen Lesebibliothek und den Privatbibliotheken, hat aber auch Warschau fast nichts weiter. Allerdings besitzt diese Stadt noch eine Büchersammlung zum öffentlichen Gebrauch, die sogar eine der zahlreichsten in Europa ist, die aber fast gar nicht benutzt wird, weil sie nicht benutzt werden kann: ich meine die Załuskische[54]. Man weiß, daß die beiden Załuski, Bischöfe, den Stock dieser Büchersammlung der Republik schenkten, und daß sie nach der Zeit durch ein paar andre Vermächtnisse vermehrt wurde. Schon lange hat man daran gearbeitet, sie gemeinnützig zu machen, aber ihr Lokal, das für die Menge von Büchern zu eng ist, und die Unordnung, worin sie sich, dieser Ursache und überhaupt der Untätigkeit und Unwissenheit der Aufseher wegen, befindet, hat es bis jetzt noch verhindert. Nur ein mäßiger Saal enthält eine Anzahl von Büchern, die geordnet und eingetragen sind, und ist auch mit Tischen, Stühlen und Schreibzeugen zur Bequemlichkeit der Leser versehen. Der letzteren habe ich, so oft ich dort gewesen bin, nach Verhältnis, immer sehr wenig gefunden; aber sie waren übrigens still und fleißig beschäftigt und bestanden meist aus Weltgeistlichen und jungen Leuten, die nachschlugen und Auszüge machten. Die Anstalten, die man sowohl zur Ausbesserung des Gebäudes als zur inneren Ordnung, während der Revolution, getroffen hatte, sind jetzt (im Mai 1793) ganz unterbrochen, und der Zeitpunkt ist schwer zu bestimmen, wo sich das Schicksal dieses gelehrten Schatzes verbessern dürfte.

Der König besitzt eine Büchersammlung, mäßig an Zahl, aber im höchsten Grade geschmackvoll eingerichtet. Liebhabern aus den höheren Ständen soll es nicht schwer sein, Bücher aus derselben zu erhalten, und, dem Willen des Königs gemäß, sollte dieser Vorteil Liebhabern aus allen Ständen zugute kommen, wenn sie sich gehörigen Orts melden; aber, sei es Schüchternheit oder Bescheidenheit von Seiten der Gelehrten, oder abschreckende Antwort von Seiten des Bibliothekars (Albertrandi, sonst eines sehr gefälligen Mannes), genug, diese wohlgewählte Bibliothek wird wenig von den Warschauer Gelehrten und Liebhabern genutzt.

Der König, dessen Auge seit dem Anfange seiner Regierung auf alles gerichtet war, was das Land an seinem Aufkommen in jeder Rücksicht hinderte, sah wohl, daß der Mangel an einer zweckmäßigen gelehrten Erziehung den traurigen Zustand der polnischen Literatur bewirkte. Die beiden einzigen Universitäten in Polen, Krakau und Wilna, waren nach und nach zu gewöhnlichen Schulen herabgesunken, in welchen die Jesuiten bloß ihre Theologie und

Philosophie als Hauptsache, und etwas Mathematik und Physik als Nebendinge, lehrten. Nach Aufhebung dieses Ordens gelang es dem Könige, durchzusetzen, daß die Güter, die derselbe in Polen besaß, zur Verbesserung des Schulwesens und der gelehrten Erziehung überhaupt bestimmt wurden. Man ernannte eine Kommission[55], die aus weltlichen und geistlichen Senatoren bestand, an deren Spitze der Bruder des Königs, der Fürst Primas, war, und die ungesäumt ihr Geschäft anfing. Vor allen Dingen richtete sie ihre Aufmerksamkeit auf die Universitäten. Sie setzte neue Lehrstühle ein, schrieb eine neue Ordnung und Einteilung der zu lehrenden Wissenschaften vor, und gab auch solchen in dem Verzeichnis der Vorlesungen eine Stelle, die bisher ganz vernachlässigt worden waren, z. B. der gereinigteren Philosophie, der Naturlehre, Naturgeschichte, Ökonomie, Technologie, den Altertümern, der Gelehrtengeschichte, der römischen Rechtsgelehrtheit, dem Natur- und Völkerrechte u. a. m.

Da aber diese neuen Einrichtungen nur dadurch recht wirksam werden konnten, daß man die Zuhörer, gehörig vorbereitet und in den Anfangsgründen der Wissenschaften zweckmäßig unterrichtet, auf die Universitäten bekam, so war es nötig, auch die Landschulen in einen besseren Zustand zu setzen. Auch dies geschah. Überdies stiftete man in Warschau eine Ritterakademie nach einem sehr durchdachten Plan und besetzte sie mit verdienstvollen Lehrern, von denen zwei deutsche, der Direktor Hube und der Professor Steiner, auch in der deutschen Literatur bekannt sind, und in einigen Provinzialstädten, in Wilna, Łuck, Kamieniec, Lublin usw. legte man Konvikte für arme Edelleute an, worin diese unentgeltlich unterhalten und unterrichtet wurden.

Die polnische Sprache ist weder so rauh, als sie gedruckt und geschrieben aussieht, noch so ungebildet, als man zu glauben pflegt. Allerdings scheint die Menge von Mitlauten, die in ihren Wörtern die Selbstlaute vergraben, die Aussprache derselben holprig und rauschend zu machen; aber man höre sie nur von den äußerst biegsamen polnischen Kehlen und Lippen aussprechen, und man wird nichts Übellautendes darin finden. Die Polen reden sehr geschwind und wissen drei bis vier Mitlaute hintereinander so schnell zu streifen, daß sie wie ein Hauch auf den folgenden Selbstlaut fallen und durch ihn Ton bekommen. Ihre längsten Wörter werden dadurch um die Hälfte kürzer, und ein Wort, das auf dem Papier oft kein Ende nimmt, ist so leicht gesagt wie ein deutsches zwei- oder dreisilbiges. Die dazu nötige Geschwindigkeit der Sprachwerkzeuge kann man nur durch Übung, die in zarter Jugend ihren Anfang genommen hat, sich verschaffen; und man kann fünfzig Jahre in Polen gelebt haben und wird durch seine Aussprache immer noch verraten, daß man nicht im Lande geboren ist. Selbst die deutsche Kolonie, die dort lebt, dort geboren und erzogen ist, bleibt sogar dem Ausländer an einer schwereren, langsameren Aussprache kenntlich. Dies ist nicht der Fall mit den Franzosen, die gut Polnisch sprechen lernen und sich gewöhnlich nur durch ihre Nasentöne verraten. Die Italiener lernen bei weitem nicht so gut Polnisch, weil der Gang ihrer Sprache, wie der deutschen, zu langsam ist. Einen Engländer habe ich nicht Polnisch sprechen hören, aber es ist sehr zu vermuten, daß ihm seine Zunge, die so gern an und zwischen den Zähnen spielt, und sein lässiger Kinderton in der polnischen Sprache üble Dienste tun würden. Überhaupt kann man annehmen, daß die Nation, die am eilfertigsten redet, die polnische Sprache am besten lerne.

Wenn die Schnelligkeit, mit welcher die Polen sprechen, ihre mitlautreiche Sprache mildert, so trägt nicht weniger der weiche Laut ihrer Stimme dazu bei. Der Baßton, den man in Deutschland und Italien häufiger als in andern europäischen Ländern findet, ist in Polen äußerst selten, und wird nur zuweilen unter den niedrigsten Klassen gehört. Die eintönige Steifigkeit der deutschen Stimme ist der polnischen ganz unbekannt. Der Pole durchläuft, wenn er im gemeinen Leben spricht, alle Noten der Tonleiter und nimmt häufig die Fistel zu Hilfe. Erzählt er etwas Lächerliches; ist er in irgend einer nicht zu starken Bewegung der Freude, des Zorns, des Schmerzes, so hört man nichts als helle Töne; ist er verliebt, sagt er seiner Geliebten schöne Sachen, so weiß er diesen hellen Tönen eine unbeschreibliche Weichheit mitzuteilen, aber sie werden sogleich pfeifend, kreischend und schneidend, sobald irgend ein heftiges Gefühl aus ihm spricht. Wenn die Beugungen der natürlichen deutschen Stimme langsam, kaum merkbar, sich erheben oder sinken, so hüpfen die Beugungen der polnischen ungefähr so, wie wenn ein Deutscher unter Lachen etwas erzählt.

Die polnische weibliche Stimme ist der reinste Diskant, den man hören kann; sie ist der zartesten Beugungen fähig und wendet sie ebenso häufig an als die männliche. Einer Polin eine rührende Geschichte erzählen, einem Liebhaber zärtliche Dinge sagen, beim Sollizitieren ihre Klagen und Bitten vortragen hören, ist ein wahrer Genuß fürs Ohr, abgesehen von ihrem Anstand und von ihren reizvollen Bewegungen. Der harte Alto-Ton, welcher auf den Lippen der bayerischen, österreichischen, italienischen und französischen Weiber rasselt, wird hier, selbst in den niedrigsten Klassen, nur sehr selten gehört. [. . .]

Was die Ausbildung der polnischen Sprache betrifft, so weiß man, daß es den Polen nicht an musterhaften Schriftstellern, in den schon oben erwähnten Fächern, fehlt. Besonders haben sie in der Dichtkunst, nach Zeugnissen von Kennern, ihre Sprache sehr ausgearbeitet und ihr viel Sanftheit, Feinheit, Numerus und Eleganz gegeben. Sie ist sehr reich und zum rednerischen Stil sehr geschickt, da sie sich der Partizipialkonstruktionen, wie die lateinische, bedienen darf. Auch hat sie mehrere andere Eigenheiten der lateinischen angenommen, die von jeher (doch in neueren Zeiten weniger) neben ihr die einzige Gesetz- und Geschäftssprache war, von der Geistlichkeit stark getrieben und, da diese den größten Teil ihrer Schriftsteller lieferte, von ihr zur Verbesserung der polnischen angewandt wurde. Diese soll auch für die freundschaftliche, höfliche und galante Konversation einen großen Reichtum an zärtlichen, feinen, schmeichelnden Wörtern, Redensarten und Wendungen besitzen, was sehr begreiflich wäre, da sie in diesem Punkt bloß von der größten Welt ausgebildet sein kann. Übrigens darf ich die genannten Vorzüge weder bezweifeln, noch bestätigen, da ich zu wenig von dieser Sprache verstehe, als daß ich, nach meinen eigenen Kenntnissen und Gefühlen, ein Urteil darüber zu fällen imstande wäre.

Der Zustand der schönen Künste in Warschau ist nach Verhältnis günstiger, als der Zustand der Wissenschaften. Der König hat sich seit dem Anfange seiner Regierung, als ein eifriger Beförderer und feiner Kenner derselben bewiesen, und auch in diesem Fache, durch sein Beispiel, den Geist der Liebhaberei unter der Nation befördert. Malerei, Bildhauerkunst, Baukunst, Musik und Theater haben seiner Freigebigkeit und Aufmunterung viel zu danken. Wahr ist, man kann nicht sagen, daß es polnische schöne Künste sind, die in Warschau blühen; denn die Bearbeiter derselben waren und sind jetzt noch Ausländer: Italiener, Franzosen, Deutsche, die mehrenteils, wenn sie durch die Großmut des Königs und des reichen Adels ein Vermögen erworben haben, ihr Vaterland wieder aufsuchten; aber das, was sie zustande brachten, blieb doch in Warschau zurück und ist als eine Schule anzusehen, die zur Ermunterung und Bildung inländischer Künstler für die Zukunft beständig wirksam bleiben wird.

An dem Italiener Bacciarelli hat Warschau einen vorzüglichen Maler, den es, wie es scheint, auch behalten wird, da der König sich ganz vorzüglich freigebig gegen ihn bewiesen und ihm nie eine Bitte, so begehrlich sie auch scheinen mochte, abgeschlagen hat. Seine Werke findet man, in großer Anzahl, in dem königlichen Schlosse, besonders in dem oben erwähnten Königssaale, und in den übrigen Sälen und Zimmern, auch in Łazienki. Der Charakter seines Pinsels ist Gefälligkeit, Leichtigkeit und Heiterkeit, und in seiner Manier herrscht eine auffallende Ähnlichkeit mit der Battonischen. Das Feste, Herausspringende, Männliche der älteren italienischen Maler muß man, nach dieser Bemerkung, nicht in seinen Werken suchen, aber man wird auch nicht das Gezierte, ungebührlich Glatte, Tanzmeisterische der neueren französischen Maler darin finden. In der Bildnismalerei scheint er mir vorzüglicher als in der historischen Zusammensetzung.

Außer ihm befindet sich jetzt kein anderer Maler von Bedeutung in Warschau[56]. Während der Revolution waren ihrer mehrere daselbst, aber sie beschäftigten sich bloß mit der Bildnismalerei, einem Zweige, der hier sehr einträglich ist, wenn der Künstler trifft. In den großen Familien läßt alles sich und andre malen; elterliche und kindliche Zärtlichkeiten, Verwandtschaft, Freundschaft, Politik, Ehrfurcht, Dankbarkeit, Galanterie, Liebe – nur eheliche Treue und Anhänglichkeit sehr – selten. Überdies herrschte gerade damals unter den Weibern der großen Welt die Mode, über dem Herzen ein Bildnis zu tragen; da es aber gegen die Dezenz gewesen wäre, eben das Bild, das man darin trug, auch darauf zu tragen, so wählte man besonders Freundinnen, oder politisch ausgezeichnete Männer, am häufigsten aber das Bild des Königs dazu, der überhaupt damals von dem Publikum angebetet wurde, und dessen Bildnis, tausendmal vervielfältigt, in jeder Größe, in jeder Güte, in jeder Art zu malen, zu Warschau verfertigt und in alle Teile von Polen versandt wurde.

Übrigens hat der König erst vor einigen Jahren eine Zeichnungsschule errichtet und ein geräumiges Gebäude auf der Neuen Welt dazu hergegeben. Es sind zwei geschickte Lehrer dabei angestellt. Sie ist freilich erst im Werden, aber einige polnische Schüler gaben schon viel Hoffnung. Es ist für das Beste der schönen Künste sehr zu wünschen, daß die vorwaltenden Umstände keinen widrigen Einfluß auf diese Anstalt haben mögen.

In der Bildhauerei ist in Warschau wenig getan, aber ganz ist sie nicht vernachlässigt worden. Was die Kirchen an Bildsäulen brauchten, ist teils in Italien, teils in Berlin und Wien, teils in Warschau selbst, von verschriebenen Künstlern verfertigt worden; aber es befindet sich nichts Vortreffliches in Absicht der Kunst und des Geschmacks darunter. Einige mythologische Gruppen, die der König in Łazienki hat aufstellen lassen, z. B. Kaunus und Biblis, die Entführung einer Nymphe durch Pan, beide mit viel Geschmack in Sandstein gearbeitet, sind sehenswert; und vortrefflich ist eine, in einem kleinen Lustgehölz stehende Gruppe aus dem Tasso, Tancred und Clorinde vorstellend, in dem Augenblicke, wo ersterer, indem er letzterer den Helm abnimmt, sie erkennt und inne wird, daß er ihr den Todesstreich versetzte. Sie ist von karrarischem Marmor, unmittelbar in Italien selbst gearbeitet und herausgesandt. Der Name des Künstlers ist mir entfallen, aber seine Arbeit kann sich jeden Augenblick mit den besten von Canova und Trippel messen. Um sie vor mutwilligen Beschädigungen zu verwahren, ist eine Schildwache dazu gestellt, und um sie vor der üblen Witterung zu schützen, wird sie den Winter über bedeckt gehalten.

Übrigens mangelt es in Warschau nicht an geschickten Steinmetzen, Gipsarbeitern, Holzschnitzern und Vergoldern, für die inneren und äußeren Verzierungen der Werke der Baukunst; aber sie sind, wie gewöhnlich, Ausländer.

Die Baukunst hat in Warschau ausgezeichnete Fortschritte getan. Auch ist sie, unter allen Künsten, seit der Regierung

des jetzigen Königs am meisten beschäftigt gewesen. Was an neuen oder neuverzierten Kirchen, Palästen und Häusern in Warschau am meisten in die Augen fällt, ist erst seit dreißig Jahren erbaut worden. Der König allein hat den ansehnlichsten Hof des Schlosses, nach dessen Einäscherung, von Grund auf neu erbauen lassen; er hat das Schloß zu Łazienki mit allen dazugehörigen Anlagen, und die neuen Teile von Ujazdów u. a. Werke m., die sich sämtlich durch Geschmack auszeichnen, aufführen lassen; nach seinem Beispiele haben die verschiedenen Konvente und Klöster, die Kongregation zum heil. Kreuz, die Piaristen, Augustiner, Karmeliter u. a. ihre Kirchen und Häuser teils erneuert, teils ganz neu erbaut; viele große Familien haben ganz neue Paläste aufgeführt, oder alte hergestellt, und fast auf jeder Straße stehen einzelne Privathäuser, die den besten in Wien, Berlin und München nichts nachgeben. Aber auch in diesem Fache taten Ausländer, Italiener und besonders Deutsche, alles und geborene Polen nichts.
Der Geschmack an der Musik ist in Warschau allgemein, vorzüglich aber in höheren Ständen und die sich denselben anschließen, doch mehr bei dem weiblichen Geschlecht als bei dem männlichen. Die Lehrer derselben sind auch meist Ausländer von den so oft genannten Nationen. So sehr man indessen die Musik liebt, fehlt es doch an seiner Kenntnis der edleren und erhabeneren und an wahrem Gefallen daran. Diejenige, die man in Gesellschaft singt, und nach der man tanzen kann, sagt dem Geiste der Nation mehr zu. Die Virtuosen, die zuweilen hierher kommen, müssen dies wissen, sonst hätten sie wahrscheinlich nicht die Zuversichtlichkeit, sich vernehmen zu lassen. Ich hörte im Laufe der Jahre 1791 und 1792 mehrere hier, die überall unterbrochen worden wären, die aber hier mit großer Güte, sogar mit Beifall, aufgenommen wurden; nur ein einziger, der unter diesen mittelmäßigen Subjekten das schlechteste war, erhielt einen Teil des ihm gebührenden Lohns; ein paar

Fremde zischten ihn aus, und die Einheimischen verließen den Saal, so daß ihm kaum zehn Zuhörer übrig blieben. Er glänzte auf der Harfe und »Viole d'amour« und war aus Leipzig. Ich erinnere mich seines Namens und der lächerlich-unverschämten Miene noch sehr wohl, mit welcher er es trug, daß diese ganz unverkennbar von ihm für Barbaren gehaltenen Zuhörer, teils ihn auszischten, teils stillschweigend ihn allein ließen.

Übrigens hatte der Neffe des Königs, Prinz Stanislaus Poniatowski, eine Musikschule in Warschau errichtet, die mehrere Jahre hindurch blühte, jetzt aber, wo die Umstände den Prinzen nötigen, seine Ausgaben einzuschränken, ein Ende genommen hat. Sie kostete ihm, ein Jahr in das andere gerechnet, fünf- bis sechstausend Dukaten. Er ließ Kinder beiderlei Geschlechts, die Anlage zeigten, erziehen und sie in der Vokal- und Instrumental-Musik unterrichten. Zeichneten sich Schüler oder Schülerinnen durch vorzügliches Talent aus, so schickte er sie nach Italien, um es vollends zu bilden. Einige sind auf diesem Wege gute Künstler, aber keiner ist vortrefflich geworden. Diejenigen, die mittelmäßig blieben, fanden indessen unter dieser tanzenden und singenden Nation immer ihr gutes Fortkommen.

Wenn in keiner der erwähnten schönen Künste geborene Polen sich über das Gewöhnliche erhoben haben und noch erheben, so ist dies nicht derselbe Fall mit der Schauspiel- und Tanzkunst. In beiden habe ich, im Jahre 1792, Subjekte gesehen, die dem Vortrefflichen sehr nahe kamen.

Warschau hat, wie ich schon oben berührt habe, ein Schauspielhaus, und nur ein einziges, was nicht wenig befremden wird, wenn man die Stärke, die Vergnügungssucht und die Wohlhabenheit des genießenden Teils im hiesigen Publikum bedenkt. Vielleicht ist, außer dem Überfluß an andern Unterhaltungen, noch dies der Grund davon, daß es schwer hält, mehrere Schauspielergesellschaften zu finden, die sich hierher verpflanzten, denn an Platz, wenigstens für zwei, fehlt es nicht.

Das erwähnte Theater ist aus dem königlichen Säckel erbaut, und aus diesem Umstande kann man schließen, daß es ihm an Bequemlichkeit, Geschmack und Schönheit nicht fehlen werde. Indessen ist dies mehr der Fall seinem Inneren als seinem Äußeren nach. Ich weiß nicht, ob ich irre, aber mir scheinen Schauspielhäuser, so wie ihre Bestimmung sie fordert, des Großen, Leichten, Heiteren in der Baukunst, nicht wohl fähig zu sein. Höchstens kann die Fassade diese Vorzüge annehmen, aber der Rest des Gebäudes, welcher der Zierde schöner hoher Fenster entbehren muß, wird immer tot und gefängnisartig bleiben. Diese Ansicht haben mir wenigstens die berühmtesten Schauspielhäuser in Frankreich und Italien gegeben. So St. Karlo in Neapel, Aliberti in Rom, de la Pergola in Florenz, die neuen Theater in Venedig, Bologna, Verona und Mailand; so das »Théâtre français«, »aux Italiens« und selbst das neue Nationaltheater in der Richelieustraße in Paris. Denselben Fehler hat das zu Warschau. Es steht, obgleich auf einem freien Platze, stumpf und zusammengedrückt da, und läßt von seinem Innern gar nichts erwarten. Dieses überrascht dadurch freilich desto mehr. Es ist ein schönes Oval, hat vier Reihen Logen übereinander und ist mit viel Einfalt und Geschmack verziert. Das Parterre ist zur Hälfte mit Bänken besetzt, zur Hälfte ohne Bänke. Die Bühne selbst ist geräumig, hat gute Verzierungen und ein mannigfaltiges, gut gehandhabtes Maschinenwerk.

Die polnische Truppe, die voriges Jahr hier spielte, ziehe ich jeder deutschen vor, die ich noch gesehen habe. Die Polen besitzen eine natürliche Leichtigkeit und Behendigkeit; einen, im Ganzen, ungleich feineren und schöneren Wuchs; eine mehr geschmeidige, ausgearbeitete Kehle, als die Deutschen; sie nähern sich im Lustspiele ganz auffallend der ehemaligen Manier der Franzosen, ohne in den Fehler der

Ziererei, in Sprache und Anstand, zu verfallen; und ebenso weit sind sie von dem überladenen Mienen- und Gebärdenspiel der Italiener entfernt. Im Schau- und Trauerspiel neigen sie sich zu der Art der Deutschen; doch haben sie dies vor ihnen voraus, daß sie die Natur, die jene, besonders wenn sie heftige Leidenschaften ausdrücken sollen, ganz roh darzustellen pflegen, immer mit einer gewissen Würde oder Veredelung, die Stärke und Feuer nicht ausschließen, angeben, ohne in die jammerhaften Verzuckungen der Italiener und in die abgezirkelte Hand-, Kopf-, Fuß- und Augen-Malerei der Franzosen zu verfallen.

Ein gewisser Bogusławski[57] war der Unternehmer dieser Gesellschaft und zugleich ihr bester Schauspieler; ein großer, wohlgebildeter Mann, mit einem vorzüglich schönen Sprachorgan, und einem sehr behenden Körper, der in jeder Tracht mit Leichtigkeit und Natürlichkeit sich bewegte, selbst in der französischen, die sonst den schönsten Figuren unter den Polen, weil sie an eine bequemere gewöhnt sind, ein steifes, linkes, geschmackloses Ansehen gibt. Ich sah diesen Mann unter anderm den Truffaldino im *Diener zweier Herren,* den Hausvater im übersetzten Diderotschen Stücke, und Kasimir den Großen, in dem Nationalstücke des älteren Niemcewicz, drei ganz verschiedene Rollen, jede in ihrer Art meisterhaft, durchführen. Auch den Landboten, in Wybickis *Zurückkunft des Landboten*[58], machte er unübertrefflich.

Die übrigen Schauspieler waren, jeder in seinen Rollen, ausgezeichnet gut, besonders war ein Alter da, der mit einer fast unbegreiflichen Natürlichkeit spielte; ein komischer Bedienter, der diesen Charakter, wie er sich in Polen findet, sehr anziehend (am meisten für Fremde) darzustellen wußte; und ein juristischer Pedant, Anwalt, Sachwalter, der die Lächerlichkeiten, das grobe Wesen, das hochmütige und betrügerische Benehmen dieser Leute, vortrefflich nachahmte.

Kasimir der Große stürzt auf einer Hirschjagd und stirbt.

Die Schauspielerinnen standen auf keiner niedrigeren Stufe der Kunst. Die Hauptrollen waren mit wohlgebildeten, schön gewachsenen Subjekten besetzt, welche die Kunst, sich zu kleiden und sich mit Anstand zu benehmen, in einem hohen Grade verstanden. Auch die Nebenrollen waren mit artigen Figuren besetzt.
Die Stücke, welche diese Gesellschaft aufführte, waren teils ursprünglich polnisch, teils aus dem Französischen, Italienischen und Deutschen übersetzt. Der ersteren sind nur wenige vorhanden, und diejenigen, die man im Laufe des Konstitutions-Reichtstages gab, hatten meist einen politischen Zweck. Ich habe oben schon etwas von diesem Umstande erwähnt. Diejenigen Stücke dieser Art, die den meisten Beifall hatten, waren die vorhingenannte *Zurückkunft des Landboten* und *Kasimir der Große*. Sie waren besonders bestimmt, die alten politischen Vorurteile in Absicht der Königswahl, der Unumschränktheit des Adels, der Nullität des städtischen Standes, der verfassungsmäßigen Ohnmacht des Königs, mit einem Worte, alle die Dinge lächerlich zu machen, auf deren Ausrottung die neue Konstitution gegründet werden sollte. Der König und die vornehmsten Beförderer des neuen Systems waren bei diesen Stücken meist immer zugegen; und jede Stelle, die auf jene Gegenstände Bezug hatte, wurde von ihnen bemerkbar gemacht und eifrig beklatscht. In der Vorstellung *Kasimirs des Großen,* war der König, wenn ein wohltätiger, politisch-heilsamer Charakterzug Kasimirs sich entwickelte, immer der erste, der sich weit aus seiner Loge herauslehnte und ihn beklatschte; worauf dann das Parterre und die Logen, in einer Art von Trunkenheit, mit Klatschen, Pochen und Geschrei einstimmten, die Wiederholung der Stelle zwei-, dreimal begehrten, und immer von neuem mit unsäglichem Geräusch ihren Beifall zu erkennen gaben. Man sieht wohl, daß dabei der König Stanislaus mehr, als der König Kasimir, beklatscht wurde, und zwar aus dem

doppelten Grunde, weil der Dichter dem letzteren Züge aus dem Charakter und der neuesten politischen Wirksamkeit des ersteren untergelegt hatte, und weil man den König Stanislaus dafür beklatschen zu müssen glaubte, daß er der Handlungsweise seines großen Vorgängers seinen Beifall gab. Die gegenwärtigen Stifter und Führer der Revolution und ihre Freunde beklatschten dann ihrerseits die vorteilhafte Stimmung des Publikums, die ihre Entwürfe so sehr begünstigte; und so war alles in Ordnung, und jeder fand seine Rechnung dabei.

Die Possen, die jene Gesellschaft gab, waren meist aus dem Italienischen übersetzt; ihre kleinen Opern und Lustspiele aus dem Französischen; ihre Schauspiele aus dem Deutschen. Eigentümlich polnische hatten sie in dieser Gattung nur wenig.

Der König hatte dem Bogusławski seine eigene Tänzergesellschaft bewilligt, um durch ihre Kunst die Zahl seiner Zuschauer zu vermehren. Diese Tänzer bestanden ganz aus Einheimischen, und zwar aus Litauern, Männer wie Weiber. Der König hatte sie, meist von Franzosen, in der Tanzkunst unterrichten lassen, und zwei oder drei der Vortänzer hatte er ausdrücklich in Paris unterhalten, um sich an Ort und Stelle unter Vestris und Gardel zu bilden. Wenn sie auch ihre Meister nicht erreichten, so war doch deren Manier in ihnen auf der Stelle wieder zu erkennen. Der Anstand, der Geschmack in der Kleidung, die Grazie in dem Spiel ihres Körpers, die Genauigkeit in ihren Bewegungen, erhoben sie weit über den Rest ihrer Mittänzer; aber an diesen war wiederum das Bestreben, sich nach ihnen zu bilden, nicht zu verkennen; und so entstand ein Ganzes, dessen Leben und Anmut ich an keiner Tänzergesellschaft außer Paris gesehen habe. Die Vortänzerinnen erreichten in ihrer Art die Vortänzer nicht; aber sie hatten das, was man an den Tänzerinnen in Paris selbst so selten findet: Jugend, schönen Wuchs und Fleisch; und wenn man der vornehmsten etwas vorwerfen konnte, so war es, daß sie des letzteren etwas zu viel hatte und es ein wenig zu großmütig dem Auge preisgab. Übrigens hatte diese Tänzergesellschaft auch Springer in ihrer Mitte, die sich in der Luft herumkugelten und mit großer Leichtigkeit auch auf dem – Gesäße tanzten. Vorzüglich drollig führten sie kosackische Tänze aus.

Das Orchester dieser Bühne war mit der königlichen Kapelle besetzt, in welcher sich mehrere ausgezeichnete Tonkünstler, zum Teil Einheimische, befanden.

Diese Umstände beweisen, daß dies Nationalschauspiel einen hohen Grad von Vergnügen gewährt haben müsse; dessen ungeachtet gelang es dem Unternehmer nicht, die dauernde Unterstützung eines Publikums zu gewinnen, das, wie freilich hundert andre, das mittelmäßige Fremde lieber hat als das einheimische Gute. Parterre und Logen waren, im Ganzen genommen, leer, und nur, wenn die erwähnten politischen Stücke gegeben wurden, die man meist auch nur aus Gefälligkeit, Rücksicht, Mode und Nachahmung zum zweiten- und drittenmal besuchte, war der Zulauf groß und das Haus drückend besetzt. Das Eigene habe ich noch an diesem Theater bemerkt, daß sich dessen Kasse gute und berühmte Stücke teurer bezahlen ließ als minder gute, oder auch nur minder lange: eine Einrichtung, die ich nicht unverständig finde.

Ganz anders verhielt es sich, als im Frühlinge 1792 eine Gesellschaft italienischer Opernsänger, die man verschrieben hatte, zu spielen anfing. Sie gehörte in der Tat zu den mittelmäßigen und, eine Sängerin ausgenommen, Benini genannt, hatte sie kein einziges gutes Subjekt aufzuweisen. Die »prima donna« war eine ungeschlachte Figur, mit einem platten Gesichte, die als »gardinara brillante« und als »bella molinara« auf zwei stattlichen Füßen entenhaft herumwatschelte und mit zwei Riesenhänden, bald sich die linke und rechte Brust zerdrückte, bald die Luft von unten nach oben langsam spaltete. Der »bouffone« war ein plumper, ungezogener Gesichtschneider und der »amorolo« das matteste Milchgesicht, das man sehen kann. Die einzige »Benini«, obgleich schon hoch in den Dreißigern, vereinigte mit einer niedlichen Stimme und einem sehr sprechenden Gesichte viel Anstand und viel Geschmack in der Kleidung, was bei den italienischen Opernweibern ziemlich seltene Erscheinungen sind. Auch ward sie sogleich der Liebling des Publikums, und fast bei jeder Vorstellung flogen italienische und polnische Lobgedichte in das Parterre herab. Diese Anhänglichkeit ward zur Begeisterung, als die »prima donna« auch eine kleine Partei fand, die ihr Lob sang und singen ließ; und eine Zeitlang vergaß die große Welt, vergaßen selbst jüngere Landboten den Reichstag und dessen Verhandlungen über dem Neide und der Nebenbuhlerschaft dieser beiden Weiber. Der König war auf Seiten der Benini, aber seine alte, erprobte Freundin, die Generalin Grabowska, (man sagt, bloß deswegen) gegen sie, auf Seiten der häßlicheren »prima donna«. Bogusławski und seine Gesellschaft wurde ganz darüber vergessen; indessen hatten die Italiener bald dasselbe Schicksal. Die Erklärung unseres Hofes erschien und mit ihr rückten unsre Heere über die Grenzen. Der Zuschuß, den die Oper aus der königlichen Kasse bekam, konnte nicht ferner bezahlt werden; viel große Familien entfernten sich aus Warschau; die Zurückgebliebenen hatten wichtigere Dinge zu tun, als die Oper zu sehen; und kurz, sie wurde entlassen und ging arm nach Italien zurück. Bogusławskis Gesellschaft zerstreute sich ebenfalls.

Jetzt ist eine deutsche Gesellschaft hier, die auf dem großen Saale des Radziwiłłschen Palastes spielt: leicht eine der elendesten, die je in Deutschland herumgezogen ist. Ihre Mitglieder sind Böhmen, Mährer, Bayern und Österreicher, das verraten ihre Mundarten, und ihre Stücke, in Kasperls Geschmack, verraten es noch mehr. Indessen fehlt es ihnen nicht an Zuschauern, und die guten Deutschen, die in Warschau wohnen, ergötzen sich im Ernste recht königlich vor ihrer Bühne, weil es ihnen seit langer Zeit nicht so gut geworden ist, in ihrer eigenen Sprache platte Späße zu hören.

Zum Schlusse dieses Abschnittes erlaube man mir noch einige Bemerkungen über den Zustand der Religions-Aufklärung in Polen.

Wenn man sich an die Erziehungsart unter den höheren Ständen erinnert, so wird man finden, daß in Absicht einer vernünftigen Aufklärung in der Religion sehr wenig für die Jugend derselben getan werden könne. Bloß die gemeinsten Gebräuche des römisch-katholischen Gottesdienstes lernt sie mechanisch nachmachen, so wie sie die Rosenkränze, Meßandachten, Segen und dergl. ohne Gedanken nachbeten. Bekanntlich herrscht bei den Katholiken die Gewohnheit, denjenigen für einen echten und tätigen Christen zu halten, der solche Gebräuche und Gebete fleißig und ruhig wiederholt, denjenigen hingegen, der gern etwas dabei denken möchte, der Zweifel hat, der Auskunft wünscht, vor dem Teufel zu warnen und ihn am Ende, wenn er in diesem Unglauben, wie sie es nennen, beharrt, zu verdammen. Diese für den Verstand so harte Maßregel, lassen sich die Bauern in Polen, die gemeinen Bürger, die niedrigeren Edelleute, die nicht in die große Welt kommen, gefallen, und unter diesen Klassen herrscht, in Absicht der Religion, noch die allertiefste Unwissenheit; aber nicht so unter den höheren Klassen, die, sobald sie ihre französischen Philosophen zu lesen und zu verstehen anfangen, in Sprüngen zu den Sozinianern[59] und Atheisten übergehen. Der lächelnde Vortrag jener Schriftsteller gefällt ihnen besser als die ernsthaften, weder Geist noch Herz beschäftigenden, zum Auswendiglernen bestimmten Wörter ihrer geistlichen Lehrer, die ihnen noch dazu unter allen Zerstreuungen einer lebhaften, einer wilden Jugend gesagt worden sind.

Begriffe, die Gehalt, Grundsätze, die Festigkeit hätten, bietet ohnehin ein Lehrgebäude nicht dar, das auf unbedingten Glauben dringt und schon dadurch seine Unhaltbarkeit gegen Angriffe der Vernunft bloßlegt; mithin sind die Anhänger desselben hilflos, sobald man sie mit andern Waffen als die sind, die sie sich ausbedungen haben, bestreitet; und sie gehen, je nachdem ihr Verstand schwächer oder stärker ist, bei Einwürfen entweder zu der hartnäckigsten Glaubenswut oder zur leichtsinnigsten Gleichgültigkeit über. Auf diesen entgegengesetzten, äußersten Rändern stehen, in Absicht der Religion, die niedrigen und die höheren Klassen in Polen.

Die Gebräuche der katholischen Kirche werden in Warschau so häufig, so mannigfaltig, mit so viel Prunk und Geräusch veranstaltet als in jedem andern katholischen Lande. Die Feste, die sich auf den Stifter der christlichen Religion, auf die ersten Verbreiter und auf die gemarterten Bekenner und Bekennerinnen derselben beziehen, werden mehr oder weniger feierlich begangen, durch Umgänge, durch Messen und durch Wallfahrten. Die niederen Klassen nehmen an dem allen mit großer Andacht, d. h. mit denjenigen Gebärden, Zeichen und Stellungen teil, die bei ihnen für Andacht gelten, und die höheren geben ihnen, da wo es nötig ist und so lange es nötig ist, hierin nichts nach; aber in den Zwischenzeiten lassen sie die Absicht, in welcher sie diese Feierlichkeiten besuchen, deutlich erraten. Die Weiber kommen nämlich in ein geistliches Schauspiel, wo sie sehen und gesehen sein wollen, ebenso sorgfältig (nur in bescheidenen Farben, hauptsächlich schwarz) angezogen, ebenso erobernd in ihren Blicken und Bewegungen, nur in einer andern Gattung, als ob sie das Theater oder eine große Gesellschaft besuchten. Das Glöckchen, das sich von Zeit zu Zeit hören läßt, gebietet einen Anstand und einen Blick, die beide gewisser Reize sehr fähig sind, welche auch auf der einen Seite nicht versteckt gehalten und auf der andern nicht unbemerkt gelassen werden. Mit einem Worte, man findet auch in der Kirche die Polen beiderlei Geschlechts so wieder, wie man sie in der Welt verlassen hat.

Ich muß hier die Besuche erwähnen, die man um Ostern den sogenannten heiligen Gräbern macht. Sie sind in der Tat eine Art von Lustpartie für die höheren Klassen. Gesellschaften bereden sich, sie zu besehen, nachdem man gehörige Erkundigung eingezogen hat, in welchen Kirchen sie am prächtigsten sind. Man fährt und reitet dahin, unterwirft sich beim Eingange den nötigen Zeichen, kniet oder kniet auch nicht vor dem funkelnden Grabe, und nimmt sodann in den Kirchenstühlen Platz, um das Gewimmel der Kommenden und Gehenden zu beobachten, Bekannte anzurufen, sich über jeden unkirchlichen Gegenstand zu unterhalten usw. Dieser Auftritt wird in mehreren Kirchen wiederholt, und so hat man die andächtige Handlung des Grabbesuchens begangen.

Ärgerlicher sind die Absichten der öffentlichen Mädchen und der männlichen Jugend bei diesen Besuchen. Jene kommen, um nach ihrer Art neue Eroberungen zu machen; diese kommt, um neue Gegenstände zu suchen, von denen sie sich erobern lassen kann. Der Ausgang aus den Kirchen, der Weg von einer zu der andern, die Dämmerung in den Kirchen selbst begünstigen die nötigen Unterhandlungen, und die Runde endigt sich, wie man erraten mag. Es ist abermals nur das Volk, das seine Andacht, nach der oben bezeichneten Weise, dabei verrichtet.

Ebenso ist die große Wallfahrt nach Bielany (einem Kloster, das ungefähr drei Viertelstunden von Warschau liegt), die alljährlich am Pfingsttage vor sich geht, nichts als eine Spazierfahrt für die höheren Klassen. Hunderte von Wagen findet man in der Gegend des Klosters aufgefahren, deren Besitzer und Besitzerinnen selten aussteigen, weil sie das Gedränge der andächtigern Fußgänger scheuen; steigen sie aber aus, so geschieht es, um Gesellschaften zu bilden, die

Religionsgespräch zu Thorn

eine Weile spazieren und sich sodann zu einem mitgebrachten Goutee setzen, dessen Anfang, Mittel und Ende nichts von christlicher Reue, Kasteiung und Buße verraten.

Dieser einzelnen Mißbräuche ungeachtet, muß man doch bekennen, daß die Polen der höheren Klasse, überhaupt genommen, den äußeren Schein zu bewahren suchen. Sie scherzen nicht über ihr Bekenntnis; sie lassen sich nicht auf Erörterungen darüber ein; sie machen bei vorkommenden Gelegenheiten die Gebräuche der Kirche mit; sie haben die gebührende Ehrfurcht für deren Diener; sie lassen sogar nicht einmal merken, daß sie den Auswurf derselben, die Mönche, verachten; sie haben sich endlich den Vorwurf der härtesten Unduldsamkeit zugezogen, die sich, in den grausamsten Bürgerkriegen, Jahre hindurch, auf das deutlichste offenbart hat.

Der Grund dieser Erscheinungen ist aber weniger kirchlich als politisch. Das römisch-katholische Bekenntnis war von den ältesten Zeiten her die Bedingung und Grundlage der polnischen Staatsbürgerschaft und aller daraus fließenden Ehren- und Geldvorteile. Man achtet ersteres, insofern es letztere verschafft, man hütet sich also, es durch Spott über dessen Lehren und Gebräuche zu untergraben; man nimmt sich in Acht, sich in Erörterungen darüber einzulassen, teils, weil man es nur sehr dürftig kennt, teils, weil man anders Denkenden den Vorzug ihres Bekenntnisses nicht einräumen kann, ohne einzugestehen, daß es folgewidrig sei, sie, eben ihres verständigeren Bekenntnisses wegen, von den Staatsvorteilen auszuschließen; sie nehmen, bei feierlichen Gelegenheiten, z. B. den verordneten feierlichen Messen vor und nach den Reichstagen, an den Gebräuchen der Kirche andächtig teil, weil einmal das Wesen ihres Bekenntnisses darauf beruht, und weil es von dem Gesetze geboten ist und mithin eine politische Handlung wird; sie achten die Diener der Kirche vom ersteren Range als Staatsbeamten vom ersten Range, als politisch wichtige

Personen, als ihresgleichen in staatsbürgerlicher Hinsicht, als Inhaber von Stellen, die einer oder der andere ihrer Vorfahren besessen hat, die einer oder der andere ihrer Verwandten noch besitzt, zu denen sie selbst einen oder den andern ihrer Söhne bestimmt haben; sie verachten die Mönche nicht öffentlich, weil sie doch immer die Handlanger eben dieses für sie so politisch und ökonomisch wichtigen Bekenntnisses sind; sie hassen und verfolgen endlich die Andersdenkenden, nicht aus Abscheu vor ihren Lehren, sondern als politische Nebenbuhler, nicht aus religiösem, sondern aus politischem Fanatismus. Der Umstand macht dies klar, daß sie das jüdische Bekenntnis, unstreitig das feindseligste gegen andere und das schädlichste für den Staat, nie einschränkten, nie verfolgten. Aber die Anhänger desselben haben auch nie Ansprüche auf staatsbürgerliche Freiheit und Gleichheit gemacht. [. . .]
So fand der jetzige König, als er den Thron bestieg, die Stimmung der Gemüter, und er war gezwungen, in seinen Pakten alle den Dissidenten nachteilige Gesetze zu wiederholen und zu beschwören. Zwar gaben die Gewährleister des Oliwischen Friedens (Rußland, Preußen, England, Dänemark) Vorstellungen zu Gunsten der Dissidenten am Reichstage von 1766 ein; aber dieser verstand sich zu nichts, bestätigte sogar jene Gesetze durch die Mehrheit. Die Bischöfe hatten auf Befehl des Reichstags einige Punkte, die zum Vorteil der Dissidenten sein sollten, abfassen müssen; aber den Gewährleistern des erwähnten Friedens, besonders Rußland und Preußen, leisteten sie kein Genüge, sondern sie wollten alle für die Dissidenten nachteilige Gesetze gänzlich aufgehoben wissen.
Während Rußland gegen das Benehmen des Reichstages aufstand, bildeten sich an vielen Orten im Reiche zugleich dissidentische Konföderationen, die durch eine Anzahl russischer Truppen und selbst katholischer Mißvergnügten verstärkt wurden und sich nach und nach in Thorn in eine

große Konföderation vereinigten. Die Beschwerden und Forderungen derselben betrafen aber nicht bloß kirchliche Gegenstände, sondern auch politische. Jetzt traten noch andre Konföderationen, von dem katholischen Adel selbst gebildet, im Reiche auf, versprachen, um ihre politischen Pläne durchzusetzen, den Dissidenten Duldung, und nachdem sie sich, den Fürsten Radziwiłł an ihrer Spitze, unter dem Namen der Mißvergnügten, zu einer einzigen verbunden hatten, verstärkten sie sich noch durch die dissidentische, mit der sie in Unterhandlung und nachher in einen förmlichen Bund traten. Um einem bürgerlichen Kriege zuvorzukommen, berief der König einen außerordentlichen Reichstag nach Warschau, der die entgegenstrebenden Parteien vereinigen sollte, aber so lange unfruchtbar blieb, bis unsre Regierung die ärgsten Schreier an demselben, namentlich den Bischof von Krakau und seine Anhänger, aufhob und in sichere Verwahrung nahm. Nun schoß der Reichstag eine Kommission aus, welche die Sache der Dissidenten sehr günstig behandelte und deren Gutachten dahin ging, daß man alle gegen sie gegebenen Gesetze widerrufen und ihnen alle alten Vorrechte wieder herstellen müsse. Der außerordentliche Reichstag machte dieses Gutachten zum Gesetz; aber man kann sich selbst denken, wie viel guter Wille dabei sein mochte.
Dieses Gesetz, unter dem Namen der Konstitution von 1768 bekannt, enthielt aber nicht bloß Vorschriften, die Dissidenten betreffend, sondern auch manche politische Verordnungen, die Rußland und Preußen zur Sicherheit ihrer Grenzen durchsetzen zu müssen glaubten, die aber von den Polen für Eingriffe in ihre Unabhängigkeit, für gänzliche Aufhebung ihrer alten Verfassung erklärt wurden. Nach einem kleinen ruhigen Zwischenraum, traten einige Große in eine neue Konföderation zusammen, die unter dem Namen der *Barer* berüchtigt wurde, und sich bis zum Jahre 1772 erhielt. Sie hatte die Hofpartei, und einige

Tausend Mann russischer Truppen gegen sich, wurde aber von der Pforte, von Österreich und von Frankreich, doch von beiden letzteren nur so begünstigt, daß sie mit Rußland und Preußen ihretwegen nicht brechen wollten. Die Unruhen, die Verheerungen, die Grausamkeiten, die, während sie bestand, vorfielen, sind noch in frischem Andenken; nur muß man, wie oben bemerkt, sie mehr dem politischen als dem religiösen Fanatismus zuschreiben, und man muß wohl unterscheiden, daß die Häupter dieser Unternehmungen, die rein politische Pläne durchsetzen wollten, sich nur der religiösen Vorurteile des Volks und der Soldaten bedienten, um sie zur Wildheit wider ihre Gegner zu entflammen.

Durch die Konstitution von 1768 erhielten sonach die Dissidenten ihre alten staatsbürgerlichen Rechte zurück, und sie konnten wieder Senatoren, Landboten und Starosten, doch ohne Gerichtsbarkeit, werden. Sie genießen sie allerdings noch, ob aber ohne Eifersucht und gesetzlich von den Polen anerkannt, das schließe man aus dem Widerwillen, den letztere gegen diese Konstitution haben; aus dem Umstande, daß der Revolutions-Reichstag sie gänzlich aufhob; daß er das katholische Bekenntnis als das allein herrschende, und mithin als die Quelle der staatsbürgerlichen Rechte, wieder einsetzte und in seiner neuen Regierungsverfassung der Dissidenten nur insofern ganz unbestimmt erwähnte, als er ihnen freie Religionsausübung, aber nichts weiter, zusicherte.

Wie die Dissidenten noch bis jetzt den Widerwillen der Katholischen tragen müssen, ebenso leiden sie noch unter ihrer Verachtung; denn, anstatt friedlich untereinander selbst zu leben, was der erste Grundsatz einer gedrückten Gesellschaft sein sollte, haben sie allen erdenklichen Uneinigkeiten, die so kleinlich, so ärgerlich sind, Tür und Tor geöffnet. Seit dem Jahre 1768, wo sie wiederum ein politisches Dasein bekamen, waren Gemeinden gegen Gemeinden, und in diesen die bürgerlichen Mitglieder gegen die Adligen, die adligen Vorsteher gegen die bürgerlichen, in einer beständigen, höchst erbitterten Fehde begriffen. Die Grundsätze der politischen Verfassung, die eine Aristokratie begründen, wurden von dem dissidentischen Adel auf die kirchliche Verfassung angewandt, und er suchte eine kirchliche Aristokratie durchzusetzen. Er maßte sich die Gesetzgebung und die Verwaltung der kirchlichen Ökonomie an und verweigerte den bürgerlichen Mitgliedern der Gemeinde in diesen Dingen eine gültige Stimme. Die Streitigkeiten, die daraus entstanden, legte man nicht selbst bei, sondern man brachte sie vor mehrere Reichstage und vor die Gerichtshöfe seiner eigenen Nebenbuhler, deren Entscheidungen jedesmal neue Quellen von Uneinigkeiten wurden. Noch bis diese Stunde sind die inneren kirchlichen Verhältnisse der Dissidenten nicht genau und klar auseinander gesetzt, und wenn seit einigen Jahren keine allgemeinen feindseligen Bewegungen sich gezeigt haben, so ist es nur aus der bisherigen politischen Lage von Polen zu erklären.

ACHTER ABSCHNITT

POLITISCHE REFORM
Stanislaus August Poniatowski und die Reformer

Indem ich die bisher aufgestellten Wahrnehmungen über Polen und dessen Bewohner noch einmal im Ganzen übersehe, finde ich, daß sie sich, ohne daß ich irgend einem Zuge Gewalt angetan, in ein vollständiges Gemälde politischer und moralischer Unordnung zusammengefügt haben.

Die Quellen dieser Unordnung sind dem aufmerksamen Leser nicht entgangen. Er weiß auch, daß sie nicht mehr verstopft werden können, seitdem Polen, um im Innern vor sich selbst Ruhe zu haben, Freunde von außen zu Hilfe gerufen hat, die einmal nicht anders sind, als politische Freunde sein können. Es ist mit Habe und Willen unter ihre Vormundschaft geraten, und wird nie für mündig erklärt werden, weil ihm Schuld gegeben werden kann, zu Zeiten irre zu reden und zu handeln.

Eine Regierungsveränderung in Polen zu treffen, ist, seit dieser Zeit, die schwerste Aufgabe, die es in dem ganzen Gebiete der Politik geben kann. Es käme dabei nicht bloß darauf an, das Land, das man Polen nennt, und die Menschen, die Polen heißen, zu verändern und zu verbessern, sondern man müßte zugleich drei der mächtigsten Staaten in Europa, ihrer physischen Lage, ihren Kräften, ihren Verfassungen und ihrem politischen Interesse nach, gänzlich umwandeln. Wer das erstere unternehmen wollte, ohne das letztere zu vermögen, würde vielleicht viel Einbildungskraft und Unternehmungsgeist, aber wenig Erfahrung und Überlegung anzeigen.

Wenn der Charakter der polnischen Verfassung Unordnung ist, so ist die Folge davon Schwäche. Da die angrenzenden Mächte durch diese Schwäche stark werden, so verlangt es ihr Vorteil, sie zu verewigen; und da jeder Schritt zur Ordnung ein Schritt zur Stärke sein würde, so

will ihre Sicherheit, daß sie ihn verhüten. Nach diesen Grundsätzen hat man Polen seit einem Jahrhundert behandelt, und sie sind es, die jede Veränderung unmöglich und jeden Ansatz dazu gefährlich gemacht haben.
Äußerst unerwartet waren demnach die ersten Nachrichten, die man von den Entwürfen und Verhandlungen des Reichstags, der sich im Jahre 1788, am 7. Oktober, in eine Konföderation verwandelte, um die Wirkung des »liberum veto« zu vernichten, hörte und las. Man sah wohl, worauf sich die Häupter der Partei stützten, die eine politische Veränderung durchsetzen zu können glaubten. Rußland war mit der Pforte in einen harten Krieg verwickelt; Österreich nahm, als Bundesgenosse von Rußland, an eben diesem Kriege teil. Preußen, durch die Verbindung dieser beiden Mächte und deren gegenwärtige und künftige Fortschritte beunruhigt, bewarb sich um Freunde, durch die es dem Gewichte derselben ein Gegengewicht zu geben suchte. Nach dem Bündnisse von Loo, welches Preußen mit England und Holland (den 13. Juni 1788) schloß, wandte es sich um ein ähnliches an Polen und setzte es durch. Die Führer der zu bewirkenden Veränderung sahen also drei ihrer mächtigen Nachbarn mit allen ihren Kräften beschäftigt, und der vierte war ihr Bundesgenosse geworden. Er hatte ihnen versprochen, nicht nur ihre Revolutionsarbeiten nicht zu verhindern, sondern sie, wenn es nötig wäre, sogar dabei zu schützen, mit Fürsprache und, wenn dies nicht wirkte, mit Soldaten. Sie glaubten sich demnach von allen Seiten sicher.
Diese Zuversicht war es, die den kalten Staatskundigen befremdete und ihn überzeugte, daß die Häupter der polnischen Revolution, dem Nationalcharakter gemäß, mehr warme Einbildungskraft als nüchterne Überlegung hätten, und daß sie sich durch den äußeren vorteilhaften Schein ihrer Lage blenden ließen, ohne die Stützen zu untersuchen, auf denen sie ruhte. Sie bedachten nicht, daß Preußen nur

deshalb für den Augenblick Polen suchte, weil es seiner bedurfte; sie trauten dieser Macht die Unvorsichtigkeit zu, daß sie, eines erst zu bildenden, schwachen Bundesgenossen wegen, mit einer furchtbaren Nachbarin brechen würde; sie beurteilten die Freundschaftsversicherungen dieses Staats nach den Regeln der Schulmoral, nicht nach der Politik, und fingen an, unverhohlen zu schmollen, da er von Thorn und Danzig, als von einem Ersatze für die Aufopferungen sprach, die er für Polen zu machen willens sei; sie schlugen geradezu ab, diese Forderung zu erfüllen, und zeigten dadurch deutlich genug, daß sie wohl Aufopferungen annehmen, aber nicht erwidern wollten, und dieser Egoismus erinnerte Preußen um so dringender an ein schonendes Benehmen gegen Rußland, da dieses immer noch einen großen Teil der Nation auf seiner Seite hatte, der sich lieber mit ihm als mit Preußen verband, und der den Rest hätte bewegen können, den preußischen Vertrag zu zerreißen. Ferner glaubten die Veränderer, daß das gespannte Verhältnis zwischen Rußland und Preußen immer fortdauern würde; sie bauten auf die Dazwischenkunft Schwedens, und übersahen dessen innere Gärungen; sie legten das Stillschweigen Österreichs zu ihrem Vorteil aus; mit einem Worte, sie sahen nur das, was sie wünschten, und überlegten nicht, ob es auch ausführbar und dauerhaft ausführbar sei. Anstatt sich zu erhalten, wie sie waren, wollten sie wachsen; anstatt der Politik des Schwächeren, die es mit keinem Teile verdirbt, treu zu bleiben, nahmen sie die Politik eines unabhängigen Staats an, und verbanden sich bestimmt mit einem andern gegen einen Dritten, der offenbar der mächtigere blieb, wenn auch seine Macht für den Augenblick zerstreut war; und, in ihrer unbegreiflichen Verblendung, vergaßen sie den politischen Gemeinplatz: daß der Schwächere, der an Uneinigkeiten zwischen Mächtigeren teil nimmt, bei der ersten freundschaftlichen Annäherung dieser, von ihnen zertreten wird.

Diese falschen Berechnungen, diese unpolitischen Aufwallungen, sage ich, ließen den Staatskundigen sehr helle Blicke auf den Erfolg der eingeleiteten Veränderung tun. Seine Kenntnis der politischen Verfassung dieses Staates und des durch sie verderbten Charakters der Nation, führte ihm nicht minder untrügliche Vermutungen zu; und er ließ sich durch das Siegesgeschrei der neuen philosophischen Politik, die in der Tat mehr Dichterin als Denkerin ist, in seinen, durch die Geschichte aller Zeiten, bewährten Grundsätzen nicht irre machen. Es war bei ihm nicht die Frage, ob er den Polen eine günstigere politische Lage wünschte, sondern, ob sie auf diesem Wege, ja, ob sie auf irgend einem andern, je zu einer solchen überzugehen fähig wären, so lange das politische Gewebe, das sie umschlungen hielt, und der moralische Charakter, aus dem ihre Handlungen flossen, dieselben blieben; dies verneinte er standhaft, und der Erfolg hat seine Überzeugung bewährt.
Gewöhnlich hält man den König für den ersten Urheber dieser Unternehmung, aber er ist es nur auf eine bedingte Weise. Folgende Tatsachen, die zugleich einen kurzen Abriß seiner Geschichte, als Mensch und als König, darstellen dürften, werden dies beweisen.
Graf Stanislaus Poniatowski, jetzt Stanislaus Augustus, König von Polen, wurde im Jahre 1732, den 17. Januar zu Wołczyn geboren; im Jahre 1764, den 7. September, zum König erwählt, und den 15. November desselben Jahres zu solchem gekrönt.
Stanislaus durchlebte eine glänzende Jugend. Körperliche Schönheit und Geist zeichneten ihn unter fünf Geschwistern in den Kinderjahren aus; beides, mit Liebe zu Wissenschaften, mit Geschmack für alle angenehmen Künste verbunden, unterschied ihn, in den Jünglingsjahren, von dem Reste der polnischen Jugend; reifer Verstand, Beredsamkeit, die feinste Ausbildung für das gesellige Leben, herzgewinnende, einschmeichelnde Manieren, meisterhafte

Handhabung seiner Eigenliebe und seines Ehrgeizes erhoben ihn, in den Männerjahren, über alle seine gleichjährigen Landsleute.
Nie hat ein junger Pole seine Reisen besser genutzt als Stanislaus. Ein ausgezeichneter Hang, durch körperliche und geistige Vorzüge zu gefallen, der bis jetzt ein Hauptzug in seinem Charakter geblieben ist, machte ihn auf alle Vollkommenheiten um ihn her aufmerksam und drang ihn, sich ihrer auch für sich zu bemächtigen. So ward Frankreich für ihn die Schule in der Kunst, sein Äußeres durch Anstand, Leichtigkeit und Geschmack in der Kleidung hervorzuheben; sein Inneres durch heitere Philosophie und Moral zu schmücken; und seinem ganzen Wesen den Charakter des vollkommenen Hofmanns mitzuteilen, der um jene Zeit noch ausschließend in Frankreich zu Hause war. Er lernte die Sprache des Landes, wie seine Muttersprache, reden und schreiben, und sie ist bis jetzt, im gesellschaftlichen Leben, in zärtlichen Verhältnissen, im freundschaftlichen Briefwechsel, seine Lieblingssprache geblieben.
Ebenso schien er unter den Engländern ganz Engländer zu sein. Auch ihre Sprache schrieb und redete er mit Anmut und Richtigkeit, und er unterhält sich bis jetzt noch schriftlich und mündlich gern in derselben. Sein Aufenthalt in England verlief in dem Umgange mit den berühmtesten und gelehrtesten Männern damaliger Zeit, unter dem Studium ihrer klassischen Schriftsteller, besonders der Geschichtsschreiber, Staatsgelehrten, Weltweisen und Dichter, und unter Besuchen bei ihren geschicktesten Künstlern, Manufakturisten und Handwerkern.
So suchte er in den Ländern, die er bereiste, das Gelehrteste und Lehrreichste, das Berühmteste und Schönste unter allen Ständen, in jeder Gattung, unter jedem Geschlechte auf, und nahm davon, was einer Anschmelzung fähig war, in sein Wesen herüber. Seine außerordentliche körperliche und geistige Gewandtheit und Bildsamkeit erwarben ihm

überall Liebe, Freundschaft und Bewunderung. Friedrich schätzte ihn sehr hoch, Katharina nicht minder. Er kam als das Schoßkind seiner glänzenden und weitläufigen Verwandtschaft, als der Augapfel der Weiber, als der Stolz der Nation zurück, von den Ausländern als der vollkommenste Pole, den sie je gesehn, entlassen.

In Polen war er der Gegenstand einer allgemeinen Nachahmung von Seiten seiner jüngeren Landsleute. Sein Gang, seine Art zu sprechen, seine kleinsten Bewegungen, seine Lieblingsneigungen, ja, seine Kleidung, bis auf die Art, sein Haar zu tragen, wurden von dem gleichjährigen höheren Adel nachgebildet. Die eigentümlich-polnische Tracht hatte er ganz abgelegt; zu den roheren Vergnügungen seiner Nation, zur Jagd und zum Trunke, zeigte er nicht den mindesten Hang; gegen Brutalitäten äußerte er den erklärtesten Abscheu; die Weiber behandelte er mit einer Feinheit und Achtung, die ihnen vorher nicht in dem Grade bewiesen wurden, und die sie nicht mit Undank aufnahmen; gegen seine Diener- und Untertanenschaft betrug er sich mit Güte und Schonung; seine politischen Überzeugungen waren dem größten Teile seiner Landsleute zwar neu, erregten aber noch nicht ihre Erbitterung gegen ihn, weil er sie mit Behutsamkeit, und mehr im Tone des Ratgebers, als des Rechthabers vortrug, und weil er überhaupt in der ersten Zeit noch keine eifersuchterregende politische Rolle in seinem Vaterlande spielte.

Bei dem großen Vorrate von neuen Kenntnissen und Begriffen, die er im Auslande gesammelt hatte, für die er aber in seinem Vaterlande weder Erweiterung noch auch Nahrung fand, war es natürlich, daß er einen Kreis um sich zu bilden suchte, in welchem er seine neuen Genüsse zum Teil wiederfinden konnte. Schon damals ging er vorzüglich gern mit Fremden um. Franzosen, Engländer und Italiener, die ihn, durch irgend einen Vorzug an die Sitten, an die Ausbildung und Talente ihrer Landsleute erinnerten, genossen eines ausgezeichneten Empfangs von ihm, und er wählte aus ihrer Mitte seine Vertrauten, seine Haus- und Tischgenossen und Diener. Seine Liebhabereien und Sitten, seine Grundsätze und sein äußeres Benehmen, seine Bibliothek und seine Küche, alles atmete den Geist des Auslandes, doch in einer überlegten Anwendung auf seine eigenen Anlagen, auf seine politischen Verhältnisse und auf die Grundsätze, Sitten und Vorurteile seiner älteren Landsleute, die er aus Klugheit schonte, und denen er nicht als ein Veränderungssüchtiger verdächtigt oder gar als ein erklärter Widersacher der vaterländischen Gewohnheiten verhaßt werden wollte. Es gelang ihm damals wirklich noch, neben der eifrigen Nachahmung der jüngeren, die Nachsicht der älteren seiner Landsleute zu gewinnen, und diese Nachsicht sogar, durch ein feines, einschmeichelndes Benehmen, im Ganzen bis zum Beifall zu erhöhen. Dieses Bestreben, sich bei allen Parteien in Liebe und Vertrauen zu erhalten, dessen Quelle ich oben angegeben habe, ward nach der Zeit sein Lieblingsgrundsatz, und man muß bekennen, daß er ihn, als Privatmann, bei hundert Gelegenheiten, mit Frucht angewandt, daß er aber auch bei tausend andern, sobald er König war, seine Gefahren, seine Feinde, die Zerrüttung seines Landes und das allgemeine Mißtrauen auf ihn, dadurch vermehrt habe.

Überhaupt meine ich, daß der Grundsatz, jedermann zu gefallen, zwar wohl von Privatleuten, in Fällen der Persönlichkeit und des Mein und Dein, geübt werden möge, aber nicht von Fürsten, die, als solche, nichts nachsehen, nichts mildern, nichts aufopfern dürfen. Ihre Richtschnur ist das Wohl des Ganzen, ihr Weg geht unbedingt auf dessen Erreichung. Wer sich dieser widersetzt, ist des Fürsten natürlicher Feind, wäre er auch der geschätzteste Freund des Menschen; er muß gezüchtigt und entfernt werden; man muß ihm nicht schmeicheln, ihn nicht bitten, ihm nicht versprechen, weil dies seine unerlaubten Forderungen zu rechtmäßigen Ansprüchen zu machen scheint und seine Hartnäckigkeit verstärkt; man muß ihm keinen Schritt aus dem Wege tun, denn Ausweichen hält auf, und die, für die man als Fürst handelt, leiden unter der Verzögerung; man muß ihn auch nicht abkaufen, denn die Kaufsumme ist barer Verlust für den, der fordern kann, ist stillschweigendes Bekenntnis, daß sein Recht zum Fordern nicht ganz gegründet sein möge, ist also wahre Untergrabung dieses Rechtes. Selbst wenn ein Fürst aus seinem Privatvermögen diese Kaufsumme gäbe, so bliebe sie, wenn sein Volk auch nicht bar einbüßte, solche Untergrabung, und ermunterte selbstsüchtige Gemüter, ähnliche Forderungen zu wiederholen.

Ein Fürst muß, wenn er gerecht wägt und dem gemäß nimmt oder gibt, keinen Feind fürchten, von keinem Freund Dank erwarten: denn er tat seine Schuldigkeit. Der Unwille der unzufriedenen Staatsbürger fällt auf das Gesetz, der Dank der Zufriedenen auch auf das Gesetz, wenn er nach demselben entschieden hat. Kann dies ihn gegen die Unzufriedenen nicht schützen, wird es selbst von ihnen vernichtet, so muß er für dasselbe zu sterben, oder der Stelle, die es ihm gab, zu entsagen wissen, um als Privatmann, von allen Verfolgungen befreit, bequem weiter zu leben.

Stanislaus sah, bei seiner Geburt und seinen persönlichen Vorzügen, den Weg zu jeder Ehrenstelle im Staate für sich offen; und daß er jede, auf die er rechnete, erreichen würde, dafür bürgte ihm der große Einfluß, den damals seine Verwandtschaft im Staat hatte. Sein Onkel, der Großkanzler von Litauen, Fürst Czartoryski, der mit allen glänzenden Familien in Polen verwandt, der, bei einem festen, unternehmenden Charakter und bei viel Schlauigkeit und Kenntnis seiner Nation, ungewöhnlich unterrichtet und arbeitsam war, hatte sich an die Spitze aller Staatsgeschäfte geschwungen, und war durch diese Vorzüge sowohl, als durch seinen Reichtum und die daraus fließenden Hilfsmittel, die Seele derselben geworden. Die Verbindung, in die er sich mit Rußland zu setzen gewußt hatte, befestigte ihn auf diesem Standpunkte, den man eine Diktatur nennen kann. Sein Neffe Stanislaus hielt sich an ihn und ward von ihm sehr geschätzt. Kein Wunder, wenn er in kurzer Zeit zu einer der höchsten Staatswürden, zum Truchseß von Litauen, hinanschritt. Auf dieser Stufe hatte er eine nur kurze Zeit gestanden, als er von derselben auf den Thron selbst erhoben wurde.

Man hat oben gesehen, unter was für Umständen und mit welchen Hilfsmitteln. Zwei Drittel der Nation hatten ihr festes Vertrauen auf ihn gesetzt, die Erfüllung ihrer angelegensten Wünsche von ihm erwartet. Er schien ihr der einzige, der Polen wieder zur Blüte erheben könnte, und er war auch der einzige, der es gekonnt hätte, wenn es überhaupt noch politisch möglich gewesen wäre. Einige Winke über seine damalige Lage werden dies anschaulich machen und zugleich beweisen, daß vielleicht Vorzüge und Kräfte übermenschlicher Art hier gescheitert sein würden.

Er war vorzüglich durch die Unterstützung Rußlands und durch die Mitwirkung Preußens auf den Thron gehoben worden. Wer darf nach den Grundsätzen der Politik erwarten und verlangen, daß diese Unterstützung und Mitwirkung ohne Plan und Zweck gewesen sein sollte. Seine Person entsprach den politischen Berechnungen dieser beiden Mächte am meisten, mithin ward er allen übrigen Suchenden vorgezogen. Beide, äußerlich verbunden, innerlich eifersüchtig aufeinander, verlangten seinen Dank, das heißt, nicht nur Billigung ihrer Absichten, sondern tätiges Mitwirken zu deren Erreichung. Was beide Mächte wollten, haben wir eine Vormundschaft genannt; eine Vormundschaft über »ein Volk, das«, wie sich ein geistreicher polnischer Schriftsteller ausdrückt, »ein Kind ist, mit einem zweischneidigen Schwert in den Händen, Freiheit genannt, womit es sich verwunden und andre verletzen kann«. – Bei der innern Eifersucht dieser Mächte hatte er noch darüber zu wachen, daß er der einen nicht mehr Anhänglichkeit bewiese als der andern. So unmöglich dies war, so klar fiel es in die Augen, daß er sich beide zu Feinden machen würde, wenn er beiden nur gleiche Bereitwilligkeit bewiese; und daß sich beide in diesem Falle, ihre Eifersucht so lange beiseite gesetzt, gegen ihn und sein Land verbinden und sich den Ersatz nehmen würden, den sie von ihm und von jenem zu fordern zu haben glaubten.

Diese dornige Lage, worin er sich von außen her befand, ward durch die Ansprüche der Familie Czartoryski auf seine Dankbarkeit und Folgsamkeit, durch die Forderungen desjenigen Teils der Nation, der ihn zum Könige gewählt hatte, und durch die Widersprüche desjenigen, der ihm die Krone streitig machte, und, wegen der Dazwischenkunft der russischen Truppen, seine Wahl für gezwungen erklärte, auf den höchsten Grad von Verwicklung getrieben.

Der Großkanzler Czartoryski, der nach Stanislaus' Thronbesteigung immer noch an der Spitze der Geschäfte stand und sich in seinem Einflusse erst recht festgesetzt hatte, nahm an, daß der neue König tun müsse, was er für gut fände. Einwendungen von seiner Seite beantwortete er mit Härte und Stolz, Vorschläge unterstützte er nur insofern, als sie mit seinen eigenen Plänen übereinstimmten; und doch mußte der König ihn schonen, weil Rußland das unbedingteste Vertrauen auf seine Ergebenheit und Talente setzte.

Die Forderungen desjenigen Teils der Nation an ihn, der ihm seine Stimme gegeben hatte, waren den Absichten Rußlands, Preußens, Czartoryskis und seiner eigenen geradezu entgegengesetzt. Die Nation verlangte ihre Rechte und Vorteile in ihrer ganzen Ausdehnung; sie verlangte die Aufrechterhaltung ihrer Unabhängigkeit, und drang leidenschaftlich auf die Entfernung der russischen Truppen, die doch Rußland, um seine Entwürfe durchzusetzen, in Polen ebenso nötig brauchte, als die Czartoryski, um ihren Einfluß, und der König, um seine Krone, gegen seine Widersacher, zu behaupten. Sie bestand auf der fortdauernden Ausschließung der Dissidenten von allen Staatsstellen, und den König drängte sein Herz ebenso sehr als sein Verstand, diesen Teil seiner Untertanen wieder zu heben, die auch an Rußland, Preußen, England und Dänemark mächtige Fürsprache hatten; sie lehnte sich gegen jede Veränderung in der Verfassung auf, und doch brauchte sie einen Schatz, eine Armee, ein Gerichtswesen, wenn sie einen Grund zur Verbesserung ihrer Umstände legen wollte; sie verlangte, ihren einzelnen Mitgliedern nach, Dinge, die diese nur auf Kosten des Ganzen erhalten konnten; mit einem Worte, sie forderte mit der gewöhnlichen Selbstsucht und setzte voraus, daß ihr König, seine Minister, ihre Bundesgenossen und deren Truppen nur da seien, ohne daß sie ihnen freien Willen, Ratschläge, eigene Pläne, Aufenthalt in ihrem Lande und Zehrung zu gestatten schuldig sei.

Die Mißvergnügten, deren Zahl nicht klein war, und die aus den Größten und Mächtigsten des Reichs bestanden, forderten ganz nach denselben Grundsätzen. Sie haßten die Czartoryski und den König aus Eifersucht, gaben aber vor, es geschehe aus Vaterlandsliebe, weil jene und dieser fremde Truppen in das Land gezogen und die Freiheit der Nation nicht bloß bei der Königswahl unterdrückt hätten, sondern sie noch ferner unterdrückt halten wollten, um ihre Sucht nach Neuerungen zu befriedigen. Ihr Wille war, die Czartoryski zu stürzen, den König abzusetzen, den russischen Minister aus Warschau und die Russen aus Polen zu verjagen.

Mit allen diesen Fesseln denke man sich einen König belastet, der seinerseits auch seinen Willen und seine Pläne hatte; der wohl sah, daß ein König, der so beschränkt ist, wie die Nation ihn verlangte, nichts zu ihrem Besten tun kann; der den sehr erlaubten Ehrgeiz hat, die Erwartungen zu erfüllen, die seine Vorzüge in ganz Europa erweckt haben; der dies nicht anders als durch kluge und wohltätige Verbesserungen bewirken und dennoch keinen Schritt tun kann, ohne Beistimmung eines mächtigen Onkels, der am Ruder des Staats steht und seinen ganzen Ehrgeiz in diesen Standpunkt setzt; und ohne Billigung des Ministers einer freundschaftlichen Macht, die jenen Onkel aufrecht erhält, ihn selbst zwar bei der Königswürde schützt, aber ihn auch als König nicht eigenwillig und zu mächtig werden lassen will! Man denke sich die Lage dieses Königs, wenn er allein, wenn er nach einem eigenen Plane, der ohne Rücksicht nur auf das ging, was wahres, allgemeines Wohl seines Landes war, hätte handeln wollen. Es wäre, außer ihm, kein Wesen in und um Polen gefunden worden, das Teil daran genommen hätte! Er würde allein, ohne Geld, ohne Heer, ohne Untertanen, ohne Bundesgenossen, ohne Land, da gestanden haben.

Wenn er demnach, indem er diese seine Lage überblickte, sich nicht entschließen konnte, die Krone niederzulegen, so mußte er erwarten, daß ihm begegnete, was allen seinen Vorgängern, selbst den besten, den entschlossensten und stärksten, Sigismund August, Stephan Batory, Johann Kasimir, Johann Sobieski[60], begegnet war: er mußte darauf rechnen, von dem ersten Jahre seiner Regierung an, bis in sein letztes, ein Gegenstand des Mißtrauens und des Despotismus seiner freien Nation, der Habsucht und der Anmaßungen seiner Großen und der Eifersucht seiner mächtigeren Nachbarn zu sein. Hielt er es mit dem größeren Teil der Nation gegen den kleineren, so war er diesem ein unumschränkter Usurpator; hielt er's mit diesem, so setzte ihn jener, als einen Abtrünnigen von der Republik, ab. Vereinigte er beide und stellte sich an ihre Spitze und traf, mit Aufopferung seiner selbst, wohltätige Anstalten für das Ganze, so erregte er die Eifersucht seiner Nachbarn, und zog dem Lande Krieg zu. Dieser Krieg fiel einer egoistischen Nation zur Last, die immer nur gewinnen, nichts aufopfern wollte, die sich also teilweise zu den Nachbarn schlug, unter ihrem Schutz Konföderationen errichtete und durch diese die Souveränität der Nation auf sich verpflanzte, mithin den Rest derselben zugleich mit dem Könige lähmte. Hielt dieser sich hingegen an seine Nachbarn, so war er seiner Nation ein Staatsverräter, und seine Person und sein Leben waren vor einzelnen meuchelmörderischen Anfällen in Gefahr, wenn ihn auch die Soldaten seiner Freunde gegen offenen Krieg schützten. Wiederum hielt er es mit einem dieser Nachbarn mehr als mit den beiden andern, so verbanden sich diese letzteren aus Eifersucht gegen ihn und den Dritten, und auf ihn und das Land fiel abermals die Last des Krieges und, wenn sich die drei Nachbarn, ohne ihn, ausglichen, auch die Last des – Friedens. So schwebte er also unausgesetzt zwischen innerlichen und äußerlichen Kriegen, zwischen der Habsucht einzelner Untertanen und der ganzen Nation, zwischen der Freiheitswut dieser, und der Eifersucht ihrer Nachbarn, zwischen dem Königtum und der Sklaverei; und in diesem unordentlichen Gedränge mußte er und seine Nation nach und nach von den Mächtigeren zerrieben werden, ohne daß beiden auch nur der Trost blieb, daß dieses Schicksal sie ohne ihre Schuld getroffen habe.

Diese Angaben enthalten, im Abgezogenen, die ganze Regierungsgeschichte Stanislaus Augusts. [. . .]

Die Teilung Polens in dem letztgenannten Jahre war die Krise der gewaltsamen Krankheit, die dies Land seit dem Regierungsantritte Stanislaus Augusts erschütterte. Eine völlige Ohnmacht hatte die Nation zur Ruhe gebracht, aber nicht beruhigt; ein gänzlicher Verlust alles wirksamen Einflusses im Staate hatte dem Könige die Hände zu Veränderungen und Verbesserungen gebunden; seine jetzige Hilflosigkeit war sogar die Folge vorgehabter Veränderungen und Verbesserungen gewesen. Aus dieser Begebenheit hatte er den Grundsatz gezogen, sich von nun an zu dem Stärkeren zu halten, um das zu retten, was ihm von der königlichen Würde, und der Nation von ihrem Lande, noch übrig war.

Die Art von Ruhe, die er von der Zeit an, wenigstens von außen, genoß, verwandte er als Mensch zu seinem Genusse und als Fürst zu solchen Anstalten, die ihm zu unternehmen erlaubt waren. Er baute sein Schloß aus, verschönerte, verzierte es mit Werken der Kunst. Die Zimmer und Säle, die seine Wohnung bilden, sind nach seinen eigenen Angaben und Rissen erneuert und eingerichtet. Sein großer Gesellschaftssaal, der Saal für seine Bücher-, Münzen- und Kunstsammlungen sind Muster in ihrer Art. Sie tragen einen Charakter von Einfalt, der da, wo es schicklich ist, in eine geschmackvolle Pracht übergeht, welche nirgend das Auge blendet, aber überall anmutig beschäftigt. Die kleineren Zimmer und Kabinette, die er bewohnt, sind mit einfachen Teppichen bekleidet, mit geschmackvollen Mobilien besetzt, und nehmen diejenige Seite des Schlosses ein, die eine angenehme Aussicht über die Weichsel gewährt. Das Ganze atmet einen reinen Geschmack, Anspruchslosigkeit und sanfte Würde; und man wird wenig königliche und fürstliche Zimmer unter so angenehmen Empfindungen betreten und durchwandern. Über seinem Bette hängt eine reizende Magdalene, von dem Batonischen Original abgenommen.

Stanislaus war, als ich ihn das erstemal sah, in seinem einundsechzigsten Jahre, aber sein Äußeres verriet dieses Alter nicht. Zwar hat seine Farbe nicht mehr das Frische des männlichen Alters, sondern fällt ins gelbliche, und sein Haar greist; aber seine Haut zeigt noch keine Furche, sein Gesicht ist gefüllt, sein Auge lebhaft und voller Geist, mit einer auffallenden Mischung von Sanftmut und Güte. Stärke und Heldenmut sind nicht das Unterscheidende seiner Bildung und seiner Person, aber desto unverkennbarer blickt Abgeschliffenheit, Witz und Grazie aus ihnen hervor. Man kann keinen feineren Mund sehen. Seine Stimme ist überaus rein, zart und biegsam im Gespräche; verliert aber, wenn er sie mit Anstrengung öffentlich brauchen muß.

Von Person gehört er zu den männlichen Mittelfiguren, ist ohne Tadel gewachsen und neigt zur Wohlbeleibtheit. Schenkel und Fuß sind überaus fein. Er hat die schönste und zarteste Männerhand, die ich je gesehen habe. Er trägt sich noch jugendlich aufrecht, und ich habe an ihm keine von den Linkheiten im Anstande und Gange bemerkt, die man sonst häufig an Fürsten sieht, deren sklavische Unter- und Oberhofmeister ihnen, als Prinzen, nicht bemerkbar zu machen wagten, daß sie einmal, als regierende Fürsten, auch durch ein Äußeres, das nicht lächerlich auffällt, ihrem Volke Ehrfurcht einprägen müssen.

Stanislaus trägt sich französisch seit frühen Jahren. Am Konvokations-Reichstage im Jahre 1764 benutzten seine Gegner diesen Umstand, um die Frage auf die Bahn zu bringen, wie sich der künftige König tragen sollte? Man drang sehr ernsthaft auf die Nationaltracht und füllte eine ganze Reichstagssitzung, unter großem Geräusch, damit aus. [. . .]

Gewöhnlich trägt Stanislaus eine blaue Uniform mit roten Aufschlägen; seltener eine grüne und noch seltener die Hofuniform, die weiß ist und rote Aufschläge hat. Einer oder zwei Orden machen den Anzug vollständig. Man sieht ihn selten zu Pferde; meist fährt er. Ich sah ihn zu Fuße, den Hut unter dem Arm, in Strümpfen und Schuhen, einen Teil der Nationalreiterei mustern.

Sein Haar ist beständig mit großer Sorgfalt gekräuselt und stark gepudert. Der Putztisch kostet ihm zwei Stunden. Ist er aber auch angekleidet, so findet das schärfste Auge an seinem Anzuge nichts zu mäkeln.

Seine Zeit hat er regelmäßig vermessen, und den größten Teil derselben verwendet er auf die Geschäfte. Er macht eine Menge Dinge selbst, die sonst Fürsten ihren Ministern, und diese den Räten, überlassen. Selbst von Schriften, die weniger wichtig sind, läßt er sich die Entwürfe vorlegen und verbessert sie mit eigener Hand. Vielleicht stört aber diese Aufmerksamkeit auf das Kleine den Blick ins Große. Seine Vergnügungen sind höchst einfach: Wissenschaften, Künste, Spazierfahrten, kleine erlesene Gesellschaften, die Freuden einer zärtlichen Verbindung sind alles, was er bedarf. Vor dem Revolutions-Reichstage gab er Gelehrten, Künstlern und Liebhabern wöchentlich einmal zu essen; und diese Tischgesellschaften sollen in einem hohen Grade anziehend gewesen sein; aber während desselben wurden sie unterbrochen, da sich seine Geschäfte mit jedem Tage immer mehr häuften.

Ich habe gesagt, daß der König die französische und englische Sprache völlig inne hat; auch der italienischen und deutschen ist er so mächtig, daß man, wenn er sie spricht oder schreibt, einen geborenen Italiener oder Deutschen zu hören oder zu lesen glaubt. Das Deutsche schreibt er mit lateinischen Buchstaben. Ich habe lange Briefe in dieser Sprache von ihm gesehen, die mit der äußersten Richtigkeit in Absicht des Ausdrucks, der Verbindung und der Redezeichen geschrieben waren. Lateinisch spricht und schreibt er mit Eleganz; russisch, wie es sich fast von selbst versteht, mit Vollkommenheit.

Übrigens besitzt er einen Schatz von gründlichen Kenntnissen in der Politik und in der alten und neuen Geschichte; er hat in der Mathematik viel getan, und schon in sehr frühen Jahren verfertigte er einen Grundriß von Sandomir. In der Baukunst wetteifert er mit Baukünstlern vom Handwerk. Das Theoretische der Kriegskunst ist ihm geläufig, wenn er auch zum Praktischen nie Hang gezeigt hat. Wäre er das Haupt eines monarchischen, eines unabhängigen Staats geworden, so würden ihn schon seine Zeitgenossen in der Reihe der tätigsten, menschenfreundlichsten, weisesten und unterrichtetsten Fürsten genannt haben.

Wenn er sein Volk und Land, in politischer Rücksicht, nur behutsam verbessern durfte, so geschah es desto freier und williger in Absicht der literarischen Ausbildung und der Erziehung. In der Tat, wenn er über soviel Hunderttausend von Guineen zu gebieten gehabt hätte als von polnischen Gulden, die Folgen seiner hierher gehörigen Bemühungen würden glänzend gewesen sein. Die Nation tat nie etwas für diesen Gegenstand, mißbilligte sogar manches, was er aus eigenem Säckel hierin unternahm. Es kostete ihm Mühe genug, sie damals, als die Besitzlichkeiten der Jesuiten eingezogen wurden, willig zu machen, daß sie die Einkünfte davon zur Verbesserung der Schulen und Universitäten und zur Errichtung adliger Lehrinstitute zu verwenden erlaubte. Auf seine Kosten errichtete er das Kadettenhaus in Warschau und eine Sternwarte, die er mit Werkzeugen versah. Er legte Sammlungen für die Naturgeschichte und Altertumskunde und einen botanischen Garten zum Unterricht der Jugend an. Er stiftete eine Bibliothek, kaufte aus fremden Büchersammlungen Handschriften, zur polnischen Geschichte gehörig, und ließ an einer Geschichte der Nation selbst arbeiten. Gelehrte ermunterte er durch Lob, Teilnahme und Belohnungen, beförderte den Druck nützlicher Bücher und verbesserte die Druckereien. Durch seine Vermittlung kam vor ungefähr 15 Jahren eine Art von Verein für die Wissenschaften in Warschau zustande, und seine Schuld war es nicht, wenn er sich nicht erhielt. Mit einem Worte: die Fortschritte, welche die gegenwärtige Generation in Polen getan hat, kann sie niemandem als ihm verdanken.

Zu den politischen Verbesserungen, die ihm zu treffen vergönnt waren, gehören folgende:

Er suchte das Münzwesen und den Münzfuß in Ordnung zu

bringen; er beschränkte die Willkür der Großschatzmeister und der Großfeldherren durch eigene Schatz- und Kriegskommissionen, die er ihnen zugesellte; verbesserte den Rechtsgang bei den Tribunalen und unteren Gerichtsstellen; setzte den Geringeren mehr in Sicherheit vor dem despotischen Eindrange der Großen; gab der Hauptstadt ein Pflaster; baute Landstraßen und in Litauen neue Städte; verbesserte die Befestigungen von Kamieniec, ermunterte die Manufakturen in Warschau und legte neue in Litauen an; versah Warschau mit einem Ringgraben; machte die Pilica schiffbar; ließ Salzminen aufsuchen und Kupfer- und Bleigruben absenken; legte eine Stückgießerei in Warschau an; beschenkte und verbesserte Krankenhäuser und Hospitäler und erließ endlich der Nation neun Millionen eingebüßter Einkünfte, deren Ersatz er nie verlangt hat.

Diese Anstalten und Aufopferungen, die er zum Besten der Nation machte, waren, bei einem Einkommen, das nicht über 350 000 Dukaten stieg, unwidersprechliche Beweise seiner Liebe und seines Wohlwollens; aber sie wurden so wenig dafür erkannt, daß ihm einige der erstgenannten die bittersten Feinde erweckten, und daß die meisten der letztgenannten von der Nation so wenig unterstützt wurden, daß sie, da seine eigenen Finanzen in Zerrüttung kamen, nach und nach eingingen.

Der König hatte, seitdem er den Thron bestieg, eine Lieblingsidee, von der er sich die vorteilhaftesten Folgen für die Umschaffung seiner Nation und deren Verfassung versprach. Er sah wohl, daß, so lange die altpolnischen politischen, moralischen und ökonomischen Vorurteile dauerten, eine feste Grundlage fehle, auf welche man Verbesserungen bauen könnte; und daß, um diese Grundlage möglich zu machen, das ganze, bisher gewöhnliche, Erziehungswesen umgestaltet werden müsse. Zu diesem Zwecke wurde das Kadettenhaus in Warschau errichtet, und, nach der Aufhebung des Jesuitenordens, erhielten die

Adelsschulen in den Provinzen ihre Entstehung und die Universitäten ihre neue Einrichtung zu gleicher Absicht. Es eröffneten sich sonach einer zahlreichen Menge von jungen Adligen ganz neue Felder von Kenntnissen, die ihre Väter nicht einmal geahnt hatten. Was der König an aufgeklärteren Subjekten, die zu Lehrern tauglich waren, im Lande selbst finden konnte, stellte er bei seiner Institution an und gesellte diesen viele geschickte Ausländer zu. So geschah es, daß die adlige Jugend gewisse Dinge gar nicht zu hören bekam, die bei ihren Vätern, aus dem ersten Unterrichte her, als unverdringliche Vorurteile hafteten; und daß sie dagegen in andern unterrichtet ward, die, als Resultate der neueren Philosophie, Staatskunde und Moral, bei ihr Wurzel faßten und ebenso unzerstörbar wurden, als bei ihren Vätern die Irrtümer.
Für diejenige Klasse der jungen Edelleute, die schon aus den Jünglingsjahren getreten war, wurde der König in eigener Person Lehrer. Er zog besonders die Söhne der größeren Häuser, die nicht seine erklärten Widersacher waren, an sich, flößte ihnen seine Grundsätze ein und ward zugleich ihr Vorbild in Absicht der Sitten. Es ist nicht zu leugnen, daß diese letzteren nicht sehr vaterländisch waren, daß sie leicht, außer der Vergessenheit der alten, roheren Art zu leben, einen Luxus, einen neuen Sittenverkehr bewirken konnten, die ihrerseits auch ihre Nachteile im Gefolge hatten; aber der König glaubte mehr auf junge Leute wirken zu können, die halb Franzosen, halb Engländer, halb Italiener, als auf solche, die echte Polen wären; und diese Schlußfolge war, bei seinem Zwecke, richtig. Wo er nur konnte, beförderte er junge Männer zu Stellen, die Einfluß auf Geschäfte und Nationalverhandlungen hatten. Er zog sie bei Hofe hervor, ließ sie bei seinen Gesellschaften zu, besetzte auch mit ihnen einen großen Teil der Hofämter. Die bloß glänzenden Würden ließ er und gab er noch bejahrten echten Polen, die er nicht übergehen konnte, an

denen er jedoch nicht abließ, zu arbeiten, um die auffallendsten Vorurteile bei ihnen zu untergraben. Es gelang ihm auch, selbst von diesen mehrere zu einer gewissen Mäßigung und Aufklärung zu bringen. Sein Plan aber war, diese alte Generation allmählich aussterben zu lassen und ihre Stellen mit seinem jungen Anfluge zu besetzen, der, nach seinen Grundsätzen erzogen, nicht nur von den Fehlern und Vorurteilen der alten Polen frei sein, sondern auch die gegenwärtigen Mißbräuche und Unordnungen einsehen und selbst verbessernde Veränderungen fordern würde.
Diesen Plan hatte der König seit dreiundzwanzig Jahren verfolgt und, selbst während der traurigsten Zerrüttung seines Landes, nicht aus den Augen verloren. Seine ältesten Zöglinge waren dreißig Jahre und darüber alt, seine jüngsten in den Zwanzigern. Viele von ihnen hatte er bei der Armee, bei Hofe, in den Dikasterien angestellt; viele lebten, als Güterbesitzer, in ihren Woiwodschaften und Bezirken; viele waren teils auf Reisen, teils eben von denselben zurückgekommen; alle hatten ihre neuesten Kenntnisse und Grundsätze in ihrem Kreise verbreitet, und es fand sich, daß der jüngere Teil der Nation dem älteren ganz entgegengesetzt fühlte, dachte und handelte.
So kam das Jahr 1788, in welchem der gewöhnliche Reichstag gehalten werden mußte, herzu und mit demselben die politische Verwicklung zwischen den vier Nachbarn Polens, zwischen Rußland, Preußen, Österreich und der Türkei. Nun ward es auf einmal kund, daß die alten Grundsätze, der alte Charakter der Polen eine unvermutete Veränderung erlitten hatten. Seit dem Ausbruche des Krieges zwischen Rußland und der Türkei, waren an allen Enden Polens einzelne Stimmen laut geworden, die sich über das bisherige Benehmen der Grenznachbarn Polens, besonders Rußlands, beklagten.
Bei Berufung der Landtage verwandelten sich diese Klagen

in heftige Bitterkeiten. Die meisten dieser Landtage hatten junge Feuerköpfe an ihrer Spitze, die ihre ebenso jungen, aufbrausenden Mitdeputierten hinrissen, die älteren überstimmten, und die Vorschriften der gewählten Reichsboten mit Aufträgen füllten, die den jugendlichen Aufwallungen entsprachen, welche sie in die Feder gesagt hatten. Es versteht sich von selbst, daß die abgesandten Reichsboten meist von ihrem Alter und daß sie ihren Grundsätzen zugetan waren.

Diese Grundsätze, die mehr aus einer dichterischen, als aus einer überlegten, Vaterlandsliebe kamen, brachten denn auch jene Hoffnungen, Entwürfe und politischen Berechnungen hervor, die so voreilig und unüberlegt waren, als sie im Eingange dieses Abschnittes dargestellt und durch die nachmaligen Folgen bewährt worden sind. Ältere Staatsbürger, die nicht einmal zu der russischen, stehenden Partei gehörten, äußerten ihre Bedenklichkeiten; aber das Geschrei der zuversichtlichen Jugend ließ sie nicht zu Worte kommen. Der König, nach dem seit 1773 bei ihm befestigten Grundsatze, es mit dem Stärkeren nicht mehr zu verderben, mißbilligte das plötzlich erhobene Geräusch und blieb Rußland noch getreu, wenn es ihm auch, wie die Folge zeigte, vielleicht im Grunde schmeichelte, seine Jugend tätig werden zu sehen. Aber die Umstände schienen ihm bei weitem nicht so vorteilhaft, als sich die jungen Patrioten einbildeten, und Erfahrungen, die sie noch nicht gemacht hatten, befestigten ihn in seiner Meinung. Als daher Rußland ihm und der Nation ein Verteidigungsbündnis antrug, war er für dasselbe, trotz der Gefahr, in der er schwebte, von der jungen Partei für einen Landesverräter ausgeschrien und von ihr, die ihm ihre Ausbildung verdankte, hart mißhandelt zu werden. Er schlug eine Konföderation vor, um jenes Verteidigungsbündnis mit Rußland zu schließen und auf Seiten dieses Staats zu bleiben; aber die Patrioten setzten eine eigene Konföderation durch und ihre ersten wichtigeren Unternehmungen waren der Umsturz aller Verbindungen mit Rußland und der Schluß eines Bündnisses mit Preußen gegen jene Macht.

Der Anfang, Fortgang und Ausgang ihrer Unternehmungen ist im frischen Andenken. Der Entwurf zu einer neuen Konstitution, den sie durchsetzten, war unreif und unvollendet, voller Widersprüche und ein Gewebe von alten Vorurteilen und von neuen Grundsätzen, beides so untereinander gemischt und so zweideutig gestellt, daß die ganze alte Verfassung daraus verwiesen oder umgeworfen, und die ganze neue darauf gegründet, aber auch dadurch aufgehoben werden konnte. Wenn man sich davon überzeugen will, gehe man nur die beiden ersten Artikel, mit Hinsicht auf die in diesem Werke aufgestellten staatsrechtlichen Angaben, aufmerksam durch, und man wird finden, daß sie alle übrigen Artikel, die auf sie folgen, teils beschränken, teils völlig aufheben.

Der König hatte sich, fast drei Jahre hindurch, bei den Verhandlungen des Konstitutions-Reichstags leidend verhalten, weil die Patrioten ihm durch die Mehrheit die Hände banden, und weil er unter den damaligen Umständen, von Rußland keine tätige Hilfe erwarten konnte. Das Siegesgeschrei jener und ihre mehr glänzenden als gründlichen Unternehmungen, hatten besonders den jüngeren Teil der Nation in Feuer gesetzt, und fingen jetzt an, auch den König zu blenden. Hauptsächlich wirkte das Bündnis mit Preußen auf ihn. Auch er glaubte endlich, daß diese Macht, die damals die bedeutendsten europäischen Höfe auf ihrer Seite hatte, sich für das umschaffende Polen ernstlich verwenden wollte; auch er sah in ihr eine Stütze für sich und seine Nation, und auch er schloß für einen erfahrenen Staatskundigen, in diesem Punkt, zu voreilig und zu jugendlich. Sobald er sich aber in diesem Irrtume befestigt hatte, legte er seine bisherigen Grundsätze in Absicht seines Benehmens gegen Rußland desto schneller ab. Seine alte

Hoffnung, Land und Nation zu verbessern, erwachte wieder sehr lebhaft; der Ruhm, der ihm als Staatsweisen, als Gesetzgeber daraus erwachsen würde, glänzte ihm aus der Ferne, und er war nie gleichgültig gegen Ruhm; die Gegenstände, mit denen sich die Patrioten beschäftigten, als Verbesserung der Konstitution, Vermehrung der Armee, Aufhebung des Wahlreichs u. a., hatte er selbst immer für die nötigsten und dringendsten gehalten, wenn eine Staatsumschaffung unternommen werden sollte; die Aussicht, mit mehr Macht und Einfluß von nun an die Königswürde zu bekleiden; der Wunsch, seiner Nation wieder lieb zu werden, die, in ihrer jetzigen wilden Begeisterung, den Anhängern Rußlands mehr als je abhold war; der Umstand, daß die Führer der Patrioten seine Zöglinge waren; daß er sie liebte und schätzte; daß sie, sobald sie die Spuren von seiner veränderten Gesinnung bemerkten, sich ihm näherten, durch Bitten, Vorstellungen, ja durch Tränen, seine Teilnahme an ihren Operationen zu gewinnen suchten: alle diese Dinge traten zusammen, um seine bisherige Vorsicht zu untergraben und ihn zu verleiten, von Rußland ab- und mit allen seinen noch übrigen Freunden und Anhängern zur patriotischen Partei überzutreten; den Entwurf der neuen sogenannten Konstitution durchsetzen zu helfen und der Ausführung der nachfolgenden Beschlüsse mehr Schnelligkeit zu geben. Sobald dieser entscheidende Schritt getan war, konnte er nicht wieder zurück. Auch umringte man ihn mit Personen, die ihm, bei manchen Anfällen von Ängstlichkeit, stärkten, und die dazu bald seinen Verstand, bald sein Herz, bald seine Einbildungskraft, bald seinen Gefallen am Ruhme sehr geschickt zu nutzen wußten. So verfolgte er, durch seine eigenen Gefühle, Grundsätze und Wünsche und durch fremde Antriebe, die auf eine genaue Kenntnis seines Charakters berechnet waren, hingerissen, den gefährlichen Weg, den er eingeschlagen hatte, so lange, bis es zu spät war, durch die Rückkehr zu seinem vorigen

Systeme, das Ungewitter abzuwenden, das ihm drohte und endlich über ihn ausbrach.

Diesen Gang nahm die Teilnahme des Königs an der Revolution. Aus den bisher aufgestellten Angaben, verbunden mit den obigen Winken über seinen Charakter, geht das Urteil, das man in dieser Hinsicht über ihn fällen kann, bei unbefangenen und billigen Beobachtern von selbst hervor.

Die ersten Stifter dieser vorgehabten Revolution und die vornehmsten Teilhaber an derselben erfuhr man erst zuverlässig, nachdem Rußland sich Polens wieder bemächtigt hatte. Bis dahin hatten sie nicht für ratsam gehalten, sich als Führer zu erkennen zu geben, wenn sie sich auch als eifrige Teilnehmer gezeigt hatten. Sie durften nicht kund werden lassen, daß es nur so wenige waren, die den größten Teil der Nation in Feuer setzten und zu ihren Zwecken leiteten. Hellsehende Augen drangen allerdings durch den Vorhang, aber ihre Bemerkungen fanden keinen Beifall, weil der Stolz und die Eitelkeit des großen Haufens der Patrioten sich gedemütigt fühlen mußte, wenn er eine Leitung durch wenige anerkannt hätte.

Die Hauptrollen unter diesen wenigen hatten Ignacy Potocki, Piattoli, Kołłątaj.

Ignacy Potocki[61], aus einer der mächtigsten, weitläufigsten und reichsten Familien entsprossen, ist ein Mann in den Dreißigern. In früheren Jahren war er einer der schönsten Männer in Polen, und in seinem Vaterlande, wie Frankreich und Italien, unter dem Beinamen des Schönen bekannt. Dieser Beiname ist ihm jetzt entzogen, da sein Gesicht das Jugendliche verloren, und sein Wuchs eine gewisse Steifigkeit angenommen hat. Er trägt sich französisch und ist beständig, in eben diesem Geschmacke, mit großer Sorgfalt frisiert. Sein Gang und seine Manieren haben etwas Stolzes, das nicht mißfällt und seiner Figur wohl steht. Er zeichnete sich von jeher durch Kenntnisse, durch einen Eifer für Veränderungen und durch einen rastlosen Ehrgeiz, den er unter einem gewissen kalten, philosophischen Wesen meisterhaft zu verbergen wußte, aus. Seine geistige Ausbildung ist ganz modern. Die französischen Philosophen und Staatsgelehrten waren, die letzten Jahre her, seine einzige Lektüre. Die Häupter seiner Familie hatten sich seit zweihundert Jahren in hohen Würden und bei wichtigen Auftritten in der polnischen Geschichte hervorgetan. Es war keine Konföderation in neueren Zeiten, an deren Spitze nicht einer oder mehrere der Potocki gewesen wären. Ihr Enkel wollte ihnen nicht nachstehen. Er ward der Führer eines großen Teils seiner Nation, aber in einer Art und mit Grundsätzen, die den ihrigen ganz entgegen standen. Jene wirkten und stritten für die Erhaltung der altpolnischen Adelsfreiheit, dieser wollte, nach den neuesten Lehren, Bauer, Bürger und König, auf Kosten jener ausschließenden Freiheit, erheben und gerade durch deren Beschränkung sein Vaterland, wie er meinte, verbessern und vom Untergange retten. An der Spitze der ihm ganz entgegengesetzten Partei stand ebenfalls ein Potocki (Felix), sein Verwandter. Johann Potocki und Severyn Potocki[62], zwei Brüder, waren wieder auf Seiten des Ignacy.

Dieser ward vom Könige sehr geschätzt, von seinen jüngeren Landsleuten geliebt und als ein Orakel angehört. Er war mit einer wichtigen Würde bekleidet, reich, aus einer mächtigen Familie geboren, mit ebenso mächtigen (den Lubomirski, Czartoryski u. a. m.) verwandt, in der Blüte der Jahre, voll Feuer und Tätigkeit, arbeitsam und entschlossen: mit einem Worte, er war der Mann, eine Partei zu stiften und zu unterhalten, sei es zum Wohl seines Vaterlandes oder zur Befriedigung seines Ehrgeizes gewesen.

Bei Entwerfung seiner Pläne; zu den Arbeiten, die eine geübte Feder verlangten; zum Vortrage, zur Zergliederung und Verbreitung seiner Grundsätze, bediente er sich des Abbate Piattoli[63], der in der Familie der Potocki als Lehrer und als Hausfreund gelebt hatte. Er zeigte sich als einen

großen Demokraten, als einen Bewunderer Rousseaus und anderer französischer, italienischer und englischer Staatsgelehrter, deren Meinungen er praktisch machen zu können glaubte. Er war über den Zustand Polens unterrichtet, hatte aber sehr oberflächlich darüber nachgedacht, ob es ein Mittel damals gab, oder je geben würde, diesen Zustand nach seinen Grundsätzen zu verändern. Es ist gewiß, daß auch ihn der Ehrgeiz und eine gewisse dichterische Wärme blendete, und daß er wechselsweise seine Schüler erhitzte und von ihnen wiederum erhitzt wurde. Dazu kam, daß er nie in politischen Geschäften praktisch gearbeitet, mithin nie unterscheiden gelernt hatte, zwischen dem, was sich auf dem Papiere schön schreiben, in einer feurigen Rede schön sagen, und zwischen dem, was sich, bei dem eisernen Drucke der Verhältnisse, ausführen läßt.
Der König kannte diesen Mann und schätzte ihn, seiner Kenntnisse und Talente wegen, schon vor dem Revolutions-Reichstage. Während desselben fand man Gelegenheit, ihn dem Fürsten noch näher zu bringen, und er gewann nach und nach dessen Vertrauen in solch einem Grade, daß dieser nichts ohne ihn und alles nach seinem Rate unternahm. Piatoli wußte sich sogar gegen die liebsten Verwandten, Freunde und Freundinnen des Königs zu behaupten, nämlich gegen dessen beide Brüder, den Fürsten Primas und den Krongroßkammerherrn, und gegen dessen Schwester, die Witwe Branicki, und seine Freundin, die Gräfin Grabowska, die sämtlich dahin wirkten, den König dem russischen Systeme treu zu erhalten, und ihn mithin von Piattoli loszureißen. Sie richteten aber so wenig aus, daß ihm der König sogar eine Wohnung auf dem Schlosse einräumte, und seine meisten Abende in der größten Vertraulichkeit bei ihm zubrachte. Seine Anhänglichkeit für diesen Mann ward in Absicht seiner Teilnahme an der Revolution entscheidend. Es versteht sich von selbst, daß Piattoli die Pläne und Entwürfe Ignacy Potocki bei ihm

eingänglich machte, denn es waren seine eigenen, und daß er dies mit soviel Gewandtheit einzuleiten wußte, daß der König in der Täuschung blieb, sie als die seinigen durchgesetzt zu haben. Aus dieser Quelle kamen auch die oben erwähnten Stärkungen, wenn der König, besonders in dem letzten Jahre vor Aufhebung des Reichstags, Anfälle von Ängstlichkeit bekam, die wiederum von den vorhin erwähnten Verwandten befördert und unterhalten wurden.
Nicht bloß auf den König wirkte Piatoli so stark, sondern auf alle Reichsboten, die sich ihm näherten. Dieser waren eine Menge. Sie kamen zu ihm, teils um sich zu unterrichten, teils, um durch seinen Einfluß irgend ein fruchtbares Gesuch an den König zu bringen. Aus diesem Grunde schonten und schätzten ihn sogar manche von der Gegenpartei. Die erste Gattung meinte es allerdings aufrichtiger mit ihm, und er benutzte sie auch besser. Er gab ihnen Stoff zu ihren Reden am Reichstage, machte ihnen den Plan dazu, arbeitete sie oft ganz aus. Jene übersetzten sie ins Polnische und lasen sie als ihr Eigentum in den Sitzungen vor.
Bei den Feinden, die Piattoli um den König hatte, war es nötig, daß er sich auch in Absicht seines moralischen Charakters bei ihm in Achtung zu setzen suchte. Er nahm nie etwas für Dienste, die man von ihm verlangte oder die er geleistet hatte, ganz gegen alle sonstige polnische Sitte; er unterzog sich aber auch keinem Auftrage, der gegen seine bekannten Grundsätze stritt. Und doch war er mehr arm als reich, denn der König gab ihm monatlich nur zwanzig Dukaten, eine Summe, mit der man in Warschau mehr als haushälterisch leben muß, um auszukommen. Ignacy Potocki machte seinen Einfluß auch nie zu Gelde, wie sonst die Besitzer hoher Stellen in Polen; aber er war reich. Man sagte häufig, daß er seinen Freund Piattoli mit Zuschüssen versorgte, um ihn nicht in Versuchung geraten zu lassen. Ich darf nicht entscheiden, ob dies letztere so ist, aber in Absicht des ersteren kann ich mich verbürgen.

Übrigens war Piattoli ein Italiener. Er konnte vierzig Jahre alt sein. Sein Äußeres war unansehnlich. Farbe und Blick waren, wie man sie sich an den Italienern gewöhnlich denkt. Er war dürre, klein und kränklich aus Nervenschwäche, er sprach aber mit großer Lebhaftigkeit und verstand die Kunst, seine Sätze mit außerordentlicher Faßlichkeit vorzutragen. Wenn er überreden wollte, war er unwiderstehlich.
An Schlauigkeit und List übertraf Kołłątaj[64] den Ignacy Potocki und Piattoli weit. Den Entwürfen jener lag eine gewisse Wärme zum Grunde, aber er handelte mit der politischen Kälte und Überlegung eines Mannes, der sein Glück machen will, sei es, auf welchem Wege es sei.
Er stammte aus einer zwar adligen, aber armen Familie. Als der jüngere Sohn war er gezwungen, sein Glück auf der kirchlichen Laufbahn zu suchen. Er ward Kanonikus von Krakau unter Begünstigung des verstorbenen Bischofs von Krakau. Man sagt, er habe sich gegen diesen seinen Wohltäter zu einem Benehmen und zu Ränken brauchen lassen, die den an sich schwach gewordenen Kopf dieses Mannes vollends verrückten, und mithin dessen Bistum früher für einen andern, der darauf wartete, eröffneten. Wie dem auch sein mag, Kołłątaj ward hervorgezogen und stieg bald zu der bedeutenden Stelle eines Kronreferendars hinauf. In dieser legte er den Grund zu der Einsicht und den praktischen Kenntnissen in Staatsgeschäften, durch die er sich ebenfalls von Ignacy Potocki und Piattoli sehr unterschied. Er arbeitete mit der größten Leichtigkeit, die durch natürliche Anlagen ebenso sehr als durch erworbenen Geschäftsblick befördert wurde. Da er, als Referendar, Richter war, so blieb ihm keiner der Irrgänge des polnischen Rechtslaufs und der dahin gehörigen Ränke und Kunstgriffe verborgen. Zugleich verschaffte er sich dadurch einen Schatz von Kenntnissen in den polnischen Rechten, in der polnischen Verfassung und in Absicht des Charakters seiner Nation,

die ihm zum brauchbarsten Kandidaten, nicht allein für die Kanzlerwürde, sondern für alle übrigen machten, die er, als Geistlicher, im Staate bekleiden konnte. Auch waren der Kanzler und Bischof das Ziel, wohin er strebte.
So lange das russische System die Oberhand hatte, war er für dasselbe, und er hielt sich an den Fürsten Primas, der sein großer Gönner war. Da aber während desselben bekanntere Namen und reichere Nebenbuhler ihm im Wege standen, so ward ihm eine Veränderung sehr wünschenswert, und so war er einer der ersten, der diese Veränderung herbeiführen half. Er schloß sich, sobald der russische Einfluß zu sinken anfing, an Ignacy Potocki, und dieser nahm ihn als einen der brauchbarsten Geschäftsmänner in sein Geheimnis auf. Von diesem Augenblick an war Kołłątaj einer der tätigsten Vorbereiter der Grundsätze, durch deren Bekenntnis er sich den Weg zu den höchsten Würden, die er bekleiden konnte, zu eröffnen gedachte. Er trat von der Partei seines bisherigen Gönners ab und erklärte sich gegen denselben, was nie geschehen sein würde, wenn er unter seinem Panier bessere Aussichten gehabt hätte. Indessen suchte er damals noch, so gut es sich tun ließ, die Anhänger des russischen Systems nicht gegen sich zu erbittern, damit ihm, wenn die Patrioten mit ihren Entwürfen scheiterten, eine Tür zur Rückkehr offen bliebe. Deshalb sprach er nie öffentlich hart und beleidigend von Rußland, aber daß es heimlich geschehen sei, beweisen die Reden seiner Schüler und Anhänger.
Während des Konstitutions-Reichstags ging die Kronunterkanzlerstelle auf, die diesmal, nach der eingeführten Ordnung, mit einem Geistlichen besetzt werden mußte. Kołłątaj, als bloßer Referendar, wurde einem Bischofe vorgezogen und erhielt diese Würde. Da bei Vergebung der aufgegangenen Bistümer besonders Rücksicht auf die Kanzler vom geistlichen Stande genommen wird, so konnte ihm ein solches nicht entgehen und er sah nun die

baldige Erreichung seines Ziels vor sich. Seine Tätigkeit für die patriotische Partei wuchs dadurch, seine Grundsätze wurden bekannter und stürmischer, er schonte Rußland weniger und versperrte sich dadurch auf immer den Weg zu einer Aussöhnung. Von dem Augenblick an war sein Schicksal an das Schicksal der Patrioten gebunden, und er dürfte deshalb einer der letzten sein, die ihre Versuche, sich von Rußland unabhängig zu machen, aufgeben werden.
Sein Charakter und die Natur seiner Vaterlandsliebe spiegeln sich in diesen Angaben deutlich genug. Es ist kaum nötig, hinzu zu setzen, daß er seine Dienstleistungen bezahlt nahm, wo möglich von zwei oder drei Parteien auf einmal, ganz so, wie ich oben von den polnischen Richtern nebst Anhang erzählt habe. Die polnischen Städte hatte er besonders in seinen Schutz genommen und das für sie vorteilhaft sein sollende Gesetz am Reichstage durchgetrieben. Diese Städte wissen aber auch, was ihnen die Grundsätze der Menschlichkeit bar kosten, vermöge deren sie in einen besseren Zustand versetzt sein sollten. Die Anhänger Kołłątajs entschuldigten seine Käuflichkeit damit, daß er wenig Einkünfte habe (nur 22 000 polnische Gulden) und doch seiner Würde gemäß leben müsse. Unter den Schriften, die er, zur Beförderung der Revolution, herausgegeben hat, wird die »gegen die Wahlreiche« am meisten gerühmt. Sie ist die Widerlegung einer andern von Seweryn Rzewuski, »für die Wahlreiche«, die auch französisch in Warschau erschienen. Sonst besaß er die Gabe der Beredsamkeit in einem hohen Grade und sprach selten für einen Entwurf, der nicht wäre durchgesetzt worden.
Sein Äußeres war nicht unvorteilhaft. Er hatte ein etwas volles, aber doch männliches Gesicht, dessen Züge viel Geschmeidigkeit verrieten. Ein großes schwarzes Auge funkelte von Geist, und verriet weniger die Schlauigkeit eines ausgelernten Geschäftsmanns aus dem Priesterstande, der er war, als die Unerschrockenheit und Festigkeit eines

biederen Ministers aus dem Soldatenstande, der er nicht war. Sein Körper schien stark und nervig, wenn man ihn nur bis zur Hüfte sah, aber der Rest war durch ein wütendes, frühes Podagra (er konnte erst 36 bis 38 Jahre alt sein) so untergraben, daß er sich nur mit Mühe aufrecht erhielt und nur mit der größten Beschwerlichkeit an einem Stocke sich vorwärts bewegen konnte.

Ich darf bei den Bildnissen der Anhänger dieser drei Hauptpersonen kürzer sein. Die vornehmsten darunter sind Stanislaus Małachowski, Kasimir Sapieha, Sołtyk, Julian Niemcewicz, Weyssenhof, Mostowski, die Gebrüder Czacki, Wybicki, Fürst Adam Czartoryski, Prinz Joseph Poniatowski, Wielhorski, Kościuszko, und viele andere, die sich aber bloß als sogenannte Schreier, oder, wenn ihnen die Gabe der Rede fehlte, als stille Verbreiter des patriotischen Systems zeigten.

Stanislaus Małachowski, Konföderations-Reichstags-Marschall von Seiten der Krone, war nahe an den Sechzigern und der einzige von der patriotischen Partei, der diese Jahre hatte. Bei einem großen Vermögen, hatte er sich nie sehr nach hohen Staatswürden gedrängt, und sich deshalb in einer gewissen Unabhängigkeit erhalten, welche die Begriffe von Freiheit und Souveränität seiner Nation in ihm lebhafter ließen, als es bei hunderten seiner Landsleute der Fall war. Sein Reichtum und seine Grundsätze lenkten die Stimmen der Patrioten, bei der Wahl eines Reichstagsmarschall, auf ihn; denn sie brauchten einen Mann, der die Unkosten dieser Würde bestreiten konnte, der ihre Entwürfe billigte und der diese, vermöge des Einflusses seiner Stelle, durchsetzen half. An sich war Małachowski kein starker Mann, aber darum desto leichter zu führen. Man wirkte besonders durch die Gebrüder Czacki auf ihn, stärkte ihn und erhielt ihn, durch Lob, durch vorgespiegelten Ruhm und durch die Vorstellung, daß er von der Nation angebetet werde, in einer Art von Begeisterung, durch die man ihn lockte, wie man es für gut fand. Er und sein Bruder, der Krongroßkanzler Małachowski, waren von ganz entgegengesetzten politischen Überzeugungen und haßten einander aufrichtig. Der Kanzler war groß von Statur und trug sich polnisch; der Marschall klein und hager und trug sich französisch. Übrigens war der Vortrag des letzteren unangenehm.

Fürst Kasimir Sapieha, Konföderations-Reichstags-Marschall von Seiten Litauens, ein junger Mann von vorzüglichen natürlichen Anlagen, aber von großer Sinnlichkeit, deren Lockungen er sich an der Tafel, beim Glase, in der Galanterie und hinter den Vorhängen mit Unmäßigkeit überließ. Er hatte alle Fehler und Vorzüge brennender Gemüter; Leichtsinn und Begeisterung, Stärke und Abspannung der Seele, Gutmütigkeit und wilde Anwandlungen von Haß, übereilte Tätigkeit und Trägheit wechselten bei ihm mit großer Schnelligkeit ab. Seine Talente wandte er nicht nach Grundsätzen, sondern nach den Stößen an, die er abwechselnd von seiner Eigenliebe, Einbildungskraft und Lebhaftigkeit, oder von den Vorstellungen, Bitten und Ratschlägen anderer, die er schätzte, erhielt. Es war ihm ganz gewöhnlich, eine Nacht zu durchschwärmen und den andern Morgen eine Rede von großer Wirkung am Reichstage zu halten. Er bedurfte dazu nur eines Blättchens Papier, auf welchem er die Hauptpunkte derselben verzeichnete. Die Worte, die dies Gerippe beseelten, strömten ihm von selbst zu. Im geselligen Leben floß er, so lange der Wein sich seiner nicht ganz bemächtigt hatte, von Witz und Geist über. Man sieht, daß er, unter diesen Umständen, ein sehr brauchbarer Mann für die Patrioten war. Außer dem Einfluß, den er durch seine Würde als Reichstagsmarschall, durch seine Stelle als General der Artillerie, durch seine Geburt, durch sein Vermögen (das freilich sehr zerrüttet war, aber durch Schuldscheine vertreten wurde), durch die Liebe und das Vertrauen, das er unter den Litauern besaß, nutzten sie an ihm noch den liebenswürdigen Gesellschafter, den witzigen Kopf und den galanten Mann, um ihren Grundsätzen bei dem Publikum mehr Umlauf und Eingang zu verschaffen. Wichtige Dinge aber waren sie vorsichtig genug, ihm zu verbergen, damit sie ihm nicht etwa, wenn er sich in irgend einem Zustande der Zerstreuung befände, entwischten. So erfuhr er von der Durchsetzung der neuen Konstitution nicht eher etwas, als am dritten Mai, wo sie wirklich durchgesetzt wurde.

Übrigens war er von einer mittleren Figur, die er in Gang und Stellung vernachlässigte. Sein Gesicht hatte nicht unangenehme Züge, aber es verriet durch eine gewisse schlaffe Gedunsenheit die Natur seiner sinnlichen Genüsse. Er trug sich polnisch.

Sołtyk, Landbote von Krakau, stammte aus einer alten Familie, die sich von jeher durch hohe Würden im Staate ausgezeichnet hat. Der Bischof von Krakau, Sołtyk, war der Vatersbruder des jetzt genannten. Jener machte sich durch einen stürmischen Patriotismus (wie man in Polen die Anhänglichkeit an irgend eine Partei nennt) besonders bekannt, der sich in einem lebhaften Hasse gegen die Czartoryski, gegen den jetzt regierenden König, gegen Rußland und gegen seine dissidentischen Mitbürger äußerte. Die fünfjährige Gefangenschaft in Rußland, die ihm die Ausbrüche seines Eifers zuzogen, nahmen er und seine Familie als ein Märtyrertum auf, und letztere führte, nach seinem Tode, die daraus entstandene Erbitterung gegen Rußland fort. Diese Erbitterung war die Grundlage zum Patriotismus seines Neffen, und sie wurde von den Führern der Revolution geschickt genutzt, weil sie mächtige und reiche Gegner von Rußland brauchten. Es ist gewiß, daß es kaum einen Patrioten gab, der mit so viel Leidenschaft, also auch mit so viel Zuversichtlichkeit, sich den Entwürfen jener darlieh. Er opferte denselben den größten Teil seines Vermögens auf, erschöpfte sich in Geschenken, die er dem

Vaterlande darzubringen glaubte, und hatte sein ganzes Haus, von seiner Gemahlin an, bis zum schlechtesten seiner Bedienten, in Feuer und Flamme gesetzt. Seine Gemahlin wandte ihre ganze Liebenswürdigkeit und Überredungsgabe dazu an, den Patrioten Freunde und Freundinnen zu verschaffen, und opferte, als die Not hereintrat, alle ihre liebsten und kostbarsten Gerätschaften auf; und seine Dienerschaft schoß von ihrer Besoldung eine Summe zusammen und stellte mehrere gekleidete und bewaffnete Soldaten gegen die Russen. Was er in seinen Rüstkammern an Gewehren, in seinen Schlössern an Kanonen hatte, gab er, bis auf das letzte Stück, gegen die Russen her. Er stellte eine Anzahl Soldaten, die er nicht allein kleidete und wehrhaft machte, sondern auch auf seine Kosten unterhielt. In seinem Hause wurden auch die ersten Scharpien gezupft.

Er war übrigens ein Mann nahe an den Fünfzigern, von einem sehr einnehmenden Äußeren, und mit einer Menge schöner Kenntnisse ausgestattet.

Julian Niemcewicz, Weyssenhof, Mostowski, waren junge Männer zwischen zwanzig und dreißig Jahren, deren Begeisterung man besonders durch die Feder wirken ließ. Der theatralischen Arbeiten des Niemcewicz, die ihm, bei seiner emphatischen Nation, den Beinamen des polnischen Shakespeares verschafften, habe ich oben erwähnt. Ihre große Wirkung lag nicht in ihrer inneren Vorzüglichkeit, sondern in der Lokalität, in der damaligen Stimmung der Nation, in den Anspielungen und in den Anwendungen, die man machen konnte. Weyssenhof arbeitete sehr viel als Mitglied des Konstitutions-Ausschusses und als Mitherausgeber der Nationalzeitung. Ebenso Mostowski. Alle drei waren als Redner so beliebt, daß ihre Landsleute allgemein behaupteten, sie hätten die Kürze, den Nachdruck und die Eleganz Ciceros in die polnische Sprache übergetragen.

Matuszewicz, auch noch ein junger Mann, glänzte bei seinen Landsleuten durch ungefähr eben die Talente.

Wybicki, Stellvertreter der großpolnischen Städte am Reichstage, war älter (schon in den Vierzigern) und schon lange seinen Landsleuten als guter Kopf und guter Schriftsteller bekannt. Als Patriot war er es nicht minder an einem Reichstage, ich weiß nicht von welchem Jahre, geworden, wo er, ganz allein, gegen eine Operation Einspruch einlegte, welche die benachbarten Mächte durchsetzen wollten. Er verschwand, seiner persönlichen Sicherheit wegen, und kam erst zu Anfange des Konstitutions-Reichstages zurück. Die Patrioten nahmen ihn mit Freuden auf, und er wirkte mit großem Enthusiasmus, durch Reden und Schriften, zu Gunsten ihrer Entwürfe. Seine erwähnte ältere Schrift führt den Titel *Patriotische Briefe* und soll mit viel Geist und Witz abgefaßt sein. Seine theatralischen Schriften sind oben berührt worden.

Die Gebrüder Czacki brauchte man besonders, um auf den Reichstagsmarschall Małachowski zu wirken, dessen ganzes Vertrauen sie hatten und mit dem sie in einem Palaste wohnten. Der ältere besitzt schöne Kenntnisse in mehreren Fächern der Wissenschaften und ist auch in Deutschland, bei Gelegenheit seiner naturhistorischen Reise durch Polen, bekannt geworden.

Den Fürsten Adam Czartoryski brauchte man besonders zum Repräsentieren. Man weiß, daß er als Gesandter nach Wien und nach Dresden geschickt wurde. Merkwürdig ist, daß er dem letzteren Hofe diejenige Krone annehmlich zu machen suchte, die er ihm, dreißig Jahre vorher, so tätig, mit für sich selbst, entziehen half. Für die übrigen Operationen des Konstitutions-Reichstags hat er sich nie sehr tätig bewiesen, und die Patrioten selbst glaubten nie ganz zuverlässig auf ihn rechnen zu können.

Der Prinz Joseph Poniatowski, Thaddeus Kościuszko, Wielhorski und Zabiełło, lauter junge Männer, die vorzüglich der Soldatengeist beseelte, hatten sich, da sie nicht Reichsboten waren, mit den politischen Verhandlungen im

Reichssaale nicht abgegeben. Als die Russen Polen betraten, gab man ihnen die Oberbefehlshaberschaft über einzelne Abteilungen der kleinen ungeübten, unversorgten, polnischen Armee, und sie glaubten ebenso zuversichtlich, mit derselben ein vierfach stärkeres, abgehärtetes, siegreiches Heer zu schlagen, wie ihre Führer eine neue Verfassung gegen den Vorteil dreier der mächtigsten Staaten in Europa durchsetzen zu können geglaubt hatten.

Ich reiste den 15. Mai von Warschau ab. Das Wetter war etwas stürmisch, verwandelte sich aber gegen Mittag in abwechselnde stillere Regenschauer, die mich zwar um die Beleuchtung der schönen Ebene vor Warschau brachten, aber dafür das Grün um mich her erfrischten und doppelt fruchtbar darstellten. Der Sand, durch welchen ich, auf der andern Seite der Weichsel, nach Warschau hineinwaten mußte, erschien hier mit Letten stark vermengt und deshalb zu einem gewissen Grade von Festigkeit gebracht, die der Regen vermehrte. Der Weg ward dadurch um so besser und das Fortkommen desto schneller, obgleich nicht so schnell, wie es, unter diesen Umständen, in Litauen gewesen sein würde. [. . .]

Aufklärung

NACHWORT

I

Reisejournale und politische Länderbeschreibungen des Ancien régime sind für den weltkundigen Leser unserer Tage von eigenem Reiz. In diese Kategorie darf auch das Werk von Joachim Christoph Friedrich Schulz (1762-1798) einbezogen werden, der – Autor einer »Geschichte der Großen Revolution in Frankreich« und eines Paris-Buches – Goethes Wertschätzung genoß. Als ein noch heute fesselndes Stück politischer Länderkunde ist seine »Reise eines Liefländers von Riga nach Warschau . . .« zugleich eine literarisch ansprechende Lektüre. Insofern wäre eine besondere Begründung für einen Nachdruck von Auszügen aus diesem Buch überflüssig. Eigens erklärt werden muß hingegen die Aufnahme dieses Reisebuchs in eine »Polnische Bibliothek«. Joachim Christoph Friedrich Schulz, ein polnischer Autor? Gewiß wird man sein Œuvre nicht der polnischen Nationalliteratur zurechnen, denn einerseits schrieb er Deutsch und andererseits stilisierte er sich als Untertan der russischen Kaiserin. Das war er nach der Dritten Teilung Polens von 1795, als er seine »Reise eines Liefländers« schrieb, auch in der Tat, denn damals wurde das Herzogtum Kurland aus dem Lehnsverband der Krone Polen, mit deren vollständiger Auflösung, herausgenommen und Rußland eingegliedert.

Aber vor diesem Gewaltakt der Teilungsmächte war der Mitauer Akademie-Professor für Geschichte ebenso unbezweifelbar ein Reichsbürger der Rzeczpospolita Polska. Auf dem Höhepunkt der politischen Reformbewegung, die die alte Republik zur Unabhängigkeit nach außen und zu guter Ordnung im Innern befähigen wollte und am 3. Mai 1791 die erste konstitutionelle Verfassung eines europäischen Staates zuwege brachte, hatte Schulz sogar ein politisches Mandat in der reformierten Republik wahrge-

nommen. Er war vom September 1791 bis zum Juni 1792 als Bürgerdeputierter von Mitau an den Reichstag nach Warschau entsandt worden. Ein deutscher Professor und Bürgervertreter, der im Kampf gegen die privilegierte Stellung des kurländischen Adels im polnischen Reichsverband das Verfassungssystem Adelsrepublik theoretisch und politisch so tief in sich aufgenommen hatte, daß er es, wie kaum ein Zeitgenosse, aus frischer Erinnerung darzustellen und zu durchleuchten befähigt war, – dieser bedeutende Chronist einer aufgewühlten Zeit verdient es als Angehöriger der gebildeten Schicht unter den Reichsbürgern der alten Republik sehr wohl, in eine »Polnische Bibliothek« aufgenommen zu werden. Das alte Polen war ein Commonwealth, das für viele Zungen, Bekenntnisse und Ansichten Platz hatte.
Nun ist es durchaus denkbar, daß Schulz selbst sich gegen eine solche Einreihung in eine polnische Buchserie gesträubt hätte. Sein beflissenes Bekenntnis zu seiner neuen russischen Reichsbürgerschaft, eben deren unhistorische Verpflanzung aus der Zeit der Abfassung des Polen-Berichts (1795/96) in das Reisegeschehen des Buches, das er 1793 ablaufen läßt, könnten dies möglich erscheinen lassen. Schulz hat unzweifelhaft den Standort des distanzierten Berichterstatters auch als seine Einstellung zum alten Polen verstanden. Dessen politischer Erneuerungsbewegung stand er, wie er meinte, als »kalter Staatskundiger« eher fremd gegenüber und beurteilte sie mit analytischer Schärfe und ablehnender Kritik.
Doch rechtfertigt dies in keiner Weise jene Inanspruchnahme, die der Polen-Schilderung Schulzens nach dem nazistischen Überfall auf Polen durch die Präsentation als »Ein deutscher Bericht von der polnischen Adelsanarchie aus den Jahren 1791-1793« angetan worden ist. Mit diesem Untertitel ist nämlich im Jahre 1941 in Breslau die »Reise eines Livländers von Riga nach Warschau« als ein Doku-

ment »nicht zuletzt« von hohem »Zeugniswert für die Geschichte des ostmitteleuropäischen Streudeutschtums« veröffentlicht worden. Der damalige Herausgeber bewertete dieses deutschtumsgeschichtliche Moment als die eine der beiden Voraussetzungen dafür, »daß der Bericht des Friedrich Schulz über Polen bis zum heutigen Tage noch nicht veraltet ist«. Die andere sah er ». . . in der merkwürdigen Duplizität, die der Zeitgenosse von 1939 in den polnischen Ereignissen des ausgehenden 18. Jahrhunderts empfindet«.

Angesichts solcher nationalistischer Entstellung kann die Aufnahme einer erneuten Edition dieses mitreißenden Polen-Berichts in die »Polnische Bibliothek« als eine Richtigstellung gelten. Es geht darum, diesen Text zu rehabilitieren und von den Mißdeutungen aus der unheilvollsten Epoche der deutsch-polnischen Beziehungen zu befreien. Auch in Polen ist dieses Bedürfnis offenkundig verspürt worden, wie die sorgfältige und sachkundige Ausgabe in polnischer Übersetzung aus dem Jahre 1956 zeigt.

Die vorliegende Ausgabe konzentriert den Text des gesamten Reisebuchs auf den eigentlichen Polen-Bericht. Das tat die Breslauer Ausgabe von 1941 auch, allerdings mit weitergehenden Kürzungen, als wir sie für vertretbar halten, und mit beträchtlichen Umstellungen in der Reihenfolge der Kapitel. Diese stimmt bei uns mit der der Originalausgabe überein. Die Kapitelüberschriften ebenso wie der Titel des ganzen Textes »Reise nach Warschau« sind von uns zur zweckdienlichen Wegweisung des Lesers erfunden worden. Desgleichen haben wir die Orthographie leicht modernisiert, ohne jedoch Eigenheiten in Zeichensetzung und Ausdrucksweise unseren Duden-Regeln zu opfern, sowie die Orts- und Personennamen den heutigen Schreibweisen angepaßt. Auf die gelegentlichen Anmerkungen des Autors zum Originaltext haben wir da verzichtet, wo sie uns für den heutigen Leser nichts mehr zu besagen schienen; zu erklärungsbedürftigen Textstellen haben wir im Anhang selbst knappe Erläuterungen gegeben.

II

Der eigentliche Polen-Bericht von Joachim Christoph Friedrich Schulz – unsere »Reise nach Warschau« – nimmt in dem kompletten Reisebuch der »Reise eines Liefländers . . .«, was Stil und Gattung betrifft, eine Sonderstellung ein. Weniger Reisebeschreibung als politischer Lagebericht, sind die Polen-Passagen an passender Stelle in ein als Reisejournal aufgemachtes Opus eingefügt. Dieses schildert eine Kurreise von Mitau nach Bozen, die Schulz im Sommer 1793 unternommen hat. Auf ein tagebuchartiges Eingangskapitel »Reise von Riga nach Warschau« läßt er sieben Abschnitte mit der Überschrift »Warschau« folgen. Die Hauptstadt der königlichen Republik ist also das Prisma, durch das er ebenso eindringlich in der Analyse wie glänzend im Stil das politische Leben des Adelsreichs in der Spannung zwischen Reformanstrengung, konservativer Erstarrung und Interventionsdruck von außen projiziert.
Seine gründliche Anschauung vom öffentlichen Leben in Polens Hauptstadt hatte Schulz in Wahrheit als Mitauer Deputierter in jenen neun Monaten (von September 1791 bis Juni 1792) gewonnen, in denen Polen sich zur modernen konstitutionellen Monarchie umzugestalten begann, das heißt, als das Reformgesetz vom 3. Mai 1791 – nach Edmund Burkes Urteil »the purest political good ever conferred on mankind« – Verfassungswirklichkeit wurde. Dieser Erlebnishorizont wird nun in der literarischen Verarbeitung in eine doppelte Distanz gerückt: Denn zum einen ordnet Schulz seine Polen-Analyse in den Zeitablauf seiner Badereise nach Bozen ein, die – wie gesagt – im Sommer 1793, also nach der Zweiten Teilung Polens und der Aufhebung der Maiverfassung sowie der Wiedererrichtung des russischen Protektorats stattgefunden hat. Aber auch die

Zeitebene der Reise wurde immer wieder durch den Standort des Erzählers von 1795, der nach dem Vollzug der Dritten Teilung jetzt wirklich als russischer Untertan schreibt, durchbrochen. Schon dadurch gewinnt der Text eine komplizierte Multiperspektivität, die bei seiner Interpretation beachtet werden muß. Schulzens Text ist nicht als eindimensionale Darstellung eines vermeintlich, geradlinigen Weges der Republik in den Untergang zu lesen, und von simpler Kausalität zwischen einem anarchischen Volkscharakter und der staatlichen Katastrophe ist hier schon gar nicht die Rede. So gewiß sich mancher Satz des »kalten Staatskundigen«, der seine Sympathien für den monarchistischen Absolutismus nicht verbirgt, auch als ein Zeugnis kompromißloser Ablehnung der politischen Kultur des Adelsstaates liest, so wenig wird man diesem Autor gerecht, wenn man ihn als den »klassischen Schilderer der unveränderlichen Züge des polnischen Charakters« zu verstehen versucht. Die Wirkung, die dieser Polen-Text bis heute auszuüben vermag, beruht gerade nicht auf einem überlegenen deutschen Kulturträger-Standpunkt, wie man 1941 meinte, sondern auf der literarisch verarbeiteten Spannung zwischen rationaler Kritik und emphatischer Zustimmung. »Es fehlt«, so heißt es an einer markanten Stelle bei Schulz, »den Polen nicht an Gefühl, überhaupt nicht an schönen Eigenschaften des Herzens; aber die Verfassung und Lebensart untergraben und unterdrücken sie um die Wette und öfter, als es z. B. in einem Staate der Fall sein kann, wo Gesetz und Monarch eine Menge von Gegenständen, die hier ein allgemeines ehr- und eifersüchtiges Gedränge erregen, ein für allemal an sich genommen haben, und wo die Polizei und der Zwang einer geordneten öffentlichen Meinung die Lüste, Launen und Sitten der Staatsbürger mehr im Zaume halten.« Joachim Christoph Friedrich Schulz ist von dem eigentümlichen Charme Warschaus gefesselt, von der Lebendigkeit und den Kontrasten seiner politischen Kultur mitgerissen, doch er setzt die vermeintliche Rationalität seiner Absolutismus-Gläubigkeit dagegen und steigert so seinen Bericht über Polens Untergang zu höchster geistiger Spannung, die diesem Text künstlerische Qualität verleiht. Noch durch die zahlreichen Einwände hindurch läßt der Autor den Leser die Faszination dieser Hauptstadt Warschau als die Schaubühne einer politischen Öffentlichkeit spüren, die nach einem Gedanken Rousseaus das letzte politische Milieu des alten Europa gewesen ist, das der universalen Tyrannei widerstanden hat. In dieser wahrhaften Metropole war 1791 noch alles vorzufinden, was für einen lebensvollen Bericht von den politischen Zuständen und Bewegungen der alteuropäischen Ständegesellschaften und ihres prototypischen Staates charakteristisch war: In dem kontrastreichen Architekturbild der Paläste, Bürgerhäuser und Hütten spiegelten sich für den Beobachter die sozialen Zerklüftungen einer Reichsgesellschaft wider, deren spezifische Proportionen mit ihrem großen Anteil von Adel im Reichstagsleben Warschaus – besonders in den Jahren 1788 bis 1792 – sinnfällig wurden. Denn wo der Reichstag war, war die Republik – als Staat wie als feudalständische Gesellschaft. Hier entfaltete sich ihre politische Kultur den Beobachtern von nah und fern als eine von der Öffentlichkeit der Staatsgeschäfte einerseits und der Exklusivität des feudalen Gesellschaftslebens andererseits bestimmte Mischung, die – auch in dem urbanistischen Typus, der dieser Kultur als Zentrum diente – in Europa nicht ihresgleichen hatte. Auf den heutigen Leser wirkt die lebensvolle, anschaulich-pralle Herausarbeitung dieser Besonderheiten, wirkt die Aufdeckung ihres politischen Bedeutungsgehalts noch immer außerordentlich anziehend. Es gehört viel Vorurteilsbereitschaft dazu, diesen Schilderungen – mit der Ausgabe von 1941 – abzuverlangen, daß sie »wie unbeabsichtigt die zwingenden Gründe für den Untergang Polens enthüllen«.

III

Am eindrücklichsten präsentiert sich die analytische und literarische Meisterschaft von Joachim Christoph Friedrich Schulz in der Porträtskizze, die er im achten Abschnitt seines Buches dem letzten König Polens, Stanislaus August Poniatowski (1732-1798), gewidmet hat. Dieses Textstück dürfte die erste Würdigung des Politikers Poniatowski in der internationalen politischen Literatur überhaupt sein. Schulz hat den König gekannt und seine Politik aus der Verfassungswirklichkeit und dem außenpolitischen Dilemma Polens zu deuten verstanden – gewiß auch mit der Perspektivenverzerrung des Zeitgenossen. Gleichwohl ist seine Poniatowski-Skizze die verhaltene Huldigung eines scharfsichtigen Beobachters und politischen Kommentators an einen rastlosen Politiker. Joachim Christoph Friedrich Schulz hat damit der Poniatowski-Literatur einen wegweisenden Anfang gesetzt; und die Erinnerung an solches Bemühen scheint gerade in einer Zeit geboten, da der große Gegenspieler auf dem preußischen Thron, Friedrich II., wieder landauf, landab wissenschaftliche und journalistische Schlagzeilen macht.

Die ungleichen Zeitgenossen sind sich ein einziges Mal (1749 in Berlin) begegnet. Der damals siebzehnjährige polnische Kavalier fand den zwanzig Jahre älteren Preußen-Herrscher »wenig edel«, unsicher, dozierend – was bei einem Beobachter schwer wog, dem Schulz später bescheinigen konnte, daß er »mit Behutsamkeit und mehr im Tone des Ratgebers als des Rechthabers vortrug«. Aber auch objektiv waren beide Herrscher zum Kontrast bestimmt: Was für Friedrich als »Mirakel des Hauses Brandenburg« seine Rettung im Siebenjährigen Krieg bewirkte – die Wiederannäherung Preußens und Rußlands –, war für den letzten, 1764 erwählten König der Republik die Vorausbestimmung des »Debakels der Republik Polen«. Schulz hat Poniatowskis Herrscher-Dilemma gesehen: »Man denke sich in die Lage dieses Königs, wenn er allein, wenn er nach einem eigenen Plan, der ohne Rücksicht nur auf das ginge, was wahres und allgemeines Wohl des Landes war, hätte handeln wollen. Es wäre außer ihm kein Wesen in und um Polen gefunden worden, das teil daran genommen hätte. Er würde allein, ohne Geld, ohne Heer, ohne Untertanen, ohne Bundesgenossen, ohne Land dagestanden haben. Wenn er demnach, indem er diese seine Lage überblickte, sich nicht entschließen konnte, die Krone niederzulegen, so mußte er erwarten, daß ihm begegnete, was allen seinen Vorgängern, selbst den besten, den entschlossensten und stärksten, dem Sigismund August, dem Stephan Batory, dem Johann Kasimir, dem Johann Sobieski, begegnet war, er mußte darauf rechnen, von dem ersten Jahr seiner Regierung an bis in sein letztes ein Gegenstand des Mißtrauens und des Despotismus seiner freien Nation, der Habsucht und der Anmaßung seiner Großen und der Eifersucht seiner mächtigeren Nachbarn zu sein . . .« Der hellsichtige Analytiker Schulz hätte es dem edlen und vortrefflichen Manne wohl gewünscht, daß er den Entschluß zur Abdankung hätte fassen können. Aber er hat sich nicht die Frage gestellt, ob Stanislaus Augusts politischer Sinn und seine Zielsetzung, die Nation aus der tiefen Verstrickung in innere und äußere Kalamitäten herauszuführen, dem König überhaupt die Abdankung als eine politische Möglichkeit hat erscheinen lassen?

Es stimmt, und darin ist Schulz recht zu geben: Den außenpolitischen Teufelskreis, der aus der Situation des preußisch-russischen Bündnisses von 1764 – auf verschlungenen Wegen und unerwartet – zu der Ersten Teilung Polens von 1772 führte, hat er nicht durchbrechen können. Gerade aber diesem vergeblichen Anlaufen gegen die Windmühlenflügel des mächtepolitischen Mechanismus flicht Schulz seine Kränze. Stanislaus war ihm letztlich doch nur groß in seinem Handeln – bis 1772, und ungeachtet des faktischen

Scheiterns. Doch diese Einschränkung erklärt sich daraus, daß Schulz den König von der konstitutionellen Reformbewegung des Vierjährigen Reichstags trennen will; er möchte sein Poniatowski-Bild nicht gern »durch das Siegesgeschrei der neuen philosophischen Politik, die in der Tat mehr Dichterin als Denkerin ist«, gestört sehen, das aber den kalten Staatskundigen »in seinen durch die Geschichte aller Zeiten bewährten Grundsätzen nicht irre machen kann«. Damit wird nun freilich der prägende Anteil des Königs an der »philosophischen Politik«, das heißt an der langen Vorbereitung des Verfassungswerks von 1791, damit wird die zentrale Stellung des 3. Mai im Lebenswerk Stanislaus Augusts verkannt. Erst den Forschungen der letzten drei Jahrzehnte ist, von einzelnen Vorgängern abgesehen, die richtige Einordnung des Verfassungsdenkens des Königs in die Zeitströmungen und in den biographischen Kontext gelungen.

Heute stellt sich mehr und mehr die komplexe politische Einheit der vielfältigen Bemühungen Poniatowskis um die »Verbesserung der res publica« dar. Wenn sich nun gerade hier die Peripetie der politischen Erfolgsskala von König Stanislaus heraushebt, so zeigt das bei allem tiefgreifenden Wandel die Beständigkeit der außen- und mächtepolitischen Bedrängnis der Adelsrepublik durch Rußlands und Preußens Machtaufstieg seit dem Jahrhundertanfang. Mit aller Energie war Stanislaus August an der Ausarbeitung des Verfassungsmodells beteiligt, das die alte Adelsrepublik in einen lebensfähigen, durch den Geist der Aufklärung und die altpolnische Freiheitstradition zugleich geformten »Verfassungsstaat« verwandeln sollte. Aber mit großem Zögern nur hat der König sich dem Plan eines Bündnisses mit Preußen genähert, nicht allein, weil er seinen anerzogenen Preußenhaß kaum je zu läutern vermocht hat, sondern vor allem, weil er eine so einseitige »Realpolitik«, die den anderen und nach seiner

Meinung entscheidenden Faktor – Rußland – außer acht ließ, für gefährlich hielt.
Die Skepsis des Königs gegenüber dem preußischen Bündnis sollte sich bewahrheiten: Das Gewebe um Polen war unauflöslich, so wie des Königs politischer Lebensweg nicht von jener Macht zu trennen war, die ihn auf den Thron gehoben hatte und ihm den Boden unter den Füßen wegziehen konnte. Sie tat es in Antwort auf die Maiverfassung, in welcher Katharina II. die Auswirkungen des »jakobinischen Giftes« an der Weichsel zu bekämpfen vorgab. Der Ruhm des glänzenden roi-citoyen, der eben noch in Paris aufgeklungen war, sank mit einem Schlage dahin, als ihn die Kaiserin zwang, sein Verfassungwerk zu widerrufen. 1793, mit der Zweiten Teilung, endete sein Lebensweg als Staatsmann. Zeitgenossen schildern ihn in den Monaten vor dem Teilungsreichstag, der die alte russische Protektoratsverfassung für die Adelsrepublik wiederherstellte, als einen plötzlich um Jahre gealterten, verfallenen Mann. Er hat rastlos ein immenses tägliches Arbeitspensum weiter absolviert. Aber es ging ihm nicht mehr um konstruktive »Realpolitik« in der unlösbaren Verstrickung Polens. Ihm ging es jetzt nur noch um die Geschichte – um die des Landes und um die eigene. Sein Ruhmbedürfnis und seine Geltungssucht haben ihn in seinen Bemühungen um die eigene Rechtfertigung nicht müde werden lassen, bis ihm, den Katharina 1795 zur Abdankung gezwungen hat, am 12. Februar 1798 der Tod die Feder aus der Hand nahm.
Seine Zöglinge aber, die er zu modernen Polen – zu Nationalisten in dem ihm eigenen weltoffenen Sinne – gemacht hatte, wollten nicht mehr seine Realpolitik – sie wollten den bewaffneten Aufstand. Die Historiker haben sich in großer Mehrheit ihnen angeschlossen und auf das eifrigste den Aufstandshelden Kościuszko gegen den resignierenden König Stanislaus August ausgespielt. Hier macht Schulz die große Ausnahme: »Wäre er das Haupt eines monarchi-

schen, eines unabhängigen Staates geworden, so würden ihn schon seine Zeitgenossen in der Reihe der tätigsten, menschenfreundlichsten, weisesten und unterrichtetsten Fürsten genannt haben.«
Daß das Polen der Maiverfassung auf dem Wege zu einem solchen Staat gewesen war, ist den Historikern heute selbstverständlich. Der letztlich borussischen Staatsvorstellungen verpflichtete Schulz hat freilich zu dieser Einsicht nicht vordringen können. Von der politischen Mentalität der polnischen Reformer und damit von der Idee eines nichtabsolutistischen Wegs in die Moderne blieb er unberührt. Hier liegen deutliche Grenzen – auch seiner subjektiven Verständnisbereitschaft. Aber die Faszination durch seinen Gegenstand Polen hielt ihn gefangen. So ist er uns Heutigen derjenige politische Kommentator des ausgehenden 18. Jahrhunderts, dessen Schriften über Frankreichs Revolution und Polens Untergang unseren Blick für die wirkungsgeschichtliche Parallelität beider Vorgänge – gleichsam als zwei Ausprägungen desselben weltgeschichtlichen Übergangs – zu schärfen vermögen.

Klaus Zernack

ANHANG

1 Der letzte Reichstag der Republik, der in »stummer« Sitzung am 23. September die Abtretungsverträge (Zweite Teilung) ratifizierte.

2 Jakob Johann Sievers, 1793 russischer Botschafter in Polen.

3 Anton von Tiesenhausen (1733-1785), aus livländischem Adel, war litauischer Schatzmeister, gründete vor allem in der Nähe von Grodno zahlreiche Manufakturen und sorgte für die Ausbildung von Fachkräften. Wirtschaftliche Schwierigkeiten und politische Konflikte mit den Magnaten führten zum Zerfall seiner Unternehmen.

4 August II., der Starke, Kurfürst von Sachsen seit 1694, von 1697 bis 1733 auch König von Polen.

5 Vom Mai bis Juli 1792 leistete die Republik Widerstand gegen die Intervention der Truppen Katharinas II., Kaiserin von Rußland (1762-1796).

6 Ein polnischer adliger Offizier zu Pferde, mit einem oder zwei Reitknechten.

7 William Coxe (1747-1828), englischer Reisender und Historiker, besuchte Polen 1778.

8 Ursprünglich Magnaten-Schloß, 1784 von Kronmarschall Stanislaus Lubomirski dem Staat geschenkt; später zur Kaserne umgebaut.

9 1766 gründeten Stanislaus August und Fürst Adam Czartoryski eine Offiziersschule, die später in dem für sie errichteten Kadettenhaus untergebracht wurde.

10 Anm. von Schulz: »So heißen in Warschau die Geldmäkler, die nebenher ein wenig wuchern. Man nennt sie auch, mit einem Pleonasmus, Facienden-Macher.«

11 Anm. von Schulz: »Plan Ichnographique de la Ville de Varsovie, résidence des Rois de Pologne, gezeichnet von dem Major Hennequin 1779.«

12 Die Namen der Stadtbezirke und der Straßen sind bis heute in großer Zahl erhalten geblieben, z. B. Krakauer Vorstadt = Krakowskie Przedmieście, Senatorenstraße = Senatorska, Metstraße = Miodowa, Langgasse = Długa, Neustadt = Nowe Miasto.

13 Das alte herzogliche Schloß wurde Ende des 16. Jahrhunderts zur königlichen Residenz ausgebaut. Im Zweiten Weltkrieg – wie die ganze Hauptstadt – zerstört; in den siebziger Jahren wieder aufgebaut.

14 Der orthodoxe Bischof Wiktor Sadkowski wurde 1789 zusammen mit anderen Geistlichen verhaftet, der Verbindung mit Bauern-Revolten in der Ukraine bezichtigt, aber auf Intervention des russischen Gesandten freigelassen.

15 Graf Otto Heinrich (Osip A.) Igelström (gest. 1817): russischer General und Diplomat, kam 1792 nach Warschau und löste 1793 Jakob Johann Sievers als russischer Gesandter ab.

16 Residenzschloß der Sachsenkönige August II. und August III.; im 19. Jahrhundert nach Brand erneuert. Seit 1925 befindet sich hier das Grab des Unbekannten Soldaten; nur wenige Arkaden haben die Zerstörung im Zweiten Weltkrieg überstanden.

17 Collegium Nobilium, 1740 von dem Piaristen Stanislaus Konarski (1700–1773), dem Reformer des polnischen Schulwesens, gegründet.

18 Der Autor identifiziert hier fälschlich zwei verschiedene Frauen-Orden, die in der zweiten Hälfte des 17. Jahrhunderts nach Polen geholt wurden, nämlich die Barmherzigen Schwestern und die Visitandinnen (Ordo Visitationis Beatae Mariae Virginis).

19 Anm. von Schulz: »Man vergesse nicht, daß seit dem Jahre 1793 viel Umstände eingetreten sind, die diese Bemerkungen, wo nicht ganz aufheben, doch sehr einschränken.«

20 Der Magnat Antoni Protazy Potocki (gest. 1801), Woiwode von Kiew, war einer der erfolgreichsten adligen Unternehmer und Bankiers.

21 Thomas Michael Dangel (1742–1808) war deutscher Herkunft, seine Wagenfabrik gehörte zu den größten in Europa und beschäftigte etwa 300 Handwerker und Arbeiter.

22 1691–1695 gebautes Pentagon, es stand auf dem Gelände des heutigen Großen Theaters und des Theater-Platzes.

23 Mitglieder des am 7. Mai 1765 vom König Stanislaus August gestifteten Ordens.

24 Ein jeweils zwischen dem Reichstag und dem neugewähl-

ten König abgeschlossener Vertrag, der die Privilegien des Adels und die Verpflichtungen des Königs festlegte.

25 Ein unter russischem Einfluß nach der Ersten Teilung eingesetztes Exekutivorgan der Republik; es bestand aus dem König und jeweils 18 Vertretern der Senatoren und des Adels. Der Rat wurde vom Vierjährigen Reichstag aufgelöst, 1793 vom letzten Reichstag der alten Republik in Grodno neu eingesetzt.

26 Michael Korybut Wiśniowiecki, König von Polen 1669-1673. Johann III. Sobieski, König von Polen 1673-1696. Stanislaus August Poniatowski, König von Polen 1764-1795.

27 Güter, die keinen Erben haben, fallen an die Krone. Der König ist allerdings verpflichtet, sie wieder an Adlige zu vergeben.

28 Gerichtsverhandlungen in Angelegenheiten der Stellung Kurlands im polnischen Reichsverband.

29 D. h. Vertreterin eines verstorbenen Adligen in Erbangelegenheiten.

30 Schulz meint sicherlich den aufgeklärten polnischen Magnaten Fürst Adam Kasimir Czartoryski (1734-1823), dessen Frau Isabell und ihre Kinder Adam Georg (den späteren Diplomaten Alexanders I. und Führer der polnischen Emigration nach 1830), Konstantin und Sophie.

31 Jan Potocki (1761-1815), bedeutender Historiker und Schriftsteller, Teilnehmer am Vierjährigen Reichstag, berühmt war sein Buch »Die Handschrift von Saragossa«.

32 Nicolai François Blanchard (1743-1809), einer der ersten Aeronauten, flog mehrmals über Warschau im Luftballon, 1789 zum ersten Mal, 1791 zusammen mit Jan Potocki.

33 Michael Georg Poniatowski (1736-1794), jüngerer Bruder Stanislaus Augusts.

34 Andreas Onufry Okęcki (1729-1793), seit 1780 Bischof von Posen und Warschau (Reformanhänger), und Josef Kossakowski (1738-1794), Bischof von Polnisch-Livland (Reformgegner).

35 Girolamo Lucchesini (1752-1825), seit April 1789 preußischer Gesandter in Warschau.

36 Jakob I. Bulgakov (1743-1809), 1764-1775 Mitarbeiter der

russischen Botschaft in Warschau, wurde 1789 selbst Botschafter.

37 Stanislaus Małachowski (1736-1809), Marschall des Vierjährigen Reichstags; Reformanhänger und Mitautor der Maiverfassung.

38 Helena Przeździecka (1757-1821), Gemahlin von Karl Stanislaus Radziwiłł, Woiwode von Wilna. Ihr Sohn Anton heiratete später Prinzessin Luise von Hohenzollern und wurde preußischer Statthalter des Großherzogtums Posen. Er war ein Freund Chopins und Beethovens und wurde selbst als Komponist, vor allem durch seine Musik zu Goethes »Faust«, bekannt.

39 Fürst Joseph Poniatowski (1763-1813), Neffe des Königs Stanislaus Augusts, vor der Zweiten Teilung Polens Anführer der polnischen Kronarmee, später napoleonischer Marschall, gefallen in der Völkerschlacht bei Leipzig 1813.

40 Michael Wielhorski (1759-1817), General der polnischen Kronarmee, später Chef der Ersten polnischen Legion in Italien.

41 Tadeusz Kościuszko (1746-1817), Teilnehmer am amerikanischen Unabhängigkeitskrieg, seit 1789 polnischer General, 1793/94 Anführer des Aufstandes gegen Rußland.

42 1662 erbauter Barock-Palast, später von Stanislaus August erworben. Der klassizistische Neubau Alexanders I. dient heute als Sitz des Staatspräsidenten.

43 1764 erwarb König Stanislaus August das Barock-Schloß Łazienki von der Familie Lubomirski und ließ es während seiner Regierungszeit von dem Architekten D. Merlini und dem Hofmaler M. Bacciarelli zur königlichen Sommerresidenz umgestalten.

44 Marcello Bacciarelli (1731-1818) folgte 1765 einem Ruf des Königs nach Warschau und gründete hier eine Malerschule, aus der später bekannte polnische Maler hervorgingen.

45 Johann Klemens Branicki (1689-1771), seit 1752 Krongroßhetman, seit 1762 Kastellan von Krakau; unterstützte später die Konföderationen gegen Stanislaus August.

46 Während eines Interregnums vom Primas zur Vorbereitung der Königswahl einberufen.

47 Vertreter des Hetmans.

48 Ein Sprachrohr der Reformer, kam in Warschau vom 1. 1. 1791 bis 4. 8. 1792 heraus.

49 Joseph Wybicki (1747-1822), politischer Schriftsteller und Literat, Abgeordneter des Vierjährigen Reichstags, Autor der polnischen Nationahymne »Noch ist Polen nicht verloren«.

50 Julian Ursyn Niemcewicz (1757-1841), Dichter, Publizist und Historiker, Reformanhänger und Teilnehmer des Vierjährigen Reichstags, schrieb historische Romane, Dramen und historische Balladen.

51 Michael Gröll (1722-1798), Drucker, bedeutendster Buchhändler und Verleger der polnischen Reformzeit; in Nürnberg geboren, seit 1759 in Warschau ansässig.

52 Pierre Dufour (1729-1797), französischer Drucker, Buchhändler und Verleger, seit 1774 in Polen, betrieb die größte Druckerei in Warschau.

53 Nation, Verfassung, Stand, Stadt, Republik, Bürger.

54 Die erste polnische National-Bibliothek, seit 1747 öffentlich. 1780 wurde die Pflichtexemplars-Regelung für die Bibliothek durch den Reichstag eingeführt.

55 Die 1773 vom Reichstag gebildete Nationale Erziehungskommission gilt als erstes Erziehungsministerium in der europäischen Geschichte.

56 Zu diesem Zeitpunkt arbeiteten in Warschau neben Bacciarelli auch andere bedeutende Maler wie Jean Pierre Norblin (1745-1830), Johannes Bogumil Plersch (1732-1817), Franciszek Smuglewicz (1745-1807), Kasimir Wojniakowski (1772-1812).

57 Wojciech Bogusławski (1757-1829), Schauspieler, Regisseur, Theater-Direktor und Dramaturg, von großer Bedeutung für die Tradition polnischer Schauspielkunst, daher »Vater des polnischen Theaters« genannt.

58 Gemeint ist die Komödie »Die Rückkehr des Boten« von J. U. Niemcewicz (1790).

59 Eine seit dem 16. Jahrhundert zunächst in Polen, dann auch in Westeuropa bestehende nachreformatorische unitarische und antitrinitarische Religionsgemeinschaft. Die von der reformatorischen Kirche Polens abgespaltenen Sozinianer wur-

den 1579 von Fausto Sozzini geeinigt. Ihre Bewegung konzentrierte sich vor allem in Raków.

60 Sigismund II. August, König von Polen 1548-1572. Stephan Batory, König von Polen 1576-1586. Johann II. Kasimir, König von Polen 1648-1668. Johann III. Sobieski, König von Polen 1673-1696.

61 Ignacy Potocki (1750-1809), führender Staatsmann, Mitautor der Maiverfassung, spielte u. a. eine wichtige Rolle in der Nationalen Erziehungskommission.

62 Stanislaus Szczęsny (Felix) Potocki (1752-1805), General der polnischen Kronarmee, Reformgegner und Mitschöpfer der prorussischen Konföderation von Targowica 1792.

63 Der Italiener Scipione Piattoli (1749-1809) kam 1783 nach Polen, entwarf während des Vierjährigen Reichstags zusammen mit Ignacy Potocki zahlreiche Reformprojekte und wurde zum Vertrauten des Königs Stanislaus August.

64 Hugo Kołłątaj (1750-1812), Priester, führender Staatsmann, Unterkanzler, Gelehrter und Publizist; spielte eine führende Rolle in der Reformbewegung. Die negative Beurteilung Kołłątajs durch Schulz ist wahrscheinlich auf dessen kritische Einstellung zur Maiverfassung und der Reformbewegung zurückzuführen.

ZU DEN KÜRZUNGEN IM TEXT

Eckige Klammern [. . .] weisen auf eine in der vorliegenden Ausgabe ausgelassene Stelle des Originals hin. Der Inhalt dieser Stellen, sofern es sich nicht um rein technische oder stilistische Kürzungen handelt, ist folgender (Originalstelle in Klammern):

S. 14 (Heft 1, S. 14-16): Der Weg über Schadow nach Bejsagoły und Montwidow.
S. 15 (Heft 1, S. 18-20): Der Weg von Bopt nach Kauen.
S. 21 (Heft 1, S. 35-39): Der Weg von Balwierzyszek nach Olita, Kryksztan, Lejpun und Przewalk.
S. 33 (Heft 1, S. 63-68): Zusammenfassung der Reise durch Litauen: Guter Landbau, verschwenderische Forstwirtschaft, charakterverderbende Wirkung der Leibeigenschaft.
S. 45-47 (Heft 1, S. 92-93, 95, 100-101): Innenausstattung der Paläste.
S. 50 (Heft 1, S. 108-110): Geschichte eines Patienten.
S. 65 (Heft 1, S. 144-147): Einige Preisbeispiele.
S. 89 (Heft 2, S. 35-37): Zeremonielle Umgebung des Primas.
S. 89 (Heft 2, S. 37-39): Funktionen der Bischöfe.
S. 89 (Heft 2, S. 39-40, 41-44): Weitere Informationen über Rang und Funktionen der Woiwoden.
S. 90 (Heft 2, S. 45-47, 47-48): Hierarchie und Funktionen der Kastellane.
S. 96 (Heft 2, S. 62-65): Geschichte des Ritterstandes.
S. 98 (Heft 2, S. 68-86): Beschreibung der dem Ritterstand zukommenden Würden und Ämter.
S. 104 (Heft 2, S. 96-98): Die Stellung des Bauern in einer »aristokratischen Verfassung«.
S. 162 (Heft 3, S. 7-8): Vorstellung beim Grafen Thomatis.
S. 163 (Heft 3, S. 9-20): Die Geschichte eines jungen Adligen, der sein Vermögen verspielt hat.
S. 177 (Heft 3, S. 45-48): Beispiele der Zügellosigkeit.
S. 185 (Heft 3, S. 65-70): Weitere Details über die »zweite Klasse öffentlicher Mädchen«.
S. 197 (Heft 3, S. 94-99): Die Lustorte Marymont und Wola.
S. 258 (Heft 3, S. 219-220): Anwendung der Anrede »Pan«.

S. 285 (Heft 4, S. 50-54): Polnische Aussprache und Rhetorik.
S. 303 (Heft 4, S. 86-103): Geschichte der Dissidenten-Frage in Polen.
S. 323 (Heft 4, S. 144-147): Diskussion im Reichstag über die Nationaltracht.
S. 344 (Heft 4, S. 191 – Heft 6): Fortsetzung der Reise »durch Südpreußen, über Breslau, Dresden, Karlsbad, Bayreuth, Nürnberg, Regensburg, München, Salzburg, Linz, Wien und Klagenfurt, nach Botzen in Tyrol.« (So auch im Titel des Gesamtwerkes.)

A. *Werke von J. Chr. F. Schulz (Auswahl)*

Karl Treumann und Wilhelmine Rosenfeld. Eine Originalgeschichte. Leipzig 1781.

Ferdinand von Löwenhain. Leipzig 1781.

Almanach der Belletristen und Belletristinnen fürs Jahr 1782. Berlin 1782.

Fritz oder Geschichte eines Belletristen. Altenburg 1783.

Leben und Tod des Dichters Firlisimini. Dessau 1784.

Liebschaften König Augusts von Polen. Berlin 1784.

Handbuch der allgemeinen Weltgeschichte für Ungelehrte. Berlin 1784.

Liebschaften der Könige von Frankreich und ihrer Großen. Jena 1785.

Handbuch der Erdbeschreibung für Ungelehrte. Berlin 1785.

Literarische Reise durch Deutschland. Wien 1785-1786.

Moritz. Ein kleiner Roman. Dessau und Leipzig 1785.

Encyklopädischer Almanach für Geschichte, Geographie, Natur- und Alterthumskunde. Wien 1786.

Kleine Wanderungen durch Deutschland. In Briefen an Hrn. D. K., Basel 1786.

Friedrich der Große. Versuch eines historischen Gemäldes. Weimar 1786-1787.

Aufsätze zur Kunde ungebildeter Völker. Weimar 1789.

Geschichte der großen Revolution in Frankreich. Berlin 1789.

Geschichte der Camisarden, bei Gelegenheit der Revolution in Frankreich von neuem erzählt. Weimar 1790.

Leopoldine. Ein Seitenstück zum Moritz. Leipzig 1790.

Historisch-Genealogischer Almanach fürs IIte Jahr der Freiheit. Enthaltend die fortgesetzte Geschichte der französischen Staatsumwälzung. Braunschweig 1791.

Über Paris und die Pariser. Berlin 1791.

Historischer Almanach fürs IIIte Jahr der Freiheit. Braunschweig 1792.

Sendschreiben eines Kurländischen Bürgers an seinen Landsmann in Warschau, den ein kurländischer Edelmann einer Unterredung gewürdigt haben soll. Warschau 1792 (auch poln.).

Kleine Romane. Bd. 1-5, Leipzig 1788-1790.
Kleine prosaische Schriften. Bd. 1-7, Weimar 1788-1807.

B. *Ausgaben der »Reise nach Warschau«*

Reise eines Liefländers von Riga nach Warschau, durch Südpreußen, über Breslau, Dresden, Karlsbad, Bayreuth, Nürnberg, Regensburg, München, Salzburg, Linz, Wien und Klagenfurt, nach Botzen in Tyrol. Berlin bei Friedrich Vieweg dem ältern 1795/96; 2. Auflage, Berlin 1802.
Reise eines Livländers von Riga nach Warschau. Ein deutscher Bericht von der polnischen Adelsanarchie aus den Jahren 1791-1793. In Auswahl und neuer Gestalt herausgegeben von Theodor Schieder, Breslau, Gottlieb Korn Verlag 1941.
Resa genom Pålen åren 1793 och 1794. Stockholm 1797.
Voyage en Pologne et en Allemagne fait en 1793 par un Livonien. Traduit par J. J. B. Eyriès, Bruxelles et Paris 1807, 2 Bde.
Polska w roku 1793 według podróży Fryderyka Szulca. Drezno 1870. Nakładem i drukiem J. I. Kraszewskiego.
Fryderyk Szulz, Podróże Inflantczyka z Rygi do Warszawy i po Polsce w latach 1791-1793. Przełożył J. I. Kraszewski, z oryginałem sprawdził, wstępem i przypisami opatrzył Wacław Zawadzki, Warszawa 1956.

POLNISCHE BIBLIOTHEK
SUHRKAMP

DIE DICHTER POLENS
Hundert Autoren vom Mittelalter bis heute

DAS JUNGE POLEN
Literatur der Jahrhundertwende

J. C. F. SCHULZ
Reise nach Warschau

LEON KRUCZKOWSKI
Rebell und Bauer

CZESŁAW MIŁOSZ
Gedichte

TADEUSZ RÓŻEWICZ
Gedichte. Stücke

DER MONARCH UND DER DICHTER
Polnische Märchen und Legenden

JAN SOBIESKI
Briefe an die Königin

STEFAN ŻEROMSKI
Vorfrühling

HOFFNUNG DER BESIEGTEN
Erzählungen des polnischen Realismus

JANUSZ KORCZAK
Das Kind lieben

BEDENKE, BEVOR DU DENKST
Aphorismen, Sentenzen und Gedankensplitter

KAZIMIERZ BRANDYS
Warschauer Tagebuch

JERZY ANDRZEJEWSKI
Asche und Diamant

WACŁAW BERENT
Wintersaat

JAROSŁAW IWASZKIEWICZ
Die Fräulein von Wilko

STANISŁAW IGNACY WITKIEWICZ
Verrückte Lokomotive